Das Problem der Zurechnung bei Gremiumsentscheidungen am Beispiel des § 266 StGB

Europäische Hochschulschriften

European University Studies

Publications Universitaires Européennes

Reihe II **Rechtswissenschaft**

Series II Law

Série II Droit

Band/Volume **5960**

Hwang Heo

Das Problem der Zurechnung bei Gremiumsentscheidungen am Beispiel des § 266 StGB

Zugleich ein Beitrag zur Rechtsvergleichung zwischen Deutschland und Südkorea

PL ACADEMIC RESEARCH

Bibliografische Information der Deutschen Nationalbibliothek
Die Deutsche Nationalbibliothek verzeichnet diese Publikation in der Deutschen Nationalbibliografie; detaillierte bibliografische Daten sind im Internet über http://dnb.d-nb.de abrufbar.

Zugl.: Göttingen, Univ., Diss., 2016

D 7
ISSN 0531-7312
ISBN 978-3-631-73584-8 (Print)
E-ISBN 978-3-631-73644-9 (E-PDF)
E-ISBN 978-3-631-73645-6 (EPUB)
E-ISBN978-3-631-73646-3 (MOBI)
DOI 10.3726/b12019

PL Academic Research ist ein Imprint der Peter Lang GmbH.
Peter Lang – Frankfurt am Main · Bern · Bruxelles · New York · Oxford · Warszawa · Wien

Diese Publikation wurde begutachtet.

www.peterlang.com

Vorwort

Die vorliegende Arbeit hat der Juristischen Fakultät der Georg-August-Universität Göttingen im Sommersemester 2016 als Dissertation vorgelegen. Rechtsprechung und Literatur sind bis zum April 2016 berücksichtigt.

Zunächst möchte ich meinem Doktorvater, Herrn Prof. Dr. Uwe Murmann danken, der mich für das Studium in Deutschland schon seit dem Magistergang aufgenommen und während meiner sämtlichen langwierigen Studienzeit herzlich und mit Geduld betreut hat. Von ihm habe ich wissenschaftliches Arbeiten gelernt. Danken möchte ich auch Herrn Prof. Dr. Gunnar Duttge für die ergiebige Diskussion über das Thema der Dissertation und zügige Erstellung des Zweitgutachtens. Herzlicher Dank gilt auch meinem koreanischen Lehrer, Herrn Prof. Dr. Sung-Ryong Kim, der mich auf dem Weg in die Rechtswissenschaft leitete. Zu Dank verpflichtet bin ich weiterhin Herrn Prof. Dr. Oh-Geol Kwon, der mir mit Rat und Tat zur Seite steht.

An dieser Stelle bedanke ich mich nicht zuletzt bei Herrn Dr. phil. Philipp-Alexander Hirsch für die sprachliche Korrekturhilfe. Zur Danksagung nicht zu vergessen ist mein Kollege Herr Sheng-Yen Feng, der lange Zeit mit mir vieles über das Strafrecht diskutiert hat. Schließlich danke ich all meinen Freunden, vor allem, Frau Dr. med. Stephanie Bernstein, Herrn Dr. Kevin Ivory, Herrn Dr. Klaus Alten, die ich erst in Deutschland kennen gelernt habe. Ohne ihre Hilfe wäre mein Leben in Deutschland viel härter gewesen.

Die Arbeit ist meinen Eltern und meiner Frau, Kyoung-Ju, sowie meiner Tochter, Ji-Won, gewidmet.

Daegu, im August 2017
Hwang Heo

Inhaltsverzeichnis

Teil 1: Einführung

A. Allgemeines

I. Arbeitsteilung und Schuldverteilung

Das moderne Menschenleben kann in vielerlei Hinsicht erst durch die Mitwirkung anderer im Rahmen einer funktionellen, strukturellen Arbeitsteilung ermöglicht werden.[1] Die derart organisierte Mitwirkung und die Arbeitsteilung haben nicht nur einen hohen gesellschaftlichen Nutzen, sondern bewirken in nicht unerheblichem Maße soziale Übel.[2] Daher sind soziale Schutzvorkehrungen zu treffen, zu denen auch die strafrechtlichen Maßnahmen gehören.

Im Strafrecht spiegelt sich dies in Delikten wider, an denen mehrere Täter beteiligt sind. Diese Delikte haben in Hinsicht auf die Beeinträchtigung des Rechts umfangreichere Auswirkungen, als die von einer einzelnen Person begangenen Straftaten. Dennoch pflegt jeder einzelne Mittäter für sich genommen, sich wenig daran schuldig zu fühlen.[3] Hierbei spielt im Hintergrund das psychologische Phänomen eine Rolle, dass jeder Mensch durch die Bildung einer Gruppe die Hemmung vor Fehlverhalten leichter als allein zu überwinden pflegt. So liegt es auch bei Kollegialentscheidungen, die in einem gewissen Verfahren von mehreren Entscheidungsberechtigten getroffen werden.

II. Die Straftaten durch Kollegialentscheidungen

Vor diesem Hintergrund befasst sich diese Arbeit mit der strafrechtlichen Bewertung der Strafbarkeit von Gremiumsmitgliedern bei Kollegialentscheidungen, die insbesondere bei dem Betrieb eines Unternehmens eine wichtige Rolle spielen. Eine Kollegialentscheidung hin zu einem wirksamen Beschluss, durch den z.B. eine Gesellschaft allererst rechtliche Willens- und Handlungsfähigkeit besitzen kann, ist ein Prozess, an dem sich mehr als eine Person beteiligt. Kollegialentscheidungen können im Grunde genommen nicht nur in wirtschaftlichen Unternehmen, sondern in fast allen Arten von menschlichen Zusammenschlüssen, z.B. (Bundes- oder Landes-)

1 *Zippelius*, Einführung, 6. Aufl., S. 1.

2 *Bottke*, GA 2001, 463.

3 Zum sog. Grundsatz der „organisierten Unverantwortlichkeit" siehe, *Kraatz*, Die fahrlässige Mittäterschaft, 2006, S. 110; *Otto*, Jura 1998, 409; *Franke*, FS-Blau, 1985, 227, 244; *Heine*, Die strafrechtliche Verantwortlichkeit von Unternehmen, 1995, S. 146; *dens.*, in: Alwart [Hrsg.], Verantwortung und Steuerung von Unternehmen in der Marktwirtschaft, 1998, S. 90, 91; *Renzikowski*, Restriktiver Täterbegriff, 1997, S. 291; zum Gegenkonzept der „organisierten Verantwortlichkeit", *Ulrich*, Integrative Wirtschaftsethik, 4. Aufl., 2008, S. 394 ff., 457.

Regierung, Klinikum, Kirche, Schule, Verein usw. auftreten.[4] Dazu zählen auch die illegalen Organisationen, deren Bildung als solche schon Gegenstand strafrechtlicher Betrachtung ist. Strafrechtlich bedeutsam sind vorwiegend die Bereiche Wirtschaft, Umwelt und Medizin, in denen Rechtsgüter, wie das Vermögen, das menschliche Leben und die körperliche Unversehrtheit durch die Entscheidung von mehreren gefährdet werden können.[5] Mit Blick auf die strafrechtliche Bewertung von Kollegialentscheidungen ist fraglich, ob die kollektiven Entscheidungen mehrere Körperverletzungen im Sinne des §§ 223 ff. StGB (vgl. insbesondere im sog. Lederspray-Fall)[6] oder Vermögensbeeinträchtigungen gem. § 266 StGB (vgl. vor allem den sog. Mannesmann-Fall)[7] darstellen. Nicht zu übersehen sind gleichfalls die Fälle, in denen die Verletzung bzw. Gefährdung von Umweltgütern auf eine mehrköpfige Entscheidung im Rahmen unternehmerischer Tätigkeiten zurückgeführt werden kann. Und es ist auch noch denkbar, dass gleichrangige Chefärzte mehrerer Abteilungen eines Klinikums aufgrund ihres gemeinsamen fehlerhaften Beschlusses eine für die Rettung eines Patienten notwendige Behandlungsmaßnahme nicht rechtzeitig vornehmen, was zum Tod bzw. einer schweren Körperverletzung führt. In Betracht kann außerdem die Rechtsbeugung nach § 339 StGB bei der Urteilsfindung durch mehrere Richter kommen.[8]

Wegen der soeben geschilderten Vielfalt der Verhaltensformen, durch die sich Kollegialentscheidungen vollziehen, sind mit Blick auf die weitere Untersuchung und den sich anschließenden Vergleich von deutschem und koreanischem Strafrechtssystem allerdings einige Einschränkungen hinsichtlich Methode und Umfang der Arbeit vorzunehmen.

B. Methode und Gegenstand der Arbeit

I. Die Fallbearbeitung im Rahmen der Erfolgsdelikte und die Rechtsvergleichung

Methodisch geht diese Arbeit von der Bearbeitung von sieben Ausgangsfällen aus,[9] deren strafrechtliche Relevanz sich im Rahmen der Erfolgsdelikte bewegt. Ihr liegen Fallkonstellationen zugrunde, in denen typischerweise *mehrere gleichberechtigte* Vorstands- bzw. Aufsichtsratsmitglieder[10] einen Straftatbestand als Organmitglieder

---

4 *Dencker*, Kausalität, 1996, S. 117; *Franke*, FS-Blau, 1985, 227, 229, 235.

5 *Franke*, FS-Blau, 1985, 227, 235.

6 BGHSt 37, 106 ff.

7 BGH NJW 2006, 522 ff.

8 LK/*Spendel*, 10. Aufl., § 336 Rn. 110; *Dencker*, Kausalität, 1996, S. 182 ff.

9 Siehe unten, Teil 2.

10 Hingegen, werden – da sich die Arbeit für die kollektive Haftung mehrerer Beteiligter für Rechtsgutverletzungen oder -gefährdungen interessiert – Stichentscheide bei den sog. Pattsituationen außer Acht gelassen. Ebensowenig ist die Beschlussfassung bei einer Einmann-AG von Interesse.

durch Teilnahme am „Zustandekommen eines Beschlusses“ verwirklichen.[11] Sie wirken an der Willensbildung des Kollegialorgans durch Teilnahme am Beschlussverfahren mit.[12] Dabei setzt sich das Beschlussverfahren selbst aus mehreren Schritten zusammen. Typischerweise sind dies Einberufung des betroffenen Organs, Antrag über einen Abstimmungsgegenstand, Sachdiskussion bzw. Vorbesprechung, Abstimmung und Beschlussfassung mit Feststellung des Ergebnisses der Abstimmung. Vom Beschluss als Ergebnis der abgegebenen Stimmen ist die einzelne Stimmabgabe (also: die Abstimmung) zu unterscheiden.[13] Sie stellt eine empfangsbedürftige Willenserklärung dar.[14] Die Arbeit interessiert sich vor allem für die strafrechtliche Beteiligungsform bei der Mitwirkung an einer *Abstimmung*. Die Umsetzung des gefassten Beschlusses führt danach zur Tatbestandsverwirklichung. Das Ziel der Arbeit liegt darin zu untersuchen, ob und ggf. wie der an einer Entscheidung Beteiligte für eine Straftatbestandsverletzung verantwortlich ist.

Teil 2 widmet sich der Problematik von Kollegialentscheidungen anhand verschiedener Fallbetrachtungen. Beginnend mit **Fall 1** wird zunächst das pflichtwidrige Stimmverhalten bei Abstimmungen nach dem Einstimmigkeits- und Mehrheitsprinzip untersucht. Insb. werden in diesem Zusammenhang eingehend auch die Kausalität sowie die sog. objektive Zurechnung beim Erfolgsdelikt sowie auch die Rechtsfigur der Mittäterschaft im Sinne des § 25 Abs. 2 StGB untersucht. Im Folgenden werden jenseits des pflichtwidrigen Abstimmungsverhaltens des Entscheidungsberechtigten durch aktives Tun (**Fall 1** und **Fall 7**) auch das überstimmte rechtmäßige Stimmverhalten (**Fall 2**) wie auch die Stimmenthaltung (**Fall 3**) betrachtet. Unsere Studie geht ferner auf die Besonderheiten geheimer Abstimmungsverfahren (**Fall 6**) sowie auf die strafrechtliche Relevanz des Verhaltens jenseits des eigentlichen Abstimmungsvorganges, insb. die Nichtteilnahme an der Abstimmung (**Fall 4**) sowie die Untätigkeit mehrerer Garanten trotz Rettungspflicht (**Fall 5**) ein.

---

11 Beschluss ist nach den Bestimmungen des AktG bzw. des BGB die „Willensbildung bzw. -erklärung“ eines Organs durch ein Verfahren, das dem „Prinzip der Mehrheit der abgegebenen Stimmen“ unterliegt, Palandt/*Ellenberger*-BGB, 75. Aufl., § 28 Rn. 2; *Hüffer/Koch*, AktG, 11. Aufl., § 133 Rn. 2; *Spindler* in K. Schmidt/Lutter [Hrsg.], AktG, 2. Aufl., § 133 Rn. 2. Bei ihm handelt es sich nicht um Vertrag, weil die dem Beschluss zugrundeliegende Abstimmung nicht auf eine „Willensübereinstimmung“, die „Einstimmigkeitsprinzip“ unterliegt, abzielt, sondern auf eine „Entscheidung durch Feststellung des Mehrheitswillens“, MK/*Arnold*-BGB, 7. Aufl., § 32 Rn. 23 und 40; *Hüffer/Koch*, AktG, 11. Aufl., § 119 Rn. 3. Die Arbeit erweitert sich aber auch auf die Konstellation, in der der Beschluss aufgrund des Einstimmigkeitsprinzips getroffen wird, Siehe unten, Teil 2 A. I. 1.

12 Zum Begriff der Kollegialdelinquenz, *Franke*, FS-Blau, 1985, 227, 237.

13 MK/*Arnold*-BGB, 7. Aufl., § 32 Rn. 24; BGHSt 37, 106, 127.

14 MK/*Arnold*-BGB, 7. Aufl., § 32 Rn. 40.

Je nach der Regelung (hier Satzung bzw. Geschäftsordnung) für die Beschlussfähigkeit sowie den wirksamen Beschluss[15] kann man sich auch an einem anderen Ort mit verschiedenen technischen Geräten z.B. telefonisch oder per Internet an dem Entscheidungsverfahren beteiligen. Der lokale Unterschied begründet keine Besonderheit, solange es keinen Anhaltspunkt gibt, dass eine derartige Beteiligung am Verfahren anders als die unmittelbare Stimmabgabe bewertet werden muss.

Teil 3 der Arbeit nimmt einen Rechtsvergleich zwischen Deutschland und Korea vor. Dabei orientiert sich der Vergleich in Inhalt und Umfang an den Ergebnissen von **Teil 2**. Gleichwohl wird die Rechtsvergleichung in groben Zügen vorgenommen werden können, da die strafrechtsdogmatischen Probleme, die typischerweise mit der Gremienentscheidung verknüpft sind, im Koreanischen Recht noch nicht hinreichend aufgearbeitet worden sind.

Rechtspolitische Gesichtspunkte, die im Rahmen der Thematik der Strafbarkeit von Kollegialentscheidungen einschlägig sind, werden in der Arbeit hingegen überwiegend nicht behandelt. Vielmehr konzentriert sich die Untersuchung zuerst auf die nähere Analyse der Sachverhalte, die typisch in kollegialen Entscheidungsverfahren auftreten. Im Anschluss hieran geht es um die Rechtsfrage, wie die in Betracht kommenden Strafrechtsnormen beider Rechtssysteme auszulegen sind sowie ob und wie die analysierten Sachverhalte hierunter subsumiert werden können. Insofern die Rechtsdogmatik auf rechtspolitische Fragen antwortet, werden diese aber dort erwähnt, wo es erforderlich ist.

II. Die Stimmberechtigten

Nur Entscheidungsträger, d.h. Teilnahme- und Stimmberechtigte kommen bei der Prüfung der Strafbarkeit in Betracht. Personen, die – wie z.B. Sachverständige – nicht entscheidungsbefugt sind, aber durch ihre Funktion zur Entscheidung

---

15 § 77 Abs. 1 AktG regelt das Prinzip der gemeinschaftlichen Geschäftsführung, wenn der Vorstand aus mehreren Personen besteht. Danach ist der Vorstand als Organ handlungsfähig, wenn alle Mitglieder der Maßnahme ausdrücklich oder konkludent zugestimmt haben. Die Willensbildung bzw. -erklärung vollzieht sich also durch einstimmigen Beschluss, *Hüffer/Koch*, AktG, 11. Aufl., § 77 Rn. 6. Die Satzung oder die Geschäftsordnung des Vorstands kann jedoch gemäß § 77 Abs. 1 S. 2 AktG mehrheitliche Beschlussfassung vorsehen, *Fleischer*, BB 2004, 2645. Das einfache Mehrheitsprinzip als Mindestbedingung für einen Beschluss nach § 77 Abs. 1 S. 2 a.E. AktG bedeutet dabei, dass die Zahl der gültigen „Ja-Stimmen" die der gültigen „Nein-Stimmen" um wenigstens eine übertrifft, *Jarass/Pieroth*, GG, 10. Aufl., Art. 42 Rn. 4; *Hüffer/Koch*, AktG, 11. Aufl., § 133 Rn. 12. Es räumt der Mehrheit das Recht ein, zu entscheiden und die Minderheit zu binden, verpflichtet diese aber nicht, die Auffassung der Mehrheit zu übernehmen, BVerfGE 2, 143. Darüber hinaus erlaubt die Satzungsautonomie auch die Festlegung einer qualifizierten Mehrheit. MK/*Arnold*-BGB, 7. Aufl., § 32 Rn. 45.

beitragen, sind von der täterschaftlichen Strafbarkeit ausgeschlossen.[16] Das kann freilich anders sein, wenn der Sachverständige die Entscheidungsberechtigten täuscht (mittelbare Täterschaft) oder lediglich Fahrlässigkeit in Betracht kommt (Einheitstäterbegriff). Da es aber vorliegend um die strafrechtliche Beurteilung von Gremienentscheidungen anhand von § 266 StGB gehen soll, fehlt es für ersteres an der Sonderpflicht und für letzteres schon an einem entsprechenden Tatbestand.

III. Das Verhältnis zwischen § 13 und § 266 StGB

Die Arbeit geht in den **Fällen 1** bis **6** von den Fallkonstellationen aus, in denen mehrere Täter durch die Teilnahme am Beschlussverfahren den Tatbestand des § 266 StGB verwirklicht haben können. Da § 266 StGB für Täterschaft eine Garantenpflicht zur Vermögensbetreuung voraussetzt, stellt sich die Frage, ob § 13 StGB anzuwenden ist. Der BGH hat dies bislang offen gelassen.[17] Im sog. Siemens-Fall hat der 2. Strafsenat § 13 Abs. 1 StGB ausdrücklich auch im Kontext des § 266 StGB angewendet.[18] Allerdings dürfte formal gesehen § 13 Abs. 1 StGB keine Anwendung finden, da die Untreue eine Garantenstellung *sui generis* mit dem überschießenden Inhalt einer Geschäftsbesorgung voraussetzt.[19] Trotzdem scheint eine Anwendung von § 13 StGB vorzugswürdig, weil die Unterlassungslehre im Allgemeinen Teil des Strafrechts entwickelt wurde und das Gedankengut von der Unterlassungsdogmatik auch auf die Untreue materiell übertragbar ist. Im **Fall 7** wird indes als Ausgangsbeispiel die gefährliche Körperverletzung nach § 224 StGB angenommen, um zu zeigen, ob der Täter durch die rechtswidrig-überstimmte Abstimmung das Versuchsunrecht verwirklichen könnte.

---

16 Im Lederspray-Fall ist dies beim Angeklagten, Dr. B, der Fall. Er hat als Chefchemiker durch seinen fachmännischen Rat zum Ausbleiben des Rückrufs beigetragen. Er wurde in erster Instanz als Gehilfe im Rahmen der gefährlichen Körperverletzung verurteilt, was aber vom Revisionsgericht abgelehnt wurde, BGHSt 37, 106, 111.

17 BGHSt 36, 227, 228.

18 BGH NJW 2009, 89, 91.

19 S/S/*Perron*, 29. Aufl., § 266 Rn. 35; SSW/*Saliger*, 2. Aufl., § 266 Rn. 33. Für die (analoge) Anwendbarkeit von § 13 Abs. 2 sprechen sich *Lackner*/*Kühl*, 28. Aufl., § 266 Rn. 2; LK/*Schünemann*, 12. Aufl., § 266 Rn. 202; MK/*Dierlamm*, 2. Aufl., § 266 Rn. 142; NK/*Kindhäuser*, 4. Aufl., § 266 Rn. 28 aus.

Teil 2: Die Strafbarkeit von Mitgliedern eines Gremiums in Einzelfällen

A. Fall 1: Die rechtswidrig-einstimmigen Abstimmungen

A, B und C haben als Mitglieder des Vorstandsgremiums des Unternehmens X AG bei einer Sitzung jeweils pflichtwidrig für einen Beschluss gestimmt, aus dem dem Unternehmen gem. § 266 StGB ein Vermögensnachteil erwachsen ist. Dabei erforderte eine wirksame Entscheidung Einstimmigkeit und alle Mitglieder mussten für die Beschlussfähigkeit an der Sitzung teilnehmen. Wie ist die Strafbarkeit von A, B, und C zu beurteilen?

Sofern in der Satzung nichts Abweichendes bestimmt wird, sehen §§ 76, 77 AktG für die gemeinschaftliche Geschäftsführung des Vorstandes das Einstimmigkeitsprinzip vor.[20] Dieser Fall wird aber in der Praxis kaum vorkommen, weil sich das Einstimmigkeitserfordernis in den meisten Beschlussverfahren für den Unternehmensbetrieb als uneffektiv erweist, da Unternehmen regelmäßig durch schnelle Betriebsentscheidungen auf sensible Veränderungen der Wirtschaft reagieren müssen.[21] Gleichwohl eignet sich dieser Fall als Ausgangsfall, um die strafrechtlichen Sonderkonstellationen der mehrköpfigen Gremienentscheidungen zu skizzieren. Zivilrechtlich betrachtet, ist ein solcher rechtswidrig getroffener Beschluss wegen Verstoß gegen das rechtliche Verbot (§ 134 BGB) nichtig, insofern man ihn als „Rechtsgeschäft eigener Art" ansieht.[22]

Fall 1 widmet sich vornehmlich der Beantwortung der Frage, ob der tatbestandsmäßige Erfolg dem einzelnen Täter bereits nach dem allgemeinen Zurechnungsprinzip, sodass dieser anlässlich der Beteiligung der anderen als Nebentäter bezeichnet werden könnte, oder erst über die Beteiligungsform der Mittäterschaft gemäß § 25 Abs. 2 StGB zugerechnet werden könnte. Im Folgenden überprüfen wir beide Lösungswege.

I. Als Nebentäter: §§ 266, 25 Abs. 1 1. Alt. StGB

1. Einstimmigkeitsprinzip

Mit Blick auf die Strafbarkeit des jeweils Votierenden nach § 266 StGB ist zunächst zu prüfen, ob er durch seine Stimmabgabe den Tatbestand *unabhängig von den anderen* verwirklicht hat. Erstens muss der Täter hierfür die Täterqualität, die der

20 Siehe oben Fn. 15.

21 Vgl. *Sofos*, Mehrfachkausalität, 1999, S. 124.

22 *Spindler*, in K. Schmidt/Lutter [Hrsg.], AktG, 2. Aufl., § 133 Rn. 2; *Franke*, FS-Blau, 1985, 227, 236: „Jenseits [des rechtlich anerkannten Zwecks] – d.h. hier: im Bereich des Strafrechts – kann immer nur auf natürliche Willensakte von Menschen, nicht den Gemeinwillen des Verbandes rekurriert werden."

Tatbestand erfordert, aufweisen. Zweitens muss der eingetretene Erfolg durch die in Frage stehende Handlung verursacht worden sein. Schließlich ist zu klären, ob die Handlung den im § 266 StGB vorgesehenen Unrechtsgehalt erfüllt hat.

1) Täterkreis

§ 266 StGB setzt als Täterqualitätsmerkmal eine Vermögensbetreuungspflicht voraus, die kraft Gesetzes und Rechtsgeschäft besteht. Die Untreue ist demnach ein Sonderdelikt.[23] Laut § 93 AktG obliegt Vorstandsmitgliedern von Aktiengesellschaften die Sorgfaltspflicht eines ordentlichen und gewissenhaften Geschäftsleiters. Im vorliegenden Fall haben daher A, B und C als Vorstandsmitglieder Täterqualität nach § 266 StGB.[24] Ein nicht sonderpflichtiger Untergebener könnte höchstens als Gehilfe gem. §§ 266, 27 StGB bestraft werden.[25]

2) Kausalität

Um jedes einzelne Mitglied als Alleintäter für die im **Fall 1** erfolgte Rechtsgutverletzung – Vermögensnachteil zulasten des Unternehmens – zur strafrechtlichen Verantwortung zu ziehen, muss man zunächst die Unrechtsmerkmale des § 266 StGB näher betrachten. Der Tatbestand enthält ausdrücklich ein von der Tathandlung (Missbrauch der Befugnis oder Vermögensbetreuungspflichtverletzung) abtrennbares Erfolgsmerkmal (Nachteilszufügung) und ist daher nur verwirklicht, wenn – unter Gegebensein der übrigen Merkmale – der Erfolg durch die Tathandlung eingetreten ist („Wer ... die Befugnis, ..., mißbraucht oder die ... Pflicht, ..., verletzt und *dadurch* dem, dessen Vermögensinteressen er zu betreuen hat, Nachteil zufügt").[26]

Das deutsche Strafgesetzbuch enthält sowohl im § 266 StGB als auch im allgemeinen Teil keine Ausführungen über die Art und Weise des Zusammenhangs zwischen der Handlung und dem tatbestandsmäßigen Erfolg.[27] Allgemein ist man aber darüber einig, dass ein Kausalzusammenhang – als eine objektive Voraussetzung der Erfolgszurechnung bei Erfolgsdelikten – für die Annahme strafrechtlicher Verantwortung des Handelnden erforderlich ist. Wie der Kausalzusammenhang beschaffen ist (bzw. sein soll) und wie er zu bestimmen ist, ist aber sowohl im Strafrecht als auch im Zivilrecht ein seit jeher umstrittenes Thema. Aber auch in anderen Wissenschaftsbereichen, z.B. in der Philosophie und der Physik, steht das Konzept der Kausalität im Zentrum der Diskussion.[28] Angesichts dessen ist zunächst

---

23 LG Düsseldorf NJW 2004, 3275, 3281; SSW/*Saliger*, 2. Aufl., § 266 Rn. 107.

24 Zur Vermögensbetreuungspflicht von Vorstandsmitgliedern BGH NJW 2006, 522, 530; SSW/*Saliger*, 2. Aufl., § 266 Rn. 15; *U. Schmidt*, in: Heidel, Aktienrecht, 4. Aufl., Anhang zu § 93 AktG: § 266 StGB Rn. 8 ff.

25 Zur Rechtsvergleichung, siehe unten, Teil 3 B. III.

26 *Nettesheim*, BayVBl 1989, 161, 165.

27 *Haas*, Kausalität, 2002, S. 144; *Kahrs*, Das Vermeidbarkeitsprinzip, 1968, S. 28 f. Zur Rechtsvergleichung, siehe unten, Teil 3 B. I.

28 *Kindhäuser*, GA 1982, 477, 479; *Röckrath*, NStZ 2003, 641.

skizzenhaft die Frage zu erörtern, ob der philosophische bzw. naturwissenschaftliche (im Folgenden: vorjuristische) Kausalbegriff als strafrechtlicher Maßstab für die Zurechnung des eingetretenen Erfolgs ausreicht oder ob er vom Strafrecht her selbständig konstituiert werden muss. Hierbei ist freilich zu beachten, dass nicht wenige Rechtswissenschaftler auf ein vorjuristisches Kausalitätsverständnis rekurrieren, um hiervon ausgehend den strafrechtlichen Kausalitätsbegriff zu entwickeln.[29] Insofern können wir uns bei der Untersuchung der vorjuristischen Kausalbegriffe auf diejenigen beschränken, die in der Rechtswissenschaft Resonanz gefunden haben.

(1) Allgemeine Bestimmung

a. Ursache und Bedingung

Es entspricht dem herkömmlichen Verständnis, dass der Kausalzusammenhang eine rein faktische, d.h. wertfreie (Seins)Kategorie ist.[30] Denn wenn man sagt, dass z.B. das Ereignis A das Ereignis B verursacht, hängt das Dasein von B kausal vom Dasein des A ab.[31] Diese Aussage ist rein faktischer oder deskriptiver Natur und kann insofern als tatsächlich *richtig* oder *falsch* bewertet werden.

Insbesondere in den Naturwissenschaften wird *Ursache* als die Summe der zu einem Zeitpunkt t_1 gegebenen Bedingungen eines Ereignisses definiert, die einen bestimmten Zustand identifizieren und nach einer Regel zur Entstehung eines nachfolgenden Ereignisses beitragen.[32] Bereits *John Stuart Mill* zufolge besteht Kausalität nicht zwischen der Folge und einem einzelnen Antezedens, sondern üblicherweise zwischen Folge und einer Summe mehrerer Antezedenzien; wobei ihrer aller Vorhandensein erforderlich sei, um die Folge zu erklären.[33] Daher sei es unzulässig beim Zusammenwirken aller Antezedenzien, eines von ihnen als kausale Erklärung der Konsequenz auszuweisen. Ähnlich heißt es bei *Kant*: „Alles was geschieht (anhebt

---

29 *Sofos*, Mehrfachkausalität, 1999, S. 51.

30 Dagegen *Röckrath*, NStZ 2003, 641, 642. Umstritten ist noch, ob die Kausalität eine Seinskategorie oder, wie *Kant* es wollte, eine bloße Denkform unseres Verstandes ist. *Roxin*, AT I, 4. Aufl., § 11 Rn. 4. Hinzuweisen ist hier nur auf die Aussage von *Wolff, E.A.* Kausalität, 1965, S. 18 Fn. 24, dass *Kant* nicht den Kraftbegriff leugne, vielmehr zeige, dass wir die „Kraft" über die Denkform „Kausalität" begreifen sollen, dass dem Erfassen der Kraft in Wahrheit als etwas zugrunde liege, das nicht aus der Erfahrung stamme.

31 Die Äquivalenztheorie beruht auf diesem Gedanken, wenn sie dadurch die Kausalität feststellt, dass eine Handlung für den Erfolg kausal ist, wenn sie nicht hinweggedacht werden kann, ohne dass der Erfolg entfiele. *Kahrs*, Das Vermeidbarkeitsprinzip, 1968, S. 20; *Roxin*, AT I, 4. Aufl., § 11 Rn. 7.

32 Im Strafrecht haben vor allem *v. Buri*, Causalität, 1873, S. 1 f., und *Traeger*, Der Kausalbegriff, 1904, S. 16, diesen Begriff der sog. Gesamtursache aufgegriffen.

33 *Mill*, A System of Logic, Book III, Ch. 5, § 3, in: *Tarnowski*, Die systematische Bedeutung, 1927, S. 35; *Engisch*, Die Kausalität, 1931, S. 32; *Haas*, Kausalität, 2002, S. 149; *Koriath*, Kausalität, 1988, S. 24 ff.; *Maiwald*, Kausalität, 1980, S. 14 ff.; *Binns*, Inus-Bedingung, 2001, S. 45.

zu sein), setzt etwas voraus, worauf es nach einer Regel folgt".[34] Ebenfalls ist das auf die Ursache folgende Ereignis (in der naturwissenschaftlichen Terminologie: *Wirkung* oder *Folge*) durch den Gesamtkomplex der zu einem anderen späteren Zeitpunkt t_2 vorhandenen Bedingungen vollständig bestimmt.

Das Verständnis der Ursache als *Summe* aller vorausgegangenen Bedingungen wurde in der empirischen Philosophie durch das Bemühen von *David Hume* relativiert (und manche theoretische Ansätze, die Kausalität empirisch-analytisch zu verstehen, gehen auf sein Verdient zurück).[35] Er geht grundsätzlich von der Möglichkeit des *singulären* kausalen Satzes „A ist die Ursache von B" aus[36] und interpretiert ihn dahingehend, dass A und B derart seien, dass vom (einzelnen) Erscheinen von A auf das Erscheinen von B geschlossen werden könne.[37] Die Aufeinanderfolge von beiden Erscheinungen A und B allein sei für den kausalen Satz allerdings nicht ausreichend, vielmehr müsste der *a posteriori* feststellbare, allgemeine Regularitätssatz (kausales Gesetz) hinzutreten, dass auf bestimmte Arten von Handlungen bestimmte Erfolge allgemein folgen (Wenn A, dann B).[38] Wenn ein solcher Regularitätssatz angenommen wird, dann kann man den Schluss ziehen, dass auf eine konkrete Handlung A ein konkretes Ereignis B folgen wird.[39]

Für Kausalität im naturalistischen Sinne ist es unerheblich, ob die menschliche Handlung als in Frage stehende Bedingung eine Naturkraft ist.[40] Das menschliche Verhalten weist danach keine besondere Qualität gegenüber anderen naturhaften Bedingungen auf. Entsprechend kann man im Sinne von *Mill* sagen, dass die menschliche Handlung als eine notwendige Bedingung für sich allein die Veränderung eines äußeren Zustands nicht verursachen kann, sondern höchstens *unter Voraussetzungen der übrigen Bedingungen*.[41] Gleiches gilt für *Hume*: Auch wenn eine bestimmte, menschliche Handlung dadurch die Ursache von einem gewissen

---

34 *Kant*, Kritik der reinen Vernunft, 1. Aufl., S. 190; *Maiwald*, Kausalität, 1980, S. 49 ff.; *Murmann*, Die Nebentäterschaft, 1993, S. 141; *Wolff, E.A.*, Die Kausalität, 1965, S. 7 Fn. 3.

35 Zu *Humes* Theorie, *Stegmüller*, Bd. I, 1969, S. 433 ff.; *Haas*, Kausalität, 2002, S. 159 f.; *Kindhäuser*, GA 1982, 477, 479; *Koriath*, Kausalität, 1988, S. 3 ff.; *ders.*, Grundlagen, 1994, S. 406; *Maiwald*, Kausalität, 1980, S. 47.

36 *Stegmüller*, Bd. 1, 1969, S. 116.

37 *Engisch*, Die Kausalität, 1931, S. 33; *Binns*, Inus-Bedingung, 2001, S. 9.

38 *Binns*, Inus-Bedingung, 2001, S. 44; Näher zu dieser Struktur siehe unten, Teil 2 A. I. 1. 2) (1) b. iii.

39 *Mackie*, The Cement of the Universe, 1974, S. 26; *Binns*, Inus-Bedingung, 2001, S. 9.

40 *V. Buri*, Causalität, 1873, S. 1 f.; *Traeger*, Der Kausalbegriff, 1904, S. 16.

41 *Engisch*, Die Kausalität, 1931, S. 32; *v. Buri*, Causalität, 1873, S. 1, hat jedoch die Ursächlichkeit jeder Bedingung behauptet und als Begründung angeführt: „[D]ie Existenz derselben (Erscheinung) hängt so sehr von jeder Einzelkraft ab, daß, wenn man aus dem Causalzusammenhang auch nur eine einzige Einzelkraft ausscheidet, die Erscheinung selbst zusammenfällt". Dagegen hat sich *Birkmeyer*, Ursachenbegriff, 1885, S. 13, mit dem logischen Argument gewandt: „[W]enn Ursache die Gesamtheit der Bedingungen ist, so folgt daraus mit unerbittlicher logischer Konsequenz, dass

Erfolg ist, dass empirisch feststeht, dass auf bestimmte Handlungen nach einem Regularitätssatz bestimmte Erfolg folgen und die in Frage stehende Handlung zu dieser Art von Handlungen gehört, schließt dieser Zusammenhang nicht aus, dass andere naturhaften Bedingungen den Erfolg verursacht haben. Z.B. Ein Mörder, der seinen Gegner mit seiner Pistole erschossen hat, könnte auch nach *Hume* auf die Funktionsfähigkeit der Pistole als Ursache für den Tod verweisen.

Trotzdem gehen manche Autoren von der Einzelursache (der menschlichen Handlung)[42] aus, indem sie eine Begrenzung auf bestimmte Bedingungen je nach dem „pragmatischen" Interesse des Fragenden[43] für möglich und erforderlich halten.[44] Eine in diesem Zusammenhang wissenschaftlich wichtige Methode liegt darin, die menschliche Handlung mit Blick auf ihre Wirkung *unter den gegebenen Umständen* zu erforschen (das Prinzip des *ceteris paribus*).[45] Hierdurch lässt sich eine wissenschaftlich rechtfertigbare Relation zwischen der menschlichen Handlung als Bedingung und der eingetretenen Wirkung herausstellen.[46]

Für den Übergang von der Gesamt- zu der Einzelursache gibt die menschliche Handlung selbst besseren Grund.[47] Fest steht, dass der rein naturhafte Kausalbegriff zum einen mehr umfasst als das, was im Strafrecht eigentlich interessant ist,[48] da es der Rechtswissenschaft – genauso wie anderen Kulturwissenschaften – ausschließlich auf menschliches Verhalten ankommt.[49] Er sagt aber zum anderen nichts über die Beschaffenheit der menschlichen Handlung im Vergleich zu anderen Naturkräften aus. Die menschliche Handlung, durch die der Mensch an der äußeren Weltentwicklung sowie -gestaltung teilhat, ist dadurch gekennzeichnet, dass sie

---

keine einzige Einzelbedingung Ursache sein kann. Wenn m+n+o=p ist, so ist weder m noch n noch o = p."

42 *Koriath*, Grundlagen, 1994, S. 423.

43 *Carnap*, Einführung, 1986, S. 191; *Stegmüller*, Wissenschaftstheorie, Bd. 1, 1983, S. 117 f. Zum „kausalen Feld" von *Mackie*, siehe unten, Teil 2 A. I. 1. 2) (1) b. ii.

44 *Maurach/Zipf*, AT I, 8. Aufl., § 18 Rn. 44; *Kindhäuser*, Intentionale Handlung, 1980, S. 89 f.; *ders.*, Gefährdung, 1989, S. 85; *ders.*, ZStW 120 (2008), 481, 484; *Koriath*, Grundlagen, 1994, S. 422 ff.; *Röckrath*, NStZ 2003, 641, 642; *Toepel*, JuS 1994, 1009, 1012; a.A. *Jordan*, GA 1997, 349, 358.

45 *Kindhäuser*, GA 2012, 134, 136; *Wolff*, *E.A.*, Kausalität, 1965, S. 16, hält den Vorgang als „analytische Kausalitätsbetrachtung" für möglich und notwendig, aber lehnt im anorganischen Bereich das Ergebnis ab, dass jeder einzelne Teil (oder jede einzelne Bedingung) des Gesamtkomplexes, das nach dem einschlägigen Kausalgesetz die Wirkung nach sich zieht, deswegen als Ursache angesehen werden könne.

46 *Röckrath*, NStZ 2003, 641, 642: „Will man etwas *erreichen*, wird man nach hinreichenden Bedingungen suchen; will man hingegen etwas *vermeiden*, nach notwendigen Bedingungen."

47 Schon *Radbruch*, Verursachung, 1902, S. 3; *Tarnowski*, Die systematische Bedeutung, 1927, S. 7 und 73; *Hruschka*, ZStW 111 (1998), 581, 589; *Jäger*, FS-Maiwald, 2010, 345, 351.

48 *Sofos*, Mehrfachkausalität, 1999, S. 51.

49 *Kühl*, JR 1983, 32; *Puppe*, ZStW 92 (1980), 863, 865; *Toepel*, JuS 1994, 1009, 1012.

sich auf der einen Seite als bloßer Gegenstand darstellt, der den Naturgesetzen unterliegt,[50] auf der anderen Seite vermag der Mensch das Kausalgesetz zu verstehen und es in der Außenwelt aktiv zu instrumentieren (der Mensch als das Wesen des Überdeterminiertseins).[51]

Von diesem Standpunkt ist die Unterscheidung von der „bloß einfachen Kausalität" und der „Kausalität aus Freiheit" bei *Wolff* naheliegend.[52] Es geht bei der ersten um die „Veränderung äußerer Gegenstände"[53] bzw. der „äußeren Wirklichkeit",[54] während die zweite die zusätzliche Dimension spezifisch „menschlicher Wirkmacht" erfaßt.[55] Die „Kausalität aus Freiheit", die also durch das menschliche Verhalten bewirkt ist, geht von der dem Menschen innewohnenden „Freiheit" aus.[56] Dieser liegt nach *Wolff* die menschliche Fähigkeit zugrunde, die äußeren Gegenstände sinnlich wahrzunehmen und ihre Wechselwirkung nach dem Kausalgesetz zu verstehen.[57] Aufgrund dieses Verständnisses kann der Mensch, jedes Mal wenn er mit der Außenwelt interagiert, Folgeüberlegungen über mögliche Kausalverläufe anstellen, die durch seine Handlungen beeinflusst werden, und in Anbetracht dieser Überlegungen zwischen verschiedenen Handlungsmöglichkeiten wählen. Insoweit kann man von einer *Wahlfreiheit* sprechen, die es erlaubt – wenn der Handelnde durch die Ausführung der ausgewählten Handlungsmöglichkeit sein Vorhaben in die äußere Wirklichkeit umsetzt – die Handlung bzw. den Handelnden als Ursache bzw. Urheber der eintretenden Erfolge zu qualifizieren.[58] Einen Schritt weiter geht freilich der Gedanke von *Kant* und seinen Anhängern über die menschliche Freiheit. Während die oben beschriebene Wahlfreiheit offen lässt, ob die Wahl selbst nicht wiederum auch kausal determiniert ist, besteht für *Kant* „Entscheidungsfreiheit" darin, dass diese Wahl nicht durch die instinkthaften Antriebe naturgesetzlich determiniert ist, sondern durch den Willen, d.h. der „reinen praktischen Vernunft" bestimmt wird, mithin selbst im emphatischen Sinne *frei* ist.[59] Die vorliegende Untersuchung kann sich jedoch damit begnügen, Kausalität aus Freiheit im Sinne der oben genannten *Wahlfreiheit* zu verstehen und entsprechend menschliche Handlungen als *Ursache* zu qualifizieren.[60] Denn die Frage, ob die menschlichen Entscheidungen selbst frei

50 *Murmann*, Die Nebentäterschaft, 1993, S. 168.
51 *Welzel*, ZStW 51 (1931), 703, 718; *ders.*, ZStW 58 (1939), 491, 502.
52 *Wolff, E.A.*, Kausalität, 1965, S. 7 ff.; *Murmann*, Die Nebentäterschaft, 1993, S. 140, 142; *Haas*, Kausalität, 2002, S. 167 ff.
53 *Wolff, E.A.*, Kausalität, 1965, S. 7.
54 *Murmann*, Die Nebentäterschaft, 1993, S. 140.
55 *Wolff, E.A.*, Kausalität, 1965, S. 19; *Murmann*, Die Nebentäterschaft, 1993, S. 140.
56 *Wolff, E.A.*, Kausalität, 1965, S. 8 f.; *Murmann*, Die Nebentäterschaft, 1993, S. 161 ff.
57 *Wolff, E.A.*, Kausalität, 1965, S. 19 f.; *Murmann*, Die Nebentäterschaft, 1993, S. 162.
58 *Matt*, Kausalität aus Freiheit, 1994, S. 33 ff.; *Murmann*, Die Nebentäterschaft, 1993, S. 176.
59 *Wolff, E.A.*, Kausalität, 1965, S. 57 ff.; *Matt*, Kausalität aus Freiheit, 1994, S. 91 ff.; *Murmann*, Die Nebentäterschaft, 1993, S. 165 ff., 176.
60 *Renzikowski*, Restriktiver Täterbegriff, 1997, S. 67.

sind, ist strafrechtlich erst auf Schuldebene relevant, betrifft jedoch noch nicht die Frage der Kausalität der menschlichen Handlungen. Demzufolge können menschliche Handlungen als singuläre Ursache von Erfolgen ausgemacht werden.

In Entsprechung zur Bestimmung des Begriffs *Ursache* kann man sich nun fragen, wie der Begriff *Wirkung* zu bestimmen ist. Wirkung ist der Gesamtkomplex der zu einem späteren Zeitpunkt t_2 gegebenen Bedingungen, der mit Blick auf die zum Zeitpunkt t_1 vorliegenden Bedingungen eine Veränderung des vorherigen Zustandes darstellt. Auch hier ist – ähnlich wie bei der Ursachenbestimmung – je nach dem Interesse des Fragers eine Eingrenzung der Bedingungen, die die Wirkung ausmachen, erforderlich. Dieses ist situationsbezogen sowie vom Interesse des Fragenden geleitet und deswegen nicht einheitlich zu bestimmen. Gleichwohl wird später noch auf die Problematik der Erfolgsbestimmung unter dem strafrechtlichen Gesichtspunkt einzugehen sein.[61]

Nun stellt sich von all dem ausgehend die Frage, wie bei menschlichen Handlungen Ursache und Wirkung gemäß dem Kausalgesetz verknüpft sind, d.h. wie die Handlung mit dem Erfolg verbunden ist. Betrachtet man den Kausalzusammenhang als eine *Relation* zwischen der Ursache und der Wirkung, so muss festgestellt werden, wie diese aussehen soll, also: Welche sachliche Struktur soll sie haben? Evidentermaßen ist es nicht ausreichend, dass man sie – wie dies etwa in *Humes* Darstellungen über die Kausalität der Fall ist –[62] bloß empirisch mit der Zeit zu definieren versucht, wonach Kausalität auf das gleichzeitige Bestehen oder die zeitliche Abfolge von Erfahrungen zu reduzieren ist.[63]

b. Die Relation von Ursache und Wirkung

Der Bedingungstheorie, die in Deutschland zuerst von *v. Buri* vorgeschlagen wurde[64] und vom BGH in der Folge im Strafrecht übernommen wurde, steht die *conditio-sine-qua-non*-Formel (im Folgenden: *conditio*-Formel) als ein methodisches Hilfsmittel für die Feststellung des Kausalzusammenhangs zur Verfügung. Danach ist eine Handlung für den Erfolg ursächlich, „wenn sie nicht hinweggedacht werden kann, ohne dass er entfiele."[65] Die auf *Engisch* zurückgehende sog. Lehre von der gesetzmäßigen Bedingung[66] fragt anders als die *conditio*-Formel danach, ob die Handlung im konkreten Erfolg tatsächlich wirksam geworden ist.[67] Nach einer etwas erweiterten Formel von *Jescheck/Weigend* bemisst sich Kausalität danach, „ob sich an eine Handlung zeitlich nachfolgende Veränderungen in der Außenwelt angeschlossen

---

61 Siehe unten, Teil 2 A. I. 1. 2) (2) c.

62 *Stegmüller*, Wissenschaftstheorie, Bd. 1, 1969, S. 438 ff.

63 *Pérez-Barberá*, ZStW 114 (2002), 600, 605.

64 *V. Buri*, Causalität, 1873, S. 1 f.

65 BGHSt 1, 332; 2, 24; 39, 195, 197; 45, 270, 294 f.; 49, 1, 3.

66 *Engisch*, Die Kausalität, 1931, S. 13 ff.

67 *Beulke/Bachmann*, JuS 1992, 743; S/S/*Eisele*, 29. Aufl., Vorbem. §§ 13 ff. Rn. 75; *Murmann*, Die Nebentäterschaft, 1993, S. 141.

haben, die mit der Handlung nach den uns bekannten Naturgesetzen notwendig verbunden waren."[68] Vertreten wird neuerdings auch als Mischform von beiden die Formel von der Einzelursache als einem „notwendigen Bestandteil einer nach Naturgesetzen hinreichenden Mindestbedingung",[69] die auch in der Literatur einige Zustimmung findet.[70] Für jeden der drei in der Strafrechtswissenschaft vertretenen Ansätze für die Feststellung des Kausalzusammenhangs im Strafrecht lassen sich im philosophischen bzw. naturwissenschaftlichen Bereich Entsprechungen finden: *die Analyse der Kausalität mit dem kontrafaktischen Konditionalsatz,*[71] *das deduktiv-nomologische Modell für die Kausalerklärung*[72] und die *Formel der INUS-Bedingung.*[73] Diese Theorien – wenn auch nur skizzenhaft – zu betrachten, kann dazu beitragen, die drei entsprechenden Formeln in der Strafrechtswissenschaft in ihrer Struktur zu verdeutlichen.[74] Die Vergleichung der drei im Strafrecht vornehmlich vertretenen Theorien mit den unten zu erörternden, vorjuristischen Theorien lässt sich insoweit als berechtigt ausweisen, als man versucht, den Kausalzusammenhang mit einem logischen Bedingungsverhältnis abzubilden. Insofern geht es um die epistemische Frage der Kausalität.[75] Der Ansicht steht aber nicht die ontologische Betrachtungsweise entgegen, dass die Kausalität ein Wirkungszusammenhang ist.[76]

i. Die Formel der notwendigen Bedingung

Der Kausalzusammenhang wird auch in der Philosophie traditionell mit einem kontrafaktischen Konditionalsatz, der mit der strafrechtlichen *conditio*-Formel

---

68 *Jescheck/Weigend*, AT, 5. Aufl., S. 283.

69 Vor allem NK/*Puppe*, 4. Aufl., Vor §§ 13 ff. Rn. 103.

70 *Hart/Honoré*, Causation, 1985, S. 112 ff.; *Honoré*, ZStW 69 (1957), 463, 470; *Hoyer*, AT I, 1996, S. 36; *Kindhäuser*, Gefährdung, 1989, S. 86 ff., 102, 193 ff., 239, 351; *Koriath*, Kausalität, 1988, S. 32 ff.; *Osnabrügge*, Die Beihilfe, 2002, S. 74 ff.; *Sofos*, Mehrfachkausalität, 1999, 107 ff.; *Rodríguez Montañés*, FS-Roxin, 2001, 307, 313 f.; *Vogel*, Norm, 1993, S. 150 f.

71 *Haas*, Kausalität, 2002, S. 153 f.; *Koriath*, Grundlagen, 1994, S. 405 ff.; *Sofos*, Mehrfachkausalität, 1999, S. 46 ff.; *Toepel*, Pflichtwidrigkeitszusammenhang, 1992, S. 52 ff.

72 *Haas*, Kausalität, 2002, S. 156; *Hilgendorf*, NStZ 1994, 561, 565; *Kindhäuser*, GA 1982, 477, 480 f.

73 Siehe unten, Teil 2 A. I. 1. 2) (1) b. ii.

74 Die im Strafrecht vertretene Adäquanztheorie kann sich in ihrer sachlichen Struktur auch in das deduktiv-nomologische Modell für die Kausalerklärung einordnen. Siehe unten, Teil 2 A. I. 1. 2) (1) b. iii.

75 *Haas*, Kausalität, 2002, S. 170; *Maiwald*, Kausalität, 1980, S. 51 ff., 71 f.

76 *Haas*, Kausalität, 2002, S. 162 ff.; *Kahlo*, Das Problem, 1990, S. 282; *Lampe*, ZStW 71 (1959), 579, 598; *Horn*, Konkrete Gefährdungsdelikte, 1973, S. 121 f.; *Murmann*, Die Nebentäterschaft, 1993, S. 141; *Toepel*, Pflichtwidrigkeitszusammenhang, 1992, S. 52 ff.; dagegen, *Sofos*, Mehrfachkausalität, 1999, S. 50 ff. Siehe unten, Teil 2 A. I. 2. 2) (1) e.

identifizierbar ist, analysiert.[77] Er kann als Konditional formuliert werden: „Wenn X nicht geschehen wäre, wäre Y nicht geschehen." Ist dieser Schluss wahr, folgt hieraus logisch die Aussage „X verursachte Y."[78] Der Konditional- (oder Bedingungs-) satz setzt sich aus zwei Teilsätzen (Antezedens: „Wenn X nicht geschehen wäre." [¬X] und Sukzedens: „Y wäre nicht geschehen." [¬Y]) zusammen(¬X→¬Y).[79] Jeder Teilsatz hat ein von der Realität abweichendes, namentlich kontrafaktisches Ereignis zum Gegenstand. Die Ursache X ist hierbei eine notwendige Bedingung für die Wirkung Y, aber nicht eine hinreichende:[80] D.h., auch wenn X geschieht, kann Y nicht geschehen; aber wenn X nicht stattfindet, dann ereignet sich Y auch nicht.

Davon ist im logischen Sinne der Satz: „X′ ist für Y′ hinreichend." zu unterscheiden. Er kann als extensive Implikation umformuliert werden: „Immer wenn X′ geschieht, dann muss Y′ geschehen."[81] Er schließt nicht die Möglichkeit aus: X′′→Y′, d.h. es kann sein, dass Y′ eintritt, auch wenn X′ nicht geschieht.[82] Es bereitet Schwierigkeiten, eine hinreichende Bedingung als Ursache darzustellen.[83] Denn sie kann manchmal auch Bedingungen umfassen, die mit Folge in keinem Zusammenhang stehen. Das kann anhand eines Falles[84] verdeutlicht werden: Eine Kastanie liegt auf einem heißen Eisenblech. Man schlägt mit einem Hammer herab, sodass er sie direkt von oben trifft. In dem Moment, als der Hammer sie berührt, explodiert die Kastanie mit einem lauten Knall und zerspringt. Hier ist der Hammerschlag für die Explosion der Kastanie im *schwachen* Sinne[85] hinreichend, soweit die

---

77 *Stegmüller*, Wissenschaftstheorie, Bd. 1, 1983, S. 584 ff.; *Haas*, Kausalität, 2002, S. 144 und 153 f.; *Merkel*, FS-Puppe, 2011, 151, 154.

78 *Klug*, Juristische Logik, 1982, S. 44 f.; *Mackie*, The Cement of the Universe, 1974, S. 31; *Binns*, Inus-Bedingung, 2002, S. 12.

79 Das logische Symbol „¬" steht für das Wort „nicht". Zu logischen Symbole siehe, *Stegmüller*, Wissenschaftstheorie, Bd. 1, 1983, S. 45.

80 *Stegmüller*, Wissenschaftstheorie, Bd. 1, 1983, S. 584; *Toepel*, Pflichtwidrigkeitszusammenhang, 1992, S. 58; *Roxin*, AT I, 4. Aufl., § 11 Rn. 11; *Röckrath*, NStZ 2003, 641, 642.

81 *Klug*, Juristische Logik, 1982, S. 42; *Samson*, FS-Rudolphi, 2004, 259, 261; *Puppe*, ZStW (92) 1980, 863, 866.

82 Die Relation der hinreichenden Bedingung zur Folge (X′→Y′) macht den Inhalt des allgemeinen Kausalgesetzes (oder des Erfahrungssatzes) aus, impliziert damit aber noch nicht, dass X′ auch die Ursache von Y′ ist.

83 *Binns*, Inus-Bedingung, 2001, S. 20; *Puppe*, ZStW (92) 1980, 863, 866.

84 *Mackie*, The Cement of the Universe, 1974, S. 29; *Binns*, Inus-Bedingung, 2001, S. 11.

85 Dagegen ist nach *Mackie*, The Cement of the Universe, 1974, S. 39, eine hinreichende Bedingung im „starken" Sinne gegeben, wenn sowohl X′→Y′, als auch ¬Y′→¬X′ wahr ist. Das lässt sich auch als Bikonditional ausdrücken: X′↔ Y′. Im vorliegenden Fall ist ¬Y′→¬X′ nicht wahr, weil es unter anderen Umständen möglich ist, dass der Hammerschlag stattfindet, aber die Explosion ausbleibt. Die Formel, ¬Y′→¬X′, ist gerade die Umkehrung von, ¬X′→¬Y′, die eben bedeutet, dass X′ für Y′ notwendig ist. Die hinreichende Bedingung im starken Sinne kann nur dann für die Folge ursächlich sein, wenn sie sich auch als für sie notwendig erweist. So ist es nach *Mackie* aber auch bei der hinreichenden Bedingung im schwachen Sinne; *Binns*,

für sie relevanten Umstände unberührt bleiben.[86] Denn das Konditional „Wenn X′, dann Y′.“, ist stets dadurch wahr, dass der Hammerschlag (X′) und die Explosion der Kastanie (Y′) tatsächlich stattgefunden haben.[87] Aber klar ist, dass er für die Folge nicht kausal ist, da die Kastanie auf Grund der Hitzeeinwirkung des heißen Eisenblechs explodiert ist. Die hinreichende Bedingung erfasst also nicht notwendig nur die kausalen Beziehungen, sondern auch zahlreiche, nicht-kausale Verhältnisse. Das zeigt, dass sie für die Analyse der Kausalität untauglich ist.

Der kontrafaktische Konditionalsatz impliziert hingegen eine singuläre Kausalaussage.[88] Sie ist situationsbedingt und gilt für den konkreten Fall. Denn das Antezedens, „Wenn X nicht geschehen wäre“, kann nur vom konkreten Fall ausgehen.[89] Deshalb lässt sich die Anwendung einer derartigen Formel um ein komplementäres Merkmal „unter den gegebenen Umständen“ ergänzen.[90] Also: „X verursachte Y.“ bedeutet: „Wenn X unter den gegebenen Umständen nicht geschehen wäre, dann wäre Y nicht geschehen.“[91] Der Satz lässt sich in die Formel: „Nur wenn X stattfindet, dann ereignet sich Y.“ umformulieren (im Sinne einer intensiven Implikation).[92] Erst dadurch kann man einen für den konkreten Fall gültigen singulären Kausalzusammenhang finden.

Hingegen ist beim Kausalgesetz von der Regularität des Geschehensablaufs die Rede.[93] Diese Regularität wird ohne Bezugnahme auf den konkreten Fall allgemein

---

Inus-Bedingung, 2001, S. 22 f.; *Stegmüller*, Wissenschaftstheorie, Bd. 1, 1983, S. 586 ff.; *Koriath*, Grundlagen, 1994, S. 424.

86 *Binns*, Inus-Bedingung, 2001, S. 20.

87 *Klug*, Juristische Logik, 1982, S. 44.

88 *Hume* knüpfte in seiner Analyse an singuläre Kausalsätze an, also an Sätze von der Gestalt „A ist die Ursache von B“, *Stegmüller*, Wissenschaftstheorie, Bd. 1, 1983, S. 116; *Koriath*, Grundlagen, 1994, S. 420.

89 Hingegen setzt der Teilsatz, „wenn X′ stattfindet“, nicht immer etwas Konkrete voraus.

90 *Kindhäuser*, Gefährdung, 1989, S. 85; *Koriath*, Grundlagen, 1994, S. 421.

91 *Mackie*, The Cement of the Universe, 1974, S. 31; *Binns*, Inus-Bedingung, 2001, S. 13.

92 *Puppe*, ZStW (92) 1980, 863, 867; *Samson*, Rudolphi-FS, 2004, 259, 261. Teilweise wird die Formel der intensiven Implikation herangezogen, um die hinreichende Bedingung als Ursache auszuweisen. Hierbei stellt man darauf ab, dass eine Bedingung, die zwar für sich allein für die Wirkung nicht hinreichend ist, gleichwohl zusammen mit anderen gegebenen Bedingungen hinreichend sein kann. Insofern kann man ausgehend von der Bedingung unter der Voraussetzung des Erfülltseins der anderen Bedingungen die Wirkung vorhersagen. Vgl. etwa *Puppe*, ZStW 92 (1980), 863, 868. Aber – wie oben erwähnt – eignet sich die hinreichende Bedingung selbst nicht als Kriterium für den Unterschied des kausalen Zusammenhangs vom nicht-kausalen.

93 *Koriath*, Grundlagen, 1994, S. 420; *Stegmüller* spricht bei Gesetzen oder Theorien von „allgemeinen Tatsachen“, Wissenschaftstheorie, Bd. 1, 1983, S. 114. Demgegenüber stehen „Einzeltatsachen oder -ereignisse“, die zum Erklärungsgegenstand gemacht werden können.

oder universal hergestellt.[94] Das Kausalgesetz ist also eine allgemeine abstrakte Aussage,[95] „nach der bestimmte Arten von Konstellationen hinreichend oder notwendig dafür sind, dass andere Konstellationen" geschehen.[96] Es wird – mit verschiedenen Wahrscheinlichkeitsgraden – induktiv aus empirischer Beobachtung gewonnen bzw. aufgestellt und gilt, bis es falsifiziert wird. Das Kausalgesetz kann – wie schon gesagt – in der Regel als extensive Implikation formuliert werden: „Immer wenn X geschieht, dann muss Y geschehen".[97] So sind z.B. das Kausalgesetz, „Wasser friert unter 0° Celsius." und der Satz, „Wenn die Temperatur unter 0° Celsius ist, dann friert Wasser." logisch äquivalent. Weder das Kausalgesetz noch der rein logische Bedingungssatz stellen aber für sich allein den konkreten Kausalzusammenhang zwischen Ursache und Folge her, der uns vorliegend interessiert, sondern sind höchstens ein notwendiger Bestandteil der kausalen Erklärung des konkreten fraglichen Geschehnisses. Die Funktion des Kausalgesetzes liegt zum einen retrospektiv darin, dass es – wie das nachstehend erläuterte deduktiv-nomologische Modell für die Kausalerklärung in der Wissenschaftstheorie bzw. die Lehre der gesetzmäßigen Bedingung im Strafrecht es tun – Ursache und Folge tatsächlich miteinander verknüpft,[98] dass man also durch das Kausalgesetz das verwirklichte Geschehnis kausal erklären kann. Zum anderen ist erst durch das Kausalgesetz prospektiv die Voraussehbarkeit eines Geschehnisses möglich.

Der formelle Bedingungszusammenhang selbst kann noch nicht mit dem Kausalzusammenhang identisch sein,[99] weil er auch andere, nicht-kausale Zusammenhänge umfassen kann. Denkbar ist ein solcher Satz, wie z.B. „Wenn es Rauch gibt, dann brennt irgendwo Feuer bzw. hat es gebrannt." oder „Wenn ein Fahrer nicht die Geschwindigkeitsbegrenzung überschritten hätte, dann hätte er nicht das Gesetz gebrochen."[100]. Der erste Satz impliziert ja nicht, dass der Rauch für das Feuer ursächlich ist; der zweite bedeutet nicht, dass die Geschwindigkeitsüberschreitung die Gesetzesverletzung verursacht hat. Denn beim ersten Satz geht es eigentlich um das Kausalprinzip, dass nur die Behauptung in sich birgt, „dass jedes Ereignis

94 NK/*Puppe*, 4. Aufl., Vor §§ 13 Rn. 103.

95 *Horn*, Gefährdungsdelikte, 1973, S. 121 f., sieht das Kausalgesetz nicht als Satz (bzw. Aussage) an, weil er (bzw. sie) durch die experimentelle Prüfung „falsch" sein kann, sondern als „determinative Macht", nach der ein Wirkungssachverhalt auf einem vorangegangenen Sachverhalt tatsächlich folgt. Somit hat er den epistemischen Boden für das Verständnis der Kausalität verlassen und ist in ihre metaphysische und ontologische Frage geraten.

96 NK/*Puppe*, 4. Aufl., Vor §§ 13 Rn. 82.

97 *Carnap*, Einführung, 1976, S. 196 ff.; *Rolinski*, FS-Miyazawa, 1995, 482, 487.

98 NK/*Puppe*, 4. Aufl., Vor §§ 13 Rn. 82.

99 *Merkel*, FS-Puppe, 2011, 151, 156 ff.; *Klug*, Juristische Logik, 1982, S. 28; *Pérez-Barberá*, ZStW 114 (2002), 600, 604; *Fincke*, Arzneimittelprüfung, 1977, S. 76; *Koriath*, Grundlagen, 1994, S. 421 f.

100 *Mackie*, The Cement of the Universe, 1974, S. 32; *Binns*, Inus-Bedingung, 2001, S. 14.

in der Welt durch vorangehende Ereignisse mit Notwendigkeit bestimmt werde",[101] was aber vom konkreten, singulären Kausalzusammenhang zwischen der isolierten Bedingung und der konkreten Folge zu unterscheiden ist. Und beim zweiten Satz geht es um eine Identitätsaussage: „Keine Geschwindigkeitsüberschreitung" ist nur ein anderer Aspekt von „Keine Gesetzesverletzung".

ii. Die Formel der INUS-Bedingung

Die Analyse der Kausalität von *Mackie* baut im Anschluss an *Mills* Konzept methodisch auf die Formel des singulären Konditionalsatzes auf, die im Strafrecht in der Gestalt der *conditio*-Formel ihre Entsprechung findet.[102] Seine auf die Alltagssprache gerichtete Analyse der Kausalität[103] beruht auf einigen Voraussetzungen, die nun näher zu betrachten sind. Dies wird sich auch für das vertiefte Verständnis der traditionalen Formel der notwendigen Bedingung als hilfreich erweisen. Wie schon oben gesagt, muss sich der kontrafaktische Konditionalsatz zunächst auf *die gegebenen Umstände* beziehen. Zu ihnen zählt auch das Nichteintreten der negativen Bedingungen.[104]

Nach *Mackie* sollte eine Bedingung für die Folge ursächlich sein, wenn sie mit dem Prädikat INUS verbunden sei. Eine Bedingung ist für die Folge INUS, wenn „sie ein *nicht hinreichender* (*i*nsufficient), aber *notwendiger* (*n*ecessary) Teil eines Komplexes ist, der selbst als ganzes für die Folge nicht notwendig (*u*nnecessary), aber *hinreichend* (*s*ufficient) ist."[105] Der Komplex lässt sich dabei als „eine hinreichende Mindestbedingung" für P bezeichnen.[106]

---

101 *Maiwald*, Kausalität, 1980, S. 10.

102 *Koriath*, Kausalität, 1988, S. 32 ff., 138 f.; *ders.*, Grundlagen, 1994, S. 419 ff.; *Haas*, Kausalität, 2002, S. 154; *Sofos*, Mehrfachkausalität, 1999, S. 41 ff., 47, 59 ff., 109.

103 *Koriath*, Grundlagen, 1994, S. 419.

104 *Stegmüller*, Wissenschaftstheorie, Bd. 1, 1983, S. 584; *Kindhäuser*, Gefährdung, 1989, S. 85; *Koriath*, Kausalität, 1988, S. 33.

105 Vgl. *Kindhäuser*, Gefährdung, 1989, S. 87: „In einer verallgemeinerten Kurzfassung läßt sich der Begriff der Ursache als *unabdingbarer Teil einer hinreichenden Minimalbedingung k für ein Ereignis e* definieren." und *Puppes* Definition, NK/*dies.*, 4. Aufl., Vor §§ 13 ff. Rn. 102: „Eine Einzelursache ist also nur ein ‚notwendiger Bestandteil einer nach allgemeinen empirischen Gesetzen hinreichenden und wahren Bedingung.'" Hervorhebung dort. Im Gegensatz zu *Puppe* steht in der Analyse von *Mackie* das Kausalgesetz nicht im Vordergrund, *Mackie*, The Cement of the Universe, 1974, S. 77; *Haas*, Kausalität, 2002, S. 158; *Koriath*, Kausalität, 1988, S. 33 f. Wie *Puppe* geht *Kindhäuser*, Gefährdung, 1989, S. 86, davon aus, „Ob der Konditionalsatz richtig ist, hängt [...] davon ab, ob das durch die Folgerungsbeziehung formulierte Naturgesetz gilt."

106 *Stegmüller*, Wissenschaftstheorie, Bd. 1, 1983, S. 593; *Binns*, Inus-Bedingung, 2001, S. 47; *Koriath*, Kausalität, 1988, S. 33; *ders.*, Grundlagen, 1994, S. 425.

Um uns Klarheit über die Formel zu verschaffen, empfiehlt es sich, auf den von *Mackie* angeführten Kurzschluss-Fall zurückzugehen.[107] Jemand fragt sich, warum das Kaufhaus zum Zeitpunkt t und am Ort o in Brand geraten ist. Nach dem Brand sind drei Bedingungen festgestellt: dass es einen elektrischen Kurzschluss gab, dass brennbares Material vorhanden und dass keine Sprinkleranlage eingerichtet war. Bezeichnen wir sämtliche angeführten Bedingungen als einen Komplex α und setzen A für den Kurzschluss, B für das Vorhandensein brennbaren Materials und $\neg$C für das Fehlen der Sprinkleranlage ein. P steht für den Hausbrand. Jetzt kann man einerseits sagen, dass α für P hinreichend ist $((\alpha = A \land B \land \neg C) \rightarrow P)$. Es gibt noch andere Komplexe (z.B. β, γ, usw.), die für einen Hausbrand hinreichend wären. Sie haben jeweils ihrerseits auch einige Bestandteile, die durch z.B. $D \land E \land \neg F$ sowie $G \land H \land \neg I$ usw. symbolisiert werden können. Man kann somit die kausale Regularität wie folgt ausdrücken: „Immer wenn α oder β oder γ oder usw. eintritt, dann findet P statt“ (kurz: $\alpha \lor \beta \lor \gamma \ldots \rightarrow P$). α ist daher nicht für P notwendig, weil ein Haus auch durch β oder γ usw. in Brand geraten kann. Anderseits ist das Element A ein notwendiger Bestandteil für α, also ohne A, auch nicht α. Dies gilt auch für jedes D oder G usw. in jedem anderen Komplex, der für P hinreichend ist.

Mackie hat zum Zweck der Abgrenzung zwischen Ursache und Bedingung den Begriff des „kausalen Felds“ entwickelt.[108] Eine kausale Aussage sei nach ihm auf die kausale Frage angewiesen und diese beziehe sich nicht auf alle denkbaren Bedingungen bzw. Ereignisse, die der nun interessanten Folge vorausgegangen sind, sondern beschränke sich auf einen bestimmten Kontext. Wenn jemand sich zum Zwecke der Prävention fragt, „Warum wurde das konkrete Kaufhaus zurzeit t am Ort o verbrannt?“, so er fragt sich dabei nicht, „Wann, wie, von wem und aus welchem Material das Haus gebaut wurde?“. Diese Bedingungen bzw. Ereignisse haben zwar den Brand des Hauses bedingt, aber das Interesse des Fragenden nicht getroffen. Man könne daher prinzipiell eine Bedingungsgruppe von derjenigen unterscheiden, zu der die interessanten Bedingungen wie in unserem Beispiel A, B und $\neg$C gehören. *Mackie* nannte die Gruppe von interessanten Bedingungen „das kausale Feld“. Die Bedingungen, die also nur in dieses Feld fallen, müssen bei der kausalen Erklärung berücksichtigt werden.[109] Vor diesem Hintergrund versteht *Mackie* unter Ursache ein „Ereignis in einem bestimmten kausalen Feld“.[110]

---

107 *Koriath*, Kausalität, 1988, S. 32; *ders.*, Grundlagen, 1994, S. 422.

108 *Mackie*, The Cement of the Universe, 1974, S. 34 ff.; *Binns*, Inus-Bedingung, 2001, S. 16 ff.; *Kindhäuser*, Gefährdung, 1989, S. 85 ff.; *Koriath*, Kausalität, 1988, S. 32; *ders.*, Grundlagen, 1994, S. 422; *Haas*, Kausalität, 2002, S. 154; *Toepel*, Pflichtwidrigkeitszusammenhang, 1992, S. 59; *ders.*, JuS 1994, 1009, 1012.

109 *Mackie* hat jedoch zugestanden, dass es kein sicheres Kriterium für das kausale Feld gebe. Das rührt daher, dass seine Analyse der Kausalität auf der Interpretation der kausalen Aussage beruht.

110 *Stegmüller*, Wissenschaftstheorie, Bd. 1, 1983, S. 585; *Binns*, Inus-Bedingung, 2001, S. 17; *Kindhäuser*, GA 2012, 134, 136; *Koriath*, Kausalität, 1988, S. 32. Die Darstellung des kausalen Feldes von *Samson* ist jedoch irreführend, wenn er in

Die INUS-Formel ist insoweit gegenüber der herkömmlichen Analyse der Kausalität mit dem kontrafaktischen Konditionalsatz, also der Formel der notwendigen Bedingung, verschieden, als sie andere Bedingungskomplexe, die für die Folge alternativ hinreichend sind, außer Acht lässt. Die herkömmlichen Prädikate der ursächlichen Bedingung, nämlich (insufficeint, but necessary: IN), werden um die Prädikate einer hinreichenden Mindestbedingung (unnecessary, but sufficient: US) ergänzt.

Die INUS-Formel sagt aber nichts darüber aus, wie man das Kriterium für die hinreichende Mindestbedingung, die selbst für die Feststellung der Kausalität notwendig ist, erhalten kann.[111] Die bloße Konjunktion von Ereignistypen ($A \land B \land \neg C$) bietet kein Instrument, wie man die einfache Beschreibung der beobachteten, Ereignisabfolge von P von der kausalen Erklärung von P unterscheidet.[112] Die Formel der INUS-, sowie auch der notwendigen Bedingung stoßen an ihre Grenze, soweit sie nicht über das rein logische Bedingungsverhältnis zwischen der Bedingung und der Folge hinausgehen.[113] Hierdurch entsteht das Bedürfnis, das materiell-kausale Gesetz heranzuziehen, durch das man eine wissenschaftlich akzeptierte Ermittlung des fraglichen Kausalzusammenhangs erzielen kann.[114]

iii. Das deduktiv-nomologische Modell

Das deduktiv-nomologische Modell (im Folgenden: DN-Modell) wurde im Bereich der Wissenschaftstheorie von *Hempel* und *Oppenheim* 1948 in dem Artikel „Studies in the Logic of Explanation“[115] vorgeschlagen und in Deutschland in der Philosophie insb. von *Stegmüller*[116] sowie vereinzelt in der Rechtswissenschaft aufgegriffen.[117] Bei ihm

seinem Aufsatz, FS-Rudolphi, 2004, 259, 261, das kausale Feld mit dem Begriff der hinreichenden Mindestbedingung gleichsetzen will. Denn der Sinn und Zweck des kausalen Feldes besteht immer im Ausschluss der für die Folge irrelevanten Bedingungen von der Ursache, d.h. der eigentlich relevanten Bedingung. Hingegen ist die hinreichende Mindestbedingung eine notwendige Brücke, über die eine Bedingung zur INUS wird. Z.B. ist die Anwesenheit des brennbaren Materials eine notwendige Bedingung für die hinreichende Mindestbedingung, aber kein Bestandteil des kausalen Feldes.

111 *Stegmüller*, Wissenschaftstheorie, Bd. 1, 1983, S. 592; *Toepel*, FS-Puppe, 2011, 289, 295; a.A. *Koriath*, Kausalität, 1988, S. 34.

112 Dies gilt erst recht für die Formel der notwendigen Bedingung.

113 Dies bedeutet aber keineswegs, auf die beiden Formeln gänzlich zu verzichten. Man darf nicht vergessen, dass die Formeln allein als heuristisches Mittel hilfreich sind.

114 *Stegmüller*, Wissenschaftstheorie, Bd. 1, 1983, S. 366 ff., 381 ff.; *Hilgendorf*, FS-Lenckner, 1998, 699, 705; *Kindhäuser*, Gefährdung, 1989, S. 86; NK/*Puppe*, 4. Aufl., Vor §§ 13 Rn. 82; *Volk*, NStZ 1996, 105, 108.

115 *Hempel/Oppenheim*, Studies, 1948, S. 135 ff.

116 *Stegmüller*, Wissenschaftstheorie, Bd. 1, 1969, S. 75 ff.

117 *Haas*, Kausalität, 2002, S. 156 ff.; *Kindhäuser*, GA 1982, 477, 480 f.; *ders.*, Gefährdung, 1989, S. 83 ff.; *Maiwald*, Kausalität, 1980, S. 64 ff.; *Philipps*, Der Handlungsspielraum,

geht es um die wissenschaftliche Erklärung von Vorgängen oder Tatsachen, konkret um die Beantwortung der Frage: „Warum hat ein Ereignis stattgefunden?“[118] Diese Frage könne verstanden werden als Frage: „Nach welchen allgemeinen Gesetzen und aufgrund welcher Vorbedingungen findet ein Phänomen statt?“[119] Hierdurch kann Kausalität als ein Sonderfall[120] sowie Anwendungsfall[121] der deduktiv-nomologischer Erklärung expliziert werden.[122] Das Explanandum (das Erklärte) ist vom Explanans (dem Erklärenden) durch die Schlussregeln der Logik *deduktiv* herzuleiten, indem man überprüft, ob die stattgefundenen Vorgänge oder Tatsachen unter die betroffenen Kausalgesetze subsumierbar sind. Das Subsumierbarsein des Sachverhalts unter das Kausalgesetz[123] bedeutet in der logischen Terminologie seine Ableitbarkeit.[124] Eine Erklärung kann dabei gut oder schlecht, sowie adäquat oder inadäquat sein.[125]

Hempel und *Oppenheim* schlugen vier logische und empirische Bedingungen für eine wissenschaftliche Erklärung vor, bei deren Gegebensein sie als adäquat bezeichnet werden kann: „1. Das Argument, welches vom Explanans zum Explanandum führt, muß *korrekt* sein. 2. Das Explanans muß *mindestens ein allgemeines Gesetz* enthalten (oder einen Satz, aus dem ein allgemeines Gesetz logisch folgt). 3. Das Explanans muß einen *empirischen Gehalt* besitzen. 4. Die Sätze, aus denen das Explanans besteht, müssen *wahr* sein.“[126] Auf die Richtigkeit dieser sog. Adäquatheitsbedingungen brauchen wir vorliegend nicht einzugehen, weil es vorerst nur darum geht, sich anhand des Modells das zugrundeliegende sachliche, logische Erklärungssystem klarzumachen.

Will man z.B. gemäß dem Modell eine Frage wie „Warum ist draußen im kalten Winter eine mit Wasser gefüllte Glasflasche zerbrochen?“ beantworten, so hat man im ersten Schritt das Explanandum (kurz: E), namentlich das Zerbrochensein der Wasserflasche, wahrzunehmen. Daraufhin sucht man wirkliche, vorangegangene Bedingungen (vB_1, vB_2, ..., vB_n) die als Ursache ins Auge gefasst werden. Hierbei

---

1974, S. 101 ff.; *Puppe*, ZStW 92 (1980), 863 ff.; *Vogel*, Norm, 1993, S. 150 ff.; *Walder*, SchwZStrR 93 (1977), 113 ff.; *Schulz*, FS-Lackner, 1987, 39 ff., der seiner Fassung der Lehre von der gesetzmäßigen Bedingung *Hempels* und *Oppenheims* Verständnis von kausaler Erklärung zugrunde legt, aber die strikte Befolgung der von ihnen vorgeschlagen Formel zur Feststellung des strafrechtlichen Kausalzusammenhangs ablehnt.

118 *Hempel/Oppenheim*, Studies, 1948, S. 136.

119 *Hempel/Oppenheim*, Studies, 1948, S. 136, Übersetzung hier.

120 *Stegmüller*, Das Problem der Kausalität, 1970, S. 160, 162; *Muhle*, Kausalität, 2012, S. 22.

121 *Maiwald*, Kausalität, 1980, S. 64 ff.

122 *Hempel*, Aspekte, 1977, S. 20.

123 *Stegmüller*, Wissenschaftstheorie, Bd. 1, 1983, S. 116.

124 *Stegmüller*, Wissenschaftstheorie, Bd. 1, 1983, S. 120, 124.

125 *Stegmüller*, Wissenschaftstheorie, Bd. 1, 1983, S. 124.

126 *Hempel/Oppenheim*, Studies, 1948, S. 137 f.; *Stegmüller*, Wissenschaftstheorie, Bd. 1, 1983, S. 124.

braucht man nicht *alle* Bedingungen, die dem Explanandum vorangegangen sind, zu beschreiben. In Betracht kommen etwa maßgeblich solche Umstände, die jemand berichtet hat: Die Flasche sei zum einen bestimmten früheren Zeitpunkt am betroffenen Ort mit Wasser erfüllt gewesen (vB_1); es habe damals eine Temperatur von -5° C geherrscht (vB_2); etc. Zusätzlich hat man die einschlägigen (physikalischen) Kausalgesetze (G_1, G_2, ..., G_n) heranzuziehen: 1. Wasser friert unter 0 Grad Celsius (G_1). 2. Gefrieren von Wasser geht mit einer Volumenzunahme einher (G_2). 3. Volumenzunahme von Wasser erzeugt in einem verschlossenen Behälter Druck (G_3). 4. Erhöhter Wasserdruck bewirkt zu einem bestimmten Punkt das Bersten des Behältnisses (G_4). Von vB_1 und vB_2 ist zusammen mit G_1 darauf zu schließen, dass das in der Flasche vorhandene Wasser gefroren ist (S_1). S_1 kann nun als vorgegebene Bedingung (vB_3) ins Explanans eingezogen werden, und erlaubt zusammen mit G_2 den Schluss darauf, dass sich das gefrorene Wasser im Volumen vergrößert hat (S_2). In gleicher Weise folgen S_3 (eine bestimmte Druckzunahme durch das Gefrieren des Wassers) aus S_2 (vB_4) und G_3 sowie schließlich S_4 (das Zerbersten der Flasche durch den Druck) aus S_3 (vB_5) und G_4.[127] Hierbei ist es zulässig – so *Koch/Rüßmann* –, die Zwischenergebnisse (also S_1 bis S_3) als wahr anzunehmen, obwohl sie niemand beobachtet hat, weil es für die wissenschaftliche Erklärung ausreicht, nicht „Real-", sondern „Vernunftgründe" zu suchen.[128] Für die Vernunftgründe sollen „sämtliche Informationen in Betracht kommen, die die Erwartung eines nicht bekannten Ereignisses als rational erscheinen lassen."[129]

Voraussetzung für die Gültigkeit dieses Modells ist, dass das Explanans empirische Elemente enthält. D.h., man muss prinzipiell anhand der Erfahrung die im Explanans beschriebenen Aussagen als richtig oder falsch bewerten können.[130] Der Versuch von *Hilgendorf*,[131] unter der grundsätzlichen Annahme eines „rechtstreuen Personenkreises" an die Stelle des empirischen Kausalgesetzes ein Normgesetz einzusetzen, ist nicht unproblematisch. Man kann zwar z.B. angesichts des wirksamen Verbots, niemanden zu töten, erklären, warum jemand normgemäß gehandelt hat, oder voraussehen, dass er in Zukunft niemanden tötet. Aber das Normgesetz kann anders als Kausalgesetz nicht empirisch, sondern nur autonom gewonnen werden. D.h., das Verbot, niemanden zu töten, ergibt sich nicht aus der Erfahrung bzw. Annahme eines rechtstreuen Personenkreises, sondern aus dem vernünftigen Gesetz, dass jeder einzelne die Freiheit des anderen respektieren soll, um seine Freiheit zu bewahren.[132]

---

127 Durch die Systematisierung, d.h. die Verknüpfung der einschlägigen Gesetze lässt sich von der ersten Bedingung auf den letzten Sachverhalt schließen, ohne jede Zwischensubsumtion einzeln zu betrachten. Vgl. *Stegmüller*, Wissenschaftstheorie, Bd. 1, 1983, S. 123.

128 *Koch/Rüßmann*, Begründungslehre, 1982, S. 284.

129 *Koch/Rüßmann*, Begründungslehre, 1982, S. 284.

130 So *Hilgendorf*, NStZ 1994, 561, 565.

131 *Hilgendorf*, NStZ 1994, 561, 565.

132 *Murmann*, Die Nebentäterschaft, 1993, S. 194 f.; *Wolff, E.A.*, Die Kausalität, 1965, S. 39 f.

Die Erklärungskraft des deduktiv-nomologischen Modells hängt davon ab, welches Kausalgesetz als Prämisse in Betracht kommt. Das DN-Modell setzt eigentlich Gesetze voraus, die All-Aussagen enthalten.[133] Mit Hilfe der Prädikatenlogik sind solche Gesetze so zu formalisieren: $\forall_X(F_X \rightarrow G_X)$.[134] Dies ist so zu lesen: „Für alle x gilt, immer wenn F auf x zutrifft, dann trifft G auf x zu."[135] Das bedeutet also, dass „*jeder* Einzelfall von F auch ein Einzelfall von G ist."[136] Nur dann kann man das Explanandum aus dem Explanans deduktiv herleiten. In der Welt aber gibt es auch einen anderen Bereich, in dem höchstens *statistische* oder *probabilistische* Gesetze gelten. Hier sind Fälle möglich, in denen die Gesetze nicht auf einen konkreten Fall angewendet werden können, sodass die logischen Schlussregeln nicht zutreffen.[137] Wie typischerweise im Bereich der Wahrscheinlichkeitstheorie sind statistische Aussagen zu formalisieren als: p(G, F) = r. D.h., „Die Wahrscheinlichkeit, dass ein Einzelfall von F auch ein Einzelfall von G ist, beträgt r."[138] Ist nun z. B. r = 0,9, so ergibt sich aus dem Explanans (p(G, F)= 0,9 und Fx) nicht deduktiv das Explanandum (Gx).[139] Denn der statistische Satz impliziert nur, dass die Gx mit einer Wahrscheinlichkeit von 90 % eintritt, wenn die Fx zutrifft.[140] Vor diesem Hintergrund vertreten Teile der Natur-,[141] wie auch

133 *Stegmüller*, Wissenschaftstheorie, Bd. 1, 1983, S. 121.

134 Vgl. zu den Operatoren der Prädikatenlogik nur *Klug*, Juristische Logik, 1982, S. 51 ff.

135 Näher dazu *Koch/Rüßmann*, Begründungslehre, 1982, S. 39 ff. und 285 f.

136 *Stegmüller*, Wissenschaftstheorie, Bd.1, 1983, S. 778.

137 *Stegmüller*, Wissenschaftstheorie, Bd.1, 1983, S. 774 ff. und Bd. 4, Halbbd. 2, 1973, S. 279 ff.; *Koch/Rüßmann*, Begründungslehre, 1982, S. 287; *Kleine-Cosack*, Kausalitätsprobleme, 1988, S. 23; anders *Carnap*, Einführung, 1986, S. 38 ff.

138 Vgl. *Koch/Rüßmann*, Begründungslehre, 1982, S. 287; *Stegmüller*, Wissenschaftstheorie, Bd.1, 1983, S. 778.

139 Das ist eine übliche Schreibweise in der statistischen und wahrscheinlichkeitstheoretischen Fachliteratur, auch wenn an ihr verwirrend ist, dass man für den Ausdruck einer statistischen Wenn-dann-Verknüpfung, die Wennkomponente hinter der Dannkomponente notiert, während man die deterministische Wenn-dann-Verknüpfung mit Hilfe des aussagenlogischen Konditionals genau umgekehrt schreibt, *Koch/Rüßmann*, Begründungslehre, 1982, S. 287.

140 *Kindhäuser*, GA 1982, 477, 484.

141 *Stegmüller*, Wissenschaftstheorie, Bd. 1, 1983, S. 153 ff., m.w.N. Er geht von dem strengen Verständnis von Erklärung aus, dass sie das Argument dafür angeben muss, warum das Explanandum-Ereignis stattgefunden hat, nicht aber, warum es nicht stattgefunden hat. Die grundsätzliche Annahme der statistischen Erklärung führe nach ihm zum inakzeptablen Ergebnis, dass z.B. ein Eintreten von Gx auch durch die Informationen, Fx und p(G, F)=0,1(!) für erklärt gehalten sei. Ob etwas erklärt werden kann, hänge dann nicht vom einschlägigen Gesetz, sondern rein von Zufall ab. Im statistischen Fall sollte laut *Stegmüller* das Explanans nicht Seinsgründe, sondern Vernunftgründe für das Explanandum sein. Trotzdem ist auch nach *Stegmüllerschen* Schemata die Funktion von statistischen Gesetzen

der Rechtswissenschaft,[142] dass ein solches statistisches bzw. probabilistisches Kausalgesetz zum Zwecke der kausalen Erklärung bzw. der Vorhersage des konkreten Einzelfalls nicht verwendet werden könne. Jedoch kann man dem mit *Hempel*[143] entgegenhalten, dass das DN-Modell auch im indeterministischen Bereich analog in beschränkter Weise auf den konkreten Fall angewendet werden könne. Man könne vom Explanans, in dem mindestens ein statistisches bzw. probabilistisches Kausalgesetz mit einem bestimmten Wahrscheinlichkeitswert vorkommt, auf das Explanandum auch „mit Wahrscheinlichkeit" (anders ausgedrückt: „Es ist ‚praktisch sicher' [oder ‚fast sicher', ‚sehr wahrscheinlich', usw.], dass das Explanandum eintritt.") schließen.[144] Diese Wahrscheinlichkeit ist aber kein modaler Operator, der das Explanandum unabhängig von dem Explanans als wahr oder falsch qualifiziert, sondern sie hat ihren Sinn in der Relation zwischen

---

nicht verloren gegangen; sie könne doch vielmehr zum Zweck der statistischen Begründung bzw. Tiefenanalyse für die Hypothese Gx ihre Bedeutung finden. Die Hypothese Gx könne als begründet angesehen werden, wenn das Eintreten eines durch Gx beschriebenen Ereignisses rational zu erwarten ist. Parallel dazu stelle sich eine Frage in der Gestalt, „wie ist es zu verstehen, dass x, das ein F ist, auch ein G ist?", auf welche das statistische Gesetz vernünftigerweise angewendet werden kann. Mir ist es aber noch unklar, warum man nicht von Erklärung sprechen darf, wenn man den Eintritt eines empirisch beobachteten Ereignisses durch eine bestimmte Antezedensbedingung und ein statistisches Gesetz zu verstehen sucht. Nur das eine bestimmte hohe Wahrscheinlichkeit aufweisende statistische Gesetz kann zur Erklärung des empirisch bestätigten Eintritts des Ereignisses dienen; die in diesem Gesetz implizierte geringe Wahrscheinlichkeit oder reine Möglichkeit des Nichteintretens des Ereignisses spielt bei der Erklärung keine Rolle. Zweifelhaft ist auch, weshalb es um Vernunftgründe gehen müsse, wenn der Wahrscheinlichkeitswert des einschlägigen statistischen Gesetzes nahe bei 1 liegt und die in Betracht gezogene Bedingung unmittelbar beobachtet worden ist; auch krit. *Hempel*, Aspekte, 1977, S. 118 ff.; *Kindhäuser*, GA 1982, 477, 481.

142 Z.B. *Hassemer*, Produktverantwortung, 2. Aufl., 1996, S. 44; *Kindhäuser*, GA 1982, 477, 484.

143 *Hempel*, Aspekte, 1977, S. 55 ff.

144 Im philosophischen Bereich so z.B. *Salmon* und *Suppes*, in: *Kindhäuser*, GA 1982, 477, 482, in der Jurisprudenz ausdrücklich z.B. *Pérez-Barberá*, ZStW 114 (2002), 600, 611 ff. Er geht jedoch davon aus, dass die statistische bzw. probabilistische, wie kausale oder teleologische Aussage der ontologischen Determinationskategorie zugeordnet werden sollte, sodass sie den selbstständigen, im Vergleich zu den anderen (also, kausalen und teleologischen) nicht untergeordneten Wert haben sollte. Er behauptet außerdem, dass diese Auffassung mit dem *in dubio pro reo*-Grundsatz vereinbar sei (ZStW 114 (2002), 600, 628 f.), weil man auch in den statistisch determinierten Fällen von der „statistischen Gewissheit" sprechen könnte, an die die gleiche Anforderung wie an die kausale Gewissheit gestellt werden müsse. Demzufolge könnte der *in dubio pro reo*-Grundsatz in Betracht kommen, wenn „die statistische Korrelation so schwach ist, dass die Bedeutung der tatsächlichen und gesetzmäßigen Vorgänge für die angebliche Folge zweifelhaft erscheint."

dem Explanans und dem Explanandum.[145] Sie muss nicht infolge des im statistischen Gesetz vorkommenden Wahrscheinlichkeitswerts[146] exakt ausgerechnet werden; es reicht eine näherungsweise Bestimmung. Der Schluss hat freilich genau gesehen nicht den deduktiven, sondern „induktiven" Charakter.[147] Induktiv

---

145 *Hempel*, Aspekte, 1977, S. 61 f.; *Stegmüller*, Wissenschaftstheorie, Bd. 1, 1983, S. 800 ff.; *Pérez-Barberá*, ZStW 114 (2002), 600, 612.

146 In der Wahrscheinlichkeitstheorie als einem Teil der Mathematik erscheinen drei Versuchen die Wahrscheinlichkeit zu verstehen. Der erste von *Laplace* besteht darin, das Verhältnis der Zahl der günstigen zur Zahl der möglichen Fälle zu bestimmen (vgl. *Carnap*, Einführung, 1986, S. 32; *Koch/Rüßmann*, Begründungslehre, 1982, S. 289; *Traeger*, Der Kausalbegriff, 1904, S. 120 f.). Ganz klassisch ist dabei an den Wurf eines unverfälschten Würfels gedacht, bei dem die Wahrscheinlichkeit, jede Anzahl (1, 2, 3, 4, 5, oder 6) zu werfen, 1/6 beträgt. Vorausgesetzt ist in dieser Wahrscheinlichkeitsrechnung, dass jedes mögliche Ereignis mit dem gleichen Wahrscheinlichkeitsmaß eintreten könne (das sog. Indifferenzprinzip), was zum empirischen Bedenken geführt hat, warum das eine Ereignis trotzdem eintreten sollte (vgl. *Carnap*, Einführung, 1986, S. 32; *Ziethen*, Grundlagen, 2004, S. 49). Zum zweiten schlug z.B. *Reichenbach* vor, um diesen Widerspruch zu vermeiden, die Wahrscheinlichkeit als den Grenzwert der relativen Häufigkeit in einer unendlichen Folge aufzufassen, *Maiwald*, Kausalität, 1980, S. 54 f. Ausgerechnet wird hier dadurch die Wahrscheinlichkeit (1/6), die jeweilige Augenzahl zu werfen, dass man unter der Voraussetzung des unendlich sich wiederholenden Wurfes des Würfels die relative Häufigkeit jedes Ereignisses in der Form der Konvergenz auszählt. Der Versuch stößt aber auch auf dieselbe Kritik, wenn man berücksichtigt, dass der Grenzwert der relativen Häufigkeit nicht mit der logischen Notwendigkeit, sondern höchstens mit großer Sicherheit ausgerechnet werden kann. Logisch lässt sich ja ohne Hindernis sagen, dass nur eine Augenzahl z.B. 6 beim n-ten Versuch des Wurfes auftreten kann, was aber in der Realität kaum vorkommt; also kann die logische Aussage über die Wahrscheinlichkeit die empirische widerlegen. Schließlich kommt der subjektivierende Ansatz in Betracht. Demzufolge sieht man die Wahrscheinlichkeit als den Grad der Überzeugung vom Eintritt des Ereignisses an. Der Überzeugungsgrad kann mit dem höchsten Wettquotienten illustriert werden, mit dem eine Person auf den Eintritt des Ereignisses zu wetten bereit ist (*Koch/Rüßmann*, Begründungslehre, 1982, S. 291; *Traeger*, Der Kausalbegriff, 1904, S. 118 f.). Gegen diese subjektivierte Wahrscheinlichkeit würde man mit der Gefahr argumentieren, dass alle wissenschaftliche Objektivität verloren gehen könnte. Derartige Kritik ist mittlerweile durch das Streben nach dem Konstruieren der Regeln für die objektivierende Überzeugungsbildung abgeschwächt. Freilich lässt es noch die subjektivistische Auffassung außer Acht, dass es einen Bereich gibt, in dem Indeterminismus herrscht. Aus alledem kann resultieren, dass der (vor allem subjektive) Wahrscheinlichkeitsbegriff von der mathematischen Wahrscheinlichkeitstheorie auf das Strafrecht übertragbar ist. Er bereitet in den Fällen der sog. generellen Kausalität (dazu LG Aachen, JZ 1971, 507, 510) die theoretische Grundlage für den Lösungsvorschlag durch die richterliche freie Beweiswürdigung.

147 So spricht *Hempel*, Aspekte, 1977, S. 66, von dem Induktiv-Statistischen Modell (in Abkürzung: IS-Modell); Näher dazu, *Stegmüller*, Wissenschaftstheorie, Bd. 1,

ist also die Relation in dem Sinne, dass die Conclusio von den im Explanans gegebenen Daten, nicht aber den dem DN-Modell zugrundeliegenden Gesetzen abgeleitet worden ist; die als Prämissen empirisch angenommenen Explanans-Aussagen machen die Conclusio sicher.[148] Dieser Vorgang ermöglicht es, dass man von den empirischen bestätigten Aussagen zur anderen späteren Aussage übergeht, ohne gesetzesartige Aussagen heranzuziehen. Diese Arbeit begnügt sich mit der Einsicht, dass der Schluss auf das Explanandum umso sicherer ist, je deterministischer der Zusammenhang ist.[149]

Dieses Modell liefert uns nicht nur die wissenschaftliche Erklärung, „warum das fragliche Phänomen in der Vergangenheit stattgefunden hat",[150] sondern auch in analogischer Weise[151] die (rationale bzw. wissenschaftliche)[152] Voraussage, „was sich in Zukunft ereignen wird", wenn die bestimmten Gesetze und die konkreten Bedingungen gegeben sind. Diese sog. DN-Vorhersagen gelten auch, wenn „die im Explanans angeführten Gesetze und speziellen Fakten *zu einem früheren Zeitpunkt* bekannt gewesen und in Betracht gezogen worden wären."[153] Erklärung und Voraussage sind im wissenschaftlichen Sinne in der Struktur formell identisch,[154] der Unterschied ist nicht zeitbezogen. Daher ist es einerlei, ob es sich um ein in der Vergangenheit oder in der Zukunft liegendes Ereignis handelt:[155] Von der Erklärung ist die Rede, wenn das Explanandum als wahr angenommen wird und nun allgemeine Gesetze und konkrete Antecedensbedingungen gesucht werden, wodurch man es zu erklären versucht, wohingegen bei der Voraussage die das Explanans ausmachenden Gesetze und Antecedensbedingungen gegeben sind und es kommt nun auf den Schluss von ihnen auf das fragliche Explanandum an, das auch in der Vergangenheit

---

1983, S. 780 f., 800 ff.; *Carnap*, Einführung, 1986, S. 30 f.; *Pérez-Barberá*, ZStW 114 (2002), 600, 611.

148 *Hempel*, Aspekte, 1977, S. 54, 63; *Stegmüller*, Wissenschaftstheorie, Bd. 1, 1983, S. 802.

149 *Kindhäuser*, GA 1982, 477, 484; *Maiwald*, Kausalität, 1980, S. 65; *Puppe*, ZStW 95 (1983), 287, 293; anders *Pérez-Barberá*, ZStW 114 (2002), 600, 602 f., 612, 617; *Knauer*, Die Kollegialentscheidung, 2001, S. 111.

150 Zu unterscheiden ist die wissenschaftliche Erklärung dadurch von der rein faktischen Feststellung, dass sich ein Phänomen zu einem frühen bestimmten Zeitpunkt ereignet hat.

151 Die oben erklärte vierte Adäquatheitsbedingung, dass die Sätze, aus denen das Explanans besteht, wahr sein müssen, wird nach *Hempelscher* Auffassung im Rahmen der Voraussage aufgegeben. Dementsprechend spricht *Hempel* von der „potentiellen Erklärung". *Hempel*, Aspekte, 1977, S. 40 ff. m.w.N.; *Stegmüller*, Wissenschaftstheorie, Bd. 1, 1983, S. 197.

152 *Stegmüller*, Wissenschaftstheorie, Bd. 1, 1983, S. 196.

153 *Hempel*, Aspekte, 1977, S. 43, Hervorhebung hier.

154 *Hempel*, Aspekte, 1977, S. 40 f.; *Stegmüller*, Wissenschaftstheorie, Bd. 1, 1983, S. 191 ff.

155 *Hempel*, Aspekte, 1977, S. 43; *Stegmüller*, Wissenschaftstheorie, Bd. 1, 1983, S. 122, 192, 201; *Traeger*, Der Kausalbegriff, 1904, S. 118.

liegen kann. Man kann (bzw. hätte) z.B. durch die Prinzipien der Himmelsmechanik und der Optik nachträgliche Vorhersagen über Sonnenfinsternisse anstellen können.

Gegen diese strukturelle Identität von Erklärung und Voraussage[156] hat sich *Scriven*[157] mit dem Argument gewandt, dass es Fälle gebe, in denen man ein Ergebnis mit seiner „einzigen Ursache" erklären, aber nicht auf Grund dieser Ursache voraussagen könne. Das ist dann der Fall, wenn man die Tatsache, dass z.B. A progressive Paralyse hat, durch die Aussage, „Syphilis ist die einzige Ursache der progressiven Paralyse", zu erklären versucht. Hierbei scheint nach der Auffassung von *Scriven* einerseits eine Erklärung vorzuliegen, wenn festzustellen ist, dass der Betroffene früher tatsächlich an Syphilis gelitten hat. Daran ändert sich nichts, wenn die prozentuale Wahrscheinlichkeit sehr gering ist, dass Syphilis zur späteren Paralyse führt. Jedoch lässt sich anderseits eben wegen der geringen prozentualen Wahrscheinlichkeit unter der Annahme, dass A von Syphilis befallen ist, nicht voraussagen, dass A nachträglich die Paralyse bekommen wird. *Hempel* hat zu Recht hierzu entgegnet, dass die durch „das Erfülltsein einer gesetzmäßig notwendigen Bedingung" versuchte Erklärung nicht adäquat ist. Sonst könnte man die Tatsache, dass z.B. „jemand im Toto den Hauptpreis gewonnen hat", mit den dafür bloß notwendigen Bedingungen, dass „er zuvor einen Toto-Schein ausgefüllt hat und nur eine Person, die ihn ausfüllt, den Hauptpreis gewinnen kann",[158] für eine adäquate Erklärung halten. Noch bemerkenswerter ist jedoch das zweite Argument von *Scriven*[159] gegen die These der Gleichheit von Erklärung und Vorhersage. Hiernach liegt die Antwort auf die Frage, warum man die bestimmten Aussagen des Explanans in die Prämissen aufnimmt, darin, dass man bereits wusste, dass das zu erklärende Ereignis stattgefunden hat. Zur Veranschaulichung wird von *Scriven* der Fall vorgebracht, dass ein Mann seine ihm untreue Frau getötet hat. Der Tod der Frau scheint hier durch die starke Eifersucht des Mannes adäquat erklärt zu werden. Da aber der normale Grad von Eifersucht bei Menschen selten zur Tötung führt, ist die Behauptung, dass sie „so stark" war, dass der Mann seine Frau umbringen konnte, erst durch die Feststellung sinnvoll geworden, dass er tatsächlich so handelte. Bei dem Vorhersage-Zusammenhang mangelt es aber an solch einem empirisch wahrgenommenen Explanandum, dass keine von ihm gestützte Antezedensbedingung, durch derer Annahme das Vorhersage-Verfahren möglich ist, gefunden werden kann. Das Beispiel von *Scriven* sollte den Zirkelschluss aufweisen, dass das zu erklärende Ereignis zu seiner Erklärung diene.[160] *Hempel* wendet sich aber gegen den

---

156 Im Strafrecht, *Vogel*, Norm, 1993, S. 149 Fn. 23.

157 *Scriven*, Explanation and Prediction, 1959, S. 480; *Stegmüller*, Wissenschaftstheorie, Bd. 1, 1983, S. 215.

158 Das Beispiel ist aus dem von *Hempel*, Aspekte, 1977, S. 47, zitiert.

159 *Scriven*, Predictions, 1959, S. 468 f.; *Stegmüller*, Wissenschaftstheorie, Bd. 1, 1983, S. 218 ff.

160 Die beiden Beispiele von *Scriven* scheinen uns mit der Problematik zur strafrechtlichen Erfolgsgestalt bei Erfolgsdelikten zu vermitteln (siehe unten, Teil 2 A. I. 1. 2) (2) c.). Durch die Auseinandersetzung von *Scriven* und *Hempel* kann erläutert

Vorwurf eines Zirkelschlusses dadurch, dass er von sog. „selbst-begründenden" Erklärungen spricht. Sie sind nach ihm gegeben, wenn die Annahme, dass das Explanandum eingetreten ist, „einen unentbehrlichen Bestandteil der für die Stützung einer Explanans-Aussage, etwa A_1, einzig verfügbaren Evidenz" wiedergebe. Das zu erklärende Explanandum soll also zur Stützung bzw. Bestätigung der in Betracht genommenen Antezedensbedingungen, nicht zur eigenen Erklärung an sich, beitragen. In diesen selbst-begründenden Erklärungen sei deshalb kein zirkuläres Moment versteckt. *Toulmin*[161] möchte mit Hilfe der „Darwin'schen Theorie", die gleichförmige Struktur von Erklärung und Voraussage widerlegen. Der Ursprung der Tier- und Pflanzengattung kann laut der Theorie durch Mutation und natürliche Auslese erklärt werden. Aber die Theorie erlaube Wissenschaftlern nicht die Voraussage der Entstehung einer neuartigen Gattung. Trotzdem neigen nicht wenige Fachleute dazu, sie als ein adäquates Erklärungsmodell zu akzeptieren. *Hempel* hat in seiner Replik auf diese Kritik darauf hingewiesen,[162] dass man die „Geschichte" der Evolution von der „Theorie", die ihr zugrunde liegt, unterscheiden müsse. Die Beschreibung, dass z.B. eine bestimmte Art von Dinosaurier in einer bestimmten Ära entstand und später ausstarb, erkläre aber nicht, warum dies geschah. Die Darwin'sche Theorie der Mutation und natürlichen Auslese genüge auch nicht der wissenschaftlichen Erklärung, vor allem, der Genese der Art von Dinosaurier. Man hätte laut *Hempel* (zumindest probabilistische) Vorhersagen treffen können, wenn man die über sie hinausgehenden, zur Erklärung genügenden Hypothesen besessen hätte. Alle Versuche, die Gleichheitsthese von *Hempel* zu entkräften, scheinen ihm zufolge auf unzulänglichen Erklärungen zu beruhen. Hieran zeigt sich freilich schon das Erfordernis, dass die Adäquatheitsbedingungen für Erklärungen konkreter sein müssen, damit man das Explanandum durch ein adäquates Erklärungsmodell vorhersagen kann. Trotz alledem scheint noch nicht jeder Zweifel an der Gleichheitsthese ausgeräumt zu sein. Das kann nicht auf die vermeintliche, strukturelle Diskrepanz zwischen Erklärung und Vorhersage, sondern auf die ungenügenden Informationen über die Antezedensbedingungen bei der Vorhersage zurückgeführt werden.[163]

---

werden, dass das DN-Modell im Rahmen der Feststellung des Kausalzusammenhangs zwischen der Handlung und dem Erfolg eine wichtige theoretische Grundlage sowohl für die Lehre von der gesetzmäßigen Bedingung (siehe unten, Teil 2 A. I. 1. 2) (2) b.), wie auch für die sog. Adäquanztheorie (siehe unten, Teil 2 A. I. 1. 3) (2) b.) liefert. Angesichts dessen, dass es im Recht bei dem Adäquanzurteil um die erfahrungsmäßige Adäquatheit der menschlichen Handlung zum Erfolgseintritt geht, ist festzuhalten, dass – wie manche Autoren in der Literatur vertreten – das Adäquanzurteil keinen normativen, sondern rein empirischen Charakter hat.

161 *Toulmin*, Foresight, 1963, S. 24 f.

162 *Hempel*, Aspekte, 1977, S. 47 f.; *Stegmüller*, Wissenschaftstheorie, Bd. 1, 1983, S. 217 f.

163 *Hempel*, Aspekte, 1977, S. 95.

In dem Bereich, wo lediglich das statistische bzw. probabilistische Gesetz verwandt wird, reicht es für die Voraussage aus, dass man den induktiven Schluss von den gegebenen Daten auf das Ereignis für „rational" hält.[164]

Das Modell stößt aber auch in der Wissenschaftstheorie selbst auf Kritik. Es bringt z.B. manchmal auch nicht-kausale Zusammenhänge zum Ausdruck.[165] Ein falscher Kausalzusammenhang wird etwa mit Blick auf die Frage, „Warum wird ein Mann A nicht schwanger?" hergestellt insofern man ihn aus dem Kausalgesetz: „Wenn Männer regelmäßig die Pille nehmen, werden sie nicht schwanger." und der konkreten Tatsache: „A ist ein Mann und hat die Pille regelmäßig genommen." deduktiv herleiten kann.[166] Genauso wenig überzeugend ist die Aussage, dass die Schattenlänge die Ursache der Turmhöhe sei, weil diese sich aus jener und dem mathematischen Gesetz logisch ergibt. Gegen dieses Konzept ist vor allem einzuwenden, dass der Unterschied zwischen Gesetz und Nicht-Gesetz schwierig zu erkennen ist und dass man nicht leicht die empirischen von den nicht-empirischen Gesetzen abgrenzen kann.[167] Man braucht dennoch für die Feststellung des Kausalzusammenhangs auf die Berücksichtigung des deduktiv-nomologischen Modells nicht zu verzichten, sofern man die strafrechtlichen Belange auf die menschliche Handlungen und die daraus sich ergebenden Ereignisse bzw. Zustände beschränkt. Auf dem deduktiv-nomologische Modell beruhen die sog. Lehre von der gesetzmäßigen Bedingung und die sog. Adäquanztheorie im Bereich von Erfolgsdelikten für die Annahme des Kausalzusammenhangs zwischen der fraglichen Handlung des Täters und dem Erfolg bzw. des Zurechnungszusammenhangs des Erfolgs zur Handlung des Täters.

(2) Der Kausalzusammenhang bei menschlichen Handlungen

Wie oben erörtert,[168] muss bei einer Ursache nicht immer von der Summe aller vorangegangen Bedingungen die Rede sein. Eine einzelne Bedingung – egal, ob sie menschliche Handlung oder natürliche Bedingung ist, – kann je nach den Interessen des Fragenden als kausal angesehen werden. Ferner erhärtet das für Menschen typische Vermögen, kausale Verhältnisse über den Zusammenhang zwischen zwei Ereignissen zu verstehen und sie in der Außenwelt zweckmäßig zu rekonstruieren, die These, dass die menschliche Handlung für sich allein für den Erfolgseintritt ursächlich sein kann. Insoweit kann man nicht mehr davon sprechen, dass es gleichwertig sei, ob es um natürliche Bedingungen oder menschliche Handlungen gehe.[169]

---

164 *Hempel*, Aspekte, 1977, S. 90 ff.; dagegen, *Pérez-Barberá*, ZStW 114 (2002), 600, 611 ff.

165 *Mackie*, The Cement of the Universe, 1974, S. 196 f.

166 *Salmon*, Statistical Explanation, 1971, S. 33 f.

167 *Stegmüller*, Wissenschaftstheorie, Bd. 1, 1969, S. 97 ff.; *Maiwald*, Kausalität, 1980, S. 65 f.

168 Siehe oben, Teil 2 A. I. 1. 2) (1) a.

169 *Murmann*, Die Nebentäterschaft, 1993, S. 144.

So verhält es sich aber wiederum nicht, wenn mehrere Handlungen den Erfolg im oben untersuchten Sinne bedingen, wenn man seine Betrachtung auf die äußere Dimension der Handlungen beschränkt.

In Parallele zur Philosophie bzw. Wissenschaftstheorie gibt es in der Jurisprudenz eine Tendenz, die Ursächlichkeit einer Handlung mit dem Bedingungsverhältnis festzustellen.[170] Dies geschieht über die *conditio*- Formel (also der notwendigen Bedingung) oder die Formel der gesetzmäßigen Bedingung.[171] Die Formel der adäquaten Bedingung, der zufolge eine Bedingung für den Erfolgseintritt dann kausal ist, wenn sie nach dem allgemeinen Erfahrungsgesetz für den Erfolgseintritt adäquat ist,[172] hat zwar eine zum DN-Erklärungsmodell analoge (genau gesehen, deduktiv-nomologische bzw. induktiv-statistische Voraussage-) Struktur,[173] ist aber dem Risikozusammenhang zuzuordnen.[174]

Gemeinsam sind zunächst einmal beiden Bedingungsformeln zwei Annahmen: Die als Ursache in Betracht kommenden Handlungen sind gleichwertig[175] und ihre Ursächlichkeit stellt nur eine notwendige Voraussetzung für die Erfolgszurechnung dar.[176] Im Folgenden werden wir uns mit der Besonderheit der kausalen Frage im Feld der menschlichen Handlungen befassen.

a. Die Äquivalenz der Bedingungen

Alle Handlungen sind nach den beiden Bedingungsformeln äquivalent. Daraus ergibt sich keine Differenzierung zwischen strafrechtlich relevanten Ursachen und irrelevanten Bedingungen.[177] Dies folgt zum einen daraus, dass sie den Kausalzusammenhang mit Hilfe eines logischen bzw. gesetzmäßigen Bedingungszusammenhangs darstellen. Zum anderen darf keine normative Perspektive in der Prüfung der Kausalität berücksichtigt werden. Der darauf beruhende, überholte Kritikpunkt, dass hiermit ein uferloser Regress – z.B. bis zur Erzeugung eines Mordtäters von seinem Vater – einhergehe,[178] verfängt aus strafrechtlicher Sicht nicht. Denn einerseits kann auch dann, wenn man etwa die Erzeugungshandlung des Vaters als ursächlich für den Mord annimmt, die Qualität der Handlung des Täters als (zumindest mit) ursächlich nicht ausgeblendet werden. Andererseits reicht die Annahme des Kausalzusammenhangs für die Begründung der strafrechtlichen Verantwortung

---

170 *Röckrath*, NStZ 2003, 641, 642 f.
171 Siehe oben, Teil 2 A. I. 1. 2) (1) b.
172 *Bockelmann/Volk*, AT, 4. Aufl., § 13 A. V. 4.
173 Siehe oben, Teil 2 A. I. 1. 2) (1) b. iii.
174 Siehe unten, Teil 2 A. I. 1. 3) (1) b.
175 *Gropp*, AT, 4. Aufl., § 4 Rn. 33; *Wessels/Beulke/Satzger*, AT, 45. Aufl., Rn. 168a.
176 *Gropp*, AT, 4. Aufl., § 4 Rn. 37.
177 *V. Buri*, Causalität, 1873, S. 2 ff.; NK/*Puppe*, 4. Aufl., Vor §§ 13 ff. Rn. 179; dagegen *Eschenbach*, Jura 1992, 637, 640 f., 642; *Renzikowski*, Restriktiver Täterbegriff, 1997, S. 73; *ders.*, GA 2007, 561, 572 ff.; *Haas*, Kausalität, 2002, S. 193 f.; *Otto*, NJW 1980, 417, 418.
178 *Traeger*, Der Kausalbegriff, 1904, S. 75.

des Vaters nicht aus: D.h. der tatbestandsmäßige Erfolg muss weiterhin von der tatbestandsmäßigen Handlung in zurechenbarer Weise verursacht worden sein.[179]

Die Äquivalenz der in Betracht kommenden Handlungen fordert, dass *individualisierende Unterscheidungen unter den Kausalfaktoren* nicht getroffen werden dürfen.[180] Mit individualisierenden Unterscheidungen ist gemeint, dass der Erfolg auf eine einzige, unmittelbar ursächliche menschliche Handlung zurückzuführen ist.[181] So geht *Renzikowski* davon aus, dass der Erfolg aufgrund des Autonomieprinzips „nur demjenigen als sein Werk zugerechnet werden [kann], der in der unendlichen Ursachenkette als letztes autonom handelndes Glied erscheint."[182] Das führt ungerechtfertigterweise zum vorweggenommenen Ausschluss anderer Faktoren, die den Erfolg *mit* verursacht haben,[183] weil es die Aufgabe des Kausalzusammenhangs ist, „die Gesamtheit der für die juristische Wertung überhaupt in Betracht kommenden Tatsachen zu bezeichnen."[184] Aus der Äquivalenz der die Folge herbeiführenden Handlung folgt die Prämisse, dass alle wirklichen Umstände, gleichgültig ob sie nun zum Kreis des Täters oder des Opfers bzw. eines Dritten gehören – gleichgültig wieweit sie von dem Erfolg entfernt sind –[185] mindestens für die Feststellung des Kausalzusammenhangs berücksichtigt werden müssen. Man darf nicht von vornherein einen Faktor, der im Bereich des Opfers bzw. eines Dritten liegt, (zu Lasten des Täters) außer Betracht lassen.[186] Aus der die menschliche Handlung als strafrechtliche Ursache qualifizierenden Freiheit des Menschen ergibt sich also nicht der Ausschluss der Mitursächlichkeit der anderen freien menschlichen Handlungen, die in Hinblick auf die Rechtgutverletzung neben- bzw. nacheinander gesetzt worden sind.

Das lässt sich anhand unseres **Fall 1** verdeutlichen: Die Ursächlichkeit des Verhaltens des B oder C kann nicht mit der Begründung, dass ein Erfolg eine einzige Ursache haben müsse, die Ursächlichkeit des Verhaltens des A ausschließen. Eine Abwandelung von **Fall 1**, in der sich das Verhalten des D als eines Beauftragten dazwischen geschaltet hat, beeinflusst nicht die Ursächlichkeit des Verhaltens des A.

Die Äquivalenz aller Handlungen spricht gegen den Gedanken der sog. unterbrochenen Kausalität bzw. des sog. Regressverbots.[187] Die Kausalität einer Handlung

---

179 Näher dazu siehe unten, Teil 2 A. I. 1. 3).

180 *Fincke*, Arzneimittelprüfung, 1977, S. 37; *Kühl*, JR 1983, 32, 33.

181 Zu den individualisierenden Theorien über die Kausalität, *Murmann*, Die Nebentäterschaft, 1993, S. 44 ff.; *Caro John*, Regressverbot, 2007, S. 19 Fn. 4. Zum Überholtsein von den individualisierenden Kausalitätstheorien, *Jescheck*/*Weigend*, AT, 5. Aufl., S. 289.

182 *Renzikowski*, Restriktiver Täterbegriff, 1997, S. 73; krit. *Roxin*, Täterschaft, 9. Aufl., S. 173; *Schumann*, Selbstverantwortung, 1986, S. 91 f.

183 *Murmann*, FS-Puppe, 2011, 767, 772.

184 *Jescheck*/*Weigend*, AT, 5. Aufl., S. 284.

185 *Kühl*, AT, 7. Aufl., § 4 Rn. 7; S/S/*Eisele*, 29. Aufl., Vorbem. §§ 13 Rn. 76; HK/*Heinrich*, 3. Aufl., Vor. § 13 Rn. 11.

186 S/S/*Eisele*, 29. Aufl., Vorbem. §§ 13 Rn. 76.

187 *Murmann*, Die Nebentäterschaft, 1993, S. 57.

kann nach einigen Literaturmeinungen unterbrochen sein, wenn sie über eine fremde freie Handlung mit dem Erfolg vermittelt sei.[188] Daher sei etwa der Täter, der sorgfaltswidrig sein geladenes Gewehr an einem unangemessenen Ort habe stehen lassen, für den Tod eines anderen nicht verantwortlich, wenn der andere hiermit von einer dritten Person erschossen worden sei. Der Sache nach geht es bei der Lehre des sog. Regressverbots um nichts anderes als bei der Lehre der sog. unterbrochenen Kausalität.[189] Der ex-post festgestellte Kausalzusammenhang kann jedoch durch die Eigenart des dazwischen tretenden Verhaltens eines anderen nicht unterbrochen,[190] sondern allenfalls vermittelt werden.[191,192] Die Strafbarkeit der ersten (fahrlässigen) Handlung ist daher nicht schon bei Bejahung der Kausalität gegeben, sondern nur, wenn das von der Handlung verursachte Verhalten durch andere in den Bereich des Normzwecks fällt.[193] Im oben genannten Gewehr-Fall sind sowohl die Kausalität als auch der Normzweckzusammenhang zu bejahen, weil das Verbot der Handlung, hier des Stehenlassens des Gewehrs an einem unangemessenen Ort, bezweckt, die Tötung Dritter zu vermeiden.[194]

b. Das Hinwegdenken oder die Gesetzmäßigkeit?

Die beiden Theorien über die Kausalität stützen sich aber auf verschiedene Methoden:[195] Die Bedingungstheorie geht methodisch von dem hypothetischen Gedankengang (sog. Eliminationsverfahren)[196] aus, während die Lehre von der gesetzmäßigen Bedingung – wie schon ihr Name indiziert – das sog. Gesetzmäßigkeitsverfahren

188 *Von Bar*, Kausalzusammenhang, 1871, S. 56 f.; *Renzikowski*, Restriktiver Täterbegriff, 1997, S. 73; *Caro John*, Regressverbot, 2007, S. 25.

189 *Murmann*, Die Nebentäterschaft, 1993, S. 58; Siehe zur Lehre des sog. Regressverbots *Frank*, StGB, 18. Aufl., 1931, § 1 Anm. III. 2. a) S. 14.

190 *Mayer, M.E.*, Der Causalzusammenhang, 1899, S. 94; *Bloy*, Die Beteiligungsform, 1985, S. 128 m.w.N.; *Murmann*, Die Nebentäterschaft, 1993, S. 57.

191 S/S/*Eisele*, 29. Aufl., Vorbem. §§ 13 Rn. 77.

192 Dem Ansatz, mit dem sog. Regressverbot nicht die Ursächlichkeit der ersten Handlung, sondern die Zurechenbarkeit des Erfolgs zum Ersttäter abzulehnen, weil einem Menschen nur die beherrschbaren Folgen seines Handelns objektiv zurechenbar seien, es daran aber gerade bei der durch Fahrlässigkeit ermöglichten Vorsatztat eines Dritten fehle (*Otto*, FS-Maurach, 1972, 98 ff.), ist vom Leitgedanken der Lehre von der sog. objektiven Zurechnung her zu widersprechen, wonach der Erfolg dem Täter zurechenbar ist, wenn dieser durch seine kausale Handlung ein strafrechtlich missbilligtes Risiko für das zu schützende Rechtsgut geschaffen hat und das Risiko sich im Erfolg realisiert hat (so auch *Ransiek*, JuS 2010, 678, 679).

193 Siehe unten, Teil 2 A. I. 1. 3) (1) c. ii.

194 Vgl. *Murmann*, GS, 3. Aufl., § 23 Rn. 55.

195 Vgl. Teil 2 A. I. 1. 2) (1) b.

196 *Gropp*, AT, 4. Aufl., § 4 Rn. 33; *Kühl*, AT, 7. Aufl., § 4 Rn. 9; *Murmann*, GS, 3. Aufl., § 23 Rn. 7.

zum Ausgangspunkt hat.[197] Es geht bei der *conditio*-Formel um ein hypothetisches *Hinwegdenken* der in Betracht kommenden Handlung: Zunächst stellt man sich eine Welt vor, in der nur die in Betracht kommende Handlung fehlt, aber die restlichen Bedingungen der wirklichen Welt entsprechend unverändert bleiben, und betrachtet sodann, ob sich die Folgen ändern. Bei einem solchen Experiment kommt es auf den Vergleich *ceteris paribus* zwischen der wirklichen Welt und einer fiktiv angenommenen möglichen Welt an.[198] Anders als bei der Lehre von der gesetzmäßigen Bedingung ist bei der *conditio*-Formel die kausale Aussage nur aus einem rein logischen Bedingungssatz zusammengesetzt, der eine irreale Welt darstellt. Daher ist dem ersten Anschein nach die Schwäche dieser Theorie dort feststellbar, wo hypothetische und/oder alternative Bedingungen (umfassend gesagt: Reserveursachen) die wahre Ursache verdrängen könnten.

Obwohl die Lehre von der gesetzmäßigen Bedingung den Kausalzusammenhang zwischen Handlung und Erfolg zu bestimmen beansprucht, treten bald Schwierigkeiten auf, wenn man sie auf einen konkreten Fall anwenden möchte. Unklar ist, was unter der gesetzmäßigen Verbundenheit zwischen der Ursache und dem tatbestandsmäßigen Erfolg zu verstehen ist. Es bedarf somit einer Präzisierung der Formel für ihre Anwendbarkeit. Hier kann das deduktiv-nomologische Modell hilfreich sein,[199] weil es auch hier auf das Kausalgesetz zur Erklärung vergangener Ereignisse bzw. Vorhersage zukünftiger Geschehnisse ankommt. Demzufolge zeigt sich ein Erfolg in der *Subsumierbarkeit* der konkreten Ursache unter dem allgemeinen Kausalgesetz.[200] Beide Elemente, hier also die konkrete Ursache oder das Kausalgesetz, sind für den Erfolg notwendig und ihr Zusammenspiel ist für ihn hinreichend:[201] Er wird aus beiden Prämissen „syllogistisch" hergeleitet.[202] Daher wird auch der gesetzmäßige Zusammenhang ebenso wie der *conditio*-Zusammenhang durch den logischen Bedingungssatz zum Ausdruck gebracht.[203] Erst anhand des Kausalgesetzes, das im Prozess für die Feststellung des Kausalzusammenhangs in den Vordergrund tritt, wird erkannt, in welchem logischen Zusammenhang Handlung und Erfolg stehen. Die praktische Hauptaufgabe des Urteilenden besteht nach diesem Modell vor allem

197 *Jäger*, FS-Maiwald, 2010, 343, 350.

198 *Engisch*, Die Kausalität, 1931, S. 16; *Jäger*, FS-Maiwald, 2010, 343, 345, welcher den normativen Charakter des Eliminationsverfahrens der *conditio*-Formel betont. So auch *Murmann*, Die Nebentäterschaft, 1993, S. 143 f.

199 *Haas*, Kausalität, 2002, S. 156; *Hilgendorf*, NStZ 1994, 561, 565; *Kindhäuser*, GA 1982, 477, 480 f.

200 *Samson*, Hypothetische Kausalverläufe, 1972, S. 31; *Pérez-Barberá*, ZStW 114 (2002), 600, 605 Fn. 22.

201 In diesem Sinne definiert *Puppe* den Kausalzusammenhang so: „Eine Ursache [...] ist ein notwendiger Bestandteil einer nach Kausalgesetzen zureichenden und außerdem wahren Erklärung des Erfolges." ZStW 99 (1987), 595, 599; *dies.*, GA 2003, 764, 767; NK/*dies.*, 4. Aufl., vor § 13 Rn. 103.

202 *Haas*, Kausalität, 2002, S. 157; *Puppe*, JR 1992, 30, 31.

203 *Toepel*, Pflichtwidrigkeitszusammenhang, 1992, S. 58.

im Finden des unter den gegebenen Umständen einschlägigen Kausalgesetzes. Die Formel der gesetzmäßigen Formel findet aber dann ihre Grenze, wenn einige *nicht* kausale Verhältnisse – wie oben gezeigt[204] – im Rahmen ihrer Anwendung erfasst werden können.[205]

Für beide Formeln gilt deshalb, dass man ohne Rückgriff auf die ontologische Frage nach dem genetischen Wirkungszusammenhang zwischen Ursache und Folge ihr kausales Verhältnis nicht zutreffend bestimmen kann.[206] Insofern ist es missverständlich, zu sagen, die Formel von der gesetzmäßigen Bedingung definiere die Kausalität, weil sie den für die kausale Erklärung notwendigen Bestandteil, nämlich das Kausalgesetz enthalte, während die *conditio*-Formel dies nicht tue und deswegen nur ein heuristisches Hilfsmittel sei.[207] Die bloße Heranziehung der Gesetzmäßigkeit der Aufeinanderfolge der Geschehnisse ohne Berufung auf deren genetische Komponente besagt daher nicht viel mehr als die herkömmliche *conditio*-Formel.[208] Denn für die richtige Anwendung der *conditio*-Formel auf den Einzelfall ist ebenfalls die – wenn auch stillschweigend gedachte – Berufung auf das einschlägige Kausalgesetz notwendig, da man sich anderenfalls nicht die hypothetische Folge desjenigen Kausalverlaufs vorstellen kann, in dem die fragliche Handlung weggedacht wird.[209]

Dadurch, dass die naturalistische Kausalität auf den Wirkungszusammenhang zu reduzieren ist, werden die beiden Bedingungsformeln für die Feststellung der Kausalität allerdings nicht gänzlich unzulänglich. In Parallele zur (doch nicht unabhängig von der) ontologischen Frage, ob die Handlung des Täters im Erfolgseintritt wirksam geworden ist, lohnt sich die epistemologische Fragestellung, ob und wie das Vorhandensein der Kausalität in logischer Weise zu begreifen ist.

c. Der Erfolg in seiner konkreten oder abstrakten Gestalt?

i. Die Erforderlichkeit des Merkmals *„unter den gegebenen Umständen“* für die Feststellung des Kausalzusammenhangs

Der Erfolg, der als selbständiges Ereignis begrifflich von der Ursache unterschieden werden kann, ist eine sinnlich wahrnehmbare Veränderung der Außenwelt[210] d.h.

---

204 Siehe oben, Teil 2 A. I. 1. 2) (1) c. iii.

205 *Hardwig*, Die Zurechnung, 1957, S. 91 ff.; *Haas*, Kausalität, 2002, S. 175; *Maiwald*, Kausalität, 1980, S. 48; *Merkel*, FS-Puppe, 2011, 151, 161 f.; *Lampe*, ZStW 71 (1959), 579, 598.

206 Schon *Binding*, Die Normen, Bd. 2, Hälfte 1, 1914, S. 472 ff.; neuerdings S/S/*Eisele*, 29. Aufl., Vorbem. §§ 13 ff. Rn. 75; *Haas*, Kausalität, 2002, S. 173 ff.; *Merkel*, FS-Puppe, 2011, 151, 164 ff.; *Pérez-Barberá*, ZStW 114 (2002), 600, 607.

207 Z.B. *Hilgendorf*, NStZ 1994, 561, 564.

208 Insoweit sieht zutreffend *Pérez-Barberá*, ZStW 114 (2002), 600, 605 Fn. 22, die Formel von *Engisch* auch als ein „methodisches Hilfsmittel“ an; a.A. S/S/*Eisele*, 29. Aufl., Vorbem. §§ 13 ff. Rn. 75.

209 *Murmann*, Die Nebentäterschaft, 1993, S. 141.

210 *Von Liszt*, Lehrbuch, 21. u. 22. Aufl., § 28 S. 118.

des bisherigen Zustandes.[211] Wie oben erörtert,[212] ist in nicht-juristischen Bereichen bei der Analyse des Kausalzusammenhangs das Merkmal *unter den gegebenen Umständen* für die Anwendung des kontrafaktischen Konditionalsatzes auf den konkreten Fall unerlässlich.[213] Anerkanntermaßen führt im Strafrecht eine abstrakte Beschreibung des Erfolgs nicht weit, weil dann z.B. alle Tötungshandlungen wegen der menschlichen Sterblichkeit hinweggedacht werden können, ohne dass der Erfolg entfiele.[214] Daher ist bei Erfolgsdelikten umstritten, wie konkret die Beschreibung des Erfolgs aussehen muss. Denn je näher man einen Erfolg betrachtet, desto weniger werden Reserveursachen berücksichtigt und umso eher erscheint die Handlung des Täters als notwendige Bedingung des Erfolges.[215]

Man kann grundsätzlich jedes Ereignis mit Blick auf dessen Zeit, Ort und Modalität, also die Art und Weise, beschreiben. Mittels der ersten beiden Maßstäbe lassen sich Ereignisse erkenntnismäßig voneinander abgrenzen. Z.B. ist der Tod des Opfers, der von A und B durch eine jeweils für den Tod hinreichende und gleichzeitig wirksame Giftgabe verursacht wurde, von dem Fall zu unterscheiden, dass der Tod durch die hinzutretende, für sich allein hinreichende Giftgabe des A – wenn auch unerheblich – zeitlich früher eingetreten ist.[216] Auch mittels der räumlichen Lokalisierung lassen sich Geschehnisse bzw. Ereignisse voneinander abgrenzen, wie bspw. im Triebwagenfall von *Samson*, in dem der Täter eine Weiche umstellt, sodass ein Triebwagen vom linken auf das rechte Gleis umgeleitet wird und die dort befindliche Person (anstelle der auf dem linken Gleis befindlichen) zu Tode kommt.[217] Was die Modalität eines Ereignisses angeht, lässt sich nicht ohne weiteres sagen, wie anhand welcher Kriterien die Art und Weise eines Ereignisses zu bestimmen ist. Hierfür stehen Kriterien zu Verfügung wie Quantität (bzw. Qualität), Intensität (bzw. Erheblichkeit) und Unteilbarkeit (bzw. Teilbarkeit) usw.[218] Die Beschreibbarkeit eines Ereignisses hängt außerdem von den Eigenschaften des vom Recht geschützten

---

211 *Kindhäuser*, ZStW 120 (2008), 481, 483; *Jäger*, FS-Maiwald, 2010, 345, 353.

212 Siehe oben, Teil 2 A. I. 1. 2) (1) b. i.

213 *Engisch*, Kausalität, 1931, S. 34; *Horn*, Gefährdungsdelikte, 1973, S. 121.

214 *Jäger*, FS-Maiwald, 2010, 345, 346.

215 *Binns*, Inus-Bedingung, 2001, S. 85.

216 Dieser sog. Erfolgsbeschleunigungsfall wird später im Rahmen des kumulativen Kausalzusammenhangs nochmals behandelt (siehe unten, Teil 2 A. I. 1. 2) (3)). Das zeitliche Merkmal des Todes und die hierfür ursächliche Handlung sind strafrechtlich relevant, weil der Zweck der Norm, hier §§ 211 StGB ff. gerade in der Verhinderung des *früheren* Todeseintritts liegt. So auch *Samson*, Hypothetische Kausalverläufe, 1972, S. 108. Das lokale Element des konkreten Erfolgs ist dagegen bei den Tötungsdelikten ohne Belang.

217 *Samson*, Hypothetische Kausalverläufe, 1972, S. 98.

218 Diese Prädikate haben rein deskriptiven Charakter. Dass Straftatbestände sowohl deskriptive als auch normative Merkmale enthalten, berührt nicht die grundsätzliche Beschreibbarkeit des in die Wirklichkeit umgesetzten Ereignisses, weil im Rahmen der Ermittlung des Kausalzusammenhangs es um die Feststellung des zu beurteilenden Gegenstandes schlechthin geht, also nicht um dessen Urteil. Die

Rechtsguts ab. Z.B. ist das menschliche Leben, dessen Schutz die §§ 211 ff. StGB dienen, nicht teilbar, weil es – wie *Puppe* zeigt[219] – bei der Tötung einer anderen Person auf die vollständige Aufhebung des menschlichen Lebens ankommt. Dagegen können z.B. Elemente der natürlichen Umwelt (Gewässer, Luft und Boden), die man vor ihrer Beeinträchtigung durch Menschen mit den Umweltstraftatbeständen gem. §§ 314 ff. StGB schützen will, ihrer Natur nach schon quantitativ bestimmt werden. Daher lässt sich auch deren Verletzung durch entsprechende Modalitätskriterien erfassen. Gleiches gilt auch für das Rechtsgut Vermögen, das in der vorliegenden Arbeit von Interesse ist.[220]

Gegen die Beschreibbarkeit des eingetretenen Erfolgs wird teilweise eingewandt, dass man alle relevanten Umstände in die konkrete Deskription der Veränderung der Außenwelt aufnehmen müsse, um eine vollständige Beschreibung des Erfolgseintritts zu ermöglichen.[221] Dies sei aber mit Blick auf die Grenzen des menschlichen Erkenntnisvermögens unmöglich.[222] Aus der Mangelhaftigkeit der menschlichen Erkenntnisfähigkeit folgt aber nicht notwendig, dass der Anspruch auf grundsätzliche Beschreibbarkeit des eingetretenen Erfolgs gänzlich aufzugeben ist. Er ist insoweit aufrechtzuerhalten, als die Deskription des Ereignisses tatsächlich möglich ist.

Den Erkenntnissen in den vorjuristischen Bereichen entsprechend besteht im Strafrecht ebenfalls die Auffassung, dass zur richtigen Anwendung der *conditio*-Formel auf den tatbestandlichen Erfolg *im konkreten Sinne* abzustellen ist. Nach der Rspr. und der h.M. in der Literatur muss jedes kleinste Detail bei der Beschreibung des Erfolgs berücksichtigt werden.[223] Demzufolge kann auch eine Bedingung, die rein juristisch betrachtet ohne Belang ist, ein notwendiger Bestandteil des detailliert zu beschreibenden Erfolgs sein. Hierzu ist auch die Ansicht zu zählen, die für die kausale Erklärung des fraglichen Erfolgs möglichst viele Zwischenglieder der Kausalkette in dem Kausalurteil mit zu berücksichtigen versucht.[224] Diese konkrete Betrachtungsweise des Erfolgs bedeutet demnach etwa für Tatrichter, dass alles, was mit dem Erfolgseintritt kausal zu tun haben könnte, aufgeklärt werden muss. Jedoch spricht gegen eine solche konkrete Betrachtungsweise des Erfolgs aus theoretischer Sicht folgende Erwägung: Wenn jedes kleinste Detail in der Erfolgsbeschreibung zur Annahme des Kausalzusammenhangs berücksichtigt wird, es also für den Erfolg als notwendig angesehen wird (selbst wenn es für die eigentliche,

---

Frage, ob man auch die normativen Tatbestände oder das reine Urteil konkreter beschreiben kann, ist nicht anders als die, wie man was Gegebene beurteilen kann.

219 NK/*Puppe*, 4. Aufl., Vor §§ 13 ff. Rn. 74.

220 *Kindhäuser*, ZStW 120 (2008), 481, 501; *Sancinetti*, FS-Jakobs, 2007, 583, 592.

221 *Hilgendorf*, GA 1995, 515, 520.

222 *Hilgendorf*, GA 1995, 515, 520; *Puppe*, ZStW 99 (1987), 595, 597 f.

223 RGSt 1, 373; BGHSt 1, 332; *von Liszt*, Lehrbuch, 21. u. 22. Aufl., § 29 S. 120 Fn. 1; *Engisch*, Die Kausalität, 1931, S. 9 f.; *Maurach/Zipf*, AT I, 8. Aufl., § 18 Rn. 54.

224 *Jakobs*, AT, 2. Aufl., 7/18; *Roxin*, AT I, 4. Aufl., § 11 Rn. 21; *Schulz*, FS-Lackner, 1987, 39, 43; dagegen *Jäger*, FS-Maiwald, 2010, 345, 355; LK/*Walter*, 12. Aufl., Vor § 13 Rn. 83.

normative strafrechtliche Bewertung unerheblich ist), so würde der fragliche Täter stets für den ganzen Erfolg strafrechtlich haften.[225] Dies lässt sich am Vasen-Fall verdeutlichen:[226] Bemalt A eine Vase und wirft B sie zu Boden, sodass sie zerspringt, dann ist nach dieser Auffassung – da ohne die Handlung des A der Erfolg leicht anders ausgefallen wäre – das Verhalten des A für den konkreten Erfolg ursächlich. Ein weiteres Beispiel ist der Überschwemmungs-Fall:[227] Wenn A bei einer Überschwemmung den Inhalt eines Wassertrogs in die aus dem Damm hervorbrechenden Fluten hineinschüttet, sodass sich die Wirkung der Überschwemmung um einen minimalen Bruchteil vergrößert, wäre auch das Verhalten des A als kausal für die Überschwemmung anzusehen.

ii. Die abstrakte Betrachtungsweise des tatbestandlichen Erfolgs

Daher vertritt eine Reihe von Stimmen in der Literatur die Meinung, dass bei der strafrechtlichen Bestimmung des Erfolgs im Hinblick auf den betreffenden Straftatbestand von dem konkreten Sachverhalt abstrahiert werden müsse.[228] Sie versucht, hiermit Bedingungen, die bei normativer Betrachtung aus juristischer Perspektive irrelevant sind (wie in den obigen Beispielen das Verhalten des A), im Rahmen der Kausalitätsfrage auszuscheiden. Hierfür spreche – neben der Mangelhaftigkeit menschlicher Erkenntnis bei der deskriptiven Beschreibung des Erfolgs –[229] dass das genuine Interesse des Strafrechts darin bestehe, den Erfolg nicht nur konkret zu beschreiben, sondern auch in Bezug auf das geschützte Rechtsgut zu bewerten.[230] *Traeger* hat daher die Kausalitätsformel folgenderweise umformuliert: „Ursache oder Bedingung im Rechtssinne ist nach der Theorie der conditio s. q. n. jeder Umstand, der nicht weggedacht werden kann, ohne daß der Erfolg für die juristische Wertung ein andrer wird."[231]

iii. Stellungnahme

Jedoch führt diese bewertende/abstrahierende Betrachtungsweise des Erfolgs dazu, dass strafrechtlich relevante Bedingungen von vornherein ausscheiden, wenn neben

---

225 *Frister*, AT, 7. Aufl., 9/21; NK/*Puppe*, 4. Aufl., Vor §§ 13 ff. Rn. 68; krit. *Kraatz*, Die fahrlässige Mittäterschaft, 2006, S. 337.

226 *Engisch*, Die Kausalität, 1931, S. 9 f.; *Samson*, Hypothetische Kausalverläufe, 1972, S. 25.

227 *V. Buri*, Causalität, 1873, S. 69; *Engisch*, Die Kausalität, 1931, S. 10.

228 *Traeger*, Der Kausalbegriff, 1904, S. 41 ff.; *Tarnowski*, Die systematische Bedeutung, 1927, S. 38 ff.; neuerdings *Frister*, AT, 7. Aufl., 9/21; NK/*Puppe*, 4. Aufl., Vor §§ 13 ff. Rn. 68.

229 *Puppe*, ZStW 99 (1987), 595, 597 f.

230 *Traeger*, Der Kausalbegriff, 1904, S. 42.

231 *Traeger*, Der Kausalbegriff, 1904, S. 46, hat freilich auch solche Umstände als Ursache eingeordnet, die bei ihrem Fehlen den tatbestandlichen Erfolg zwar nicht gänzlich entfallen lassen, ihn aber in seiner Intensität ändern, vgl. aaO, S. 47.

ihnen etwa Reserveursachen bestehen, die denselben Erfolg verursachen. Vielmehr kann der nach der konkreten Betrachtungsweise erweiterten Strafbarkeit für strafrechtlich eigentlich irrelevante Bedingungen – statt sich durch eine abstrahierende bzw. bewertende Betrachtungsweise zu behelfen – durch den Hinweis begegnet werden, dass die Kausalität zwar zur Begründung der strafrechtlichen Verantwortlichkeit des Täters erforderlich, sie aber bei Weitem nicht das alleinige Element ist, das für seine Verantwortlichkeit hinreicht.[232] Daher erscheint es – auch mit Blick auf die Schutzfunktion des Strafrechts – als voreilig, bereits auf Kausalitätsebene Bedingungen als strafrechtlich irrelevant auszuscheiden. Man kann mithin auch bei der strafrechtlichen Betrachtung des Erfolgs daran festhalten, dass es hier um die konkrete Kausalkette geht, durch die die Handlung des Täters mit dem Erfolg verbunden ist und die der Erfolgszurechnung zugrunde liegt. Die Kausalität darf also nicht mit der Finalität,[233] der Adäquanz zum Erfolgseintritt oder anderen Kategorien vermengt werden. Auch *Engisch* hat schon darauf hingewiesen, dass es bei der Abstraktion von den konkreten Umständen nicht um die Kausalfrage gehe,[234] sondern die Subsumtion des Sachverhalts unter den betreffenden Tatbestand. Hierin könne auch insoweit eine unzulässige Beweisentlastung zulasten des Beschuldigten liegen, als man unter Berufung auf die juristische Relevanz die konkrete Kausalkette von der fraglichen Handlung bis zum Erfolg überspränge.[235] Und wie die Analyse des kontrafaktischen Konditionalsatzes gezeigt hat,[236] widerspricht eine abstrahierende Betrachtungsweise der Voraussetzung für die Anwendung der *conditio*-Formel, die auch von den Anhängern der abstrakten Betrachtungsweise als Maßstab für das Kausalitätsurteil des Erfolges akzeptiert ist. Daher hat *Engisch* diesen Ansatz als „Bruch mit der Formel der c. s. q. n." angesehen.[237]

Auch die extremen Folgen einer konkreten Betrachtungsweise (wie etwa im bereits genannten Vasen-Fall), die die Gegenmeinung als Kritik anführt, bestehen nur bei einer formal-logischen Betrachtungsweise, überzeugen aber schon alltagssprachlich bzw. intuitiv nicht. Denn es entspricht – um beim gewählten Beispiel zu bleiben – dem allgemeinen Sprachgebrauch, dass das Bemalen des A zwar für die Bemalung der Vase kausal ist, nicht jedoch für ihren Bruch.[238] Ebensowenig würde man davon sprechen, dass die Geburt eines Menschen eine Ursache für seinen Tod darstellt.[239] Auch manche Anhänger der Lehre vom Erfolg in seiner

---

232 *Engisch*, Die Kausalität, 1931, S. 12.
233 Vgl. *Tarnowski*, Die systematische Bedeutung, 1927, S. 37; *Engisch*, Die Kausalität, 1931, S. 11.
234 *Engisch*, Die Kausalität, 1931, S. 12.
235 *Engisch*, Die Kausalität, 1931, S. 12.
236 Siehe oben, Teil 2 A. I. 1. 2) (1) b. i.
237 *Engisch*, Die Kausalität, 1931, S. 13.
238 Siehe oben das Konzept „des Kausalfelds" von *Mackie*, Teil 2 A. I. 1. 2) (1) b. ii. Das Bemalen steht außerhalb des Kausalfelds, ist keine Ursache vom Bruch im alltagsprachlichen Sinne.
239 *Binns*, Inus-Bedingung, 2001, S. 19.

konkreten Gestalt versuchen diesen aus juristischer Perspektive einzuschränken: *M. L. Müller* hat ausgeführt, von Bedeutung sei stets die konkrete Tatsache, in welcher der Erfolgstypus des in Frage kommenden rechtswirksamen Tatbestandes in dem zu beurteilenden Geschehen verwirklicht sei.[240] Obgleich *Engisch*, der sich *M. L. Müller* anschloss, auf den konkreten Erfolg abstellt, nimmt auch er eine Auswahl der tatsächlich gegebenen Bedingungen vor.[241] Hierin liegt jedoch kein Verzicht auf eine konkrete Betrachtungsweise des Erfolgs; denn es ist weiterhin möglich und erforderlich, dass man vor der Berufung auf den strafrechtlichen Tatbestand, wie wir im Folgenden sehen werden, schon auf der vorjuristischen Ebene irrelevante Bedingungen als Nicht-Ursache im Rahmen der Kausalitätsbetrachtung ausscheidet. Das ist gerade der Vase-Fall. Was man durch die Äquivalenztheorie untersuchen kann, ist mithin mehr als bloß die Aussage, jedes winzige Element des früheren Zustandes habe den zeitlich nachfolgenden Gesamtzustand bedingt.[242] Untersucht werden soll, was oder wer den Bruch der Vase bewirkt hat. Der Überschwemmung-Fall kann freilich anders beurteilt werden. Hier hat der Täter den Erfolg in seiner konkreten Gestalt verursacht, aber dieser Erfolg fällt nicht in den Normzweck des § 313 StGB.

d. Hypothetische Kausalität?

Bei der *conditio*-Formel nicht zu berücksichtigen sind hypothetische Kausalvorgänge, die beim Wegfall der fraglichen Handlung des Täters eingetreten wären. Denn anderenfalls käme man bei Vorliegen von Reserve- (oder Ersatz)ursachen (im Folgenden: Reserveursachen), die zu einem anderen personalen oder sachlichen Kreis gehören und sich nicht in dem eingetretenen Erfolg verwirklicht haben, zur unvertretbaren Verneinung des Kausalzusammenhangs zwischen der verwirklichten Handlung des Täters und dem eingetretenen Erfolg, weil der Erfolg beim Wegfall der Handlung des Täters aufgrund der Reserveursachen auch eingetreten wäre. Der Kausalvorgang, der ungeachtet der fraglichen Handlung des Täters auch zum Erfolg geführt hätte, ist grundsätzlich der Handlung eines Dritten, des Opfers selbst oder eine Naturkraft zuzuschreiben.[243] Z.B.: A hat mit seinem Gewehr einen durch ein Tal fahrenden Skifahrer erschossen, der andernfalls auch bald von einer Lawine getötet worden wäre; A hat das Opfer mit seiner Pistole erschossen, das sich seinerseits bereits zum Selbstmord die Pistole angesetzt hatte[244] oder das sonst an einer von B bewirkten Vergiftung gestorben wäre.

---

240 *Müller, M.L.*, Die Bedeutung, 1912, S. 14.

241 *Engisch*, Die Kausalität, 1931, S. 11.

242 *Samson*, Hypothetische Kausalverläufe, 1972, S. 26.

243 *Kühl*, JR 1983, 30, 33.

244 Zu beachten ist, dass auch das Opfer seinerseits immer noch eine notwendige Bedingung für den Erfolgseintritt darstellt, insofern der Erfolg entfiele, wenn es nicht zur fraglichen Zeit und am fraglichen Ort anwesend gewesen wäre.

Wesentlich für den hypothetischen Kausalzusammenhang ist, dass sich der von einem anderen angelegte (oder anzulegende)[245] Kausalvorgang im eingetretenen Erfolg nicht niedergeschlagen hat. Man kann bei der retrospektiven Untersuchung der Kausalkette *keine wirkliche Spur* der hypothetischen Reserveursache finden (der sog. genetische Kausalbegriff).[246] Die hypothetische Bedingung war nicht im Erfolgseintritt wirksam. Unter den Fällen der hypothetischen Kausalvorgänge sind daher die Konstellationen des sog. überholten Kausalzusammenhangs zu erfassen, in denen ein Kausalvorgang wirklich in Gang gesetzt wurde, aber durch einen anderen überholt wurde. Zu nennen ist hier etwa der Scharfrichter-Fall von *Engisch*.[247] Hier hat sich nur das Verhalten des Vaters des Opfers auf die Hinrichtung des Verbrechers ausgewirkt, nicht aber das des Scharfrichters.

Etwas anderes gilt, wenn sich der vom Täter in Bewegung gesetzte Kausalvorgang im eingetretenen Erfolg letztendlich durchgesetzt hat, wobei ein Dritter durch seine (freie) Handlung auf ihn Einfluss ausgeübt hat.[248] Die später eingreifende Handlung hat sich an die vorangehende angeschlossen;[249] ohne die erste wäre die zweite nicht eingetreten. Hierzu gehören die unter dem Gesichtspunkt der sog. unterbrochenen Kausalität bzw. des sog. Regressverbots behandelten Konstellationen.[250]

Bevor man auf die Problematik, ob der wirkliche Kausalzusammenhang angesichts des Vorliegens hypothetischer Reserveursachen unbeachtlich wird, eingeht, ist zunächst auf den Ausdruck, „das Hinzudenken der (hypothetischen)[251] Reserveursachen"[252] aufmerksam zu machen. Hierdurch könnte der falsche Eindruck erweckt werden, die Reserveursachen seien in den problematisierten Fällen eigentlich in Wirklichkeit nicht vorhanden.[253] Wenn man die Reserveursache so, also als einen

---

245 Klar ist, dass das Strafrecht nicht eingreift, soweit der Kausalvorgang bloß Tatprojekt des anderen bleibt, er sich also durch seine Handlung nicht realisiert. So unterscheidet auch *Samson*, FS-Lüderssen, 2002, 587, 589, „Ersatztäterpläne" von Ersatzursachen. Eine strafrechtliche Bedeutung gewinnt das Tatprojekt eines anderen dann, wenn man es sich in bestimmten Tatsachen manifestiert, die dazu führen, dass der Täter hierdurch zur Tatzeit physisch oder psychisch beeinflusst werden kann. Das ist im vorliegenden Beispiel aber nicht der Fall.

246 S/S/*Eisele*, 29. Aufl., Vorbem §§ 13 ff. Rn. 75; *Otto*, FS-Lampe, 2003, 491, 493; *ders.*, GS, 7. Aufl., § 6 Rn. 22; *Schaal*, Gremienentscheidungen, 2001, S. 175.

247 Der Sachverhalt lautet: Der zu einer Hinrichtung zugelassene Vater des ermordeten Opfers bringe es fertig, sich in die Nähe des Schafotts zu schleichen und drückt im entscheidenden Augenblick an Stelle des von ihm uno actu zurückgestoßenen Scharfrichters auf den Knopf, um selbst sein Kind zu rächen, *Engisch*, Kausalität, 1931, S. 15 f.

248 *Wessels/Beulke/Satzger*, AT, 45. Aufl., Rn. 164.

249 *Wessels/Beulke/Satzger*, AT, 45. Aufl., Rn. 164 und 111.

250 Siehe oben, Teil 2 A. I. 1. 2) (2) a.

251 SSW/*Kudlich*, 2. Aufl., Vor §§ 13 ff. Rn. 39.

252 *Wessels/Beulke/Satzger*, AT, 45. Aufl., Rn. 161; *Samson*, Strafrecht I, 7. Aufl., S. 20.

253 Hiervon ist in diesem Zusammenhang bei Unterlassungs- oder Fahrlässigkeitsdelikten die Frage zu unterscheiden, ob der Erfolg auch bei einem rechts- (oder

rein irrealen Sachverhalt versteht, würde man auch hypothetische Umstände, für deren Vorliegen in den fraglichen Fällen keinerlei Anhaltspunkte bestehen, in Betracht ziehen. Der Täter könnte dann versuchen, sich unter Berufung auf solche Umstände zu entlasten. *Wolff* hat dazu geschrieben: „Es handelt sich (aber) nicht um einen bloß ‚hypothetischen' Verlauf, sondern um die Veränderung, zu der das Geschehen angelegt war, als der Täter ihm gegenüber trat."[254] Hypothetische Reserveursachen können also nur solche Umstände sein, die bereits Teil der Welt sind, in der die betroffene Handlung des Täters weggedacht wird (im Beispiel: die Lawine, das beabsichtigte Opferverhalten oder der B).[255] Der Ausdruck, „das Hinzudenken (oder Hinzutreten) der Reserveursache" darf daher nicht im Sinne einer doppelten Modifikationen der wirklichen Welt verstanden werden: $Welt_1$, in der die Handlung weggefallen ist, und $Welt_2$, wo die Reserveursache hinzugetreten sind. Zu erwägen sind also nur die hypothetischen „Kausalverläufe", die von realiter vorhandenen Reserveursachen ausgelöst würden (oder zumindest: nach der Vorstellung des anderen ausgelöst werden könnten).[256]

Die hypothetischen Kausalverläufe realisieren sich nicht in einer wirklichen Kausalkette, daher lassen sie sich besser als *Risikos* bezeichnen. Demzufolge kann höchstens geltend gemacht werden, dass der gleichartige Erfolg ohne die Handlung des Täters aufgrund der Reserveursache *möglicher- oder wahrscheinlicherweise* eingetreten wäre,[257] auch wenn das Risiko wirklich ist.[258] Das, was durch die Reserveursache verursacht worden ist, ist also nicht ein Wirkungs-, sondern ein Risikozusammenhang, der ersteren nicht ersetzen kann.[259] Hinter das Risiko darf nämlich nicht die wirksame Ursache zurücktreten, wenn und soweit es um den beweisbaren wirklichen Kausalzusammenhang geht.[260] Darin liegt der Grund für das Verbot der Berücksichtigung der hypothetischen Kausalverläufe bei Ermittlung der *Kausalität*.[261]

---

pflicht)mäßigen Alternativverhalten des Täters eingetreten wäre. Dabei stellt man auf das „Hinzutreten des hypothetischen Alternativverhaltens" des Täters ab, welches wirklich nicht gegeben ist.

254 *Wolff, E.A.*, Kausalität, 1965, S. 21.

255 Vgl. *Murmann*, Die Nebentäterschaft, 1993, S. 204 Fn. 69.

256 Vgl. *Murmann*, GS, 3. Aufl., § 23 Rn. 10.

257 Vgl. BGHSt 2, 20, 24; 45, 270, 295; 49, 1, 3 f.

258 *Kindhäuser*, ZStW 120 (2008), 481, 488.

259 Die Risikoerhöhungstheorie, die in der Literatur in vielen verschiedenen Fassungen vertreten wird, geht von der grundsätzlichen Beachtlichkeit hypothetischer Reserveursache für die Bestimmung des Unrechts aus (dazu ausführlich *Kahlo*, Das Problem, 1990, S 55 ff.). Kritisch zur Risikoerhöhungstheorie siehe unten, Teil 2 A. I. 1. 3) (1) c. i.

260 *Jakobs*, AT, 2. Aufl., 21/51: „denn die Hypothese einer Gestaltung durch einen anderen hindert die Faktizität der realen Gestaltung nicht."

261 Vgl. *Murmann*, GS, 3. Aufl., § 23 Rn. 10.

Das Erfordernis, dass man für die Feststellung des Kausalzusammenhangs den Erfolg in seiner konkreten Gestalt berücksichtigen muss, spricht ebenfalls für die Unbeachtlichkeit hypothetischer Kausalverläufe.[262] Vor diesem Hintergrund ist auch die Lehre von der gesetzmäßigen Bedingung insofern zu favorisieren, als sie bei Feststellung der Kausalität nur auf die verwirklichte Kausalkette abstellt.[263] Vom Verbot der Berücksichtigung der hypothetischen Kausalverläufe ist die Risikoverminderung zu unterscheiden, bei der der Täter zwar den Erfolg in seiner konkreten Gestalt verursacht, hierdurch aber insgesamt die Lage des Rechtsgutsobjekts verbessert. Das ist beispielsweise der Fall, wenn der Täter den lebensgefährlichen Schlag eines Dritten so ablenkt, dass er statt des Kopfes nur die Schulter des Opfers trifft.[264] Zwar kommt es auch hier zu einem Vergleich der Wirklichkeit mit der hypothetischen Kausalkette, die ohne die Handlung des Täters abgelaufen wäre, allerdings geht es dabei nur um eine bloße Modifikation des schädigenden Kausalverlaufs,[265] die die Kausalität zwischen dem Dritten und dem Erfolg nicht vollständig verdrängt.

Wenn man nun davon ausgeht, dass eine Reserveursache ein wirkliches Risiko für das Rechtsgut darstellt,[266] so stellt sich die Frage, ob das von einem Dritten ausgehende Risiko für das Rechtsgut in die normative Beurteilung der objektiven Erfolgszurechnung zum eigentlichen Täter einzubeziehen ist.[267] Wenn ja, dann wäre – um bei den gewählten Beispielen zu bleiben – die objektive Zurechnung des Erfolgs nicht nur im vorgenannten Fall (Ablenkung des Schlags vom Kopf auf die Schulter) wegen der Risikoverringerung zu verneinen, sondern auch im Scharfrichter-Fall, weil dort der Täter das vom Scharfrichter geschaffene Risiko *nicht erhöht* hat.[268] Dieser Gedanke ist insbesondere bei *Arthur Kaufmann* zu finden:[269] „Trifft die einen deliktischen Erfolg verursachende Handlung des Täters ein Tatobjekt, bei dem in diesem Zeitpunkt eine zu demselben Erfolg hinführende Entwicklung bereits ein solches Maß erreicht hat, daß der Erfolgseintritt unabhängig von dem rechtswidrigen Täterverhalten nach menschlichem Ermessen zu erwarten war, so fehlt es an dem Erfolgsunwert der Tat und damit an einem Teil des Unrechtstatbestandes." Hiernach kommt es auf ein „Rechtsgutschancensaldo" an, das

---

262 Reichsgericht in E. 22 S. 325 f.; *Dencker*, Die Kausalität, 1996, S. 50; *Ebert/Kühl*, Jura 1979, 564; *Hilgendorf*, GA 1995, 515, 516; *Kühl*, JR 1983, 30, 33; *Müller, M.L.*, Die Bedeutung, 1912, S. 14; *Murmann*, GS, 3. Aufl., § 23 Rn. 9 Fn. 12; *Schlüchter*, JuS 1976, 378, 380 ff.

263 *Schlüchter*, JuS 1976, 378, 381.

264 *Wessels/Beulke/Satzger*, AT, 45. Aufl., Rn. 285.

265 *Traeger*, Der Kausalbegriff, 1904, S. 45l; *Wolff, E.A.*, Kausalität, 1965, S. 22; *Jakobs*, FS-Lackner, 1987, 53, 56 ff.; *Samson*, FS-Lüderssen, 2002, 587, 589.

266 *Samson*, Hypothetische Kausalverläufe, 1972, S. 152 Fn. 2.

267 *Vogler*, FS-Heinitz, 1972, 295, 310.

268 *Samson*, FS-Lüderssen, 2002, 587, 589.

269 *Kaufmann, Art.*, FS-Eb. Schmidt, 1961, 200, 229.

beim Vorliegen des vom Dritten geschaffenen Risikos durch die auch so gefährliche Handlung des Täters nicht verschlechtert worden ist.[270]

Das Problem dieser Sichtweise liegt darin, dass das an den Täter adressierte Verbot, das fremde Rechtsgut zu beeinträchtigen, angesichts der wegen des Dritten ohnehin gefährlichen Situation leerlaufen könnte.[271] Das ist nicht überzeugend. Denn das an den Täter adressierte Verbot kann nicht wegen der Normübertretung durch einen Dritten versagen, weil es sich ausschließlich aus dem interpersonalen Rechtsverhältnis zwischen dem Täter und dem Opfer ergibt.[272] Wenn der Täter durch seine Handlung ein Risiko im Hinblick auf das Rechtsgut des Opfers in rechtlich missbilligtem Maße geschaffen hat und es sich im Erfolg realisiert hat, so hat er das zwischen ihm und dem Opfer bestehende Rechtsverhältnis verletzt. Daher handelt es sich nicht bloß um die Teilnahme an einem anderen Rechtsverhältnis, das zwischen dem Dritten und dem Opfer besteht.[273] Die Schutzbedürftigkeit des Opfers darf nicht zurücktreten, wenn ein Dritter zur Tat bereits entschlossen ist. Die dem Strafrecht vorausliegenden Verhaltensnormen dürfen nicht bei Vorliegen einer hypothetischen Reserveursache ihren Sinn und Zweck verlieren. *Kühl* hat dazu richtig ausgeführt: „Ist ein Rechtsgut [...] durch zwei sorgfaltswidrige Verhaltensweisen verschiedener potentieller Täter bedroht, so ist sein Schutz nur dann gewährleistet, wenn beide ‚Täter', Ersttäter und Ersatztäter, durch die Norm angehalten sind, pflichtwidrig erfolgsverursachende Handlungen zu unterlassen."[274]

(3) Besonderer Fall: kumulative Kausalität[275]

Der kumulative (oder auch additive)[276] Kausalzusammenhang liegt vor, wenn mehrere, unabhängig voneinander vorgenommene Handlungen den Erfolg erst durch ihr Zusammentreffen herbeiführen.[277] Der typische Fall lautet: A und B mischen unabhängig voneinander jeweils eine für sich genommen nicht tödliche Giftmenge in das Essen des Opfers, um es zu töten. Das Opfer stirbt am Zusammenwirken der Giftmengen.[278] Hier ist jede Handlung für sich betrachtet für den Erfolg zwar notwendig, aber nicht hinreichend;[279] erst in ihrem Zusammenwirken

---

270 *Jakobs*, FS-Lackner, 1987, 53, 60.

271 So *Frister*, AT, 7. Aufl., 9/12.

272 *Murmann*, Die Nebentäterschaft, 1993, S. 205 ff. Zum interpersonalen Rechtsverhältnis siehe unten, Teil 2 A. I. 1. 3) (1) a.

273 *Murmann*, JuS 1999, 548, 550.

274 *Kühl*, JR 1983, 32, 34.

275 Dagegen *Rotsch*, FS-Roxin, 2011, 377, 385: keine Sonderkonstellation, sondern der Grundfall der Kausalität.

276 *Triffterer*, ÖAT, 2. Aufl., S. 133.

277 BGHSt 37, 106, 131, spricht schon von der Ursächlichkeit „im haftungsbegründenden Sinne".

278 *Murmann*, GS, 3. Aufl., § 23 Rn. 18; *Wessels/Beulke/Satzger*, AT, 45. Aufl., Rn. 158.

279 *Daxenberger*, Kumulationseffekte, 1997, S. 73. Insoweit handelt es sich um eine „Beurteilung ex ante", *Rotsch*, FS-Roxin, 2011, 377, 385.

sind die Handlungen für den Erfolgseintritt hinreichend. Im Fall der kumulativen Kausalität handelt es sich in der Regel um *eine* (anhand des betroffenen Kausalgesetzes identifizierbare)[280] einzige Kausalkette, an der sich mehrere Personen *nebeneinander* oder *nacheinander* beteiligt haben, oder an der sich ein einziger Täter mit mehreren Handlungen, die nacheinander vorgenommen worden sind, beteiligt hat.[281] Der Kausalzusammenhang ist in solchen Konstellationen nach Maßgabe der *conditio*-Formel ohne weiteres anzunehmen, weil jede einzelne Handlung nicht hinweggedacht werden kann, ohne dass der Erfolg entfiele.[282] In der Terminologie der gesetzmäßigen Bedingungsformel lässt er sich dahingehend formulieren, dass die Handlung mit dem Erfolg naturgesetzmäßig verbunden ist.

Dass jede Handlung für sich betrachtet den Erfolg nicht verursacht hätte, hebt nicht den Kausalzusammenhang auf.[283] Daher lässt sich der Kausalzusammenhang zwischen der Handlung des Täters und dem Erfolg nicht mehr unter dem Stichwort des sog. Regressverbots[284] beim Hinzutreten der vorsätzlichen und schuldhaften Handlung eines Dritten ablehnen.[285] Denn die einmal *ex post* festgestellte Kausalität

---

280 Für die Frage, ob es um kumulative oder alternative Kausalität geht, spielt das Kausalgesetz (sowohl für die *ex post* Perspektive des Richters als auch für die *ex ante* Perspektive des Täters) eine ausschlaggebende Rolle. Denn man kann im Hinblick auf das Kausalgesetz feststellen, ob die fragliche Handlung für den Erfolgseintritt nur notwendig (dann: kumulativ) oder hinreichend (dann: alternativ) ist. Davon zu unterscheiden ist die Frage, ob die Handlung für den Erfolg *in seiner konkreten Gestalt* notwendig ist. Wie schon oben gezeigt, siehe oben, Teil 2 A. I. 1. 2) (2) c., kann hierbei jede Handlung für einen Erfolg notwendig, daher kausal sein, je konkreter man aber den Erfolg sieht, desto notwendiger ist die Handlung des Täters. Die unterschiedliche Betrachtung mit Blick auf das Kausalgesetz einerseits und den Erfolg in seiner konkreten Gestalt andererseits liegt darin, dass es bei dem Kausalgesetz um die Regularität von Ereignissen geht, durch die der Mensch erst seine Handlung zweckhaft steuern kann, während bei dem konkreten Erfolg von einem singulären Ereignis die Rede ist.

281 Die kumulative Kausalitätsproblematik tritt in der Praxis unter anderem im Bereich von Umweltdelikten auf. Dazu näher *Samson*, ZStW 99 (1987), 617, 628 ff.

282 Nochmals ist darauf hinzuweisen, dass sich die Ursache als eine notwendige (und nicht als hinreichende) Bedingung für den Erfolg darstellt. Nicht denkbar ist der Fall, in dem die Handlung des Täters, z.B. der Schuss, für den Tod des Opfers im strengen Sinne allein hinreichend ist. Es bedarf immer noch zusätzlicher Bedingungen, z.B. der Anwesenheit des Opfers am Tatort und zur Tatzeit.

283 *Maurach/Zipf*, AT I, 8. Aufl., § 18 Rn. 56; SK/*Rudolphi/Jäger*, 8. Aufl., Vor § 1 Rn. 79; *Triffterer*, ÖAT, 2. Aufl., S. 134 f.; *Rotsch*, FS-Roxin, 2011, 377, 381.

284 *Frank*, StGB, 18. Aufl., § 1 Anm. III. 2. a); *Naucke*, ZStW 76 (1964), 409 ff.; *Murmann*, Die Nebentäterschaft, 1993, S. 259 ff.; *Otto*, FS-Maurach, 1972, 91 ff.; *Roxin*, FS-Tröndle, 1989, 177, 186 ff.

285 Verfehlt ist ebenfalls der *Franksche* Ansatz, durch Anerkennung einer Ausnahme von der Äquivalenztheorie die täterschaftliche Haftung des Ersttäters einzuschränken, weil nach dem heutigen Wissenstand nicht allein die naturalistische Kausalität Täterschaft des Handelnden begründen kann.

kann grundsätzlich nicht durch die freiverantwortliche Handlung eines Dritten beeinflusst werden.[286]

Den Fällen des kumulativen Kausalzusammenhangs ist ebenfalls der in der Literatur häufig vorgestellte sog. *Erfolgsbeschleunigungsfall* zuzuordnen. Hierbei lassen zwei oder mehrere Handlungen voneinander unabhängig durch ihr Zusammentreffen den Erfolg früher eintreten, als dies bei einer der Handlungen für sich genommen der Fall gewesen wäre.[287] Hierbei ist es irrelevant, ob jede Handlung für sich allein für den typisierten Erfolg hinreichend kausal gewesen wäre (alternative Kausalität[288]).[289] Z.B.: A und B vermischen unabhängig voneinander das Essen des Opfers mit einer jeweils für den Tod hinreichenden Giftmenge (10g), sodass das Opfer bald an der Vergiftung (Giftmenge 20g) verstirbt. Bei einer einzelnen Giftgabe (Giftmenge nur 10g) hätte sich der Todeseintritt etwa um eine Stunde verzögert. Von Bedeutung ist daher das Zusammenwirken der beiden Bedingungen für den *beschleunigten* Erfolg. Insofern ist jede Handlung für den Erfolg kausal, da sie nicht hinweggedacht werden kann, ohne dass der Erfolg *in seiner konkreten Gestalt* entfiele.[290] Diese Fallgruppe der kumulativen Kausalität beruht damit ersichtlich auf dem Gedanken, der der Lehre vom Erfolg in seiner konkreten Gestalt zugrunde liegt.

Dass Fälle der Erfolgsbeschleunigung mit dem *hypothetischen* Urteil verbunden sind, dass sich der Erfolg ohne das Zusammenwirken verzögert hätte, ist unbedenklich. Denn hierbei handelt es sich nicht um einen Fall unzulässiger Berücksichtigung hypothetischer Kausalverläufe. Das Verbot der Berücksichtigung hypothetischer Kausalverläufe erstreckt sich nur auf solche Fälle, in denen die hypothetische Bedingung nicht im Erfolgseintritt wirksam wurde.[291] Das ist bei der Erfolgsbeschleunigung jedoch nicht der Fall, vielmehr ist diese mit Fällen der Erfolgsmodifizierung vergleichbar.[292]

---

286 *Jescheck/Weigend*, AT, 5. Aufl., S. 573; *Spendel*, JuS 1974, 749, 755.

287 In der Literatur wird teilweise auch von Erfolgsbeschleunigung gesprochen, wenn ein bereits bestehender Kausalverlauf durch das Setzen einer neuen überholenden Ursache abgebrochen wird. Z.B.: A erschließt das Opfer, bevor bei diesem eine von B verabreichte Giftmenge seine Wirkung entfalten kann (etwa MK/*Freund*, 2. Aufl., Vor §§ 13 ff. Rn. 316). Jedoch ist in einem solchen Fall die Art und Weise des Erfolgseintritts für die konkrete Erfolgsbeschreibung primär maßgebend. Im Beispielfall ist die Handlung des A dafür charakteristisch, dass das Opfer erschossen wurde, jedoch eigentlich nicht dafür, dass sein Tod durch sie beschleunigt wurde. Folglich kommt dem Gedanken der Erfolgsbeschleunigung eigentlich nur in den Fällen eine eigene Bedeutung zu, in denen wie im oben geschilderten Giftfall die Formen des Erfolgseintritts von beiden oder mehreren Handlungen gleich oder zumindest ähnlich sind.

288 Siehe unten, Teil 2 A. I. 2. 2) (1).

289 *Triffterer*, ÖAT, 2. Aufl., S. 134.

290 *Baumann/Weber/Mitsch*, AT, 11. Aufl., § 14 Rn. 42; *Gropp*, AT, 4. Aufl., § 4 Rn. 35.

291 Siehe oben, Teil 2 A. I. 1. 2) (2) d.

292 Siehe oben, Teil 2 A. I. 1. 2) (2) c.

(4) Zwischenergebnis

Im Falle des Einstimmigkeitsprinzips ist zur Bestimmung der Kausalität im **Fall 1** schon die herkömmliche *conditio*-Formel hilfreich anzuwenden, weil jedes Hinwegdenken des Stimmverhaltens der Stimmberechtigten (A, B, C) unter den gegebenen Bedingungen des vorliegenden Falles (Einstimmigkeit und Anwesenheit aller Mitgliedern für die Beschussfähigkeit bzw. Gültigkeit des getroffenen Beschlusses) zum Entfallen des Erfolges geführt hätte. Entsprechend ist der **Fall 1** der Kategorie der sog. „kumulativen Kausalität" zuzuordnen;[293] bei der jede Handlung für den Erfolg ursächlich ist.[294]

3) Objektive Zurechnung

(1) Allgemeine Bestimmung

Die materiell-rechtliche Frage, was der Täter durch sein Verhalten bewirken muss, um für den Erfolg strafrechtlich verantwortlich zu sein, kann nicht allein anhand der Kausalität beantwortet werden, sondern es ist auch die Handlungsqualität mit zu beurteilen.[295] Die Arbeit teilt die Einsicht, dass für die materielle Unrechtsbestimmung der Täter durch seine Handlung nicht nur die Erfolgsverursachung und die dem Täter äußerliche Normübertretung bewirken muss, sondern das äußerliche Bewirken muss dem freien Willen des Täters entsprechen.[296] Die unrechtsspezifische Handlungsqualität erfordert demnach das Vermögen handelnder Wirklichkeitsgestaltung des einzelnen. Hierdurch wird nicht nur die Wirklichkeit in ihrem kausalen Sinne, sondern auch in ihrer sozial-rechtlichen Dimension verändert. Erst wenn diese Wirklichkeit zu Lasten eines anderen (nämlich des Opfers) rechtlich verschlechtert wird, kann das Unrecht bestimmt werden.

Im Folgenden wird zunächst skizzenhaft die Begründung interpersonaler Rechtsverhältnisse gezeigt, deren Verletzung das Unrecht ausmachen kann. Danach wird auf die Vereinbarkeit der Begrifflichkeit der *Rechtsverhältnisverletzung* mit dem von der h.M. in Literatur angenommen Merkmal der *rechtlich missbilligten Risikoschaffung* hingewiesen.[297] Anschließend daran wird der sog. *Risikorealisierungszusammenhang* bei Begründung des vollendeten Erfolgsunrechts untersucht. Sodann

---

293 *Kraatz*, Die fahrlässige Mittäterschaft, 2006, S. 326; *Sofos*, Mehrfachkausalität, 1999, S. 133.

294 Nach *Schmidt-Salzer*, Produkthaftung I, 2. Aufl., Rn. 1.273, sei jeder Täter dadurch schon für den Erfolg verantwortlich.

295 *Murmann*, Die Nebentäterschaft, 1993, S. 161.

296 Siehe zur handlungsgegründeten Unrechtsbestimmung, *Murmann*, Die Nebentäterschaft, 1993, S. 160 ff.

297 *Murmann*, GS, 3. Aufl., § 23 Rn. 34 ff.; S/S/*Eisele*, 29. Aufl., Vorbem. §§ 13 ff. Rn. 92; *Wessels/Beulke/Satzger*, AT, 45. Aufl., Rn. 179; *Kühl*, AT, 7. Aufl., § 4 Rn. 43 m.w.N.; krit. *Gössel*, FS-Frisch, 2013, 423, 428 f.; SK/*Rudolphi/Jäger*, 8. Aufl., Vor § 1 Rn. 97 ff.; *Samson*, FS-Lüderssen, 2002, 587 ff.; *Kaufmann, Arm.*, Strafrechtsdogmatik, 1982, 47 ff.

prüfen wir nach diesen normativen Maßstäben die Strafbarkeit von den Tätern, die unabhängig voneinander einen tatbestandsmäßigen Erfolg kumulativ oder alternativ verursachen, um die sachliche und normative Grundlage für die Bewertung der in der Arbeit zu behandelnden Fallkonstellationen zu erhalten.

a. Das interpersonale Rechtsverhältnis als soziale Wirklichkeit

Das interpersonale Rechtsverhältnis ist rechtsphilosophisch begründet[298] und in geschriebenen Gesetzen positiv geregelt.[299] Einen hilfreichen Ansatz,[300] um dies zu verstehen, bietet die Rechtsphilosophie *Immanuel Kants*.[301] Nach *Kant* vermittelt die praktische Vernunft,[302] die alle Menschen besitzen, Maßstäbe, nach denen der Mensch beurteilen kann, ob das von ihm zu vollziehende Verhalten richtig ist.[303] Jeder einzelne kann nach Maßgabe der praktischen Vernunft, d.h. des Sittengesetzes, allgemeingültige Normen erkennen, die sich bei *Kant* am kategorischen Imperativ messen lassen müssen: „Handle nur nach derjenigen Maxime, durch die du zugleich wollen kannst, daß sie ein allgemeines Gesetz werde."[304] In seiner Rechtsphilosophie entwickelt *Kant* hieraus das sog. „allgemeine Rechtsgesetz: handle äußerlich so, daß der freie Gebrauch deiner Willkür mit der Freiheit von jedermann nach einem allgemeinen Gesetze zusammen bestehen könne".[305] Ist man hiernach als Person in rechtlicher Hinsicht verpflichtet, seinen Freiheitsgebrauch nach einem allgemeinen Gesetz zu bestimmen, impliziert dies, dass man entsprechend auch andere Personen berücksichtigen muss. Unterstellt also, dass jede Person gleichermaßen frei ist, muss man annehmen, dass ein „gegenseitiges Anerkennungsverhältnis" zwischen Personen als freien und gleichen Wesen dahingehend entsteht, dass jede Person beim Gebrauch ihrer Freiheit die Freiheit der anderen respektieren muss.[306] Wenn eine Person die (von ihr anerkannte) Freiheit der anderen verneint, so kann sie nicht zugleich ihre eigene Freiheit in Anspruch nehmen. Das gegenseitige Anerkennungsverhältnis existiert nicht rein gedanklich, sondern bestimmt vielmehr unsere soziale Wirklichkeit als eine praktische Realität. Es begründet insofern im sozialen Leben

---

298 *Murmann*, Die Nebentäterschaft, 1993, S. 160 ff.

299 *Murmann*, Die Nebentäterschaft, 1993, S. 171 f.

300 *Murmann*, Die Nebentäterschaft, 1993, S. 168.

301 Näher dazu im Strafrecht vgl. *Kahlo*, Das Problem, 1990, S. 272 ff.; *Köhler*, Die bewußte Fahrlässigkeit, 1982, S. 133 ff.; *Matt*, Kausalität, 1994, S. 33 ff.; *Murmann*, Die Nebentäterschaft, 1993, S.160 ff.; *ders.*, Die Selbstverantwortung, 2005, S. 159 ff.; *Zaczyk*, Das Unrecht, 1989, S. 130 ff.

302 Vgl. zu der Frage, inwiefern diese auch subjektsorientierte Erkenntnis vermittelt, eingehender *Kahlo*, Das Problem, 1990, S. 278; *Murmann*, Die Nebentäterschaft, 1993, S. 162.

303 *Kahlo*, Das Problem, 1990, S. 283.

304 *Kant*, Grundlegung zur Metaphysik der Sitten, S. 421.

305 *Kant*, Die Metaphysik der Sitten, S. 231.

306 *Kahlo*, Das Problem, 1990, S. 297; *Renzikowski*, Restriktiver Täterbegriff, 1997, S. 72 f.

ein Vertrauensverhältnis unter Mitbürgern, in dem der eine in das sollensorientierte Verhalten des anderen *vertrauen darf*.[307]

Diese soziale Wirklichkeit ist mit dem verfassungsrechtlich verbürgten Erfordernis des *Rechtsstaates* vereinbar, das vom freien und gleichen Bürger ausgeht.[308] Die allgemeine Freiheit von Menschen als Grundrecht, das in Art. 2 Abs. 1 GG als „Recht auf die freie Entfaltung seiner Persönlichkeit" vorgegeben ist,[309] verkörpert sich einerseits in Abwehrrechten gegenüber der staatlichen Gewalt, wirkt sich andererseits aber auch im Wege der mittelbaren Drittwirkung der Grundrechte auf die Rechtsphäre von anderen Bürgern aus.[310] Vor diesem Hintergrund ist ein *rechtliches* Verhältnis im gegenseitigen Anerkennungsverfahren interpersonal dadurch zu gestalten, dass der eine die Rechtsgüter des anderen als „Voraussetzungen von [dessen] Freiheit" nicht verletzt.[311]

Vor diesem Hintergrund besteht das strafrechtliche Unrecht bei Erfolgsdelikten nicht nur in der naturalistischen Verursachung des Erfolgs, sondern vielmehr in der „Verletzung der rechtlichen Verhältnisse".[312] Recht kann als Verhältnisbegriff nicht allein durch den naturalistischen Erfolgseintritt zu Unrecht werden, sondern es muss die werthaftige „Leistung" der Person gegenüber einer anderen Person hinzutreten.[313] Der Handelnde muss im Recht sowohl die kausale Bedeutung seines Verhaltens, als auch dessen freiheitsberaubenden, rechtlichen Sinngehalt erkennen.

b. Die Rechtsverhältnisverletzung als rechtlich missbilligte Risikoschaffung

Mit dieser Einsicht ist die von der h.L. vertretene Grundregel für die objektive Zurechnung vereinbar, der zufolge der konkrete Erfolg dem Täter zurechenbar ist, wenn dieser durch seine Handlung ein Risiko für das Rechtsgut *in rechtlich missbilligter Weise* geschaffen hat.[314] Das kann mit folgenden Erwägungen begründet werden.

Angesichts dessen, dass das Strafrecht nur das menschliche Verhalten zum Gegenstand seiner Betrachtung macht, stellt sich das, was der Handelnde im Moment

---

307 *Murmann*, Die Nebentäterschaft, 1993, S. 169.

308 *Renzikowski*, Restriktiver Täterbegriff, 1997, S. 67.

309 Vgl. *Renzikowski*, Notstand und Notwehr, 1994, S. 165; *Radtke*, FS-Puppe, 2011, 831, 836; a.A. *Dencker*, Kausalität, 1996, S. 44 Fn. 64.

310 BVerfGE 39, 1, 41; *Pieroth/Schlink/Kingreen/Poscher*, Grundrechte Staatsrecht II, 30. Aufl., § 5 Rn. 190; *Murmann*, FS-Herzberg, 2008, 123, 129; a.A. *Brammsen*, GA 1993, 97, 104 f.

311 *Murmann*, Die Nebentäterschaft ,1993, S. 170.

312 *Murmann*, Die Nebentäterschaft ,1993, S. 172.

313 *Bloy*, Die Beteiligungsform, 1985, S. 246.

314 *Murmann*, GS, 3. Aufl., § 23 Rn. 34 ff.; S/S/*Eisele*, 29. Aufl., Vorbem. §§ 13 ff. Rn. 92; *Wessels/Beulke/Satzger*, AT, 45. Aufl., Rn. 179; *Kühl*, AT, 7. Aufl., § 4 Rn. 43 m.w.N.; krit. *Gössel*, FS-Frisch, 2013, 423, 428 f.; SK/*Rudolphi/Jäger*, 8. Aufl., Vor § 1 Rn. 97 ff.; *Samson*, FS-Lüderssen, 2002, 587 ff.; *Kaufmann, Arm.*, Strafrechtsdogmatik, 1982, 47 ff.

der Tat bewirkt hat, als ein selbstständiger Anhaltspunkt für die Untersuchung des Unrechts dar,[315] auch wenn durch die Handlung ein tatbestandsmäßiger Erfolg verursacht worden ist.[316] Was der Handelnde bewirkt ist das Risiko. Das Risiko ist im Strafrecht ein zweistelliger Relationsbegriff mit Blick auf ein bestimmtes Rechtsgut. Sein Vorhandensein und seine Intensität können anhand des einschlägigen Kausalgesetzes beantwortet werden.[317] Eine Handlung ist danach mit Blick auf das betroffene Kausalgesetz riskant, wenn und soweit der von ihr in Gang gesetzte Geschehensablauf nach Maßgabe des einschlägigen Kausalgesetzes den Eintritt des Erfolgs erwarten lässt. Die h.M. stellt bei der Risikobemessung auf die objektive nachträgliche Prognose ab, bei der es darum geht, ob man zur Handlungszeit aufgrund der nachträglich (vom Täter) erkannten bzw. erkennbaren Umständen an der Stelle des Täters die Folge der Handlung voraussehen kann.[318]

Angesichts der Tatsache, dass menschliche Handlungen im sozialen Leben häufig mit einer Gefährdung für andere (in einer bestimmten Hinsicht) einhergehen,[319] darf nicht jede Risikoschaffung bzw. -erhöhung durch Menschen eine strafrechtliche Relevanz zugemessen werden. Gleichwohl müssen sozialinadäquater Risikoschaffung bzw. -erhöhung durch Menschen zum Zwecke des Rechtsgüterschutzes Schranken gesetzt werden.[320] Ob und inwieweit der Täter durch seine Handlung ein *rechtlich missbilligtes* Risiko geschaffen hat, ist nicht aus rein naturalistischer Sicht zu beantworten, sondern hängt davon ab, ob er durch sie die *Freiheitssphäre des potenziellen Opfers*, d.h. das *Rechtsverhältnis zu diesem beeinträchtigt* hat.

Die Freiheitssphäre, die die Rechtsordnung dem einzelnen Menschen zubilligt, konturiert zugleich seinen Verantwortungskreis. Entsprechend ist er strafrechtlich nicht für Erfolge verantwortlich, die der Täter in seinem rechtlich anerkannten Freiheitskreis herbeigeführt hat.[321] Denn hier fehlt es angesichts der anerkannten Freiheit an der Schaffung eines *rechtlich missbilligten* Risikos. Eine rechtlich missbilligte

---

315 *Ranft*, ZStW 97 (1985), 268, 293 f., geht darüber hinaus von der Eigenständigkeit des Merkmals der Risikoverwirklichung gegenüber dem Kausalzusammenhang aus.

316 Selbst wenn das Risiko nicht in den Erfolg einmündet, lässt sich bestimmen, welcher Erfolg hypothetisch zu erwarten ist. Bezogen auf den Sprachgebrauch ist einzuräumen, dass man meistens dann vom Risiko spricht, wenn der zu erwartende Erfolg nicht eingetreten ist. Dem steht jedoch nicht entgegen, dass man eine Phase vom Gesamtgeschehen, in der sich die Willensbetätigung in einer bestimmten Gestalt der äußerlichen menschlichen Handlung manifestiert, herausarbeiten und aus normativen Perspektiven beurteilen kann und muss.

317 *Kindhäuser*, ZStW 120 (2008), 481, 487 f.

318 BGHSt 3, 62; *Bockelmann/Volk*, AT, 4. Aufl., § 13 A. V. 4 c); *Roxin*, AT I, 4. Aufl., § 11 Rn. 40; *Wessels/Beulke/Satzger*, AT, 45. Aufl., Rn. 170; *Maurach/Zipf*, AT I, 8. Aufl., § 18 Rn. 32.

319 *Bloy*, FS-Maiwald, 2010, 35, 36; zur Aufzählung von gefährlichen Lebensbereichen und ihrer Kritik, *Kienapfel*, Das erlaubte Risiko, 1966, S. 7 ff.

320 *Renzikowski*, Notstand, 1994, S. 168.

321 *Murmann*, GS, 3. Aufl., § 23 Rn. 51, 61; *Otto*, Jura 1990, 47, 48.

Gefahrschaffung ist Freiheitsmissbrauch, kann mithin Haftung begründen. Nach *Lenckner* ist für die Haftungsbegründung maßgebend, „ob der konkrete, den tatbestandsmäßigen Erfolg verursachende Geschehensablauf noch zu denen gehört, um deren Verhinderung willen rechtliche Verhaltensnormen bereits die Schaffung der Gefahr verbieten".[322] Entsprechend kann aus dem Verantwortungsprinzip auch nicht *per se* eine Haftungsbeschränkung im Sinne des Regreßverbotes abgeleitet werden, wonach der Täter nicht für den Erfolg haften würde, wenn er für diesen zwar eine notwendige Bedingung gesetzt hat, aber der Erfolg erst durch das Eingreifen einer dritten Person eingetreten ist.[323]

Da das Rechtsverhältnis interpersonal verletzbar ist, können sich mehrere Rechtsverhältnisse auf eine Wirklichkeit gründen. Das bedeutet, dass das interpersonale Rechtsverhältnis, wonach der Täter das Rechtsgut des Opfers respektieren soll und nicht beeinträchtigen darf, auch gegenüber Dritten geltend gemacht werden kann. Stehen zwei oder mehr Täter unabhängig voneinander zu Straftaten bereit, die zufällig auf dasselbe Opfer gerichtet sind, so darf man bei Beurteilung der *Pflichtwidrigkeit* des jeweiligen Verhaltens in Hinblick auf die Rechtsgüterverletzung die Tatentschlossenheit des jeweils anderen außer Betracht lassen, d.h. mit dem normgemäßen Verhalten des (oder der) anderen rechnen. Dasselbe gilt auch wenn sie nebeneinander die von ihnen geplanten Straftaten bezüglich des gleichen Opfers vollzogen haben, womit sich bei den Erfolgsdelikten die Zurechnungsfrage stellt. Auf dieser normativen Basis muss man nun prüfen, ob der jeweilige Täter – isoliert betrachtet – durch seine Handlung sein rechtliches Verhältnis zum Opfer verletzt, d.h. ein rechtlich missbilligtes Risiko für das Rechtsgut geschaffen hat.

Insoweit ist es problematisch, wenn die Rspr. bei der Prüfung der Strafbarkeit danach fragt, ob der Erfolg beim allseitigen normgemäßen Verhalten ausgeblieben wäre.[324] Die Frage, ob man mit dem normgemäßen Verhalten von Dritten rechnen kann, bezieht sich darauf, ob sich der Täter im Hinblick auf das Rechtsgut, also die Voraussetzung der Freiheit des Opfers objektiv pflichtwidrig verhalten hat, nicht aber darauf, ob er durch das angeblich pflichtwidrige Verhalten den tatbestandsmäßigen Erfolg bewirkt hat.

Die Adäquatheit der Handlung für den Erfolgseintritt, anhand welcher die Adäquanztheorie eine Einschränkung der *conditio*-Formel vornimmt,[325] ist in diesem normativen Sinne zu verstehen, wenn der Erfolg beim Zusammenwirken mehrerer verursacht wurde. Das lässt sich anhand der unten näher behandelten Fällen illustrieren, in denen sich mehrere an einem Kausalverlauf beteiligen.[326]

---

322 S/S/*Lenckner*, 23. Aufl., Vorbem. §§ 13 ff. Rn. 96.

323 Vor allem *Renzikowski*, Restriktiver Täterbegriff, 1997, S. 73; einschränkend *Frisch*, Tatbestandsmäßiges Verhalten, 1988, S. 241 ff.

324 BGHSt 48, 77; auch siehe unten, Teil 2 E. I. 1. 2) (2) a.

325 Siehe unten Teil 2 A. I. 1. 3) (2) b.

326 Siehe unten, Teil 2 A. I. 1. 3) (2) und 2. 3).

c. Die Risikorealisierung im Erfolg

Für das Vollendungsunrecht reicht jedoch die rechtlich missbilligte Risikoschaffung noch nicht aus. Erforderlich ist vielmehr, dass sich gerade das geschaffene Risiko im tatbestandsmäßigen Erfolg realisiert. Hieran fehlt es etwa, wenn sich im Erfolg nicht das rechtlich missbilligte, sondern ein anderes, erlaubtes Risiko verwirklicht oder die konkrete Realisation des rechtlich missbilligten Risikos von Normzweck nicht erfasst ist.

i. Der Pflichtwidrigkeitszusammenhang

Beispielhaft lässt sich hier etwa der vom BGH beurteilte Radfahrer-Fall anführen.[327] In diesem Fall sprechen zunächst zwei Gründe für die Strafbarkeit des Kfz-Fahrers wegen fahrlässiger Tötung nach § 222 StGB: (1) Der Täter hat durch seine Handlung den Erfolgseintritt verursacht, weil sie nicht hinweggedacht werden kann, ohne dass der Erfolg entfiele. (2) Er hat beim Überholen des Opfers gegen die Straßenverkehrsordnung verstoßen und damit ein rechtlich missbilligtes Risiko für das Leben des Opfers geschaffen. Gleichwohl ist fraglich, ob der Täter für alle Folgen, die er durch seine Leichtsinnigkeit verursacht hat, verantwortlich sein soll. In der Rechtsprechung ist die diesbezügliche Problematik unter dem Begriff der „Ursächlichkeit der Sorgfaltswidrigkeit",[328] in der Literatur mit den verschiedenen Bezeichnungen „Pflichtwidrigkeitszusammenhang", „Rechtswidrigkeitszusammenhang"[329] oder „normativer Korrespondenz"[330] zwischen Verhalten und Erfolg thematisiert worden. Dabei geht es stets um die Frage, welche Anforderungen daran zu stellen sind, dass sich das durch die Handlung des Täters geschaffene Risiko im Erfolgseintritt realisiert.

Hierbei scheinen theoretisch vier Antwortmöglichkeiten bereit zu stehen. Der Realisierungszusammenhang könnte bereits dann gegeben sein, wenn (1) die rechtlich missbilligte Handlung (hier rechtlich unerlaubtes Überholen im Abstand von 75 cm) des Täters nicht hinweggedacht werden kann, ohne dass der Erfolg (der Tod des betrunkenen Opfers) entfiele. Dies ist vorliegend zwar ohne weiteres zu bejahen,

---

327 Ein Lkw-Fahrer überholte mit seinem Wagen auf einer Landstraße einen Radfahrer mit einem zu geringen Seitenabstand von nur 75 cm. Während des Überholvorganges geriet das stark angetrunkene Opfer infolge einer alkoholbedingten Kurzschlussreaktion unter die Hinterräder des Anhängers und so starb es vor Ort. Der Lkw-Fahrer hatte keine Kenntnis von der alkoholbedingten Beschaffenheit des Opfers. Später wurde es festgestellt, dass der tödliche Erfolg beim Opfer auch bei Einhaltung des pflichtgemäßen Seitenabstands etwa 150 cm mit hoher Wahrscheinlichkeit nicht vermieden werden könnte.

328 BGHSt 11, 1.

329 *Engisch*, Die Kausalität, 1931, S. 67; auch ähnlich, *Kaufmann, Art.* FS-Eb. Schmidt, 1961, 200, 228.

330 *Krümpelmann*, FS-Jescheck, 1985, 313, 321 ff.; *Erb*, Rechtmäßiges Alternativverhalten, 1991, S. 146 ff.; *ders.*, JuS 1994, 449, 456.

stellt aber keinen spezifischen Pflichtwidrigkeits-, sondern bloß einen faktischen Kausalzusammenhang her. Die Bewirkung des Erfolgs durch die Pflichtwidrigkeit kann so also nicht ermittelt werden. Man könnte zum anderen darauf abstellen, dass (2) der Erfolg ausgeblieben wäre, wenn das Opfer bei dem Überholvorgang im Abstand von 75 cm nüchtern gewesen wäre.[331] Dies liefe letztlich auf das Adäquanzkriterium hinaus, dass die rechtlich missbilligte Handlung für den Erfolg (Tod eines anderen) generell geeignet ist. Dieses Adäquanzurteil wurde in der Entscheidung des BGH jedoch nicht geprüft. Es ist aber kein Kriterium für die Feststellung der Risikorealisierung im Erfolg, sondern es bezieht sich auf die rechtlich missbilligte Risikoschaffung.[332] Ferner kann man (3) sagen, dass der Realisierungszusammenhang vorliegt, wenn die erlaubte Handlung (Überholen im Abstand von 150 cm) nicht hinzugedacht werden kann, ohne dass der Erfolg (der Tod des betrunkenen Opfers) entfiele. Der BGH hat diese Ansicht vertreten und im konkreten Fall den Zusammenhang auf Grund eines Sachverständigengutachtens abgelehnt. Dieser Maßstab hat normativ einen guten Sinn, weil erst damit die für das Strafrecht relevante Frage untersucht werden kann, ob durch ein normgemäßes Verhalten die normwidrige verursachte Rechtsgutverletzung hätte vermieden werden können. (4) Schließlich lässt sich auch darauf abstellen, dass der Realisierungszusammenhang erst dann zu verneinen ist, wenn der Erfolg bei allseitiger Normbefolgungen eingetreten wäre.[333] Ab dem folgenden Abschnitt wird dieser spezielle Zusammenhang näher betrachtet werden.

Der BGH hat im zitierten Radfahrer-Fall die Strafbarkeit des Täters deswegen abgelehnt, weil es an der „Kausalität der Pflichtwidrigkeit“ fehle, die entfalle, wenn „der konkrete Erfolg bei der Vornahme der pflichtmäßigen Handlung mit an Sicherheit grenzender Wahrscheinlichkeit auch eingetreten wäre.“[334] In der Entscheidung des BGH nehmen die Sachverständigen an, dass der Kfz-Fahrer auch bei der Einhaltung des gebotenen Abstands 150 cm statt 75 cm wahrscheinlich den Tod des Opfers in gleicher Gestalt herbeigeführt hätte. Manche Autoren in der Literatur sind dem

331 *Puppe*, FS-Roxin, 2001, 287, 291 f.; *dies.*, FS-Frisch 2013, 447, 455; *Ranft* NJW 1984, 1425, 1429.

332 Siehe oben, Teil 2 A. I. 1. 3) (1) b.

333 Vor allem *Puppe*, JuS 1982, 660, 665.

334 Der Zusammenhang kann mit Hilfe der *conditio*-Formel anders formuliert werden: Der Pflichtwidrigkeitszusammenhang ist gegeben, wenn das pflichtmäßige Verhalten des Täters nicht hinzugedacht würde, ohne dass der Erfolg entfiele, vgl. *Murmann*, GS, 3. Aufl., § 23 Rn. 103. Merkwürdig ist, dass bei der Formel das Merkmal „in seiner konkreten Gestalt“ fehlt, das für die Annahme der Kausalität unentbehrlich erscheint. Seine Entbehrlichkeit beruht auf den Normzweckgedanken, dass die Norm durch die von ihr gebotene Handlung nicht allein die Modifizierung der unerwünschten Folge des menschlichen Verhaltens, sondern ihre ganze Vermeidung bezweckt, BGHSt 11, 1, 7; *Bindokat*, JZ 1977, 549; *Murmann*, GS, 3. Aufl., § 23 Rn. 102 Fn. 207; *Ranft*, NJW 1984, 1425, 1427.

BGH hierin gefolgt.[335] In der Literatur ist jedoch mehrheitlich der Sprachgebrauch „Pflichtwidrigkeitszusammenhang" geläufig. Dieser ist gegenüber „Kausalität der Sorgfaltswidrigkeit" zu bevorzugen, weil die *Pflichtwidrigkeit* des menschlichen Verhaltens ein Ereignis nicht im naturalistisch-kausalen Sinne verursachen kann, mithin kein Sachgrund für den Erfolg ist.

Ersichtlich ist der Grund für die Berücksichtigung normativer Zusammenhänge für die Unrechtsbestimmung, dass das Recht nicht durch das bloße Verbot der rein mechanisch-naturwissenschaftlichen Verursachung des Erfolgs Rechtsgüter schützen will, sondern mittels der Normbefolgung Rechtsgüterbeeinträchtigungen verhindern will. Danach lässt sich eine Strafbarkeit nur begründen, wenn die Einhaltung (außerstrafrechtlicher) Sorgfaltsvorschriften der Vermeidung der strafrechtlichen Tatbestandsverwirklichung dient. Hieran fehlt es nun, wenn – wie gezeigt – der Erfolg trotz der Normbefolgung nicht mit an Sicherheit grenzender Wahrscheinlichkeit vermeidbar ist. In diesem Fall hat sich im Erfolg nicht das unerlaubte, rechtlich missbilligte Risiko (vorliegend: zu geringer Sicherheitsabstand), sondern das erlaubte (sozialadäquate) allgemeine Lebensrisiko (d.h. hier: der Straßenverkehr) verwirklicht.[336]

Zwei Konstellationen sind jedoch hierbei denkbar. Wenn der Erfolg auch bei der gebotenen Handlung bei ex-post Betrachtung *sicherlich* eingetreten wäre, kann man das unter dem normativen Gesichtspunkt so bewerten, dass der Täter durch eine *rechtlich erlaubte* Handlung den tatbestandsmäßigen Erfolg herbeigeführt hätte. Der Erfolg ist nach h.M. auf eine rechtlich erlaubte Handlung zurückführbar. Insoweit liefert der Gedanke des erlaubten Risikos den Grund, warum man im Fall der rechtlich missbilligten Risikoschaffung das Merkmal extra prüfen muss, ob der Erfolg bei der gebotenen Handlung eingetreten wäre. Der sachliche Unterschied von beiden Rechtsfiguren liegt darin, dass es beim Fehlen des Pflichtswidrigkeitszusammenhangs darum geht, dass sich das *unerlaubte reale* Risiko[337] nicht in dem eingetretenen Erfolg realisiert hat, so dass das Erfolgsunrecht fehlt, während im erlaubten Risiko-Fall sich das *erlaubte wirkliche* Risiko im tatbestandlichen Erfolg niedergeschlagen hat, was zum Entfallen des Handlungsunrechts führt. Das ist freilich nicht der Fall, wenn die Möglichkeit nicht ausgeschlossen ist, dass der Erfolg bei der gebotenen Handlung ausgeblieben wäre. Der Gedanke des erlaubten Risikos kommt hier nicht zum Zuge, weil man nicht mit Sicherheit sagen kann, dass sich das der Handlung immanente, rechtlich erlaubte Risiko im konkreten Erfolg realisiert hat. Sondern es lässt sich nur bestätigen, dass sich die Pflichtwidrigkeit nicht mit an Sicherheit grenzender Wahrscheinlichkeit im Erfolg niedergeschlagen hat. Die h.M. will damit die Erfolgszurechnung verneinen.

---

335 *Kühl*, AT, 7. Aufl., § 17 Rn. 27 ff.; *Murmann*, GS, 3. Aufl., § 23 Rn. 101 ff.

336 *Murmann*, GS, 3. Aufl., § 23 Rn. 102; *Puppe*, JuS 1982, 660, 661 f.; *dies.*, ZStW 95 (1983), 287, 288 f.; *Roxin*, ZStW 74 (1962), 411, 432; *Bindokat*, JuS 1985, 32, 33; krit. *Küper*, FS-Lackner, 1987, 247, 256, 270 ff.

337 *Küper*, FS-Lackner, 1987, 247, 263 f.

Einige Lehrmeinungen wollen mit Blick auf die verbleibende Unsicherheit bei einem rechtmäßigen Alternativverhalten das *in dubio pro reo* Prinzip dahingehend anwenden, dass man zugunsten des Täters davon ausgehen sollte, dass der Erfolg auch bei der gebotenen Handlung eingetreten wäre. Der Zugriff auf das *in dubio pro reo* Prinzip ist jedoch fehl am Platz, weil die Frage, wie man mit der bestehenden Unsicherheit rechtlich umgeht, kein sachliches Problem, wie das des Kausalzusammenhangs, sondern eine Wertungsfrage ist.[338] Hingegen ist es nach der Risikoerhöhungslehre für die Bejahung der objektiven Tatbestandsmäßigkeit ausreichend, wenn bei normgemäßen Verhalten die Möglichkeit, dass der Erfolg ausgeblieben wäre, nicht auszuschließen ist. Dies wird damit begründet, dass die maßgebliche Verhaltensnorm in Bezug auf den Rechtsgutsschutz nicht in einer Situation versagen dürfe, wo die Vermeidbarkeit der Tatbestandsverwirklichung durch die normgemäße Handlung nicht feststehe.[339] Für die Erfolgszurechnung reiche es daher aus, dass der Täter durch seine pflichtwidrige Handlung das für das Rechtsgut relevante Risiko erheblich erhöht habe, was ex-post festgestellt werden müsse. Der Ansatz führt jedoch strafrechtsdogmatisch zum unhaltbaren Ergebnis, dass das Verletzungsdelikt in seinem rechtlichen Charakter unzulässigerweise in ein konkretes Gefährdungsdelikt umgedeutet wird.[340] Strafwürdiges Unrecht liegt bei Erfolgsdelikten nicht schon im Falle der Erfolgsverursachung vor, sondern erfordert darüber hinaus, dass der Erfolg bei normgemäßen Verhalten zu vermeiden gewesen wäre. Hierfür spricht, dass eingetretener Erfolg und Handlung den objektiven Tatbestand konstituieren und der Erfolg nicht bloß eine objektive Bedingung der Strafbarkeit wie bei § 231 StGB darstellt.

ii. Der Schutzzweck der Norm

Über den Pflichtwidrigkeitszusammenhang hinaus verlangen manche Autoren in der Literatur einen Schutzzweckzusammenhang zwischen Pflichtwidrigkeit und Erfolg, der auch als „Risikozusammenhang" bezeichnet wird,[341] um die Erfolgszurechnung zu begründen.[342] Hiernach ist die Realisierung der missbilligten Gefahr

---

338 *Murmann*, GS, 3. Aufl., § 23 Rn. 110; vgl. *Kahlo*, GA 1987, 66, 76; *Kaufmann, Art.*, FS-Jescheck, 1985, 273, 277 ff.

339 *Roxin*, ZStW 74 (1962), 411, 430 ff.; *Otto*, NJW 1980, 417 ff.; *Schaffstein*, FS-Honig, 1970, 169, 170; *Stratenwerth/Kuhlen*, AT, 6. Aufl., § 8 Rn. 34 ff.; NK/*Puppe*, 4. Aufl., Vorbem. §§ 13 ff. Rn. 225; *Kahlo*, Das Problem, 1990, S. 259; *Lackner/Kühl*, StGB, 28. Aufl., § 15 Rn. 44 m.w.N.

340 *Murmann*, GS, 3. Aufl., § 23 Rn. 109.

341 *Lackner/Kühl*, StGB, 28. Aufl., § 15 Rn. 43; S/S/*Eisele*, 29. Aufl., Vorb. §§ 13 ff. Rn. 95 f.; *Murmann*, GS, 3. Aufl., § 23 Rn. 116 Fn. 232.

342 *Jescheck/Weigend*, AT, 5. Aufl., S. 288; SK/*Rudolphi/Jäger*, 8. Aufl., Vor § 1 Rn. 100; *Lackner/Kühl*, StGB, 28 Aufl., § 15 Rn. 43; ablehnend, *Degener*, „Die Lehre vom Schutzzweck der Norm", 2001, S. 511; *Frisch*, Tatbestandsmäßiges Verhalten, 1988, S. 80 ff.; MK/*Duttge*, 2. Aufl., § 15 Rn. 183 ff.; *Kaufmann, Arm.*, FS-Jescheck, 1985, 251, 268; *Struensee*, GA 1987, 97, 102 f.

im Erfolg zu bejahen, wenn der konkrete Erfolg in den Schutzbereich der verletzten Verhaltensnorm fällt.[343] Dem liegt der teleologisch-normative Gedanke zugrunde, dass die vom Täter verletzte Norm gerade der Verhinderung von Erfolgen der eingetretenen Art dienen muss.[344] Das Paradebeispiel lautet: A fährt bei „rot" mit seinem Auto über eine Kreuzung. Einige Minuten später überfährt er trotz sorgfältiger Fahrweise O, der unvermutet hinter einem parkenden Auto hervortritt, wobei O stirbt.[345] Hier hat A beim Überfahren der Kreuzung die Norm verletzt, dass das Auto bei „rot" anhalten soll. Insoweit ist auch der Pflichtwidrigkeitszusammenhang zu bejahen, weil der Erfolg beim gebotenen Anhalten sicherlich ausgeblieben wäre.[346] Nach der Lehre vom Schutzzweck der Norm liegt aber der Schutzweck der Norm (Pflicht zum Anhalten bei „rot") nicht darin, den konkreten, also anderswo als am Ort der Kreuzung eingetretenen Erfolg zu verhindern; deswegen ist der Erfolg dem Fahrer nicht zurechenbar.

Die Lehre vom Schutzzweck der Norm basiert – philosophisch betrachtet – auf dem Gedanken der *Teleologie*.[347] Bei Erklärung eines bestimmten Ereignisses kann man zum einen – wie oben gesehen –[348] danach fragen, was die Ursache für das Ereignis ist. Davon zu unterscheiden ist zum anderen die Frage, wofür es existiert oder wozu es dient.[349] Viele Strafrechtler in Deutschland haben in verschiedenen strafrechtlichen Problemgebieten ausdrücklich oder stillschweigend ihren Ausgangspunkt bei diesem Zweckgedanken genommen. Die Finalisten gehen bspw. im Bereich der Handlungslehre bekanntlich davon aus, dass die strafrechtlich relevante Handlung nicht ohne Ermittlung des Zwecks bzw. Ziels oder Willen des Handelnden bestimmt werden könne.[350] Auch *Honig* hat den Zweckgedanken für die Entwicklung der Lehre der objektiven Zurechnung dahingehend fruchtbar gemacht, dass derjenige Erfolg zurechenbar sei, welcher als zweckhaft gesetzt gedacht werden könne.[351] Die Vertreter der Lehre des Normzwecks haben auch diese methodische

343 *Murmann*, GS, 3. Aufl., § 23 Rn. 116.

344 *Murmann*, GS, 3. Aufl., § 23 Rn. 116.

345 *Murmann*, GS, 3. Aufl., § 23 Rn. 117.

346 Diese Bewertung hat schon *Duttge*, MK/*ders.*, 2. Aufl., § 15 Rn. 183, bezweifelt, weil die Pflichtwidrigkeit „gerade für die konkrete Tatsituation des Handlungsträgers allein relevant" sein soll. Hiernach braucht der Fahrer für den Tod nicht verantwortlich zu sein, weil er ihn durch das situationsbezogene, aber erlaubte Risiko verursacht hat; a.A., *Murmann*, GS, 3. Aufl., § 23 Rn. 121.

347 *Aristoteles*, Nikomachische Ethik, 3. Buch, 1112b 14 ff., 1113a 10 ff.; *Hübner*, Entwicklung, 2004, S. 29; *Welzel*, Naturalismus, 1935, S. 35 ff.

348 Siehe oben, Teil 2 A. I. 1. 2).

349 *Eisler, Rudolf*, Art. Teleologie, in: Wörterbuch der philosophischen Begriffe, 1904 (http://www.textlog.de/5219.html).

350 Statt vieler *Welzel*, Das Deutsche Strafrecht, 11. Aufl., S. 33 ff.; *Küpper*, Grenzen, 1990, S. 44 ff.

351 *Honig*, FG-Frank, 1930, 174, 184 insbesondere Fn. 2: „Die Zurechnung als das Urteil über die Tat ist demnach nicht ein kausales, sondern ein teleologisches Urteil. Nur darf man den Zweckbegriff hier nicht subjektiv, sondern muß ihn objektiv fassen."

Vorgehensweise aufgegriffen, aber ermitteln für die rechtliche Beurteilung des im Prozess festgelegten Sachverhalts hauptsächlich den Willen des Norm- bzw. Gesetzgebers.[352]

Einzuräumen ist freilich, dass es schwer fallen kann, zu bestimmen, wann es Zweck der Norm ist, einen Erfolg zu vermeiden.[353] Auch ist insoweit nicht vollständig geklärt, inwiefern man das Merkmal des Schutzzwecks der Norm von der rechtlich missbilligten Gefahrschaffung oder dem Pflichtwidrigkeitszusammenhang unterscheiden kann.[354] Denn die Annahme einer rechtlich missbilligten Risikoschaffung erfordert bpsw. stets die Bestimmung der Norm, anhand derer die betroffene Handlung beurteilt werden kann. Die Bestimmung dieser Norm kann jedoch nicht ohne Untersuchung des Inhalts bzw. Zwecks der Norm erfolgen. Wenn das der Fall ist, kann man sagen, dass der Gedanke des Schutzzwecks der Norm auch in die Prüfung des Pflichtwidrigkeitszusammenhangs integriert ist. Die Arbeit erkennt gleichwohl die selbstständige Leistungsfähigkeit des Schutzzwecks der Norm an. Denn nicht jede Normübertretung, die der Täter begeht, führt zum strafrechtlich relevanten Unrecht. Dies wird in der Regel bei atypischen Kausalverläufen ersichtlich.[355] Die Frage des Schutzzwecks der Norm ist allerdings unabhängig von der Frage der zeitlichen oder örtlichen Nähe zum Erfolgseintritt. Wenn etwa ein Junge mit dem Revolver seines Vaters Amok läuft, wobei feststeht, dass der Vater zehn Tage zuvor unsorgfältig den geladenen Revolver in die Schublade, die jedem zugänglich ist, gelegt hatte, dann ist der Schutzzweckzusammenhang zwischen der übertretenen Norm und dem konkret eingetretenen Erfolg zu bejahen.

(2) Anwendung auf die durch die kumulative Kausalität gekennzeichnete Fallkonstellation

Nach Maßgabe der vorstehenden Ausführungen ist nun die Frage zu beurteilen, ob sich A und B im eingangs erwähnten Giftfall,[356] wo A und B unabhängig voneinander jeweils eine für sich genommen nicht tödliche Giftmenge 5 g in das Essen des Opfers mischen, um es zu töten, wobei es am Zusammenwirken der Giftmengen stirbt, gemäß § 212 StGB strafbar gemacht haben.

---

352 Krit. MK/*Duttge*, 2. Aufl., § 15 Rn. 183; NK/*Puppe*, 4. Aufl., Vor § 13 Rn. 232.

353 *Murmann*, GS, 3. Aufl., § 23 Rn. 116; *Frisch*, Tatbestandsmäßiges Verhalten, 1988, S. 80 ff.; *ders.*, NStZ 1992, 1, 5; *Otto*, FS-Spendel, 1992, 271, 279; *ders.*, Jura 1992, 90, 97.

354 *Murmann*, GS, 3. Aufl., § 23 Rn. 121; vgl. *Frisch*, Tatbestandsmäßiges Verhalten, 1988, S. 83; MK/*Duttge*, 2. Aufl., § 15 Rn. 184; SK/*Rudolphi*/*Jäger*, 8. Aufl., Vor § 1 Rn. 100.

355 *Murmann*, GS, 3. Aufl., § 23 Rn. 116 und § 24 Rn. 66.

356 Siehe oben, Teil 2 A. I. 1. 2) (3).

a. Die Lösung mit Hilfe des Irrtums über den Kausalverlauf

Nach der Auffassung, der zufolge die Tatbestandsmäßigkeit der Handlung sich in der Verursachung des Erfolgs erschöpft, haben A und B jeweils durch ihren für den Erfolg notwendigen Beitrag den objektiven Tatbestand des § 212 StGB erfüllt. Fragwürdig ist nur, ob jeder Täter bezüglich des objektiven Tatbestandsmerkmales, also der Kausalität, Vorsatz hat,[357] insoweit er in seiner Tatbegehung nicht mit dem notwendigen Beitrag des jeweils anderen gerechnet hat. Freilich kann angesichts des eingeschränkten menschlichen Antizipationsvermögens kein Täter alle detaillierten Bedingungen, die den konkreten Kausalverlauf konstituieren, voraussehen. Entsprechend muss sich der Vorsatz des Täters nur auf den Kausalverlauf in seinen wesentlichen Zügen beziehen.[358] Fraglich ist daher, ob die Abweichungen des wirklichen Kausalgeschehens vom vorgestellten als *wesentlich* zu qualifizieren sind. Nach dem BGH sind sie nicht wesentlich, „wenn sie sich noch innerhalb der Grenzen des nach allgemeiner Lebenserfahrung Voraussehbaren halten und keine andere Bewertung der Tat rechtfertigen."[359]

Wendet man diese Formel auf den Giftfall an, so muss man prüfen, ob der Eintritt des jeweils anderen Beitrages für beide Täter *voraussehbar* ist. Da die Formel des BGH aber zwei heterogene, nämlich empirische und normative Komponenten enthält,[360] muss die Antwort auch in zweierlei Hinsicht ermittelt werden.[361] Für die Voraussehbarkeit des Kausalverlaufs ist danach erstens das empirische Kriterium der „allgemeiner Lebenserfahrung" maßgeblich. Hiernach ist der Eintritt des jeweils anderen kriminellen Beitrags unter normalen Umständen nicht vorhersehbar.[362] A und B im Ausgangsfall haben sich dementsprechend allenfalls wegen versuchten Totschlages gemäß §§ 212, 22 ff. StGB verantwortlich gemacht.

Allerdings könnte es methodisch fehlerhaft sein, für die Annahme des Vorsatzes bezüglich des konkreten Kausalverlaufs allein auf die allgemeine Lebenserfahrung abzustellen. Denn die empirisch-induktive Methode erlaubt keinen sicheren,[363] werthaften[364] Maßstab für konkrete Falllösungen.[365]

---

357 *Murmann*, Die Nebentäterschaft, 1993, S. 189; *Wessels/Beulke/Satzger*, AT, 45. Aufl., Rn. 258; a.A. *Engisch*, Untersuchungen, 1930, S. 79; *Roxin*, GS-Arm. Kaufmann, 1989, 237, 239; auch *ders.*, AT I, 4. Aufl., § 12 Rn. 154; *Wolter*, ZStW 89 (1977), 649 ff.

358 BGHSt 37, 106, 131; *Wessels/Beulke/Satzger*, AT, 45. Aufl., Rn. 258.

359 BGHSt 7, 325; 14, 193; 23, 133; BGH NStZ 01, 29; NStZ 02, 475; in Literatur *Baumann/Weber/Mitsch*, AT, 11. Aufl., § 20 Rn. 24; S/S/*Sternberg-Lieben/Schuster*, 29. Aufl., § 15 Rn. 55; *Wessels/Beulke/Satzger*, AT, 45. Aufl., Rn. 258.

360 *Murmann*, Die Nebentäterschaft, 1993, S. 187.

361 *Köhler*, AT, 1997, S. 145.

362 *Köhler*, AT, 1997, S. 145; S/S/*Eisele*, 29. Aufl., Vorbem. §§ 13 ff. Rn. 83; *Murmann*, Die Nebentäterschaft, 1993, S. 187.

363 *Baumann/Weber/Mitsch*, AT, 11. Aufl., § 14 Rn. 60.

364 *Welzel*, Abhandlungen, 1975, S. 7, 9 f.

365 *Frister*, AT, 7. Aufl., 9/3; *Murmann*, GS, 3. Aufl., § 23 Rn. 27.

Nach dem BGH dürfen die Abweichungen außerdem – was nunmehr die normative Komponente anbelangt – „keine andere Bewertung der Tat rechtfertigen". Jedoch fehlen Ausführungen dazu, wann dies der Fall ist. *Murmann* vertritt hierzu die Ansicht, dass es für die wesentliche Abweichung der Wirklichkeit vom vorgestellten Kausalverlauf maßgebend sei, dass der *Täter* in das „sollensorientierte" Verhalten des anderen vertrauen dürfe.[366] Allerdings ist fraglich, ob sich der zur Straftat Entschlossene auf das „sollensorientierte" Verhalten des anderen berufen darf,[367] mit anderen Worten, ob der Täter die Bereitschaft des anderen, die Norm zu beachten, in seinen Entschluss zu seinem *rechtswidrigen* Verhalten einbeziehen kann. Jedoch hat er *faktisch* in seiner Willensbildung auf das normgemäße Verhalten des anderen vertraut. Will man das Vertrauen-Dürfen gegenüber dem vorsätzlichen Täter bejahen, so muss man einem Täter zwei einander widersprechende Positionen zum Rechtsverhältnis einräumen. Der Täter hätte also einerseits den Status, in dem er als vernünftiger Mensch, der sich an der Gestaltung des Vertrauensverhältnisses beteiligt, das vernünftige Verhalten des anderen erwarten zu dürfen, andererseits den Status, in dem er als unvernünftiger Verbrecher das Vertrauensverhältnis bricht. Die zwei einander widersprüchlichen Haltungen müssen sich voneinander unterscheiden und der erst Genannte soll dem normkonformen Menschen, d.h. dem vernünftigen Beurteiler zukommen.[368]

Irreführend ist außerdem die Irrtumslösung insoweit, als sie bezüglich der Kausalität im Sinne des § 16 StGB den Vorsatz verneint. Denn insoweit ist es nicht einzusehen, warum der Täter trotz *fehlenden* Vorsatzes bezüglich des konkreten Kausalverlaufs wegen Versuchs bestraft werden sollte.[369] Konsequenterweise wäre hier die fahrlässige Strafbarkeit zu prüfen. Hiergegen spricht jedoch, dass sich der Täter bewusst gegen das Rechtsgut des Opfers entschieden hat. Angesichts dieser Widersprüchlichkeit erscheint es somit geboten, die Abweichungsfrage als objektive Zurechnungsfrage anzusehen.[370]

b. Die Lösung mit Hilfe der Adäquanztheorie

Nach der Adäquanztheorie ist eine Handlung für den eingetretenen Erfolg *kausal*, wenn das (abgelaufene) Kausalgeschehen als adäquat, d.h. erfahrungsgesetzmäßig, beurteilt werden kann.[371] Diese Theorie wurde im Zuge der Problemlösung zu den

---

366 *Murmann*, Die Nebentäterschaft, 1993, S. 194.

367 *Wessels/Beulke/Satzger*, AT, 45. Aufl., Rn. 671.

368 *Wolff, E.A.*, Der Handlungsbegriff, 1964, S. 32, spricht von einer „generalisierenden Betrachtung"; *ders.*, Kausalität, 1965, S. 42.

369 Vgl. *Murmann*, GS, 3. Aufl., § 24 Rn. 39.

370 Differenzierend *Frister*, AT, 7. Aufl., 11/47; *Murmann*, GS, 3. Aufl., § 24 Rn. 66 f.; *Wessels/Beulke/Satzger*, AT, 45. Aufl., Rn. 375.

371 Die Adäquanztheorie ist bisher im Zivilrecht ständige Rspr. (RGZ 78, 270, 272; 169, 84, 91; BGHZ 2, 138; 3, 261; 57, 25, 27), im Strafrecht wird sie nur teilweise in der Literatur vertreten (*v. Kries*, Die Prinzipien der Wahrscheinlichkeitsrechnung, 1886,

Fällen des atypischen Kausalverlaufs entwickelt. Bekanntes Beispiel ist etwa der Fall, dass das Opfer, das durch den Täter nur leicht verletzt wurde, später im Krankenhaus wegen eines ärztlichen Fehlers ums Leben kommt. Hier fragt sich, ob der Täter für den Tod des Opfers strafrechtlich haften soll. Ohne Zweifel lässt sich hierbei sagen, dass der Tod durch die Handlung des Täters bewirkt ist, sodass im naturalistischen Sinne die Ursächlichkeit der Handlung gegeben ist. Zu prüfen ist nach dieser Theorie aber, ob der Kausalablauf im Hinblick auf das soziale Alltagsleben typisch ist. Beim Adäquanzurteil geht es zum Zweck der angemessenen Beschränkung der Haftung also um den Vergleich zwischen dem durch die Handlung des Täters verwirklichten, ex-post festgestellten Kausalverlauf einerseits und dem nach der Alltagserfahrung vorstellbaren, ex-ante zu projektierenden Kausalverlauf andererseits. Seitdem sich die Äquivalenztheorie im Strafrecht durchgesetzt hat, wird die Adäquanzformel häufig nicht als Kausalitätstheorie, sondern als Maßstab für die objektive Zurechnung des Erfolgs verstanden, was aber letztlich nicht zu unterschiedlichen Ergebnissen führt.[372] Danach wäre etwa – um beim Ausgangsbeispiel zu bleiben – beim unvorhersehbaren Eingreifen einer anderen Person die objektive Zurechnung des Erfolgs zu verneinen.

Auch nach der Adäquanzformel kommt man – unabhängig davon wo man sie dogmatisch verortet – im Ergebnis zum gleichen Resultat wie die Abweichungslehre mit Blick auf deren faktische Komponente. Der Täter hat also zwar durch die Handlung den Erfolg bewirkt, aber das darauffolgende Kausalgeschehen ist dem allgemeinen Erfahrungsgesetz inadäquat. Daher scheidet bereits der objektive Tatbestand des § 212 StGB aus; es bleibt die Versuchsstrafbarkeit.

Gegen diese Auffassung spricht jedoch, dass der Maßstab der Vorhersehbarkeit, der sich nach dem Erfahrungsgesetz bestimmt, kein tauglicher Maßstab für die angemessene Beschränkung der Haftung ist, weil er das Fehlen oder Vorhandensein eines sozialen Nutzens der betroffenen Handlung nicht berücksichtigt.[373]

c. Die Lösung mit dem Vollendungsunrecht

Freund ist der Meinung, dass für die „tatbestandsmäßig-missbilligte Gefahrschaffung“ maßgeblich sei, ob der tatbestandsmäßige Erfolg durch Unterlassung der Handlung hätte vermieden werden können und sollen.[374] Daher stehe die Gabe einer unter normalen Umständen noch nicht tödlich wirkenden Giftmenge dem „Lebensschutzinteresse des konkret betroffenen Opfers“ entgegen und sei insofern rechtlich zu missbilligen. Dass das zufällige Zusammentreffen mit einer weiteren kumulativ

---

Über die Begriffe der Wahrscheinlichkeit und Möglichkeit und ihre Bedeutung im Strafrecht, ZStW 9 (1889), 528; *Bockelmann/Volk*, AT, 4. Aufl., § 13 A V 4a.; *Wolter*, GA 1977, 257, 259) vertreten.

372 *Müller, M.L.*, Die Bedeutung, 1912, S. 30; *Engisch*, Die Kausalität, 1931, S. 52; *Wolter*, GA 1977, 257 ff.

373 *Jakobs*, AT, 2. Aufl., 7/34; *Murmann*, GS, 3. Aufl., § 23 Rn. 27.

374 *Freund*, AT, 2. Aufl., § 7 Rn. 133.

zum Tod führenden Ursache statistisch selten sei, ändere in dieser Hinsicht nichts an der Schutzbedürftigkeit und Schutzwürdigkeit des Opfers.[375]

Jedoch ist dieser Ansatz, wonach jeder Täter nebeneinander durch das Setzen der für den Erfolg nicht hinreichenden, aber notwendigen Bedingung unter dem Gesichtspunkt des Opferschutzes eine rechtlich missbilligte Gefahr für das Rechtsgut geschaffen hat, nicht überzeugend.[376] Denn für das Vorliegen einer rechtlich missbilligten Gefahrschaffung kann es nicht auf das Kriterium der Vermeidbarkeit bzw. einer Vermeidepflicht ankommen, weil die zur Handlungszeit geltende Verhaltensnorm von der *ex post* zu bestimmenden Vermeidbarkeit unabhängig ist. Es gibt die Fallgestaltung, in der sich die Handlung trotz der Unvermeidbarkeit des konkreten Erfolgs durch Unterlassung der Handlung als „tatbestandsmäßig-missbilligte Gefahrschaffung" darstellt. Das ist der Fall, wenn mehrere jeweils durch die für den Erfolgseintritt tauglichen Handlungen den Erfolg verursachen. Umgekehrt ist die Fallkonstellation vorstellbar, dass der Täter durch die Unterlassung der für sich genommen für die Tat unzureichenden Handlung hätte den Erfolg vermeiden können, aber die Handlung selbst zum erlaubten Risiko gehört. So verhält es sich im Giftfall. Zusammengefasst übersieht der Ansatz von *Freund* den Unterschied zwischen der rechtlich missbilligten Risikoschaffung und der Risikorealisierung im Erfolg. Daran ändert sich nichts, wenn man von der Vermeidepflicht spricht. Denn die Vermeidepflicht ist im Ansatz von *Freund* nur aus der tatsächlichen Vermeidbarkeit herleitbar.

d. Stellungnahme

Bevor im oben genannten Beispielsfall die Frage des Tatvorsatzes geprüft werden kann, ist zunächst der objektive Zusammenhang festzustellen, dass der Täter den Erfolg in zurechenbarer Weise bewirkt hat. Hierfür ist zunächst darauf abzustellen, ob er durch die Giftgabe ein rechtlich missbilligtes Risiko für das Rechtsgut (Leben) geschaffen hat. Erst danach ist zu fragen, ob sich ein solches Risiko im Erfolg realisiert hat. Da die Giftmenge 5 g für sich genommen kein taugliches Mittel zur Herbeiführung des Todes darstellt, ist nun ausschlaggebend, ob man zur Handlungszeit das Verhalten des anderen vorhersehen kann oder nicht. Wenn und soweit es voraussehbar ist, kann die für sich gesehen untaugliche Handlung des Täters als rechtlich missbilligte Risikoschaffung in Richtung auf den Todeserfolg angesehen werden.

Hierfür ist – wie die Kritik an der Adäquanztheorie gezeigt hat –[377] die Voraussehbarkeit im empirisch-statistischen Sinne, d.h. nach dem Erfahrungsgesetz, kein angemessener Maßstab. Die Frage, ob das Verhalten des anderen für den objektiven

---

375 *Freund*, AT, 2. Aufl., § 7 Rn. 136; so auch *Weber*, BayVBl 1989, 166, 169: „Vielmehr ist die Konstellation der kumulativen Kausalität gegeben, [...] Daß solche Fallgestaltungen die objektive Zurechnung begründen, ist völlig unstreitig."

376 *Murmann*/*Rath*, NStZ 1994, 215, 217.

377 Siehe oben, Teil 2 A. I. 1. 3) (2) b.

Beurteiler voraussehbar ist, ist vielmehr *normativ* zu beantworten. Normativ gesehen kann man die Vorhersehbarkeit des Verhaltens des anderen ablehnen, wenn A und B unabhängig voneinander gehandelt haben. Denn man darf im Normalfall vom normgemäßen Verhalten des anderen Mitbürgers ausgehen und dieses Vertrauen ist rechtlich berechtigt. Zu diesem Ergebnis gelangt man konsequenterweise, wenn man – wie hier – das interpersonale Rechtsverhältnis zum Ausgangspunkt annimmt, um das Recht (und dann sekundär das Unrecht) zu konzipieren.[378] Die Frage, ob der Täter durch die Handlung gegenüber dem Opfer das wechselseitige Rechtsverhältnis beeinträchtigt hat, ist folgerichtig unabhängig davon zu beantworten, ob zufällig ein Dritter dazwischentritt.

Mit dem hier in Anschlag gebrachten Kriterium des Vertrauen-Dürfens ist freilich nicht das im Fahrlässigkeitsbereich von der Rspr. entwickelte Vertrauensprinzip gemeint. Letzteres lautet, „dass jeder Verkehrsteilnehmer, der sich selbst pflichtgemäß verhält, darauf vertrauen darf, dass dies auch andere Teilnehmer am Verkehr tun werden, solange keine Anzeichen für ein abweichendes Verhalten erkennbar sind."[379] Daraus folgt, „dass vom Täter nicht verlangt wird, sich ständig auf Regelverstöße anderer [und so den Erfolgseintritt] einzustellen."[380] Dieses von der Rspr. entwickelte Vertrauensprinzip verlangt die Pflichtmäßigkeit der Handlung des Täters, damit der Täter auf das pflichtgemäße Verhalten anderer berufen kann. Dagegen handelt es sich beim Vertrauen-Dürfen im hiesigen Kontext um die Grundlage für die Beurteilung der Handlung als rechtlich missbilligte Risikoschaffung, namentlich das Adäquanzurteil. Hierauf kommt es unabhängig davon an, ob der Täter in Bezug auf die Tatbestandsverwirklichung vorsätzlich oder fahrlässig gehandelt hat. Im Ausgangsfall ist auf dieser Basis die Risikoschaffung von A und B als rechtlich noch nicht missbilligt zu beurteilen, weil jeder Täter durch seinen für den Erfolg unzulänglichen Beitrag ein rechtlich erlaubtes Risiko für das Leben verursacht hat.[381] Davon unberührt bleibt freilich die Schaffung eines rechtlich missbilligten Risikos für die körperliche Unversehrtheit. Angesichts des Tötungsvorsatzes von A und B kommt somit im Ausgangsbeispiel höchstens eine Strafbarkeit wegen Versuchs im Sinne des § 23 Abs. 3 StGB in Frage.

(3) Anwendung auf die kollegialentscheidungsspezifische Fallkonstellation

Nach Maßgabe der oben genannten normativen Bewertung von Fällen kumulativer Kausalität kommt es bei Kollegialentscheidungen somit allenfalls zu einer Strafbarkeit wegen (untauglichen) Versuchs.[382] Obwohl der Täter durch seine Abstimmung

---

378 Siehe oben, Teil 2 A. I. 1. 3) (1) a. f.

379 BGHSt 7, 118; 9, 92.

380 *Murmann*, GS, 3. Aufl., § 23 Rn. 51; auch so *Wessels/Beulke/Satzger*, AT, 45. Aufl., Rn. 671.

381 *Köhler*, AT, 1997, S. 145; S/S/*Eisele*, 29. Aufl., Vorbem. §§ 13 ff. Rn. 83; *Rotsch*, FS-Roxin, 2011, 377, 392.

382 Dagegen BGHSt 37, 106, 131.

das Beschlussergebnis verursacht hat, stellt sein Beitrag kein rechtlich relevantes Risiko für das Rechtsgut dar, wenn man alle Beteiligten auf ihre Strafbarkeit hin als selbstständig *nebeneinander* stehend und die Stimmabgabe als positives Tun betrachtet.[383] Ansonsten käme man dazu, dass „eine Teilursächlichkeit [...] die volle Erfolgsverantwortlichkeit begründet".[384] Glaubt man gleichwohl, die Pflichtwidrigkeit der Handlung dadurch begründen zu können, dass – weil es bei der kollegialentscheidungspezifischen Konstellation auf die *rechtlich gebotene Zusammenwirkung* aller Rettungshandlungen ankommt – jede Unterlassung des rettenden Beitrags (einerlei ob „Ja-Stimme" oder „Stimmenthaltung") (für den Rechtsgutschutz) rechtlich missbilligt sei, so verlässt man hiermit die Prüfungsebene, ob der Täter den Erfolg in zurechenbarer Weise verursacht hat und deswegen für ihn *in seiner Person* strafrechtlich haften muss. Es handelt sich dann vielmehr um die Frage nach einer Mittäterschaft durch Unterlassen.[385] Darauf gehen wir im Detail im **Fall 5** ein.[386]

4) Ergebnis zur Nebentäterschaft beim Einstimmigkeitsprinzip

Da § 266 StGB kein Verbrechen im Sinne des § 12 Abs. 1 StGB darstellt und keine Versuchsstrafbarkeit im Besonderen Teil des StGB vorsieht,[387] müssten aufgrund des bisher Gesagten A, B und C straflos sein. Das Ergebnis ist jedoch nur schwerlich vertretbar und veranlasst uns dazu, zur Prüfung der mittäterschaftlichen Haftung des Täters durch aktives Tun überzugehen. Bevor wir unseren Blick darauf richten, gilt es jedoch, zuvor noch die Konstellation der Gremienentscheidung nach dem Mehrheitsprinzip zu untersuchen.

2. Mehrheitsprinzip

Gegenstand der weiteren Betrachtung ist nun folgende Abwandlung von **Fall 1**: **A, B und C haben ebenfalls bei der Sitzung jeweils ihre Stimme für den pflichtwidrigen Beschluss abgegeben. Im diesem Fall gilt aber für die Beschlussfähigkeit bzw. die wirksame Entscheidung das einfache Mehrheitsprinzip. Ist die Strafbarkeit der A, B und C abweichend von Fall 1 zu bewerten?**[388]

383 Im Aktienrecht geht, *Fleischer*, BB 2004, 2645, 2647, davon aus, dass sich aus dem Sinn der in § 93 Abs. 2 AktG angeordneten Solidarhaftung ergibt, dass die einzelnen Organwalterpflichten „nebeneinander" bestehen und „parallel" erfüllt werden müssen.

384 *Murmann/Rath*, NStZ 1994, 215, 217.

385 BGHSt 37, 106, 129.

386 Siehe unten, Teil 2 E.

387 *Fischer*, StGB, 63. Aufl., § 266 Rn. 187.

388 Vgl. *Jakobs*, FS-Miyazawa, 1995, 419 f.; *Sofos*, Mehrfachkausalität, 1999, S. 124.

1) Täterkreis

Hinsichtlich des Täterkreises werden hier keine neuen Probleme aufgeworfen. Entsprechend dem bereits Gesagten kommt A, B und C Täterqualität gemäß § 266 StGB zu.[389]

2) Kausalität

Wie oben gesehen, liegt die Ursächlichkeit der Handlung für den Erfolg vor, wenn sie nicht hinweggedacht werden kann, ohne dass der Erfolg in seiner konkreten Gestalt entfiele oder wenn sie mit ihm naturgesetzmäßig verbunden ist.[390]

(1) Besonderer Fall: alternative Kausalität

Für die kausale Analyse der durch das Mehrheitsprinzip geprägten Fallkonstellationen ist es darüber hinausgehend allerdings notwendig, zunächst auf den besonderen Fall alternativer (bzw. Mehrfach-) Kausalität einzugehen,[391] die dann vorliegt, wenn zwei oder mehrere unabhängig voneinander gesetzte Bedingungen „gleichzeitig" den Erfolg verursacht haben[392] – d.h.: vorausgesetzt ist, dass sie ihre (z.B.: tödliche) Wirkung entfaltet haben –[393] und jede für sich zur Erfolgsverursachung ausgereicht hätte.[394] Z.B.: A und B verabreichen dem Opfer voneinander unabhängig jeweils eine tödliche Giftmenge [bspw. jeweils 10 g, insgesamt 20 g], worauf dieses verstirbt. Manche Autoren wollen nun – wie unten zu sehen ist –[395] die durch das Mehrheitsprinzip gekennzeichneten Fallkonstellationen genau in diese Kategorie der alternativen Kausalität einordnen. Auf den ersten Blick scheint man hier mit der konsequenten Anwendung der *conditio*-Formel zur Verneinung des Kausalzusammenhangs zwischen der jeweiligen Handlung und dem Tod gelangen zu müssen, weil jede Handlung hinweggedacht werden kann, ohne dass der Erfolg entfiele.[396]

---

389 Siehe oben, Teil 2 A. I. 1. 1).

390 Siehe oben, Teil 2 A. I. 1. 2).

391 Zur Terminologie, *Dencker*, Kausalität, 1996, S. 62 f.

392 *Kühl*, AT, 7. Aufl., § 4 Rn. 19; *Murmann*, GS, 3. Aufl., § 23 Rn. 19.

393 *Kühl*, AT, 7. Aufl., § 4 Rn. 19; *Murmann*, GS, 3. Aufl., § 23 Rn. 19; a.A. *Toepel*, Pflichtwidrigkeitszusammenhang, 1992, S. 74: „Der Grund für die Ablehnung der Kausalität besteht in der mangelnden Möglichkeit einer eindeutigen Zuordnung des Erfolges zu einem der unentwirrbar miteinander verbundenen Kausalbeiträge."

394 BGHSt 39, 195, 198; *Murmann*, GS, 3. Aufl., § 23 Rn. 19; *Rengier*, AT, 7. Aufl., § 13 Rn. 26.

395 Siehe unten, Teil 2 A. I. 2. 2) (2).

396 Schon so *Mackie*, The Cement of the Universe, 1974, S. 47; *Dencker*, Kausalität, 1996, S. 65; *Frister*, AT, 7. Aufl., 9/13; *Toepel*, Pflichtwidrigkeitszusammenhang, 1992, S. 74; *ders.*, JuS 1994, 1009, 1012. Der Ansicht ist aber entgegenzuhalten, dass erstens die angebliche Ablehnung der Kausalität bei der alternativ-hinreichenden Bedingung im Vergleich zur kumulativ-notwendigen Bedingung, deren Ursächlichkeit nach ganz h.M. angenommen ist, unverhältnismäßig ist. Zweitens ist

Dennoch geht die h.M. davon aus, dass im eben geschilderten Fall sowohl A als auch B zum Erfolgseintritt kausal beigetragen haben.[397] Die Argumentationen hierfür sind unterschiedlich. Im Folgenden befassen wir uns zuerst mit der allgemeinen Problematik der alternativen Kausalität und gehen dann auf das Sonderproblem der Kausalitätsfrage bei Gremiumentscheidungen nach dem Mehrheitsprinzip ein.

a. Die Lösung mit Hilfe der modifizierten *conditio*-Formel

Manche Anhänger der Bedingungstheorie haben die klassische *conditio*-Formel anlässlich ihrer vermeintlichen Schwäche bei alternativen Kausalzusammenhängen zu modifizieren versucht. Der modifizierten *conditio*-Formel zufolge ist eine Bedingung für den Erfolg ursächlich, „wenn sie zwar nicht kumulativ, jedoch alternativ hinweggedacht werden kann, ohne dass der Erfolg in seiner konkreten Gestalt entfiele."[398] Danach sind A und B im Standardbeispiel für den Erfolg kausal. Sie findet aber auch in Konstellationen Anwendung, in denen *mehr als zwei* Täter bei isolierter Betrachtung keine für den Erfolg hinreichende Bedingung gesetzt haben, aber der Erfolg bereits bei Mitwirkung mindestens von zwei Beiträgen eingetreten ist.[399] Z.B.: A, B und C geben nebeneinander dem Opfer jeweils 5 g Giftdosis, die tödliche Menge vom Gift soll jedoch 10 g betragen. Das ist gerade die hier interessierende Fallkonstellation, auf die unten eingegangen wird.[400] Die modifizierte Formel bejaht auch die Kausalität in der Fallkonstellation, in der neben zwei, je für sich allein für den Erfolg hinreichende Bedingungen eine weitere hierfür nicht hinreichende Bedingung hinzukommt, weil diese Bedingung zwar alternativ, aber nicht kumulativ

---

kein überzeugender Grund zu sehen, warum die Kausalität der jeweiligen Handlung trotz Annahme ihrer Wirksamkeit im Erfolg angesichts des Versagens der *conditio*-Formel verneint werden soll, *Kindhäuser*, AT, 7. Aufl., § 10 Rn. 34; *Merkel*, FS-Puppe, 2011, 151, 156 ff.; *Pérez-Barberá*, ZStW 114 (2002), 602, 604. Die *conditio*-Formel ist „nur ein methodisches Hilfsmittel. Sie erleichtert es, die gesetzmäßige, erkenntnistheoretisch und naturwissenschaftlich allerdings höchst problematische Verknüpfung der menschlichen Handlung mit dem Erfolg zu prüfen, hat aber keinen unmittelbaren Erkenntniswert für das Bestehen dieser Verknüpfung," *Lackner/Kühl*, 28. Aufl., Vor § 13 Rn. 10; vgl. S/S/*Eisele*, 29. Aufl., Vorbem §§ 13 ff. Rn. 75; MK/*Freund*, 2. Aufl., Vor §§ 13 ff. Rn. 333; *Jakobs*, Studien, 1972, S. 19 f.; *Kühl*, JR 1983, 30, 33. Entgegen *Frister*, AT, 7. Aufl., 9/12, verliert drittens die Verbotsnorm, niemand zu töten, angesichts des Entschlossenseins einer anderen nicht seine Geltung, *Murmann*, JuS 1999, 548, 550; NK/*Puppe*, 4. Aufl., Vor §§ 13 ff. Rn. 152.

397 S/S/*Eisele*, 29. Aufl., Vorbem. §§ 13 ff. Rn. 82.

398 Vgl. BGHSt 39, 195; *Traeger*, Der Kausalbegriff, 1904, S. 47 f.; *Welzel*, Das Deutsche Strafrecht, 11. Aufl., S. 45; *Kühl*, AT, 7. Aufl., § 4 Rn. 19 ff.; *Wessels/Beulke/Satzger*, AT, 45. Aufl., Rn. 157; *Bachmann/Eichinger*, JA 2011, 105, 109; *Kindhäuser*, GA 2012, 134, 146; krit. *Gropp*, AT, 4. Aufl., § 4 Rn. 60; *Toepel*, JuS 1994, 1009; *Rothenfußer*, Kausalität, 2003, S. 13 ff.; *Nettesheim*, BayVBl 1989, 161, 165.

399 A.A. *Toepel*, JuS 1994, 1009, 1011.

400 Siehe unten, Teil 2 A. I. 2. 2) (2).

mit den anderen Handlungen hinweggedacht werden kann, ohne dass der Erfolg entfiele.[401] Hierfür lässt sich die Modifikation des obigen Ausgangsfalles anführen, in der A und B dem Opfer unabhängig voneinander jeweils 10 g Gift verabreichen und C zusätzlich 5g verabreicht. Die Besonderheit dieser Konstellation liegt im Vergleich zu jener darin, dass der Beitrag von C bei isolierter Betrachtung weder den des B, noch den des C ersetzen kann.

b. Die Lösung mit der hinreichenden Bedingung

Teilweise wird in der Literatur vorgeschlagen,[402] dass der Täter im Ausgangsbeispiel wegen vollendeten Totschlags bestraft werden könne, weil es im Strafrecht genüge, die hinreichende Bedingung für den Erfolg als Ursache zu verstehen. Dem liegt zugrunde, dass das strafrechtliche Gewicht nicht nur auf die Tatverursachung an sich, sondern auch auf die menschliche Planung bzw. Handlung, die der Mensch zu seinem Zweck ausnutzt, gelegt werden kann. Bei der menschlichen Planung und der auf sie folgenden Handlung komme es also primär darauf an, ob man den Erfolg dadurch hervorbringe, dass man durch das eigene Handeln eine für den Erfolg ausreichende Bedingung setze, nicht aber allein darauf, ob man den Erfolg durch Unterlassung einer für ihn notwendigen Bedingung beseitige.[403]

c. Die Lösung mit der gemeinsamen Kausalität

Nach anderer Ansicht müssen, wenn mehrere Handlungen nicht kumulativ hinweggedacht werden können, ohne dass der Erfolg entfiele, diese Handlungen zur einheitlichen Gesamtheit zusammengefasst werden. Ist diese Gesamtheit von Handlungen für den Erfolg kausal und jede einzelne Handlung ihr Bestandteil, so müsse der Täter ohne Bezugnahme auf die Mittäterschaft für den Erfolg haften. Diese Sichtweise ist früher schon den Darstellungen von *von Buri* zur Kausalität zu entnehmen, dass dann, wenn die Gesamtheit der Bedingungen Ursache des Erfolges sei, auch jede einzelne Bedingung als Ursache des Erfolges und zwar des ganzen Erfolges und nicht bloß eines Teiles desselben anzusehen sei.[404] Nach *Dohna* haften bei alternativen Kausalzusammenhängen beide Täter wegen einer „Gesamthaftung für den gemeinsam verursachten Erfolg“.[405] In eine ähnliche Richtung geht *Rödig*, wenn er ebenfalls von „Gesamtverhalten“ spricht und es ihm darauf ankommt, dass „alle Angriffe *zufällig* an das gemeinsame Tatobjekt gerichtet waren“.[406] Dem Ansatz

---

401 *Kraatz*, Die fahrlässige Mittäterschaft, 2006, S. 330; *Toepel*, JuS 1994, 1009, 1011; NK/*Puppe*, 4. Aufl., Vor § 13 Rn. 92; dagegen *Kindhäuser*, GA 2012, 134, 142 f.

402 So z.B. *Kindhäuser*, Intentionale Handlung, 1980, S. 79 Fn. 26 u. 205 f.

403 *Kindhäuser*, Intentionale Handlung, 1980, S. 78 i.V.m. 205 f.

404 Dazu krit. schon *Engisch*, Die Kausalität, 1931, S. 33 f.

405 *Dohna*, MSchKrim, 2. Jhrg., 425, 430.

406 *Rödig*, Die Denkform, 1969, S. 137.

liegt die Einsicht zugrunde, dass nicht das zufällige Zusammentreffen von beiden Handlungen zugunsten des Täters herangezogen werden darf.[407]

d. Die Lösung von *Puppe*

Puppe lehnt die herkömmliche *conditio*-Formel ab, weil sie „das ‚Bedingungsverhältnis' zwischen Einzelursache und Folge, [...] ‚logisch falsch' beschreibt".[408] Auf der Basis der Lehre von der gesetzmäßigen Bedingung versucht *Puppe* jedoch den gesetzmäßigen Kausalzusammenhang wiederum mit dem logischen Bedingungsverhältnis zwischen Einzelursache und Erfolg wiederzugeben.[409] Was Ursache und Folge tatsächlich miteinander verknüpfe, sei nicht eine metaphysische Kraft, sondern allein das empirische Kausalgesetz.[410] Hierdurch könne eine negative Bedingung, wie etwa die Unterlassung einer bestimmten Handlung, als Ursache für die Folge erachtet werden, wenn sie mit dieser in einem bestimmten Zusammenhang stehe.[411]

Von diesem Standpunkt an vertritt *Puppe* ihre eigene Kausalitätstheorie, anhand der sie versucht, das Problem des Überbedingtseins des Erfolgs zu lösen. Ihr zufolge ist die Handlung für den Erfolg kausal, wenn sie sich als „notwendigen Bestandteil einer hinreichenden Mindestbedingung" für den Erfolg erweise.[412] Die hinreichende Mindestbedingung bestimme sich nach dem „anwendbare[n] Kausalgesetz bzw. de[m] alltagstheoretische[n] Erfahrungssatz", das bzw. der den gleichartigen Erfolg impliziere.[413] Da die hinreichende Mindestbedingung mehrere minimale (notwendige) Bestandteile enthalte, sollte jeder einzelne Bestandteil notwendig sein.[414] Hierdurch sei die Kausalität der zueinander bezüglich des Erfolgs alternativ stehenden Handlungen zu begründen, weil jede für den Erfolg hinreichende Handlung in Bezug auf die hinreichende Mindestbedingung, nämlich das einschlägige Kausalgesetz notwendig, d.h. nicht ersetzbar sei.

e. Kritische Stellungnahme

Gegen die modifizierte *conditio*-Formel, der zufolge „die Handlung für den Erfolg kausal ist, wenn sie zwar alternativ, aber nicht kumulativ hinweggedacht werden kann,

---

407 *Frister*, AT, 7. Aufl., 9/11.

408 NK/*Puppe*, 4. Aufl., Vor §§ 13 ff. Rn. 92, Hervorhebung dort; vgl. *dies.*, GA 2004, 129, 137.

409 NK/*Puppe*, 4. Aufl., Vor §§ 13 ff. Rn. 102; vgl. *Kindhäuser*, GA 2012, 134, 138.

410 NK/*Puppe*, 4. Aufl., Vor §§ 13 Rn. 82; *dies.*, AT I, 2002, § 2 Rn. 56.

411 NK/*Puppe*, 4. Aufl., Vor §§ 13 ff. Rn. 117; *dies.*, ZStW 92 (1980), 863, 899; so auch *Hilgendorf*, NStZ 1994, 564; *Roxin*, AT II, § 31 Rn. 42.

412 NK/*Puppe*, 4. Aufl., Vor §§ 13 ff. Rn. 102 f.; *Jäger*, FS-Maiwald, 2010, 345, 353 ff., erachtet die Handlung als für den Erfolg kausal, wenn sie für das Ereignis, das zum Erfolg als „Ausschnitt der Wirklichkeit" führt, notwendig ist. Vgl. die INUS-Bedingung von *Mackie*, Teil 2 A. I. 1. 2) (1) b. ii.

413 NK/*Puppe*, 4. Aufl., Vor §§ 13 ff. Rn. 103.

414 NK/*Puppe*, 4. Aufl., Vor §§ 13 ff. Rn. 104.

ohne dass der Erfolg entfiele“, ist einzuwenden, dass sie zum einen eine ungerechtfertigte Änderung des Ursachenverständnisses, von der Ursache als *notwendige* Bedingung hin zu Ursache als *hinreichende* Bedingung bedeutet[415] (hierin liegt i.Ü. zugleich eine Verwechselung des Gesichtspunkts von *ex post* zu *ex ante*) und zum anderen in Wahrheit einen Verzicht auf das Postulat,[416] dass der Erfolg in seiner konkreten Gestalt zu betrachten ist.[417] Das gilt auch für die Ansicht von *Puppe*. Außerdem führt die modifizierte *conditio*-Formel zu dem absurden Ergebnis, dass eine dritte Bedingung, die nicht einmal im Erfolg wirksam wurde, als Ursache erfasst würde. Das ist etwa dann der Fall, wenn neben A und B, die jeweils eine tödliche Dosis Gift ins Essen des Opfers einmischen, C eine Menge Salz darauf streut. Die Handlung des C kann zwar nicht kumulativ, aber alternativ hinweggedacht werden, ohne dass der Tod entfiele.[418]

Diesen kategorialen Fehler hat außerdem die Lösung mit der hinreichenden Bedingung begangen. Ihr wäre insofern beizupflichten, als sie menschliche Handlungen im Gegensatz zu naturhaften Ursachen kraft des menschlichen Vermögens, den Kausalverlauf zu überdeterminieren, als Ursache qualifiziert. Ihr fehlt aber die Einsicht, dass es bei der hinreichenden Bedingung für den Erfolg um das zur Tatbestandsverwirklichung taugliche Mittel geht, nicht aber um die Feststellung der Kausalität.[419] Die Frage, ob der Täter durch seine Handlung eine hinreichende Bedingung für den Erfolg gesetzt hat, ist erst *nach* der Annahme der Kausalität dann insoweit von Bedeutung, als es um die objektive Zurechnung des Erfolgs zum Täter geht.[420] Falls die Kausalität abgelehnt wird, dann kann dahingestellt bleiben, ob ein tauglicher oder untauglicher Versuch gemäß § 23 Abs. 3 StGB vorliegt. Will man die Setzung der hinreichenden Bedingung als Ursache qualifizieren, ohne vorher mittels der *conditio*-Formel gefragt zu haben, ob die Handlung für den *konkreten* Erfolg *notwendig* ist, so besteht kein Grund, warum die hypothetische, aber für den tatbestandsmäßigen Erfolg hinreichende Reserveursache für die Erfolgszurechnung nicht berücksichtigt werden darf.[421]

Zweifelhaft ist ebenfalls die Lösung mit der gemeinsamen Kausalität. Denn es ist keine Grundlage dafür ersichtlich, wie die unabhängig voneinander vorgenommenen Handlungen zu einer Einheit zusammengefasst werden können. Gegen die

415 *Dencker*, Die Kausalität, 1996, S. 52; *Frister*, AT, 7. Aufl., 9/10; *Merkel*, FS-Puppe, 2011, 151, 155; *Puppe*, ZStW 92 (1980), 863, 877; *Rotsch*, FS-Roxin, 2011, 377, 385; *Toepel*, Pflichtwidrigkeitszusammenhang, 1992, S. 72; *ders.*, JuS 1994, 1009, 1012. Daher kann man nicht von einer „Ergänzung“ der Formel sprechen, *Binns*, Inus-Bedingung, 2001, S. 33; *Jäger*, FS-Maiwald, 2010, 345, 348; *Kraatz*, Die fahrlässige Mittäterschaft, 2006, S. 328 i.V.m. Fn. 133.

416 Siehe oben, Teil 2 A. I. 1. 2) (1) f.

417 *Kudlich*, JA 2010, 681, 683; *Kühl*, AT, 7. Aufl., § 4 Rn. 20; *Roxin*, AT I, 4. Aufl., § 11 Rn. 26.

418 *Toepel*, JuS 1994, 1009, 1011.

419 *Rotsch*, FS-Roxin, 2011, 377, 384, 388.

420 Siehe oben, Teil 2 A. I. 1. 3) (2) b. und d.

421 *Joerden*, Fallsysteme, 1986, S. 156 Fn. 48; *Toepel*, JuS 1994, 1009, 1012.

Auffassung vom Übergang von der Gesamtursache zur Einzelursache *von Buris* spricht das Argument von *Birkmeyer*.[422] Es ist aber auch nicht ausgeschlossen, dass in der Summe ein für den Erfolg irrelevantes, – mit den Worten von *Puppe*: für die hinreichende Mindestbedingung überflüssiges – Element enthalten sein kann. Die Zufälligkeit des Zusammentreffens von zwei oder mehreren Handlungen kann ferner keine Einheit der Handlungen begründen, weil ansonsten die Annahme der Kausalität der Handlung zu Unrecht vom Vorsatz des Täters abhängig wäre.[423] Das fiktive Hilfsmittel einer „Gesamtheit von Handlungen", mit der keiner der in Frage stehenden Täter rechnen konnte, widerspricht schließlich dem strafrechtlichen Schuldprinzip, dass die Erfüllung des Tatbestandes grundsätzlich davon abhängt, dass der Täter den Tatbestand in seiner Person verwirklicht hat.

Was nun die Ansicht von *Puppe* anbelangt, so ist zweifelhaft, ob die von ihr vertretene Position angesichts des in Recht- als auch in Naturwissenschaft fest etablierten Begriffs der „Wirkkraft" haltbar ist.[424] Die Auffassung, dass die Ursache mit der Folge durch eine Wirkkraft verbunden ist, also sie durch ein *agens*, die Folge *bewirkt* (das sog. genetische Prinzip), ist nicht deswegen überholt, weil ein solcher Begriff – wie *Hume* beobachtet –[425] empirisch weder sinnlich wahrnehmbar noch beweisbar ist. Denn auch die Naturwissenschaften gehen fraglos von theoretischen Begriffen aus,[426] ohne dass feststeht, ob solche Begriffe wissenschaftlich ausnahmslos bewiesen werden können, d.h. ihnen entsprechende Gegenstände bzw. Sachverhalte korrespondieren. Fehlende empirische Beweisbarkeit führt noch nicht dazu, dass die Verwendung der Begriffe falsch ist, sondern ist ein Anlass zur weiteren wissenschaftlichen Arbeit.[427] Auch Juristen arbeiten etwa mit der Begrifflichkeit der menschlichen Freiheit, die mitnichten empirisch bewiesen ist. In diesem Sinne ist es zulässig, den Kausalzusammenhang als Wirkungszusammenhang zu begreifen. Ursache ist also ein Seinsgrund für die Veränderung der Wirklichkeit.[428] Ein solcher ontologische Wirkungszusammenhang lässt sich in der Regel (aber nicht immer) wenn nicht empirisch beweisen, so doch heuristisch über die *conditio*- Formel bzw. die Formel von der gesetzmäßigen Bedingung ermitteln.[429] Falls im Falle alternativer Kausalität das Ergebnis nach diesen beiden Formeln negativ ausfällt, folgt daraus

---

422 *Birkmeyer*, Ursachenbegriff, 1885, S. 13; Siehe oben, Fn. 41.

423 *Frister*, AT, 7. Aufl., 9/11.

424 Vgl. *Puppe*, AT I, 2002, § 2 Rn. 53; *Roxin*, AT I, 4. Aufl., § 11 Rn. 4; *Hilgendorf*, NStZ 1994, 561, 564.

425 *Haas*, Kausalität, 2002, S. 159; NK/*Puppe*, 4. Aufl., Vor §§ 13 ff. Rn. 81.

426 *Pérez-Barberá*, ZStW 114 (2002), 602, 607.

427 *Pérez-Barberá*, ZStW 114 (2002), 602, 607 m.w.N.

428 *Kahlo*, Das Problem, 1990, S. 282; *ders.*, Die Handlungsform, 2001, S. 238 ff.; *Merkel*, FS-Puppe, 2011, 151, 164 ff.; *Haas*, Kausalität, 2002, S. 193 f.; *Hardwig*, Die Zurechnung, 1957, S. 91; *Lampe*, ZStW 71 (1959), 579, 598; *Pérez-Barberá*, ZStW 114 (2002), 602, 603; *Walder*, SchwZStrR 93 (1977), 113, 119.

429 Das bedeutet allerdings nicht, dass deswegen im Fall der alternativen Kausalität statt der herkömmlichen auf die modifizierte *conditio*-Formel ausgewichen werden

jedoch noch nicht, dass kein Wirkungszusammenhang vorhanden ist.[430] Von diesem Hintergrund lässt sich die Problematik der sog. alternativen Kausalität folgendermaßen lösen:

Um die Fallkonstellation der sog. alternativen Kausalität angemessen zu beurteilen, ist zunächst deren nähere Analyse erforderlich. Hierbei lassen sich – ausgehend vom oben erwähnten Beispielsfall – fünf Unterfälle unterscheiden:[431] 1) Eine der beiden Giftgaben hat sich (obwohl diese gleichzeitig abgegeben wurde) früher auf das Opfer ausgewirkt als die andere, sodass letztere keine Wirkung entfaltete. Nur die erstgenannte Gabe ist Ursache für den Erfolg, während die letztere Reserveursache bleibt.[432] 2) Beide Giftgaben waren hälftig (jeweils 5 g) im Erfolg wirksam und die übrigen Teilmengen blieben wirkungslos.[433] Hier sind freilich auch andere Kombinationsvarianten (1+9, 2+8, 3+7, 4+6, 6+4, 7+3, 8+2, oder 9+1) möglich. In all diesen Fällen sind beide Handlungen für den Tod ursächlich (Fall der kumulativen Kausalität).[434] 3) Das von beiden Tätern verabreichte Gift hat jeweils in der ganzen Menge eine tödliche Wirkung entfaltet, sodass der Todeseintritt (im Vergleich zu einer einseitigen Giftgabe) beschleunigt bzw. modifiziert worden ist.[435] Dies ist ein Fall der Erfolgsbeschleunigung bzw. -modifikation.[436] Sowohl A als auch B verursachen hier den Todeserfolg in seiner konkreten Gestalt; es besteht ebenfalls ein kumulativer Kausalzusammenhang.[437] 4) Hiervon ist die Fallgruppe zu unterscheiden, in der der Erfolg durch zwei oder mehrere unabhängig voneinander vorgenommene Handlungen, die jeweils für sich für den Erfolgseintritt hinreichend sind, *gleichzeitig* verursacht worden ist. Z.B. zwei Schützen A und B haben voneinander unabhängig mit zwei Kugeln das Herz des Opfers gleichzeitig getroffen, sodass es sofort verstirbt. Fest steht dabei, dass sich der Todeserfolg bei einem alleinigen Schuss von A bzw. B nicht verzögert hätte.[438] Hier lässt sich aber die Wirksamkeit beider Handlungen

---

sollte. Wie oben erwähnt ist sie keine *ad hoc*-Methode, um das Problem zu lösen, sondern eine grundsätzliche Ablehnung der *conditio*-Formel überhaupt.

430 Siehe oben, Teil 2 A. I. 1. 2) (2) b.

431 *Röckrath*, NStZ 2003, 641, 644; *Samson*, Strafrecht I, 7. Aufl., S. 22 f.

432 *Dencker*, Die Kausalität, 1996, S. 50; *Kühl*, AT, 7. Aufl., § 4 Rn. 19; *Murmann*, Die Nebentäterschaft, 1993, S. 152 Fn. 30; *Roxin*, AT I, 4. Aufl., § 11 Rn. 25.

433 *Frisch*, Tatbestandsmäßiges Verhalten, 1988, S. 53 Fn. 204; *Kühl*, AT, 7. Aufl., § 4 Rn. 20; *Murmann*, Die Nebentäterschaft, 1993, S. 152; *Murmann/Rath*, NStZ 1994, 215, 217; *Samson*, Strafrecht I, 7. Aufl., S. 20 f.; *Rotsch*, FS-Roxin, 2011, 377, 383; krit. *Kraatz*, Die fahrlässige Mittäterschaft, 2006, S. 327.

434 *Dencker*, Die Kausalität, 1996, S. 50 f.

435 *Murmann/Rath*, NStZ 1994, 215, 217.

436 Siehe oben, Teil 2 A. I. 1. 2) (3).

437 *Murmann/Rath*, NStZ 1994, 215, 217; *Röckrath*, NStZ 2003, 641, 644; *Rotsch*, FS-Roxin, 2011, 377, 384; *Toepel*, JuS 1994, 1009, 1011.

438 Ein solcher extreme Fall wird in der Praxis kaum vorkommen. Denkbar wäre etwa der Fall, dass mehrere Soldaten eines Erschießungskommandos jemanden gleichzeitig und auf gleicher Art und Weise erschießen. Vgl. *Binns*, Inus-Bedingung, 2001, S. 24 Fall 1. Abgesehen davon, ob dies rechtlich zulässig ist, fehlt es in diesem

für den Erfolg nicht bezweifeln, weil diese sich nicht allein anhand des zeitlichen Kriteriums zu bestimmen ist. Wenn zwei Kugeln von A und B abgeschossen werden und gleichzeitig das Herz des Opfers treffen, so kann angenommen werden, dass sie jeweils ihre Wirkungen entfaltet haben.[439] Auch *Murmann* ist der Meinung, dass jede Wirkungsentfaltung das Moment der Erfolgshervorbringung enthalte.[440] Daher gebe es im naturalistischen Sinne nur die kumulative Kausalität.[441] Natur hat danach zutreffend nur Wirklichkeit, keine Hypothese. In einem ähnlichen Sinne führt *Rotsch* aus, „[d]ass es alternative Kausalität [...] ex post gar nicht geben kann, [...]".[442] Etwas anderes gilt in der Fallkonstellation, in der A und B gleichzeitig eine Kugel abgefeuert haben, aber nur *ein* Projektil im Leichnam des Opfers gefunden worden ist, wobei niemand weiß, wessen Kugel das Opfer getroffen hat. In diesen Fällen kommt das *in dubio pro reo*-Prinzip zur Anwendung.[443] Gleiches gilt selbst in dem Fall, dass Spuren beider Kugeln am Körper des Opfers gefunden wurden, aber noch nicht nachgewiesen ist, ob sie *gleichzeitig* das Herz getroffen haben. Denn zugunsten des jeweiligen Täters geht man hier davon aus, dass das jeweils andere Geschoss früher getroffen hat.

Vor diesem Hintergrund lässt sich das Verständnis der Kausalität als Wirkungszusammenhang verteidigen, wenn man auf die konkrete Betrachtungsweise des Erfolgs abstellt.[444] Denn insoweit ergeben sich keine unterschiedlichen Ergebnisse danach, ob die *conditio*-Formel oder Formel von der gesetzmäßigen Bedingung zur Anwendung kommt. Der Kausalzusammenhang lässt sich daher bei 4) damit begründen, dass der Abschuss einer Kugel nicht hinweggedacht werden kann, ohne dass der Tod durch zwei Kugeln eingetreten wäre *bzw. dass* er mit ihm gesetzmäßig gebunden ist. Sofern unser Blick auf die naturalistische Kausalität gerichtet ist, weist die Problematik der sog. alternativen Kausalität im Vergleich zu der der sog. kumulativen Kausalität keine Besonderheit auf.[445]

Fall aber bereits am Merkmal *unabhängig voneinander*. Hiermit vergleichbar ist der von *Joerden*, Fallsysteme, 1986, S. 152, gebildete „Schrottplatzfall", in dem O unter einer Last steht, die von einem Elektromagneten gehalten wird und A und B gleichzeitig an zwei in Reihe geschalteten Schalten den Strom abstellen, sodass O von der Last erschlagen wird. *Joerden* hat hiermit versucht, eine Konstellation aufzuzeigen, in der die Beiträge von A und B in ihrer Ganzheit kumulativ wirksam sind, ohne dass der Erfolg in seiner konkreten Gestalt anders aussieht. Ist es aber anzunehmen, dass die Beiträge von A und B kumulativ für den Erfolg wirksam sind, so muss man von der Kausalität ausgehen. So auch *Murmann*, Die Nebentäterschaft, 1993, S. 152 Fn. 30; *Rotsch*, FS-Roxin, 2011, 377, 385.

439 A.A. LK/*Walter*, 12. Aufl., Vor § 13 Rn. 83.

440 *Murmann*, Die Nebentäterschaft, 1993, S. 152.

441 *Murmann*, Die Nebentäterschaft, 1993, S. 153.

442 *Rotsch*, FS-Roxin, 2011, 377, 385.

443 *Samson*, Strafrecht I, 7. Aufl., S. 22 f.; *Roxin*, AT I, 4. Aufl., § 11 Rn. 25.

444 Siehe oben, Teil 2 A. I. 1. 2) (2) c.

445 *Murmann*/*Rath*, NStZ 1994, 215, 217.

Wie oben gesehen[446] kann man mit der Ursächlichkeit der Handlung zum Erfolg noch nicht die Zurechnung des Erfolgs zum Täter begründen. Bevor wir auf dieses normative Problem eingehen,[447] müssen wir die der durch das Mehrheitsprinzip gekennzeichneten Gremienentscheidung zugrundeliegende Sachlage auf ihre Kausalität hin betrachten.

(2) Das Sonderproblem beim Mehrheitsprinzip

Im Vergleich zum Ausgangsfall nach dem Einstimmigkeitsprinzip gilt im nun vorliegenden Fall[448] das Mehrheitsprinzip für die Beschlussfähigkeit bzw. die wirksame Entscheidung. Für die Beschlussfähigkeit müssen also mindestens zwei zuständige Mitglieder des Gremiums bei der Abstimmung anwesend sein und für eine wirksame Entscheidung ist die Stimmmehrheit der anwesenden Mitglieder erforderlich. Angesichts des das Entscheidungsverfahren herrschenden Prinzips ist nun im Gegensatz zum Einstimmigkeitsprinzip zugunsten des Täters folgender Einwand denkbar: Auch wenn der einzelne im Beschlussverfahren pflichtgemäß gegen die Mehrheit gestimmt hätte, so wäre das Ergebnis der Entscheidung nicht anders gewesen. Es fehle jeder Handlung am *conditio*-Charakter. Insofern liegt es nahe, die Konstellation in die sog. alternative Kausalität einzuordnen. Dagegen spricht aber auf der anderen Seite die wahre Hypothese, dass jede Stimmabgabe für sich allein für den Beschluss nicht ausreichend wäre.[449] Im Ergebnis ist die einzelne Handlung im logischen Sinne für den Erfolg *weder* notwendig, *noch* hinreichend.[450]

Mit Blick auf die Kausalität muss man sich fragen, ob die Veränderung des das Beschlussverfahren regulierenden Prinzips von der Einstimmigkeit zum Mehrheitsprinzip die Wirksamkeit der Handlung im konkreten Erfolg beeinflussen kann. Das Einstimmigkeits- bzw. Mehrheitsprinzip bestimmt das soziale Verfahren, durch das der gemeinsame Wille des Gremiums gebildet wird.[451] Es ist also kein Naturgesetz im physikalischen Sinne.[452] Insoweit ist klar, dass die naturgesetzlich bestimmte Kausalität von der Frage, ob nach Einstimmigkeits- oder Mehrheitsprinzip abgestimmt wird, unbeeinflusst bleibt.[453] Zu diesem Ergebnis gelangt letztlich auch *Weber*

---

446 Siehe oben, Teil 2 A. I. 1. 3).
447 Siehe unten, Teil 2 A. I. 2. 3).
448 Siehe oben, Teil 2 A. I. 2.
449 *Weber*, BayVBl 1989, 166, 169.
450 *Fleischer*, BB 2004, 2645, 2647.
451 Vgl. Fn. 11.
452 LK/*Walter*, 12. Aufl., Vor § 13 Rn. 83.
453 Im Ergebnis so auch *Weber*, BayVBl 1989, 166, 169; dagegen LK/*Walter*, 12. Aufl., Vor § 13 Rn. 83. Stellt man aber auf das Mehrheitsprinzip als entscheidendes Kriterium für die Kausalität ab und will man so vom Überbedingtsein des Erfolgs sprechen, ist schon von der Lehre von der gesetzmäßigen Bedingung keine Rede, sondern dies kann vielmehr auf der Basis der *conditio*-Formel begründet werden.

mit Hilfe des Begriffs vom Erfolg in seiner konkreten Gestalt.[454] Danach kann zwar das Hinwegdenken einer Stimme den Erfolg nicht entfallen lassen, da immer noch eine Mehrheit vorliegt. Gleichwohl ist die Kausalität gegeben, weil der Beschluss dann ein anderer wäre, wenn man das Kausalgeschehen konkret betrachtet (Beschluss mit zwei anstatt drei Pro-Stimmen). Aber auch für die Anhänger der Lehre von der gesetzmäßigen Bedingung ist die Annahme der Kausalität unbestritten, weil die konkrete Handlung im konkreten Erfolg tatsächlich wirksam geworden ist.[455]

Zwar gelangt man in der vorliegenden Fallkonstellation auch nach der modifizierten *conditio*-Formel zum selben Ergebnis. Jedoch ist es – abgesehen von der Frage der Vertretbarkeit der modifizierten *conditio*-Formel –[456] im Fall der durch das Mehrheitsprinzip bestimmten Gremienentscheidung zweifelhaft, ob die vorliegende Konstellation der Definition von der modifizierten *conditio*-Formel vorausgesetzten sog. *alternativen Kausalität* entspricht. Für sich gesehen hätte die jeweilige Handlung des Täters den Beschluss nicht herbeiführen können. Gleichwohl sind naturalistisch gesehen alle Stimmen der Vorstandsmitglieder im konkreten Erfolgseintritt wirksam geworden. Sieht man nun den Grund für die Kategorisierung der vorliegenden Fallkonstellation in der sog. alternativen Kausalität in der Anwendbarkeit der modifizierten *conditio*-Formel, ist dies hingegen eine *petitio principii*.[457] Die Frage, ob es in einer bestimmten Konstellation um die kumulative oder um die sog. alternative Kausalität geht, bestimmt sich nach der Definition der kumulativen bzw. sog. alternativen Kausalität, nicht aber danach, ob die ursprünglich für die sog. alternative Kausalität gedachte, modifizierte *conditio*-Formel auf die in Betracht kommende Fallkonstellation anwendbar ist. Treffend formuliert dazu *Frisch*: „Handhabbar ist die [modifizierte *conditio*-] Formel ja nur, wenn man weiß, welche Folgen das kumulative und das alternative Hinwegdenken der beiden Verhaltensweisen jeweils für den tatsächlich eingetretenen Erfolg haben. Weiß man das nicht, so ist mit der Formel von vornherein nicht weiterzukommen, lässt sich mit ihrer Hilfe also auch Kausalität nicht feststellen. Kann man die entsprechenden Fragen andererseits positiv beantworten, so setzt das bereits eine sehr klare Kenntnis der Kausalbeziehungen voraus."[458]

Nach *Puppes* Formel, der zufolge die Handlung für den Erfolg kausal ist, wenn sie ein notwendiger Bestandteil eines einen solchen Erfolg nach sich ziehenden

---

454 *Weber*, BayVBl 1989, 169; so auch *Kühl*, AT, 7. Aufl., § 4 Rn. 18; *Schlüchter*, JA 1984, 673, 679; *Ebert/Kühl*, Jura 1979, 561, 564; krit. LK/*Walter*, 12. Aufl., Vor § 13 Rn. 83.

455 S/S/*Eisele*, 29. Aufl., Vorbem §§ 13 ff. Rn. 75 und 83a; *Otto*, Lampe-FS, 2003, 491, 493.

456 Siehe oben, Teil 2 A. I. 2. 2) (1) e.

457 *Beulke/Bachmann*, JuS 1992, 737, 742; S/S/*Eisele*, 29. Aufl., Vorbem. §§ 13 ff. Rn. 83a; *Nettesheim*, BayVBl 1989, 165; *Weißer*, Kollegialentscheidung, 1996, S. 112; *Toepel*, JuS 1994, 1009, 1011; *Kraatz*, Die fahrlässige Mittäterschaft, 2006, S. 328: „Hierbei würde man jedoch den Fehler begehen, die Kurzformel zu sehen und ihren Ursprung ignorieren."

458 *Frisch*, FS-Gössel, 2002, 51, 55 f.

Kausalgesetzes, d.h. einer hinreichenden Minimalbedingung ist,[459] ist die Kausalität ohne weiteres zu bejahen. Denn die Ja-Stimme des Täters ist ein notwendiger Bestandteil der für den Beschluss hinreichenden zwei Ja-Stimmen.[460] Dieser Begründungsversuch ist trotzdem kritisch zu sehen, weil die Bildung der hinreichenden Minimalbedingung, durch die erst die einzelne Handlung kausalen Charakter bekommt, beliebig ist. Wenn z.B. zwei Handlungen von A und B zu einer hinreichenden Minimalbedingung für den wirksamen Beschluss kombiniert sind (AB), so kann zwar die Handlung des A oder B für die Minimalbedingung (AB) notwendig sein, aber eine weitere Handlung des C nicht. Um von Kausalität der Handlung des C zu sprechen, muss man nun die anderen Kombinationen (AC oder BC) heranziehen, was zu einem Zirkelschluss führt, da hierin eine ungerechtfertigte Doppelbewertung ein und desselben Umstands liegt.

Es finden sich ähnliche Lösungsansätze in der Literatur.[461] So vertritt *Schilha*:[462] „Bei einer 6:2 Stimmenmehrheit etwa können verschiedene Beschlussmehrheiten von jeweils fünf (notwendigen) Stimmen gebildet werden, die jede für sich erfolgswirksam gewesen wäre und die zwar alternativ, nicht aber mit den anderen möglichen Fünf-Stimmen-Mehrheiten kumulativ hinweggedacht werden können, ohne dass der durch die Kollektiventscheidung vermittelte Erfolg gänzlich entfiele. Jede der Fünf-Stimmen-Mehrheiten ist daher kausal (*alternative Kausalität*). Bestandteil dieser Mehrheiten sind die einzelnen pflichtwidrigen Stimmen, die zwar nicht alleine, wohl aber kumulativ mit den anderen erfolgsursächlich werden, so dass jede Einzelstimme der Beschlussmehrheiten gedanklich nicht eliminiert werden kann, ohne dass die Beschlussmehrheit als Erfolgsursache entfiele. Folgerichtig ist auch jede einzelne Stimme für den Beschluss und dessen Folgen kausal (*kumulative Kausalität*)."[463] Diese Auffassung ist nicht überzeugend, weil sie zum einen die hier bereits kritisierte modifizierte *conditio*-Formel anwendet und zum anderen zweifelhaft ist, ob sie gegenüber der modifizierten Formel überlegen ist. Ähnlich wie *Schilha* äußert sich auch *Kudlich*:[464] „Sind für einen wirksamen Beschluss mindestens x+1 Stimmen erforderlich, so liegt im Verhältnis zwischen den abgegebenen x und der noch fehlenden Stimme ein Fall der kumulativen Kausalität vor; zwischen den mehreren denkbaren Stimmen, die die »1« in der »x+1-Formel« darstellen, liegt ein Fall der alternativen Kausalität vor." Diese Lösung geht aber material gesehen

---

459 NK/*Puppe*, 4. Aufl., Vor § 13 Rn. 107.

460 *Puppe*, GA 2004, 129, 138 f.

461 SSW/*Kudlich*, 2. Aufl., Vor §§ 13 ff. Rn. 43; *Neudecker*, Kollegialorganen, 1995, S. 225; *Röckrath*, NStZ 2003, 641, 644; *Schaal*, Gremienentscheidungen, 2001, S. 32 f.; *Schilha*, Die Aufsichtsratstätigkeit, 2008, S. 388; *Wessels/Beulke/Satzger*, AT, 45. Aufl., Rn. 158a; ausführlich dazu *Kraatz*, Die fahrlässige Mittäterschaft, 2006, S. 325 ff.

462 *Schilha*, Die Aufsichtsratstätigkeit, 2008, S. 388.

463 Vgl. *Kraatz*, Die fahrlässige Mittäterschaft, 2006, S. 329.

464 SSW/*Kudlich*, 2. Aufl., Vor §§ 13 ff. Rn. 43.

nicht über die von *Puppe* vorgeschlagene Lösung hinaus.[465] Daher gilt der oben vorgebrachte Einwand gegen die Lösung von *Puppe* auch für die vermittelnde Lösung.

Aus alledem ergibt sich, dass das Wirkungsmoment der jeweiligen Handlung im naturalistischen Sinne unabhängig von der Frage vorliegt, ob das Einstimmigkeits- oder Mehrheitsprinzip herrscht. Um diesen ontologischen Kausalzusammenhang zu erfassen, begnügen wir uns mit dem Verständnis von Ursächlichkeit der Handlung als *notwendiger Bedingung für den konkret eingetretenen Erfolg*. Versuche einer wachsenden Literaturmeinung, für Stimmabgaben von mehreren bei Gremienentscheidung eine andere modifizierte Formel oder die INUS-Bedingung für die Annahme der Kausalität zu entwickeln, führt zu einem nicht überzeugenden Verständnis des Kausalgedankens.

3) Objektive Zurechnung

Wir haben bereits oben gesehen, dass für die Annahme einer Strafbarkeit neben der Kausalität der Tathandlung noch das normative Kriterium der objektiven Zurechenbarkeit des Erfolgs erfüllt sein muss.[466] Der Erfolg kann demnach dem Täter zugerechnet werden, wenn dieser durch seine kausale Handlung ein rechtlich missbilligtes Risiko für das Rechtsgut geschaffen und dieses Risiko sich im konkreten Erfolg realisiert hat.[467] Im Folgenden beschäftigen wir uns mit dem Problem, wie es sich diesbezüglich in den Konstellationen der sog. alternativen Kausalität verhält, um sodann auf den Sachverhalt der Abwandlung von **Fall 1** einzugehen.

(1) Anwendung auf die sog. alternative Kausalität

a. Die rechtlich missbilligte Risikoschaffung

Zunächst können wir mit den normativen Maßstäben für die objektive Zurechnung die Konstellation der sog. alternativen Kausalität behandeln. Man stellt sich dann zuerst die Frage, ob der Täter durch die Setzung der für den Erfolg hinreichenden Bedingung ein rechtlich missbilligtes Risiko für das Rechtsgut geschaffen hat. Wie wir oben gesehen haben, kann hierfür maßgeblich auf das Konzept der „interpersonalen Rechtsverhältnisverletzung“ abgestellt werden. Hiernach muss man – um die Handlung des Täters auf ihr rechtliches Missbilligtsein hin zu bewerten – vom normgemäßen Verhalten des anderen ausgehen, auch wenn die Handlung über den Dritten mit dem Erfolg vermittelt worden ist. Auf dieser Grundlage muss man sodann prüfen, ob die Handlung des Täters sich als das Risiko in Bezug auf das Rechtsgut darstellt. Insoweit ist das Kriterium der Adäquanz maßgebend.[468]

Murmann führt freilich dagegen den Gedanken über das interpersonale Rechtsverhältnis auf der subjektiven Tatseite aus. Seine Ansicht zur sog. alternativen

465 So *Schilha*, Die Aufsichtsratstätigkeit, 2008, S. 389.
466 Siehe oben, Teil 2 A. I. 1. 3).
467 *Rotsch*, FS-Roxin, 2011, 378, 389 ff.
468 Siehe oben, Teil 2 A. I. 1. 3) (1) b.

Kausalität im Rahmen der Nebentäterschaft durch den vorsätzlichen Täter beruht auf der (auch hier vertretenen) Annahme, dass das strafrechtliche Unrecht, das der Täter als vernünftiges Wesen durch seine instrumentale-*unrechtliche* Handlung verwirklicht, nicht nur in der naturalistischen Verursachung des äußerlichen Geschehens liege, sondern vielmehr in der „Verletzung rechtlicher Verhältnisse".[469] Für das interpersonale Unrechtsverständnis müsse aber die Kausalität vom Vorsatz erfasst werden, weil das Erfolgsunrecht gerade „Ausdruck der personalen Entscheidung" sei.[470] Der Täter müsse hierbei freilich nicht um die konkreten Kausalverläufe, sondern um eine „Grund/Folge-Beziehung" wissen.[471] Im Rahmen der kumulativen Kausalität geht er davon aus, dass der Täter mit „sollensorientiertem" Verhalten des anderen rechnen dürfe, sodass der Vorsatz bezüglich der abweichenden Kausalität entfalle und der Täter im oben behandelten Giftfall nur wegen des Versuchs strafbar sei.[472] Im Fall der alternativen Kausalität sei das Rechtsverhältnis zwischen dem Täter und dem Opfer verletzungsfähig, solange – anders als im Fall der hypothetischen Kausalität – die angreifende Handlung des Dritten noch nicht dem Täter die Möglichkeit nehme, sein Verhältnis zum Opfer zu verletzen. Aufgrund des Vertrauen-Dürfens auf das sollensorientierte Verhalten des anderen sei die Rechtsverhältnisverletzung nur dann subjektiv zurechenbar, wenn der Täter ein erfolgstaugliches Mittel einsetze. Das sei im Ausgangsbeispiel der Fall. Jeder Täter habe also durch seine für den Erfolg taugliche Handlung das wirkliche Rechtsverhältnis, das im Ausgangsfall jeweils in der Beziehung zwischen A und dem Opfer und B und diesem liege, beeinträchtigt, wodurch das Opfer sein Leben verloren hat.[473] Wie oben kritisiert,[474] ist kein Grund dafür ersichtlich, warum der sogar zur auf das gleiche Opfer zielenden Straftat entschlossene, also vorsätzliche Täter mit dem sollensorientierten Verhalten des anderen rechnen darf. Das Vertrauen-Dürfen darf nicht auf den vorsätzlichen Täter, sondern muss auf den objektiv Beurteilenden bezogen sein. Das gilt aber auch für den fahrlässig Handelnden. Daraufhin hat die Arbeit versucht, das Konzept der „interpersonalen Rechtsverhältnisverletzung" in die Begrifflichkeit der rechtlich missbilligten Risikoschaffung zu integrieren.[475]

Die rechtlich missbilligte Risikoschaffung lässt sich danach im Gegensatz zur Fallkonstellation bei der kumulativen Kausalität[476] bejahen, weil der Täter beim Vollzug der zur Rechtsgutverletzung tauglichen Handlung den rechtlichen Freiheitszustand des Opfers in den unrechtlichen umgesetzt hat.[477]

---

469 *Murmann*, Die Nebentäterschaft, 1993, S. 172 ff.
470 *Murmann*, Die Nebentäterschaft, 1993, S. 199 f.
471 *Murmann*, Die Nebentäterschaft, 1993, S. 210.
472 *Murmann*, Die Nebentäterschaft, 1993, S. 194 f.
473 *Murmann*, Die Nebentäterschaft, 1993, S. 213.
474 Siehe oben, Teil 2 A. I. 1. 3) (2) a.
475 Siehe oben, Teil 2 A. I. 1. 3) (1) b.
476 Siehe oben, Teil 2 A. I. 1. 3) (2).
477 Schon damit die vollendete Strafbarkeit für den Erfolg bejahend, *Kindhäuser*, Intentionale Handlung, 1980, S. 79 Fn. 26 u. 205 f.; *Murmann/Rath*, NStZ 1994, 215, 217.

b. Die Risikorealisierung im Erfolg?

Zu prüfen ist im Rahmen der objektiven Zurechnung jedoch darüber hinaus, ob sich das rechtlich missbilligte Risiko im konkreten Erfolg realisiert hat. Der Risikorealisierungszusammenhang ist durch die Frage zu konkretisieren, ob der Erfolg bei der gebotenen Handlung mit an Sicherheit grenzender Wahrscheinlichkeit hätte verhindert werden können.[478] Hiernach ist der Erfolg im hier untersuchten Beispielsfall der Giftgabe von A und B den Tätern jeweils nicht zurechenbar, weil der Erfolg angesichts der ebenso rechtlich missbilligten Handlung des anderen im Fall der gebotenen Unterlassung der Gabe der Giftmenge 10g auch eingetreten wäre. Der Beitrag des anderen kann dabei nicht ausgeschlossen werden, weil er genauso wie der Beitrag des Täters den Erfolg bewirkt hat, d.h. er keine hypothetische Reserveursache darstellt.[479] Daher können A und B im vorliegenden Giftfall[480] höchstens wegen Versuchs bestraft werden.[481]

Rotsch sieht richtigerweise in der Fallkonstellation der sog. alternativen Kausalität keine Kausalitätsfrage, sondern eine der objektiven Zurechnung „im engeren Sinne".[482] Er postuliert freilich die Konkretisierung des „vom Täter in casu gesetzte[n] Risiko[s]" statt des Erfolgs,[483] sodass nach ihm im Fall der sog. alternativen Kausalität trotz der Annahme der rechtlich missbilligten Risikoschaffung durch die Handlung das konkrete Risiko sich nicht im Erfolg verwirkliche, „da O tatsächlich an derjenigen Giftmenge gestorben ist, die sich aus der Resorption eines Bruchteils des tödlichen Giftquantums des A und einem Bruchteil des tödlichen Giftquantums des B ergibt."[484] Deswegen seien beide nur wegen Versuchs zu bestrafen.[485] Die Ansicht ist aber nicht überzeugend. Will man wie *Rotsch* den rechtlichen Risikobegriff für konkret halten, lassen sich nicht eindeutig die kausale Wirksamkeit der Handlung im Erfolg und derer Gefährlichkeit für ihn voneinander unterscheiden. Ferner muss man anders als *Rotsch* bei der sog. alternativen Kausalität schon die rechtlich missbilligte Risikoschaffung ablehnen, weil das vom Täter geschaffene Risiko im konkreten Sinne noch keine rechtliche Relevanz erlangt hat. Die rechtlich missbilligte Risikoschaffung muss sich in der abstrakten Ebene, also bei der Untersuchung der Beeinträchtigung des interpersonalen Rechtsverhältnisses bestimmen.

---

478 Siehe oben, Teil 2 A. I. 1. 3) (1) c.
479 Vgl. Teil 2 A. I. 1. 2) (2) d.
480 Siehe oben, Teil 2 A. I. 2.
481 Im Ergebnis so *Dencker*, Kausalität, 1996, S. 65; *Frister*, AT, 7. Aufl., 9/13; *Toepel*, Pflichtwidrigkeitszusammenhang, 1992, S. 74; *ders.*, JuS 1994, 1009, 1012.
482 *Rotsch*, FS-Roxin, 2011, 377, 389 ff.
483 *Rotsch*, FS-Roxin, 2011, 377, 390.
484 *Rotsch*, FS-Roxin, 2011, 377, 392.
485 *Rotsch*, FS-Roxin, 2011, 377, 392.

(2) Anwendung auf die kollegialentscheidungsspezifische Fallkonstellation

Nach den in der Arbeit untersuchten, normativen Maßstäben[486] lässt sich der Sachverhalt, den nun das Mehrheitsprinzip beherrscht, folgendermaßen beurteilen. Der Täter hat – wie oben gesehen –[487] durch die Stimmabgabe als aktives Tun den zum tatbestandsmäßigen Erfolg führenden, rechtswidrigen Beschluss bewirkt.[488] Insofern spielt das Mehrheitsprinzip keine Rolle. Fragwürdig ist, ob er mittels des Stimmverhaltens das rechtlich missbilligte Risiko für das Rechtsgut, Vermögen des Unternehmens, geschaffen hat, wie dies der Täter im eben erörterten Fall der sog. alternativen Kausalität getan hat. Betrachtet man wie in **Teil 2** A. I. die Täter isoliert, stellt die einzelne Stimmabgabe noch nicht das für die Rechtsgutverletzung taugliche Mittel dar, weil es bei der kollektiven Gremienentscheidung um die Zusammenarbeit von mehreren Stimmberechtigten für den Beschluss geht.[489] Daher hat der Täter bei der isolierten Betrachtungsweise noch kein rechtlich missbilligtes Risiko im Verhältnis zum Vermögen des Unternehmens geschaffen. Insoweit gibt es keinen normativen Unterschied zwischen dem Einstimmigkeits- und Mehrheitsprinzip.[490]

4) Zwischenergebnis

Aus diesem Grund können A, B und C in der Abwandlung des **Fall 1** nicht wegen Untreue nach § 266 StGB bestraft werden.

3. Einschlägigkeit der nebentäterschaftlichen Betrachtungsweise in anders gelagerten Fällen

Wie wir eingangs gesagt haben, sind wir in den obigen Beispielsfällen davon ausgegangen, dass es zwischen den Gremiumsmitgliedern im Vorfeld der Abstimmung nicht zu einer Aussprache oder anderweitigen Verständigung über das jeweilige Abstimmungsverhalten gekommen ist. Dieser Aspekt der untersuchten Fälle ist jedoch – wie retrospektiv unschwer zu erkennen ist – maßgeblich dafür, dass der Täter trotz des eigenen rechtswidrigen Abstimmungsverhaltens gemäß dem Vertrauensgrundsatz auf das rechtmäßige Abstimmungsverhalten der übrigen Gremiumsmitglieder und damit auf das Ausbleiben des tatbestandsmäßigen Erfolges vertrauen durfte. Fraglich ist daher, inwiefern die strafrechtliche Bewertung von Gremienentscheidungen anders ausfällt, wenn es im Vorfeld der Abstimmung zu einer solchen Aussprache zwischen den Gremiumsmitgliedern kommt. Diesbezüglich können wir uns – eingedenk der vorigen umfangreichen Untersuchungsergebnisse – auf die Frage der objektiven Zurechnung bei Gremienentscheidungen nach dem Einstimmigkeitsprinzip- bzw. nach dem Mehrheitsprinzip beschränken.

---

486 Siehe oben, Teil 2 A. I. 1. 3).
487 Siehe oben, Teil 2 A. I. 2. 2) (2).
488 A.A. *Nettesheim*, BayVBl 1989, 161, 165.
489 Siehe oben, Teil 2 A. I. 1. 3) (3).
490 Siehe zum Ergebnis beim Einstimmigkeitsprinzip, Teil 2 A. I. 1. 4).

1) *Entscheidung nach dem Einstimmigkeitsprinzip*

Ist von einer gemeinsamen Meinungsbildung der Gremiumsmitglieder im Vorfeld der Abstimmung auszugehen, wird bei realitätsnaher Betrachtung jedes Gremiumsmitglied in etwa wissen, wer für oder gegen die fragliche Beschlussvorlage votieren und wer sich der Stimme enthalten wird. Wenn die übrigen Gremiumsmitglieder erkennen lassen, auch rechtswidrig abzustimmen, ist dem einzelnen eine Berufung auf das Vertrauensprinzip verwehrt. In diesen Fällen liegt dann im Stimmverhalten die Schaffung eines rechtlich missbilligten Risikos. Dieses Risiko realisiert sich bei Entscheidungen nach dem Einstimmigkeitsprinzip dann auch regelmäßig im tatbestandsmäßigen Erfolg, weil die Beschlussfassung in der Hand des Einzelnen liegt: Seine Stimme entscheidet darüber, ob ein rechtmäßiger Beschluss zustande kommt bzw. ein rechtswidriger Beschluss gefasst wird. Hier ist somit – die übrigen Strafbarkeitsvoraussetzungen vorausgesetzt – eine Nebentäterschaft zu bejahen.

2) *Entscheidung nach dem Mehrheitsprinzip*

Leicht anders stellt sich die Situation bei einer Entscheidung nach dem Mehrheitsprinzip dar: Auch hier ist eine rechtlich missbilligte Gefahrschaffung immer dann zu bejahen, sobald dem Einzelnen erkennbar wird, dass einige andere Gremiumsmitglieder einen rechtswidrigen Beschluss fassen wollen, und er daher weiß, dass durch sein Stimmverhalten das zur Beschlussfassung notwendige Quorum erreicht werden kann. Zu prüfen ist im Rahmen der objektiven Zurechnung jedoch darüber hinaus, ob sich das rechtlich missbilligte Risiko im konkreten Erfolg realisiert hat. Hieran fehlt es, wenn der Erfolg auch bei der gebotenen Handlung mit an Sicherheit grenzender Wahrscheinlichkeit eingetreten wäre.[491] Mit Blick auf Gremienentscheidungen nach dem Mehrheitsprinzip folgt daraus: Der Täter hat durch die Stimmabgabe als aktives Tun den zum tatbestandsmäßigen Erfolg führenden, rechtswidrigen Beschluss bewirkt[492] und – wie vorstehend erörtert – ein rechtlich missbilligtes Risiko geschaffen. Dieses realisiert sich jedoch nur dann im tatbestandsmäßigen Erfolg, wenn das zur Beschlussfassung notwendige Quorum mit an Sicherheit grenzender Wahrscheinlichkeit ohne ihn nicht zustande gekommen wäre. Anders gesagt: Sobald der Erfolg angesichts des rechtswidrigen Stimmverhaltens der anderen Gremiumsmitglieder ohnehin eingetreten wäre, ist er nicht objektiv zurechenbar und eine Strafbarkeit als Nebentäter entfällt.

3) *Vorzugswürdigkeit einer mittäterschaftlichen Lösung*

Es ist bereits zweifelhaft, dass alle Beteiligten am Beschlussverfahren tatsächlich nebeneinander gehandelt haben. Realitätsnah ist die Mitwirkung von ihnen an einer gemeinsamen Meinungsbildung im Vorfeld der Abstimmung, obwohl die gezielte

491 Siehe oben, Teil 2 A. I. 1. 3) (1) c. i.

492 A.A. *Nettesheim*, BayVBl 1989, 161, 165.

Willensvereinbarung erst nach Ablauf des Beschlussverfahrens festzustellen ist.[493] So verhält es sich aber auch, wenn im Einzelnen Meinungsverschiedenheiten unter den Stimmberechtigten bis zur Abstimmung fortwirken. Denn sie haben trotz der Meinungsverschiedenheiten letztendlich den rechtswidrigen Beschluss bei der Abstimmung *einstimmig* getroffen. Dieser Beschluss gestaltet nun eine qualitativ andere Grundlage. D.h.: Er ermöglicht es, die auf ihn zurückführbaren Umsetzungshandlungen (und dann den tatbestandsmäßigen Erfolg) dem zur Beschlussfassung beitragenden Täter zuzurechnen. Denn es ist für die kollektiven Entscheidungen typisch, dass der Beschluss selbst noch nicht den tatbestandsmäßigen Erfolg darstellt, sondern in weiteren Schritten durch die Entscheidungsträger selbst oder durch anderes Personal umgesetzt wird. Wenn der Fall so ist, kann man – genau gesagt – aufgrund des getroffenen Beschlusses nicht mehr mit der rechtmäßigen Beschlussausführung (d.h. der Unterlassung der Umsetzung des rechtswidrigen Beschlusses) rechnen. Insoweit ist es naheliegend, dass die Stimmberechtigten *gemeinsam* die Tat begangen haben.[494] Hieran sehen wir den Anhaltspunkt für die Untersuchung der mittäterschaftlichen Zurechnung nach § 25 Abs. 2 StGB durch aktives Tun.

Die bisherige Untersuchung ist auf die Frage beschränkt, ob der Täter durch sein aktives Tun den strafrechtlich relevanten Erfolg in zurechenbarer Weise bewirkt hat. Denn das Stimmverhalten kann als aktives Tun angesehen werden, obwohl es sich in der Regel mittelbar über die Ausführungshandlung auf den Erfolg auswirkt. Abgesehen davon besitzen – wie oben gesehen –[495] die Stimmberechtigten eine Sonderstellung in Bezug auf den Schutz des Rechtsguts des Opfers. Typisch ist in der Unternehmenspraxis, dass der Vorstand – wie hier – eine Sonderstellung dafür besitzt, das Interesse des Unternehmens vor allem hinsichtlich der finanziellen Belange zu betreuen. Falls das Unternehmen ein bestimmtes Produkt herstellt und vertreibt, ist er durch Produktion und Vertrieb des fehlerfreien Produkts verpflichtet, dass der Verbraucher bei Verwendung des Produkts nicht geschädigt wird. Der Hoheitsträger in einer politischen Organisation hat ebenfalls die Verpflichtung gegenüber den Bürgern in der Form, dass deren Freiheit z.B. durch die Grenztruppen nicht verletzt wird. Diese Sonderstellung können nun auch mehrere besitzen, worum es hier geht. Wird der Wille des Vorstands sowie des Hoheitsträgers in der wirtschaftlichen bzw. politischen Organisation kraft der kollektiven Entscheidung gebildet, so lässt sich die Sonderpflicht dahingehend formulieren, dass alle Vorstands- bzw. Hoheitsträgermitglieder durch die gemeinsame Entscheidung die ihnen zugeschriebene Sonderpflicht erfüllen müssen. Aus diesem zweiten Gesichtspunkt ergibt sich der

493 *Franke*, FS-Blau, 1985, 227, 243, weist darauf, dass im Gegensatz zu der primär am regelförmig zustande gekommenen Ergebnis orientierten Sichtweise des öffentlichen- und Privatrechts kriminologisch die Vorphase der Beschlussgewinnung im Vordergrund des Interesses stehe. A.A. *Scholl*, Strafrechtliche Verantwortlichkeit, 1996, S. 219 f.

494 *Knauer*, Die Kollegialentscheidung, 2001, S. 95.

495 Siehe oben, Teil 2 A. I. 1. 1).

Bedarf nach einer Betrachtung der Mittäterschaft durch Unterlassen, worauf wir später eingehen.[496]

II. Als Mittäter: §§ 266, 25 Abs. 2 StGB

Wenn mehrere an einer Straftat vorsätzlich beteiligt sind, kommt eine Beteiligungsform nach §§ 25 ff. StGB in Betracht.[497] Da alle Täter hier bei der Abstimmung gleichberechtigt sind, würde man *prima facie* von der Mittäterschaft gem. § 25 Abs. 2 StGB sprechen. Es gilt nun, zu prüfen, ob und wie der Täter für die Tatbestandsverwirklichung mittäterschaftlich haften kann. Im Folgenden werden daher zunächst die Voraussetzungen für die mittäterschaftliche Zurechnung untersucht, bevor im daran anschließenden Kapitel die besondere Konstellation bei Gremienentscheidungen in den Blick genommen wird.

1. Die Voraussetzungen für die mittäterschaftliche Zurechnung

Für die mittäterschaftliche Zurechnung ist nach dem geltenden Strafrecht die gemeinsame Tatbegehung erforderlich. § 25 Abs. 2 StGB lautet: „Begehen mehrere die Straftat gemeinschaftlich, so wird jeder als Täter bestraft (Mittäter)." Man geht allgemein davon aus, dass die gemeinschaftliche Begehung der Straftat im Sinne des § 25 Abs. 2 StGB *bewusstes und gewolltes Zusammenwirken* mehrerer Mittäter voraussetzt,[498] welches einerseits einen gemeinsamen Tatentschluss und andererseits eine aufgrund dessen erfolgte gemeinsame Tatausführung erfordert.[499]

1) Das (inter-) subjektive Element

Es handelt sich beim gemeinsamen Tatentschluss um die Vereinbarung unter den Mittätern über die Tatbestandsverwirklichung.[500] Sie bezieht sich inhaltlich zum einen auf die Straftat als das von mehreren Tätern gewünschte Ziel, zum anderen auf die zur Zielerreichung ausgewählten Mittel (hier ist etwa insb. an eine Rollenverteilung zu denken). Insoweit ist der gemeinsame Tatentschluss mit dem Vorsatz im Sinne von §§ 15 ff. StGB begrifflich identisch. Der gemeinsame Tatplan ist jedoch von den Mittätern durch ihre Beteiligung an der Bildung des gemeinsamen Tatentschlusses getragen,[501] vermittels derer der „intersubjektive, also

---

496 Siehe unten, Teil 2 E.

497 Zur fahrlässigen Mittäterschaft, siehe unten, Teil 2 A. II. 1. 2) (6).

498 BGHSt 6, 248, 249 f.; BGH NStZ 1997, 336; *Wessels/Beulke/Satzger*, AT, 45. Aufl., Rn. 524; SSW/*Murmann*, 2. Aufl., § 25 Rn. 31; *Seelmann*, JuS 1980, 571, 572.

499 BGHSt 37, 289; *Wessels/Beulke/Satzger*, AT, 45. Aufl., Rn. 526; SSW/*Murmann*, 2. Aufl., § 25 Rn. 31; *Seelmann*, JuS 1980, 571, 572, 573; krit. *Dencker*, Kausalität, 1996, S. 148 ff.; *Lesch*, ZStW 105 (1993), 271, 276 ff.; *Derksen*, GA 1993, 163, 164.

500 SK/*Hoyer*, 8. Aufl., § 25 Rn. 130: „gemeinsamer Tatbeschluß (statt -entschluss)".

501 SK/*Hoyer*, 8. Aufl., § 25 Rn. 115; *Joerden*, Strukturen, 1988, S. 80. Siehe zum gemeinsamen Tatentschluss durch Unterlassung unten, Teil 2 E. II. 2.

subjektsexterne"[502] gefasste Tatplan vom einzelnen Täter (mit-)getragen wird.[503] Daher lässt sich der gemeinsame Tatplan vom Vorsatz unterscheiden,[504] insofern der gemeinsame Tatplan über den Vorsatz hinaus einen gegenseitigen Kommunikationsakt erfordert.[505] Während sich der Vorsatz als subjektiv-psychischer Sachverhalt darstellt, ist der gemeinsame Tatplan wie ein Vertrag im zivilrechtlichen Sinne[506] eine sozial-psychologische Erscheinung.[507] Erst angesichts dieser begrifflichen Verschiedenheit kann das Abweichungsproblem entstehen, dass einer von mehreren Mittätern über das mit den anderen Verabredete hinaus tätig wird (der sog. Mittäterexzess).[508] Für dieses überschießende Verhalten haften die anderen grundsätzlich nicht.[509] Das bloße Zusammentreffen mehrerer vorsätzlicher Handlungen reicht daher für Mittäterschaft nicht aus, etwa wenn mehrere Täter unabhängig voneinander mit einer tödlich wirkenden Giftdosis den Tatbestand des Todschlages verwirklichen wollen.

Für die mittäterschaftliche Zurechnung der Tatbeiträge ist es wesentlich, dass angesichts des gemeinsamen Tatplans der Mittäter unter ihnen kein Vertrauensverhältnis mehr dahingehend besteht, dass die Täter mit Blick auf die Tatbestandsverwirklichung auf das normgemäße Verhalten des jeweils anderen vertrauen dürfen.[510] Jeder Täter ist für die auf dem gemeinsamen Tatplan gegründeten Beiträge der jeweils anderen Täter verantwortlich; Einwände zu seinen Gunsten, dass der Erfolg auch ohne seinen Beitrag eingetreten wäre oder dass sein Beitrag für sich genommen den Erfolg nicht hätte verursachen können, sind ausgeschlossen. Darüber hinaus muss der Täter bei Bruch des Vertrauensverhältnisses unter den Mittätern gemäß § 24 Abs. 2 StGB nicht nur seine Tatausführung aufgeben, sondern auch die Tatvollendung durch die anderen verhindern, um strafbefreiend vom Versuch zurückzutreten.

---

502 *Dencker*, Kausalität, 1996, S. 149.

503 Vgl. BGHSt 37, 289, 292.

504 *Jakobs*, AT, 2. Aufl., 21/45; a.A. *Krey/Esser*, AT, 5. Aufl., § 28 Rn. 946; *Rengier*, AT, 7. Aufl., § 44 Rn. 10.

505 SK/*Hoyer*, 8. Aufl., § 25 Rn. 130.

506 Vgl. *Jakobs*, AT, 2. Aufl., 21/3; *Joerden*, Strukturen, 1988, S. 80.

507 Vgl. *Dencker*, Kausalität, 1996, S. 149, 152; SK/*Hoyer*, 8. Aufl., § 25 Rn. 130; *Lesch*, Das Problem, 1992, S. 191; krit. *Lesch*, ZStW 105 (1993), 271, 276 f.

508 Dazu näher, *Rengier*, AT, 7. Aufl., § 44 Rn. 23 ff.

509 *Murmann*, GS, 3. Aufl., § 27 Rn. 57; SSW/*ders.*, 2. Aufl., § 25 Rn. 36. Theoretisch kann sich deshalb die Irrtumsfrage in diesem Zusammenhang in zweierlei Hinsicht stellen: Zum einem kann jeder Täter über das von den anderen Gemeinte, zum anderen über das tatsächlich Verwirklichte irren.

510 Zum Vertrauensprinzip im hiesigen Sinne siehe oben, Teil 2 A. I. 1. 3) (1) b.; so auch *Derksen*, GA 1993, 163, 170, 173 f. Er sieht aber den Vertrauensbruch (Normbruch) in der durch den Mittäter vorgenommenen Verknüpfung seines eigenen Verhaltens mit als sicher einzuplanendem Fremdverhalten zu einem deliktischen Entwurf, auch beim fehlenden gemeinsamen Tatplan.

Jakobs geht hier einen anderen Weg.[511] Da ihm zufolge die Rechtsfigur der Mittäterschaft gem. § 25 Abs. 2 StGB als ein Kriterium für die objektive Zurechnung anzusehen ist, ist der wechselseitige Kommunikationsakt für die mittäterschaftliche Zurechnung nicht erforderlich. Stattdessen genüge hierfür der Beschluss des einzelnen Täters, seinen eigenen Teilbeitrag in die gesamte Straftat „einzupassen", wodurch der Täter für die ganze Tatbestandsverwirklichung mittäterschaftlich haften müsse. Dadurch ließe sich die mittäterschaftliche Haftung bei Gremienentscheidungen leicht begründen, da der Täter schon durch die rechtswidrige Stimmabgabe seinen Einpassungsbeschluss bekannt gegeben hat und für den gemeinsamen Tatplan das Ergebnis der Abstimmung nicht mehr abwarten muss.[512]

Jakobs' sog. Einpassungsbeschluss führt jedoch nicht dazu – und das ist wie gesagt für die mittäterschaftliche Zurechnung wesentlich –, dass das Vertrauensverhältnis mit Blick auf normgemäßes Verhalten der anderen aufgehoben wird. Durch den einseitigen Einpassungsbeschluss bietet der Täter der Gegenseite noch nicht seine Bereitschaft zur Übernahme eines Beitrages an. Ohne dies besteht die soziale Erwartung auf der Gegenseite weiter, dass der Täter sich normgemäß verhalten würde. Insoweit hat die Gegenpartei keine (funktionelle) Tatherrschaft über den Teilbeitrag des Täters. Das gilt aber auch für den Täter, der den Beschluss zur Einpassung seines Beitrages in die gesamte Straftat gefasst hat. Er leistet nur seinen Beitrag in die von ihm fiktiv angenommene Straftat; insoweit es an einem gemeinsamen Tatplan fehlt, mangelt es ihm daher an (funktioneller) Tatherrschaft über die Teilbeiträge der anderen. Der Täter kann somit durch das einseitige Zusammenwirken höchstens als Teilnehmer für den Erfolg haften.

2) Das objektive Element

Ist durch den Tatplan ein Einvernehmen über die gemeinsame Straftat unter den Mittätern begründet, stellt sich das Problem, ob alle Mittäter dementsprechend auch funktionell die Tatausführung teilen müssen.[513] Dagegen spricht, dass das StGB im § 25 Abs. 2 StGB nicht von der gemeinschaftlichen Tat*ausführung*, sondern Tat*begehung* spricht. Nach einem Teil der Literatur muss sich aber dennoch der Mittäter mit den anderen sowohl an der Bildung eines gemeinsamen Tatentschlusses, als auch an der Tatausführung beteiligen.[514] Ohne den eigenen Beitrag zur Tatausführung könne dieser allenfalls Beihilfe begründen.[515] Streitig ist allerdings, welche Anforderungen an den einzelnen Tatbeitrag des Mittäters für die mittäterschaftliche Zurechnung zu stellen sind.

---

511 *Jakobs*, AT, 2. Aufl., 21/43; so auch *Derksen*, GA 93, 163, 170 ff.; *Lesch*, ZStW 105, 271, 281 ff.; krit. *Küpper*, ZStW 105 (1993), 295 ff.

512 Siehe unten, Teil 2 A. II. 2. 1) (2).

513 BGHSt 49, 189, 193; BGH NStZ-RR 2000, 327.

514 Siehe unten, Teil 2 A. II. 1. 2) (3).

515 SK/*Hoyer*, 8. Aufl., § 25 Rn. 109.

(1) Die Lehre vom sog. Täterwillen und ihre Kritik

Früher ist die Rspr. der Meinung gewesen, dass das subjektive Element der Straftat für die Grenzziehung der Täterschaft von der Teilnahme entscheidend ist. Nach ihr waren alle Bedingungen für den Erfolg äquivalent, sodass kein strafrechtlich relevanter Unterschied auf der objektiven Ebene aufgezeigt werden könne.[516] Ihr liegt der sog. extensive Täterbegriff zugrunde.[517] Täter sei hiernach, wer einen für den Erfolg wirksamen Beitrag mit Täterwillen leiste, d.h. die Tat „als eigene" wolle, dagegen sei Teilnehmer, wer nur eine fremde Tat unterstützen, d.h. sie „als fremde" fördern wolle.[518] Demzufolge kann der Täter, der nur an der Gestaltung des gemeinsamen Tatplans teilgenommen hat, als Täter bestraft werden, wenn er die Tat als eigene will. Die Ansicht wird aber – jedenfalls in ihrer extremen Form – nicht mehr vertreten. Denn sie sieht die rechtswidrige Tatbestandsmäßigkeit nur darin, dass der Täter durch seine Handlung den Erfolg verursacht hat, was mit dem hier vertretenen Unrechtsverständnis nicht vereinbar ist. Hinzu kommt aber auch, dass ihr der Wortlaut des § 25 Abs. 1 1. Alt. StGB (Täter ist, „wer die Straftat selbst ... begeht) widerspricht.[519] Ferner wird auch ein Anstifter zumeist ein eigenes Interesse an der Tat haben.[520] Das von der Rspr. aufgestellte Kriterium ist ferner beliebig und nur auf die Gesinnung des Täters bezogen.[521] Daran ändert sich auch nichts, wenn man die Bestimmung dieses subjektiven Kriteriums um das „Interesse am Taterfolg" ergänzt.[522] Vor dem Hintergrund dieser Kritik ist die Rspr. neuerdings von der rein subjektiven Lehre abgerückt und hat sich der objektiven Lehre angenähert.[523]

(2) Die Lehre vom sog. Gesamtsubjekt und ihre Kritik

Eine andere Auffassung erachtet es für Mittäterschaft als ausreichend, dass die Summe aller Teilhandlungen für den Erfolg ursächlich ist.[524] So heißt es etwa bei *Joerden*, „dass die *Kollektivperson* (als eine Einheit betrachtet) den Erfolg verursacht hat."[525] Entscheidend wäre dann, dass „die soziale Einheit von einzelnen Personen", die aber durch die Willensvereinigung gegründet worden ist, gegeben sein muss.[526]

516 RGSt 60, 240; 74, 84, 85; BGHSt 14, 128; 16, 14; *von Buri*, Causalität, 1873, S. 101 ff.; *ders.*, ZStW 2 (1882), 232, 252 ff.; SSW/*Murmann*, 2. Aufl., Vor §§ 25 ff. Rn. 3; *ders.*, GA 1996, 269, 270.

517 *Maurach/Gössel/Zipf*, AT II, 7. Aufl., § 47 Rn. 41; a.A. *Spendel*, JuS 1974, 749, 754 f.

518 RGSt 31, 82; 44, 71; 57, 274; 66, 240; 74, 84; BGH NJW 1963, 355, 356.

519 *Murmann*, GS, 3. Aufl., § 27 Rn. 6.

520 *Roxin*, Täterschaft, 9. Aufl., S. 244.

521 *Murmann*, GS, 3. Aufl., § 29 Rn. 94; *Ransiek*, JuS 2010, 678, 680.

522 BGHSt 45, 270; BGHSt 49, 166.

523 BGH NStZ 1988, 406.

524 BGHSt 37, 106, 126 ff.; *Rengier*, AT, 7. Aufl., § 44 Rn. 41; *Roxin*, AT II, § 25 Rn. 212 f.; ausführlich dazu *Dencker*, Kausalität, 1996, S. 121 ff.

525 *Joerden*, Strukturen, 1988, S. 81 Fn. 201, Hervorhebung dort.

526 *Maurach/Gössel/Zipf*, AT II, 7. Aufl., § 49 Rn. 5 ff.

Richtig ist die Ansicht zwar insoweit, als durch die verbrecherische Willensvereinbarung unter den Beteiligten die Handlungen nicht nur im quantitativen Sinne zu einer Gesamtsumme addiert werden, sondern darüber hinausgehend eine einheitlich-soziale Struktur entsteht,[527] auf Grund derer jeder für den Erfolgseintritt verantwortlich ist. Diese Einheit könnte beim gemeinschaftlichen Tatentschluss entstehen.[528] Aber der Gedanke dürfte freilich dazu verleiten, dass der Täter bereits mit der Bildung einer deliktischen Gruppe – abgesehen von ihrer selbständigen Strafbarkeit nach § 129 StGB – für den Erfolgseintritt haftet,[529] ohne dass es im Einzelnen auf die tatbestandsmäßige Handlung in Bezug auf den Erfolg ankommt. Dies würde jedoch die Grenze von mittäterschaftlicher und gehilfenschaftlicher Haftung verwischen.[530] Die Lehre vom sog. „Gesamtsubjekt" überzeugt aber schon deswegen nicht,[531] weil das Strafrecht nicht vom Täter-, sondern vom Tatunrecht ausgeht; der Mittäter muss also durch die Leistung seines eigenen Tatbeitrags eine bestimmte Straftat gemeinschaftlich begehen; das Unrecht der Mittäterschaft erschöpft sich nicht bloß in der Gestaltung einer Einheit von Beteiligten.[532] Das ändert sich auch nicht angesichts dessen, dass Mittäter in der Tat mitunter in einer kriminellen Organisation in Erscheinung treten.

(3) Die Lehre vom wesentlichen Tatbeitrag im Ausführungsstadium und ihre Kritik

Roxin verlangt für die Mittäterschaft, dass der Mittäter seinen Teilbeitrag im Ausführungsstadium leistet, weil er hierdurch die gesamte Tat immer noch selbst beherrschen könne (die sog. strenge Tatherrschaftslehre).[533] Ein Tatbeitrag muss danach

527 Dagegen aber ausdrücklich, *Lesch*, Das Problem, 1992, S. 189: „Das Kollektiv ist aber nicht etwa eine ‚außer' den Personen der Gemeinschafter noch bestehende Wesenheit.", Hervorhebung hier.

528 *Jakobs*, AT, 2. Aufl., 21/42; *Lesch*, Das Problem, 1992, S. 190.

529 Vgl. *Derksen*, GA 1993, 163, 165 f.

530 *Dencker*, Kausalität, 1996, S. 123 f.

531 Vgl. *Lesch*, Das Problem, 1992, S. 189 f.; *Jakobs*, AT, 2. Aufl., 21/55; *ders.*, in Miyazawa-FS, 1995, S. 421; *Joerden*, Strukturen, 1988, S. 78 f.

532 Vgl. *Dencker*, Kausalität, 1996, S. 123.

533 *Roxin*, AT II, § 25 Rn. 198 ff.; auch zust. LK/*Schünemann*, 12. Aufl., § 25 Rn. 182 ff.; *Renzikowski*, Restriktiver Täterbegriff, 1997, S. 102; *Seelmann*, JuS 1980, 571, 573 f.; *Stein*, Beteiligungsformenlehre, 1988, S. 325; *Rudolphi*, FS-Bockelmann, 1979, 369, 373 ff.; *Zieschang*, ZStW 107 (1995), 361, 369 ff.; auch so ähnlich *Bottke*, GA 2001, 463, 472 f.: „Denn: »Mehrere begehen eine Straftat« nur dann »gemeinschaftlich«, wenn jeder von ihnen kraft Konsenses in tatsächlicher Straftat-Gemeinschaft sein kann und seinen Beitrag tatsächlich in solcher Gemeinschaft leistet." Das scheint aber nicht vereinbar zu sein mit der Darstellung, die er für die zeitliche Voraussetzung zum „Konsens" vorgebracht hat, GA 2001, 463, 471: „[A]uch implizit im Moment gemeinsamen Ansetzens zur Tat erstellter Konsens paßt allseits bewußt werkförderlich geleistete Tatbeiträge in das Projekt ein [...]." Richtig ist zwar, dass

für die Tatverwirklichung „wesentliche" Bedeutung haben,[534] aber nicht hinreichend sein.[535] Eine solche Wesentlichkeit sei dahingehend zu verstehen, dass jeder Mittäter die Tat insgesamt zum Scheitern bringen könne, indem er seinen Tatbeitrag verweigere oder zurückziehe.[536] Wesentlich sei der einzelne Teilbeitrag, wenn er für die Tatbestandsverwirklichung notwendig sei.[537] Der Unterschied dieser Formel zur klassischen *conditio*-Formel liege darin, dass das Urteil „ex-ante" d.h. „von der Planung her" gefällt werden müsse.[538] In Fällen, in denen der Mittäter durch die Unterlassung seines wesentlichen Tatbeitrags die ganze Tatbestandsverwirklichung verhindern kann, aber durch seinen Beitrag alleine die Tat nicht verwirklichen kann, sei Tatherrschaft durch die auf dem gemeinsamen Tatentschluss gegründete funktionelle Tatherrschaft gegeben.[539] Daher könne z.B. der Boxer B als Mittäter bestraft werden, wenn er bei einem Diebstahl zur Verteidigung im Falle der Entdeckung mitgenommen wurde, auch wenn er tatsächlich nicht entdeckt werde.[540] Denn der Beitrag des Boxers sei im Zeitpunkt des Tatentschlusses so wesentlich, dass der Täter ohne sein Zutun keinen Diebstahl begangen hätte. Hiernach kann der Mittäter durch die Ausführungshandlung, auch wenn sie sich nicht auf den Erfolg ausgewirkt hat, für diesen täterschaftlich haften.[541]

Diese Auffassung unterschätzt jedoch die teils erhebliche Bedeutung von Vorbereitungshandlungen im Vorfeld der Tatausführung. Zu nennen ist etwa die Rolle des Bandenchefs, der im Vorbereitungsstadium die Tat entwirft und sie personal und sachlich steuert.[542] Hier kann man sich die Tatbestandsverwirklichung ohne sein Zutun zwar vorstellen, gleichwohl ist er keine Randfigur, sondern er ist zentral für die Tat. Will man mit *Roxin* trotzdem Tatherrschaft damit begründen, dass der Bandenchef seine leitende Position niemals aufgibt, da er bei der von ihm entworfenen Tat stets korrigierend im Hintergrund stehe und die Einwirkungsmöglichkeit

---

eine solche soziale, deliktische Einheit erst nach dem abgeschlossenen Prozess des Konsenses, in üblichen Worten: des gemeinsamen Tatentschlusses, nicht aber schon während dessen entstehen kann. Das kann jedoch nicht die Möglichkeit ausschließen, dass jeder Mittäter im Rahmen der Bildung des gemeinsamen Tatentschlusses in unterschiedlichen Rollen agieren kann. Die Berücksichtigung der ggfs. zu differenzierenden Rollen während der Absprache zur Tat verstößt nicht gegen das Bestimmtheitsprinzip nach Art. 103 Abs. 2 GG und § 1 StGB.

534 *Kühl*, AT, 7. Aufl., § 20 Rn. 107 m.w.N.

535 *Seelmann*, JuS 1980, 571, 574.

536 LK/*Roxin*, 11. Aufl., § 25 Rn. 154; vgl. *Küper*, JZ 1979, 775, 786: die sog. „negative(n)" Tatherrschaft.

537 *Hoyer*, GA 1996, 160, 173, verstand schon unter dem wesentlichen Tatbeitrag die Kausalität.

538 *Roxin*, AT II, § 25 Rn. 212; SK/*Hoyer*, 8. Aufl., § 25 Rn. 109, 119; *Derksen*, GA 1993, 163, 168 Fn. 30; vgl. *Seelmann*, JuS 1980, 571, 574.

539 Vgl. *Seelmann*, JuS 1980, 571, 574: „Subjektive" Ergänzung.

540 *Roxin*, AT II, § 25 Rn. 212.

541 *Roxin*, AT II, § 25 Rn. 213.

542 *Jakobs*, NStZ 1995, 26, 27.

(z.B. durch Telefonat) besitzt,[543] so gilt dies spätestens dann nicht mehr, wenn der Bandenchef eine solche Einwirkungsmöglichkeit einbüßt. Hier kommt nach dieser Ansicht daher nur eine Bestrafung als Gehilfe in Betracht, obwohl die Tatbegehung ohne sein Zutun von vornherein undenkbar ist.[544]

(4) Die Lehre vom wesentlichen Tatbeitrag im Vorbereitungsstadium

a. Darstellung

Die herrschende Meinung in der Literatur geht aus den vorgenannten Gründen auch bei Vorbereitungshandlungen von der Wesentlichkeit des Tatbeitrags aus (die sog. gemäßigte Tatherrschaftslehre). Der Tatbeitrag im Vorbereitungsstadium könne die täterschaftliche Strafbarkeit begründen, wenn die deliktische Bedeutung des Tatbeitrags so gravierend sei, dass dieser die fehlende Teilhabe an der eigentlichen Tatausführungshandlung ausgleichen könne.[545] Hingegen könne der Täter bei unerheblichen Vorbereitungs- oder Unterstützungshandlungen für eine durch andere vollzogene Tatbestandsverwirklichung nicht täterschaftlich haften.[546] Gleichwohl gilt auch hier für die Abgrenzung des wesentlichen Tatbeitrags von dem unwesentlichen der oben erörterte Ansatz von *Roxin*.[547] D.h., der Tatbeitrag auf der Planungs- bzw. Vorbereitungsebene muss so wesentlich sein, dass aus der *ex-ante* Perspektive der Erfolg ohne ihn nicht eintreten würde. *Ex-post* braucht er jedoch nicht für den Erfolg dahingehend kausal zu sein, dass er nicht hinweggedacht werden kann, ohne dass der Erfolg entfiele.

Für die mittäterschaftliche Verantwortlichkeit kann ein Tatbeitrag im Vorbereitungsstadium so wesentlich sein, dass er eine fehlende Mitwirkung in der Tatausführungsphase ausgleichen kann. Darüber hinaus müssen die anderen Beteiligten bei Tatausführungshandlungen Täterqualität besitzen. Anderenfalls handelt es sich beim Hintermann bei Erfüllung der Voraussetzungen um mittelbare Täterschaft nach § 25 Abs. 1 2. Alt. StGB.

b. Abgrenzung zur mittelbaren Täterschaft in hierarchischen Strukturen

i. Problemstellung

Die vorgenannte Abgrenzung zur mittelbaren Täterschaft fällt jedoch ausnahmsweise dann schwer, wenn es sich – wie es auch gerade bei Gremienentscheidungen

543 *Roxin*, Täterschaft, 9. Aufl., S. 280, 299; LK/*Schünemann*, 12. Aufl., § 25 Rn. 185; dagegen, *Rudolphi*, FS-Bockelmann, 1979, 369, 375.

544 Vgl. *Kühl*, AT, 7. Aufl., § 20 Rn. 111.

545 *Wessels/Beulke/Satzger*, AT, 45. Aufl., Rn. 529; MK/*Joecks*, 2. Aufl., § 25 Rn. 192 ff.; S/S/*Heine/Weißer*, 29. Aufl., § 25 Rn. 67 f.; *Kühl*, AT, 7. Aufl., § 20 Rn. 110 f.; *B. Heinrich*, AT, 4. Aufl., Rn. 1226 ff.; *Rengier*, AT, 7. Aufl., § 41 Rn. 19; SK/*Hoyer*, 8. Aufl., § 25 Rn. 119; *Seelmann*, JuS 1980, 571, 573.

546 *Jescheck/Weigend*, AT, 5. Aufl., S. 680; *Joecks*, StGB, 11. Aufl., § 25 Rn. 66.

547 Siehe oben, Teil 2 A. II. 1. 2) (3).

in wirtschaftlichen (Groß-)Unternehmen verhält – um Vorgänge innerhalb hierarchischer Strukturen handelt. Ist nämlich eine andere Person als der Entscheidungsberechtigte in einer Organisation für die Ausführung von Gremienentscheidungen bzw. -beschlüssen angestellt und wird durch sie aufgrund der Entscheidung eine Straftat vollzogen, so muss man zuerst die angestellte Person auf ihre täterschaftliche Strafbarkeit hin prüfen. Zugegebenermaßen fehlt dann in Konstellationen wie im **Fall 1** diesem untergeordneten Tatausführenden die Täterqualifikation, wenn er nicht die Vermögensbetreuungspflicht gemäß § 266 StGB hat.[548] Er kann daher höchstens als Gehilfe bestraft werden.[549] Dies ist jedoch nicht immer so: Im von BGH entschiedenen Politbüro-Fall[550] kam den unmittelbar Tatausführenden, also den Grenzsoldaten, Täterqualität zu. Die Befehlsempfänger waren für den Tod von Flüchtlingen voll verantwortlich.[551] Fraglich war aber, wie die Befehlsgeber für die durch die anderen volldeliktisch vollzogene Tatbestandsverwirklichung verantwortlich sein können. Dieses Problem ist in unserem Kontext interessant, weil insofern die Abgrenzung zwischen der *mittäterschaftlichen* und *mittelbar-täterschaftlichen* Haftung schwer fällt,[552] und weil das Konzept vom sog. „Täter hinter dem Täter" mittels Organisationsherrschaft von der Rspr. auf den wirtschaftlichen Bereich ausgedehnt worden ist.[553] Hinzu kommt, dass einige Autoren in den Mauerschützenfällen sowohl die Mitglieder des Nationalen Verteidigungsrats der DDR, die dazu fähig und verpflichtet waren, den (erlassenen) Schießbefehl aufzuheben, dies aber unterlassen haben, als auch die Grenzsoldaten, die nie an der Entstehung der Befehlslage teilgenommen haben, für Mittäter gehalten haben.[554] Es gibt also einen Bereich, in dem sich das für die funktionelle Tatherrschaft maßgebende Merkmal der Wesentlichkeit des Beitrags im Vorbereitungsstadium und das im Rahmen der mittelbaren Täterschaft wichtige Kriterium der sog. Organisationsherrschaft überschneiden, wobei es sich um die strafrechtliche Bewertung der vom Erfolgseintritt weit entfernten Tat handelt.

---

548 A.A. BGHSt 49, 147, 163 f. Dazu *Schlösser*, GA 2007, 161, 166 f.

549 Siehe oben Teil 2 A. I. 1. 1).

550 Der Nationale Verteidigungsrat der DDR hat durch Beschlüsse eine Befehlslage an der Grenze zur Bundesrepublik gestaltet, „,Grenzdurchbrüche' durch Flüchtlinge aus der DDR in jedem Falle und durch Einsatz jeden Mittels zu verhindern. Dabei wurde der Tod des Flüchtlings hingenommen, wenn anders ein ,Grenzdurchbruch' nicht zu verhindern war". Aufgrund der Schießbefehle haben Grenzsoldaten einige Flüchtlinge erschossen. Die Mitglieder des Nationalen Verteidigungsrats waren nach dem damals geltenden Strafrecht verpflichtet, diese Schießbefehle aufzuheben.

551 BGHSt 39, 1, 31 f.

552 MK/*Joecks*, 2. Aufl., § 25 Rn. 132; *Jescheck/Weigend*, AT, 5. Aufl., S. 670; *Schlösser*, GA 2007, 161, 165; *Corell*, Kollegialentscheidungen, 2007, S. 97.

553 BGHSt 40, 218, 237.

554 *Baumann/Weber/Mitsch*, AT, 11. Aufl., § 29 Rn. 147; *Jakobs*, NStZ, 1995, 26 f.; *ders.*, ZIS 2009, 573; *Jescheck/Weigend*, AT, 5. Aufl., S. 670.

Für die Anhänger der Lehre, nach der funktionelle Tatherrschaft einen wesentlichen Tatbeitrag im Tatausführungsstadium erfordert, taucht die vorstehend skizzierte Problematik nicht auf. Denn der Mittäter muss – wie oben gesehen –[555] nach ihrer Meinung nicht nur am gemeinsamen Tatentschluss mitwirken, sondern muss mit den anderen auch die Tatausführung arbeitsteilig bewirken. Erschöpft sich sein Beitrag nur im Rahmen der Planung bzw. Vorbereitung, so kommt hiernach nur Anstiftung sowie mittelbare Täterschaft kraft Organisationsherrschaft in Betracht.[556]

ii. Der sog. Täter hinter dem Täter

Der BGH hat in der Entscheidung unter Berufung auf die literarische Meinung von *Roxin* zurückführbare Rechtsfigur des sog. „Täters hinter dem Täter"[557] die Mitglieder des Nationalen Verteidigungsrats der DDR für den Tod von mehreren Flüchtlingen an der innerdeutschen Grenze verantwortlich gemacht.[558] Er hat die sog. Organisationsherrschaft für den Hintermann darin gesehen, dass dieser „durch Organisationsstrukturen bestimmte Rahmenbedingungen ausnutzt, innerhalb derer sein Tatbeitrag regelhafte Abläufe auslöst". Hier führe trotz eines uneingeschränkt verantwortlich handelnden Tatmittlers der Beitrag des Hintermannes nahezu automatisch zu der von diesem Hintermann erstrebten Tatbestandsverwirklichung.[559] Der BGH will den Gedanken nicht nur auf staatliche Organisationen beschränken, sondern auch im Bereich der mafiaähnlich organisierten Kriminalität sowie Unternehmenskriminalität verwenden.[560]

i) In staatlicher Organisationen

Was die durch den staatlichen Machtapparat geprägte Organisation anbelangt, ist dem Ergebnis des BGH darin zuzustimmen, dass der Hintermann für die vom Vordermann ausgeführte Straftat mittelbar-täterschaftlich haften soll. Hiermit hat allerdings der BGH die von ihm ständig vertretene subjektive Theorie über Täterschaft und Teilnahme aufgegeben und sich auf die in Literatur überwiegend vertretene Tatherrschaftslehre gestützt.[561] Nach der Auffassung, nach der Tatherrschaft in der *instrumentalen Beherrschung des äußerlichen Kausalgeschehens* zu sehen ist, ist eine Herrschaft über den frei-verantwortlichen Tatausführenden nicht anzunehmen. Stellt man nur auf das naturalistische Kausalgeschehen ab, um die Herrschaft über den Hintermann zu begründen, so kann man sich niemals über die Freiheit des unmittelbar Handelnden hinwegsetzen.[562] Daher versuchen einige Autoren,

---

555 Siehe oben, Teil 2 A. II. 1. 2) (3).
556 *Jakobs*, NStZ 1995, 26, 27.
557 *Roxin*, GA 1963, 193 ff.
558 BGHSt 40, 218.
559 BGHSt 40, 218.
560 BGHSt 40, 218.
561 LK/*Roxin*, 11. Aufl., § 25 Rn. 25; *Murmann*, GA 1996, 269, 271.
562 *Murmann*, GA 1996, 269, 273 f.; *Ambos*, GA 1998, 226, 231.

unabhängig vom Problem der „doppelte[n] Beurteilung der Stellung des Vordermannes“,[563] oder um dieses zu überwinden, auf andere Weise die Tatherrschaft durch den Hintermann zu begründen. Hierauf soll nun eingegangen werden.

Die vom BGH aufgegriffene Organisationsherrschaft ist vor allem durch die Beiträge von *Roxin* verfeinert. Nach der letzten Fassung seiner Lehre sollen hierfür drei Elemente erfüllt sein: „Der Anordnende muss im Rahmen der Organisation eine Befehlsgewalt ausüben [...]; die Organisation muss sich im Bereich ihrer strafrechtlich relevanten Tätigkeit vom Recht gelöst haben [...]; und die individuell Ausführenden müssen ersetzbar (fungibel) sein, so dass beim Ausfall eines Vollstreckers ein anderer an seine Stelle tritt [...]“.[564] Der Ansicht von *Roxin* ist insoweit zuzustimmen, als – wenn er auf die Erforderlichkeit der Rechtgelöstheit der Organisation hinweist – man grundsätzlich auf das rechtmäßige Verhalten des Untergebenen vertrauen darf, auch wenn eine Anweisung zur rechtswidrigen Straftat durch den Hintermann erteilt ist und sie zumindest durch einen der vielen bereitstehenden Untergeordneten in die Realität umgesetzt wird. Das Konzept der Rechtgelöstheit der Organisation gibt dann aber keinen Maßstab für die Täterschaft, sondern einen wichtigen Grund für die Erfolgszurechnung.[565] Darüber hinaus ist der Begriff der „Fungibilität“ des Untergeordneten für die Annahme der Tatherrschaft des Hintermannes nicht zweifellos. Eine solche Hypothese, dass die Tat ohne den in Frage stehenden Tatmittler durch alternative Tatausführende ohnehin begangen worden wäre, überwindet zum einen nicht das Problem, dass der Tatmittler (auch wenn er ein „ersetzbares Rädchen im Getriebe des Machtapparates“ ist) die Tat selbst volldeliktisch ausgeführt hat.[566] Möchte man hiervon jedoch absehen, stellt das einen Verstoß gegen das Verbot der Berücksichtigung hypothetischer Reserveursachen dar. Zum anderen kann das Wesen der Organisationsherrschaft nicht in der Austauschbarkeit des Vordermannes liegen, weil die vom Recht gelöste Organisation auch beim Ausscheiden des Hintermannes ihr Bestand hat.[567] Daraus ergibt sich, dass die Tatherrschaft des Hintermannes neben der des Vordermannes über die faktische Organisationsherrschaft nicht plausibel begründet werden kann.

Der Bezugspunkt für eine plausible Lösung findet sich vielmehr im normativ begriffenen Verständnis der Tatherrschaft, nach dem der Täter nicht (nur) „das vom Vorsatz erfassten Kausalgeschehen“, sondern (auch) die Tatbestandsverwirklichung

---

563 *Murmann*, GA 1996, 269, 273.

564 *Roxin*, GA 2012, 395, 396. Eine „erhöhte Tatgeneigtheit des unmittelbar Handelnden“ sei keine Voraussetzung für die Organisationsherrschaft, sondern deren Folge, aaO.

565 Siehe oben, Teil 2 A. I. 1. 3) (1) b.

566 So auch *Renzikowski*, Restriktiver Täterbegriff, 1997, S. 89; krit. aber anders *Murmann*, GA 1996, 269, 273; *Nack*, GA 2006, 342, 344; *Kuhlen*, in: Amelung [Hrsg.], Individuelle Verantwortung, 2000, S. 83.

567 Gegen die Fungibilität vor allem *Murmann*, GA 1996, 269, 273. Gegen die Rechtsgelöstheit vor allem *Ambos*, GA 1998, 226, 241 ff.; *Hefendehl*, GA 2004, 575, 581.

„in den Händen halten" muss.[568] Will man wie hier die täterschaftliche Tatbestandsverwirklichung eines Täters darin sehen, dass er durch seine Handlung nicht nur den Erfolg verursacht hat, sondern auch ein Rechtsverhältnis zwischen ihm und dem Opfer verletzt hat, so kann man bei Teilnahme von mehreren an einer Straftat von einer entsprechenden Vielzahl von Rechtsverhältnissen ausgehen, die das Rechtsgut des Opfers betreffen.[569] Nun ist für die Begründbarkeit der Tatherrschaft des Hintermannes entscheidend, ob er durch sein vorheriges Verhalten – unabhängig vom unmittelbar Handelnden – ein rechtliches Verhältnis zwischen ihm und dem Opfer verletzt hat. Hierzu findet sich bereits ein plausibler Lösungsansatz bei *Murmann.*[570] Ihm zufolge erschöpft sich das das Unrecht normativ ausmachende Rechtsverhältnis zwischen dem Täter und dem Opfer nicht nur in einem „gegenseitigen Anerkennungsverhältnis" zwischen Bürgern,[571] sondern es dehnt sich auf ein „Abhängigkeitsverhältnis" aus, wie bspw. das Abhängigkeitsverhältnis zwischen Eltern und Kindern.[572] Die Herrschaft über die Tatbestandsverwirklichung kann dann als Herrschaft über die „Qualität des Verhältnisses" interpretiert werden.[573] Das Abhängigkeitsverhältnis bestehe nun in Kontexten wie dem uns vorliegenden zwischen Bürger und Staat.[574] Es ist von der Art, dass der Staat durch die Machtausübung, also Setzung des allgemein verbindlichen Rechts, auf die Freiheitssphäre des Bürgers Einfluss nimmt, wobei sich die der Macht entsprechende „Pflicht zur Setzung richtigen Rechts" daraus ergibt, dass die staatliche Gewalt vom Bürger abzuleiten ist.[575] Übt der Staat die Macht pflichtgemäß aus, d.h. akzeptiert der Bürger einen rechtmäßigen Eingriff durch den Staat in seine Freiheitssphäre, so gestaltet der Staat im Hinblick auf den Bürger eine soziale Wirklichkeit im positiven Sinne. Wenn wie in unserem Beispiel die Mitglieder des Nationalen Sicherheitsrats der DDR als Staatorgane durch die rechtswidrige Anweisung bewusst und nachhaltig zutiefst ungerechte Verhaltensanforderungen gesetzt haben, haben sie somit bereits die Freiheit und Gleichheit der Bürger missachtet, wodurch das Abhängigkeitsverhältnis zum Unrechtlichen gewendet wurde.[576] Daran ändert sich nichts, wenn die Anweisung durch einen anderen ausgeführt wurde.[577] Die Verletzung des Opfers sei daher „eine zweifache: Es ist die Verletzung durch den unmittelbar Handelnden, der sein eigenes Verhältnis zum Opfer zum Unrechten wendet. Es ist aber auch die Verletzung des Verhältnisses des staatlichen Entscheidungsträgers

---

568 *Murmann*, GA 1996, 269, 275; aber auch *Roxin*, GA 2012, 395, 400.
569 Siehe oben, Teil 2 A. I. 1. 3) (1) b.
570 *Murmann*, GA 1996, 269, 277 f.
571 *Murmann*, GA 1996, 269, 275.
572 *Murmann*, GA 1996, 269, 276.
573 *Murmann*, GA 1996, 269, 276; *ders.*, Die Nebentäterschaft, 1993, S. 181.
574 *Murmann*, GA 1996, 269, 277.
575 *Murmann*, GA 1996, 269, 277.
576 *Murmann*, GA 1996, 269, 277 f.
577 *Murmann*, GA 1996, 269, 278.

zum Bürger".[578] Nicht durchgreifend ist hierbei der Einwand von *Ambos*, „daß auch die Konstruktion eines Anweisungsverhältnisses zwischen mittelbarem Täter, Tatmittler und Opfer das Problem der Freiheit des Vordermanns nicht löst. Denn auch die staatliche Anweisung nimmt dem Vordermann nicht automatisch die Handlungsfreiheit.".[579] Denn das Abhängigkeitsverhältnis zwischen dem Staat (als Hintermann) und dem Bürger (als Opfer) berühre nicht einmal die Handlungsfreiheit des Tatmittlers. *Murmann* – insofern dem Gedanken von *Roxin* über die Rechtsgelöstheit nahestehend – geht jedoch davon aus, dass „[d]ie das Verhältnis prägende Abhängigkeit des Bürgers vom Staat [...] ihre Grenze dort [findet], wo der Bürger auch bei rechtswidrigen Befehlen einzelner Hoheitsträger darauf vertrauen darf, daß das Ansinnen von den nachgeordneten Ausführungsorganen zurückgewiesen wird".[580] Das das täterschaftliche Unrecht erfüllende Abhängigkeitsverhältnis gilt nur dort, wo das Unrecht „systemimmanent", d.h. mit „staatliche[r] Akzeptanz" versehen ist.[581]

Einige Autoren sind hinsichtlich solcher Fallkonstellationen der Meinung, dass die Führungskraft mit dem Ausführungspersonal für die Tatbestandsverwirklichung *mittäterschaftlich* haften soll.[582] Hierfür werden verschiedene Argumente angeführt. Manche Anhänger der Organisationsherrschaft wenden gegen die Mittäterschaft des Vordermannes ein, dass hier kein gemeinsamer Tatentschluss vorliege.[583] Der Einwand ist aber deswegen nicht zutreffend, weil die sog. *sukzessive* Mittäterschaft von der ganz h.M. akzeptiert wird. D.h.: Der Mittäter muss nicht von vornherein am gemeinsamen Tatentschluss mitwirken, sondern der später hinzukommende Täter kann aufgrund des vorliegenden gemeinsamen Tatentschlusses auch für die bereits erfolgten Beiträge der anderen haften, wenn er mit der gemeinschaftlichen Straftat einverstanden ist.[584] Dasselbe gilt auch für das Abgrenzungskriterium durch den BGH, nämlich den „räumlichen, zeitlichen Abstand zwischen Organisationsspitze und Tatmittler".[585] Der Kritikpunkt, dass es beim Machtapparat auf das *vertikale* Verhältnis der Beteiligten ankomme, sodass die Mitherrschaft, für die meistens ein *horizontales* Verhältnis zwischen den Tätern angenommen werden muss, nicht in

---

578 *Murmann*, GA 1996, 269, 278.

579 *Ambos*, GA 1998, 226, 231.

580 *Murmann*, GA 1996, 269, 278.

581 *Murmann*, GA 1996, 269, 278.

582 *Baumann/Weber/Mitsch*, AT, 11. Aufl., § 29 Rn. 147; *Frister*, AT, 7. Aufl., 27/40; *Jakobs*, NStZ 1995, 26 f.; *Jescheck/Weigend*, AT, 5. Aufl., S. 664; *Otto*, Jura 1987, 246, 255.

583 *Roxin*, GA 2012, 395, 404; *ders.*, Täterschaft, 9. Aufl., S. 744; *Ambos*, GA 1998, 226, 233; so auch *Bockelmann/Volk*, AT, 4. Aufl., 1987, S. 182.

584 BGH GA 1969, 214; 1986, 229; *Jescheck/Weigend*, AT, 5. Aufl., S. 678; *Murmann*, GS, 3. Aufl., § 27 Rn. 59; *Roxin*, AT II, § 25 Rn. 219; *Wessels/Beulke/Satzger*, AT, 45. Aufl., Rn. 527. Zur Rechtsvergleichung siehe unten, Teil 3 B. II. 2.

585 BGH NStZ 2008, 89, 90.

Betracht komme,[586] übersieht, dass – wie *Jakobs* zu Recht erwähnt[587] – alle Beteiligten im *rechtlichen* Sinne nicht im Über-/Unterordnungszusammenhang stehen. Trotz alledem ist die Ablehnung der Lösung über die Mittäterschaft konsequent, wenn man wie hier von der personalen Tatherrschaft ausgeht.[588] Denn das Abhängigkeitsverhältnis, das der Hintermann als Staatorgan durch die rechtswidrige Weisungsmacht verletzt hat, ist durch den Vordermann nicht mit verletzbar. Dieser hat freilich durch seine positive Handlung (Schuss) ein andersartiges Anerkennungsverhältnis zwischen ihm und dem Opfer beeinträchtigt. Die Verletzungen jeweils andersartiger Rechtsverhältnisse durch den Hintermann bzw. den Vordermann führen jedoch nicht zur Annahme von Nebentäterschaft, wie es *Bockelmann/Volk* vertreten.[589] Denn es liegt zwischen Vorder- und Hintermann, die in eine Organisation eingebunden sind, nicht das für die Nebentäterschaft entscheidende Vertrauensverhältnis dahingehend vor, dass man auf das rechtsgemäße Verhalten des anderen vertrauen darf.

Der Ansatz spricht auch gegen eine Lösung über die Anstiftung, der zufolge der Tatferne angesichts der volldeliktischen Verantwortlichkeit des Tatmittlers nur als Anstifter in Betracht kommt.[590] Verletzt der Hoheitsträger – auch bei einer Vermittlung über den Befehlsausführenden – sein eigenes und zwar *andersartiges* Rechtsverhältnis zum Bürger, so hat er Herrschaft über die „Qualität des Verhältnisses" in seiner eigenen Person und tritt keinesfalls hinter den Vordermann zurück und ist insofern nicht für die Tatbestandsverwirklichung des Vordermanns nur akzessorisch verantwortlich.

ii) In nichtstaatlichen Organisationen

Roxin und *Murmann* ist entgegen dem BGH[591] gemeinsam, dass sie die Tatherrschaft durch die Organisationsherrschaft bzw. die Weisungsmacht nicht ohne weiteres auf nicht-staatliche Organisationen übertragen wollen.[592] Bei nicht-staatlichen Organisationen lässt sich zwischen mafiaähnlichen und wirtschaftlichen Organisationen

---

586 *Ambos*, GA 1998, 226, 228; *Bloy*, GA 1996, 424, 437 ff.

587 *Jakobs*, NStZ 1995, 26, 27: „Wenn aber der Ausführende im großen und ganzen selbst verantwortlich handelt, gibt es rechtlich keine Überlegenheit des Befehlsgebers."

588 *Murmann* hat (jedoch) in seinem Aufsatz, GA 1996, 269 ff., keine Ausführungen zur Lösung über die Mittäterschaft gemacht, aber er nimmt dort Mittäterschaft an, wo die Weisungsmacht fehlt, GA 1996, 269, 279.

589 *Bockelmann/Volk*, AT, 4. Aufl., S. 182.

590 *Herzberg*, in: Amelung [Hrsg.], Individuelle Verantwortung, 2000, 33, 48; *Köhler*, AT, 1997, S. 510; *Renzikowski*, Restriktiver Täterbegriff, 1997, 87 ff.; *Rotsch*, NStZ 2005, 13, 16.

591 BGHSt 40, 218.

592 *Murmann*, GA 1996, 269, 278 ff.; *Roxin*, Täterschaft, 9. Aufl., S. 748 ff. m.w.N.; *ders.*, JZ 1995, 49, 51 f.; so auch *Ambos*, GA 1998, 226, 239 ff.; für die Übertragbarkeit der Tatherrschaft durch Organisationsherrschaft nur auf mafiaähnliche

unterscheiden.[593] Der Unterschied zwischen beiden liegt darin, dass Ziel der mafiaähnlichen Organisation von vornherein eine kriminelle Tätigkeit ist,[594] während es sich bei unternehmerischen Strukturen grundsätzlich um „die legale Erzielung finanzieller Gewinne“ handelt.[595] Jedoch verschwimmt der Unterschied, je krimineller die unternehmerische Betätigung ist.[596]

Einem *Bandenchef* kommt jedoch keine Sonderstellung zu, wie sie ein Staatorgan hat. Daher liegt kein Abhängigkeitsverhältnis zwischen ihm und dem Opfer in dem Sinne vor, wie es gegenüber dem hoheitlichen Entscheidungsträger der Fall ist. Der Bandenchef als Bürger ist zwar auch verpflichtet, die Freiheit und Gleichheit des anderen anzuerkennen, aber in anderer Art und Weise.[597] Wenn er durch Befehl die ihm untergeordneten Bandenmitglieder zu einer Straftat veranlasst und diese in eigener Verantwortung die Befehle vollziehen, so leistet er bereits einen *wesentlichen* Beitrag im Sinne des § 25 Abs. 2 StGB für die Tatbegehung, auch wenn er selbst mit den anderen nicht die unmittelbare Tatausführung teilt.[598] Nun spricht sich der BGH in einem solchen Fall gegen Anstiftung und für *mittelbare Täterschaft* aus. Denn sind die „durch Organisationstrukturen bestimmte[n] Rahmenbedingungen“ in einer Organisation etabliert, so kann der Bandenchef nicht mehr mit dem normkonformen Verhalten der anderen, sondern vielmehr mit den durch seine Befehle ausgelösten, „regelhafte[n] Abläufe[n]“ rechnen. Da es aber an dem für mittelbare Täterschaft in Form des Täters hinter dem Täter charakteristischen Über-/Unterordnungsverhältnis (sh. Politbüro-Fall) bei kriminellen Banden fehlt, kann die Organisationsherrschaft des Bandenchefs – entgegen anderslautender Auffassungen – nicht für *mittelbare Täterschaft* angeführt werden. Vielmehr ist hierdurch eine Grundlage für die *mittäterschaftliche* Zurechnung der Beiträge durch die anderen zum Bandenchef gegeben, da die hierarchische Struktur der Organisation allein für die *Wesentlichkeit* des Beitrags und damit die funktionelle Tatherrschaft des Bandenchefs spricht, weil ohne ihn die Tatbegehung durch die ihm Untergebenen in dieser Form überhaupt nicht stattfinden würde. Steht die Organisationsherrschaft dem Hintermann zur Verfügung und nutzt dieser sie durch seinen Beitrag, so muss er – entgegen *Roxin* – nicht mehr die Ausführungshandlung eigenhändig vornehmen.

Der gemeinsame Tatentschluss zwischen dem Bandenchef und den anderen Bandenmitgliedern entsteht aber erst im Zeitpunkt, in dem der letztere mit dem Entschluss des ersteren zur Tatbegehung einverstanden ist, wodurch ein Fall der sog. *sukzessiven* Mittäterschaft vorliegt. Ein denkbarer Einwand hiergegen lautet, dass hierbei das die Mittäterschaft objektiv begründende Merkmal des wesentlichen

---

Organisationen, *M. Heinrich*, FS-Krey, 2010, 147, 165; gegen die allgemeine Ablehnung *Hefendehl*, GA 2004, 575, 577 ff.

593 BGHSt 40, 218; *Ambos*, GA 1998, 226, 239 ff.; *Murmann*, GA 1996, 269, 278 ff.

594 *Murmann*, GA 1996, 269, 278.

595 *Ambos*, GA 1998, 226, 239.

596 *Ambos*, GA 1998, 226, 239; *Murmann*, GA 1996, 269, 279.

597 *Murmann*, GA 1998, 269, 278 f.

598 A.A. siehe oben, Teil 2 II. 1. 2) (3).

Beitrags des Mittäters zeitlich *vor* den gemeinsamen Tatentschluss verlegt würde, was logisch nicht haltbar wäre.[599] Dieser Einwand ist jedoch nicht überzeugend, denn die beiden, die mittäterschaftliche Zurechnung konstituierenden Elemente können normativ gesehen zeitlich zusammentreffen[600] und die Wirkung des Beitrages seitens des Bandenchefs wirkt bis zum Hinzutreten der ihm untergeordneten Mitgliedern fort.

Dasselbe gilt grundsätzlich für die Unternehmenskriminalität.[601] Die Leitungskraft von Unternehmen hat dann keine durch das Abhängigkeitsverhältnis charakteristische Sonderpflicht gegenüber dem externen Opfer inne, wenn sie durch Anweisung die Untergebenen etwa zur Tötung des Opfers veranlasst. Hier muss sie trotz ihrer Befehlsgewalt gegenüber dem Ausführenden mit diesem mittäterschaftlich haften. Da aber die wirtschaftliche Organisation nicht die gleiche Struktur wie ein Machtapparat aufweist,[602] darf man regelmäßig das normkonforme Verhalten des Nachgeordneten erwarten, sodass es bei Tatausführung durch diesen für den Vorgesetzten nur um Anstiftung geht.[603]

Etwas anderes gilt aber dann, wenn die Rechtsordnung von der Leitungskraft angesichts ihrer besonderen Garantenstellung gegenüber dem externen Opfer verlangt, die Anweisung der Nachgeordneten zur Straftat zu unterlassen, um die tatbestandsmäßige Erfolgsherbeiführung durch die Nachgeordneten abzuwenden.[604] Eine ähnliche Regelung findet sich für Amtsträger im § 357 StGB.[605] Diese besondere (Überwachungs)Garantenstellung liegt vor, wenn die durch Nachgeordnete zu begehenden Straftaten „in einem inneren Zusammenhang" zum Betrieb des Unternehmens stehen (die sog. betriebsbezogenen Straftaten)[606].

---

599 Daher geht *Murmann*, GA 1996, 269, 279, davon aus, dass im Rahmen der mafiaähnlichen Organisation der Befehlsempfänger durch seine „Organisationszugehörigkeit" mit dem Befehlsgeber eine Grundlage für die gemeinsame Tatausführung geschaffen hat. Die Ansicht birgt aber die Gefahr in sich, dass ein dem Bandenchef untergeordnetes Bandenmitglied für alle Taten, die durch andere Untergeordnete begangen worden sind, als Gehilfe verantwortlich wäre. *M. Heinrich*, FS-Krey, 2010, 147, 165.

600 Das ist ein wichtiger Grund dafür, warum man bei den auf Gremienentscheidung zurückführbaren, vorsätzlichen Erfolgsdelikten von der mittäterschaftlichen Zurechnung sprechen kann. Näher dazu siehe unten, Teil 2 A. II. 2.

601 *Murmann*, GA 1996, 269, 279; *ders.*, GS, 3. Aufl., § 27 Rn. 48; SSW/*ders.*, 2. Aufl., § 25 Rn. 28; *Roxin*, Täterschaft, 9. Aufl., S. 748 ff.; *M. Heinrich*, FS-Krey, 2010, 147, 165.

602 *Otto*, AT, 7. Aufl., § 21 Rn. 92; a.A. *Hefendehl*, GA 2004, 575, 580 f.; *Kuhlen*, in: Amelung [Hrsg.], Individuelle Verantwortung, 2000, 71, 79 f.

603 *Murmann*, GA 1996, 269, 279; *Roxin*, Täterschaft, 9. Aufl., S. 749.

604 *Murmann*, GA 1996, 269, 280; *ders.*, GS, 3. Aufl., § 27 Rn. 48; SSW/*ders.*, 2. Aufl., § 25 Rn. 28; *Roxin*, Täterschaft, 9. Aufl., S. 750 f.; *Schlösser*, GA 2007, 161, 168 f. Zur Rechtsvergleichung, Teil 3 B. II. 1.

605 *Jakobs*, NStZ 1995, 26; *Roxin*, Täterschaft, 9. Aufl., S. 750.

606 *Schlösser*, GA 2007, 161, 168.

Denn ein wirtschaftliches Unternehmen darf sich nur in *rechtlich erlaubtem* Maße betätigen und die Leitungskraft des Unternehmens ist daher verpflichtet, jede darüber hinaus gehende, rechtlich missbilligte Gefahrschaffung für schutzwürdige Rechtsgüter potentieller Opfer zu verhindern.[607] Diese Pflicht kann nicht durch die vorsätzliche Handlung der der Leitungsmacht unterliegenden Person eingeschränkt werden.[608] Der Unternehmenschef ist mithin z.B. für die Körperverletzung des Opfers als Täter verantwortlich, wenn diese bei Verwendung der durch die vorsätzlich handelnden Mitarbeiter innerhalb des Unternehmens hergestellten fehlerhaften Produkte herbeigeführt wurde. Ein anderes Beispiel sind Körperverletzungen, die auf giftige Dämpfe, die durch die vorsätzlich handelnden Arbeitsnehmer aus einer Produktionsanlage abgelassen worden sind, zurückführbar sind,[609] wenn die Leitungskraft Kenntnis davon genommen hat. Dies kann normativ nicht anders beurteilt werden, wenn der Unternehmensleiter wie hier durch die aktive Anweisung die ihm unterliegenden Mitarbeiter zur Straftat veranlasst hat. Verletzt er seine Sonderpflicht, in seinem Verantwortungsbereich Gefahren zu überwachen und zu kontrollieren, soll er für die auf dieser Pflichtverletzung beruhende Tatbestandsverwirklichung durch andere vollständig, d.h. täterschaftlich haften.[610]

iii. Zwischenergebnis

Festzuhalten ist mithin für die vorliegende Untersuchung, dass der Täter durch den *wesentlichen Beitrag im Vorfeld der Tatausführung*, nämlich im **Fall 1** durch *die für den rechtswidrigen Beschluss wirksame Stimmabgabe* an der Tatbestandsverwirklichung mitgewirkt hat, auch wenn diese letztlich durch eine weitere Person erfolgte. Dies ist aber auf die Jedermann-Tatbestände zu beschränken. Im Fall von Sonderdelikten wie hier können nur die Sonderpflichtigen Täter sein, sodass bei mehreren Sonderpflichtigen nur die *mittäterschaftliche* Zurechnung des tatbestandsmäßigen Erfolgs in Betracht kommt.

(5) Exkurs: Anforderungen an die Kausalität für die mittäterschaftliche Zurechnung

An dieser Stelle bietet es sich an, noch im Detail auf die Frage einzugehen, welche Anforderungen für die mittäterschaftliche Zurechnung an die Kausalität der (einzelnen) Tatbeiträge zu stellen sind.

607 *Murmann*, GA 1996, 269, 279 f.; *Schlösser*, GA 2007, 161, 168 m.w.N.
608 *Murmann*, GA 1996, 269, 280.
609 Das ist eine Variante zur Fallkonstellation in *Murmann*, GA 1996, 269, 279.
610 *Murmann*, GA 1996, 269, 280 f.; *Roxin*, Täterschaft, 9. Aufl., S. 751; dagegen *Morozinis*, Dogmatik der Organisationsdelikte, 2010, S. 348.

a. Allgemeines

So stellt eine Literaturauffassung für die Begründung der Mittäterschaft besondere Anforderungen an den Kausalzusammenhang.[611] Ihr zufolge muss jeder Teilbeitrag für den ganzen Erfolgseintritt ursächlich sein. Der Verzicht auf dieses Erfordernis stelle eine begründungsbedürftige Abweichung vom Individualdelikt dar.[612] „[D]ie Haftungsvoraussetzungen »Kausalität« und »Täterschaft« geraten dabei in ein falsches Verhältnis zueinander: Täterschaft vermag Kausalität nicht zu ersetzen, sondern muss zu ihr hinzutreten, damit ein Tatbestand des Besonderen Teils verwirklicht ist. Kausalität ist also Mindestvoraussetzung schon für jede Teilnahmehaftung."[613] Im Grunde genommen spricht zwar vieles für diese Ansicht, ihr mangelt es aber an einer hinreichenden Konkretisierung des zugrundeliegenden Verständnisses von Kausalität. Geht man wie hier davon aus, dass jede (egal ob physische oder psychische) Bewirkung des Erfolgs in seiner konkreten Gestalt als eine Mindestbedingung für die strafrechtliche Haftung unverzichtbar ist, dann bestehen bei der Mittäterschaft keine Besonderheiten. Denn diese Kausalität wird für jede Art der strafrechtlichen (sei es täterschaftlichen, sei es teilnehmerischen) Verantwortung bei Tatbegehung durch positives Tun verlangt.[614] Sie ist nach h.M. aber auch im Sinne einer „Ermöglichung", „Erleichterung" oder „Absicherung" für die strafbare Beihilfe erforderlich (sog. Modifikationskausalität).[615]

Freilich verhält es sich anders, wenn man den Kausalzusammenhang mittels der ursprünglichen *conditio*-Formel erfassen wollte. Denn hier kommt es insbesondere darauf an, ob der Erfolg beim Wegfall der Handlung ausgefallen wäre. Wie wir aber schon oben gesehen haben,[616] ist das keine Frage der Kausalität, sondern eine

---

611 *Bloy*, Die Beteiligungsform, 1985, S. 283, 289; *Eschenbach*, Jura 1992, 637, 640; *Hoyer*, GA 1996, 160, 173; *ders.*, FS-Rudolphi, 2004, 95, 98; *Puppe*, JR 1992, 30, 32; NK/*dies.*, 4. Aufl., Vor § 13 Rn. 109; *Merkel*, FS-Puppe, 2011, 151, 156 Fn. 15; *Sofos*, Mehrfachkausalität 1999, S. 156 ff.; *Weißer*, Kollegialentscheidung, 1996, S. 155, 176; *Neudecker*, Kollegialorganen, 1995, S. 209; *Dencker*, Kausalität, 1996, S. 130, Er stellt hier aber auf die Kausalität des einen Tatbeitrages für den anderen Tatbeitrag, nicht aber für den Erfolgseintritt ab. Das ist jedoch nicht überzeugend, weil der Grund für den zweiten Tatbeitrag nicht im ersten, sondern im gemeinsamen Tatentschluss liegt, SK/*Hoyer*, 8. Aufl., § 25 Rn. 117. *Bachmann*/*Eichinger*, JA 2011, 105, 108, verlangen für eine mittäterschaftliche Haftung des jeweiligen Mittäters eine kausale Tatausführung, kommen aber hierbei zum Ergebnis, dass es bei jedem Mittäter um einen (Neben-)Täter gehe. Das ist nicht richtig, weil somit die konstitutive Funktion des § 25 Abs. 2 StGB zu Unrecht abgelehnt würde.

612 NK/*Puppe*, 4. Aufl., Vor § 13 Rn. 109.

613 *Hoyer*, GA 1996, 160, 173.

614 *Hoyer*, GA 1996, 160, 173.

615 *Traeger*, Der Kausalbegriff, 1904, S. 47; *Lackner*/*Kühl*, StGB, 28. Aufl., § 27 Rn. 2; LK/*Roxin*, 11. Aufl., § 27 Rn. 3; *Otto*, JuS 1982, 557, 563; *Spendel*, FS-Dreher, 1977, 167, 172 ff.; *Walther*, NStZ 2005, 657, 661; *Neudecker*, Kollegialorganen, 1995, S. 210; *Weißer*, Kollegialentscheidung, 1996, S. 176.

616 Siehe oben, Teil 2 A. I. 1. 3) (1) c.

normative Frage, die für die nebentäterschaftliche Zurechnung ausschlaggebend ist.[617] Ist durch den gemeinsamen Tatentschluss von mehreren eine Grundlage für die Mittäterschaft und wider das Vertrauen-Dürfen unter ihnen in Hinblick auf das Opfer konstituiert, kann der Täter sich nicht damit entlasten, dass der Erfolg beim Wegfall seiner Handlung auch eingetreten wäre. Angesichts dessen ist es aufgrund des gemeinsamen Tatentschlusses möglich, auch ein *ex-post* für die Tatbestandsverwirklichung nicht notwendiges Handeln des Beteiligten als Grundlage für die Zurechnung des gemeinschaftlich herbeigeführten Erfolges anzusehen.[618]

b. Alternative und additive Mittäterschaft

Diese Erkenntnisse können in den Fällen von *alternativen* und auch *additiven* Tatbeiträgen bei Mittäterschaft konkretisiert werden.[619] Alternative Tatbeiträge liegen dann vor, wenn z.B. A und B verabredungsgemäß dem Opfer O an verschiedenen Orten auflauern, um es zu töten, weil sie nicht wissen, welchen Weg O zur Tatzeit einschlagen wird.[620] Zu diesen Konstellationen gehört auch der vom BGH beurteilte „Mauerschützen-Fall".[621] Additive Tatbeiträge liegen vor, wenn bspw. mehrere Schützen aufgrund gemeinsamer Absprache oder anlässlich eines Befehls eines übergeordneten Täters gemeinschaftlich jeweils ein Geschoss auf das Opfer abschießen, wobei nicht geklärt werden kann, wessen Kugel getroffen und das Opfer getötet hat.[622] Für beide genannten Tatkonstellationen ist es charakteristisch, dass sich die Beiträge einiger Beteiligter sicherlich nicht kausal auf den Erfolgseintritt ausgewirkt haben; ohne ihre Beiträge wäre der Erfolg *ex-post* ohnehin eingetreten.[623] Jedoch hat der Täter durch seine nicht kausale Handlung das Risiko für den Erfolgseintritt erhöht.[624] Anders als im Fall von Beihilfe wurde durch den Mit-Handelnden die (im Übrigen sichere) Tatausführung des Täters nicht nur psychisch und physisch

617 Siehe oben, Teil 2 A. I. 2. 3) (1) b.

618 *Beulke/Bachmann*, JuS 1992, 737, 743; *Dencker*, in: Amelung [Hrsg.], Individuelle Verantwortung, 2000, 63, 67; *ders.*, Kausalität, 1996, S. 137 f.; *Kamm*, Die fahrlässige Mittäterschaft, 1999, S. 64 f., 66 f.; *Renzikowski*, Restriktiver Täterbegriff, 1997, S. 287; *ders.*, FS-Otto, 2007, 422, 428 f.; *Röckrath*, NStZ 2003, 641, 645; *Schaal*, Gremienentscheidungen, 2001, S. 173 ff., 207 ff.; *Kim, S.R.*, Die Analyse, 2001, S. 273 f.; *Toepel*, Pflichtwidrigkeitszusammenhang, 1992, S. 71. 273 f.

619 *Herzberg*, Täterschaft, 1977, S. 56; SK/*Hoyer*, 8. Aufl., § 25 Rn. 111; *Neudecker*, Kollegialorganen, 1995, S. 210; a.A. *Rudolphi*, FS-Bockelmann, 1979, 369, 379 f.

620 *Kühl*, AT, 7. Aufl., § 20 Rn. 109.

621 BGHSt 39, 1, 30; *Renzikowski*, Restriktiver Täterbegriff, 1997, S. 287.

622 Vgl. *Herzberg*, Täterschaft, 1977, S. 56 ff.; *Kühl*, AT, 7. Aufl., § 20 Rn. 109; *Renzikowski*, FS-Otto, 2007, 422, 425, nennt die Konstellation auch die additive Kausalität. Zur Einordnung dieser Rechtsfigur auf die Kollegialdelinquenz, *Franke*, FS-Blau, 1985, 227, 241.

623 Vgl. *Seelmann*, JuS 1980, 571, 574.

624 *Renzikowski*, FS-Otto, 2007, 422, 426 f.

verstärkt,[625] sondern die Tatverwirklichung wurde qualitativ (bei alternativer Mittäterschaft) bzw. quantitativ (bei additiver Mittäterschaft) *sichergestellt* und dadurch allererst ermöglicht.[626] Hätten im erst genannten Fall alle Täter dem Opfer auf der gleichen Seite aufgelauert, so wäre der Erfolgseintritt erheblich vom Zufall abhängig gewesen, sodass die Täter insoweit nur noch bedingte Tatherrschaft gehabt hätten.[627] Dies ändert sich durch die alternative Bereitstellung der Mittäter wesentlich,[628] weil so die Herbeiführung des Taterfolgs allein in der Hand der Täter liegt. Wollte man den nicht kausal gewordenen Täter lediglich als Gehilfen ansehen, so hinge die Täterschaft von der blinden, zufälligen Entscheidung des Opfers ab, was nicht der gemeinsamen Kontrolle des Tatgeschehens durch die Täter entspricht. Entsprechendes gilt auch für die additive Mittäterschaft.[629] Denn hier ist der einzelne Tatbeitrag ebenfalls allein weniger erfolgversprechend; erst die Kumulation der Tatbeiträge stellt die Tatbestandsverwirklichung sicher; zumindest erhöht sich die Gefahr des Erfolgseintritts wesentlich. Ließe man hier keine wechselseitige Erfolgszurechnung zu, wäre umgekehrt der Beweis der individuellen Kausalität praktisch unmöglich. Ginge man von einem strikten Kausalitätserfordernis des einzelnen Tatbeitrags aus, dann könnte angesichts des *in dubio pro reo* Prinzips niemand für die vollendete Straftat verantwortlich gemacht werden.

c. Kausalität zwischen Ausführungshandlungen

Nun wenden wir uns dem inneren Verhältnis zwischen den Tatausführungshandlungen zu, welches vor allem bei zwei- oder mehraktigen Delikten, wie z.B. Raub, relevant wird.[630] Nach einer Auffassung muss die eine Tatausführungshandlung für die andere(n) kausal sein, um eine Mittäterschaft zu begründen.[631] Hiernach soll z.B. ein Mittäter, der dem gemeinsamen Tatentschluss entsprechend eine fremde Sache wegnimmt, lediglich wegen Diebstahls gemäß § 242 StGB bestraft werden, während sein Komplize, der dem Opfer Gewalt zufügt, nach § 249 StGB bestraft werden könnte.[632]

---

625 BGH NJW 1999, 3131 f., lässt bereits das „Bestärken“ des anderen durch Anwesenheit in Tatortnähe für die Mittäterschaft ausreichen.

626 Vgl. *Renzikowski*, Restriktiver Täterbegriff, 1997, S. 286 f.; dagegen, *Rotsch*, „Einheitstäterschaft“, 2009, S. 360 ff.

627 *Roxin*, AT II, § 25 Rn. 233; krit. *Rotsch*, „Einheitstäterschaft“, 2009, S. 365.

628 *Kühl*, AT, 7. Aufl., § 20 Rn. 109; *Seelmann*, JuS 1980, 571, 574.

629 A.A. *Seelmann*, JuS 1980, 571, 574.

630 Vgl. BGH, NStZ-RR 2002, 304, 305; NStZ 2004, 152; *Kraatz*, Die fahrlässige Mittäterschaft, 2006, 115 f.

631 Vgl. *Dencker*, Kausalität, 1996, S. 130 ff.; krit. SK/*Hoyer*, 8. Aufl., § 25 Rn. 117.

632 *Dencker*, Kausalität, 1996, S. 130. Er hat das Beispiel im Rahmen der sog. „Parallele[n] Mittäterschaft“ angeführt. „Bei ihr mögen die in der tatbestandsmäßigen Situation Handelnden untereinander unverbunden ‚parallel‘ agieren, ja sogar ohne vorherigen psychischen Kontakt miteinander.“ (aaO., S. 130).

Dieser Ansicht ist jedoch zu widersprechen: Der einzelne Tatbeitrag muss nicht für den anderen kausal sein, insofern es bei § 25 Abs. 2 StGB um die Zurechnung der fremden Handlung geht.[633] Wenn es bei allen Beteiligten zum gemeinsamen Tatentschluss kommt, so ist eine Grundlage für die gemeinsame Tatausführung gegeben.[634] Damit sind für jeden Mittäter andere Tatbeiträge zu erwarten.[635] Es gibt zwar Fälle der Mittäterschaft, in denen ein Tatbeitrag einen anderen für die Tatbestandsverwirklichung notwendig voraussetzt, das Umgekehrte jedoch nicht gilt. Aber dies bedeutet zum einen nicht, dass der zweite Tatbeitrag erst durch den ersten begründet oder kausal erklärt wird. Für die Annahme der mittäterschaftlichen Zurechnung ist zwar darauf abzustellen, dass der ursprüngliche Grund für den Tatbeitrag im gemeinsamen Tatentschluss zu finden sei. Hiernach würden alle Tatausführungshandlungen durch den gemeinsamen Tatplan verursacht werden. Zum anderen kann man in solchen Fällen auch sagen, dass der erste Tatbeitrag vollzogen wird, *weil* der zweite von ihm abhängt oder *damit* dieser zustande kommt. Obwohl diese Aussage keinen Kausalzusammenhang, sondern einen Grund/Folge-Zusammenhang enthält, kann immerhin davon ausgegangen werden, dass damit der zweite Tatbeitrag via den gesamten Tatentschluss mit dem ersten verbunden ist. Daher kann der Ausführende des ersten Tatbeitrages auch in Bezug auf die gesamte Tat als (Mit)Täter, also nicht nur als bloßer Gehilfe, bestraft werden. Dies bedeutet – so auch *Renzikowski*[636] – nicht, dass der gemeinsame Tatentschluss für sich allein für die Tatbestandsverwirklichung ursächlich ist, wodurch schon die mittäterschaftliche Verantwortung (angeblich) begründet werden könnte. Das bedeutet lediglich, dass der einzelne, für den Erfolgseintritt kausale Tatbeitrag für den anderen nicht ursächlich sein muss. Der denkbare Kritikpunkt, dass der finale Nexus vielmehr für die Beihilfe typisch sei, ist in diesem Rahmen nicht zutreffend, weil in den hier skizzierten Fällen beide Tatbeiträge gleichberechtigte Bedeutung mit Blick auf die gesamte Tat aufweisen. Aus alledem ergibt sich, dass jeder Tatbeitrag auf den gemeinsamen Tatentschluss, der sich inhaltlich auf die Tatbestandsverwirklichung bezieht, nicht aber auf den anderen Tatbeitrag zurückführbar sein muss.

(6) Exkurs: Die sog. fahrlässige Mittäterschaft

a. Einleitung

Verlässt man mit Blick auf das Erfordernis der *gemeinschaftlichen Tatbegehung* im Sinne von § 25 Abs. 2 StGB die *isolierte* Betrachtung des jeweiligen Verhaltens des Täters, dann folgt daraus, dass eine mittäterschaftliche vollendete Haftung bereits dann vorliegt, wenn zumindest das Band aller Handlungen den Erfolg in

633 LK/*Roxin*, 11. Aufl., § 25 Rn. 154; SK/*Hoyer*, 8. Aufl., § 25 Rn. 117.

634 *Dencker*, Kausalität, 1996, S. 153; S/S/*Heine*/*Weißer*, 29. Aufl., Vorbem. §§ 25 ff. Rn. 5; *Rotsch*, „Einheitstäterschaft", 2009, S. 426.

635 SK/*Hoyer*, 8. Aufl., § 25 Rn. 117.

636 *Renzikowski*, FS-Otto, 2007, 422, 427.

zurechenbarer Weise verursacht.[637] Einige literarische Auffassungen versuchten eben dadurch mittäterschaftliche Verantwortlichkeit für den Fall zu begründen, dass ein gemeinsamer Tatentschluss fehlt und die isoliert anzunehmende Kausalität nicht gegeben ist.[638] Diese heftig umstrittene Problematik wird unter dem Namen der sog. fahrlässigen Mittäterschaft behandelt.[639] Diese Konstruktion beruht auf dem Bedürfnis, in den Fällen nicht nachweisbarer Kausalität durch mittäterschaftliche wechselseitige Zurechnung von Tatbeiträgen zu einer einfachen und sicheren Begründung der Strafbarkeit zu kommen. Um die sog. fahrlässige Mittäterschaft zu begründen, untersuchen ihre Anhänger allerdings nicht nur die objektiv-normative Tatseite. Manchen von ihnen kommt es bei mittäterschaftlicher Haftung auf das Bindeglied von fahrlässigen Handlungen an, das sie überwiegend in der subjektiven Tatseite suchen. Auch der BGH, der in ständiger Rspr. die Rechtsfigur der fahrlässigen Mittäterschaft ausdrücklich nicht angenommen hat, ist gleichwohl von dieser in der Entscheidung des Lederspray-Falls stillschweigend ausgegangen.[640]

b. Die kritische Würdigung der Ansätze zur sog. fahrlässigen Mittäterschaft

Der Wortlaut des § 25 Abs. 2 StGB steht nicht in Widerspruch zur fahrlässigen Mittäterschaft,[641] weil die Tat in diesem Sinne sowohl die vorsätzliche als auch fahrlässige Handlung umfasst. Für die Anhänger der fahrlässigen Mittäterschaft[642] liegt das Problem vielmehr darin, das Kriterium zu präzisieren, nach welchem alle Handlungen zu derjenigen Einheit zusammenzufassen sind, die in zurechenbarer Weise den Erfolg bewirkt. Maßgebliche Bedeutung kommt dabei der Frage zu, wie man trotz des fehlenden gemeinsamen Tatentschlusses die Handlungen der anderen als die eigene ansehen bzw. zurechnen kann. Hierfür scheinen in der Literatur – grob betrachtet – vier Vorschläge diskutiert zu werden: (1) das sog. gemeinsame „Handlungsprojekt" bzw. der gemeinsame „Handlungsplan", (2) die „gemeinsame Sorgfaltspflichtverletzung", (3) die „gemeinschaftliche Risikoschaffung

---

637 *Dencker*, Kausalität, 1996, S. 121; *Hilgendorf*, NStZ 1994, 561, 563; *Kim, S.R.*, Die Analyse, 2001, S. 281 f. 283 ff.

638 Auch so *Roxin*, AT II, § 25 Rn. 242; *Otto*, AT, 7. Aufl., § 21 Rn. 114 ff.

639 Zur Rechtsvergleichung siehe unten, Teil 3 B. II. 3.

640 Vgl. *Brammsen*, Jura 1991, 533, 537 f.; *Dencker*, Kausalität, 1996, S. 188 ff.; *Hoyer*, GA 1996, 160, 173; *Otto*, FS-Spendel, 1992, 271, 284 f.; *Ransiek*, Unternehmensstrafrecht, 1996, S. 67 ff.; *Renzikowski*, Restriktiver Täterbegriff, 1997, S. 283.

641 SSW/*Murmann*, 2. Aufl., § 25 Rn. 33; *Roxin*, AT II, § 25 Rn. 242; *Knauer*, Die Kollegialentscheidung, 2001, S. 221; ausführlich dazu *Weißer*, Kollegialentscheidung, 1996, S. 148; *dies.*, JZ 1998, 230, 232 f.; a.A. *Herzberg*, Täterschaft, 1977, S. 73; *Gropp*, GA 2009, 265, 272; *Bottke*, GA 2001, 463, 474. Ihm zufolge soll sich die „Begehung" der Tat lediglich auf vorsätzliches Tun beziehen.

642 Neben den unten genannten Anhängern, *Knauer*, Die Kollegialentscheidung, 2001, S. 181 ff.; *Röckrath*, NStZ 2003, 641, 645; *Schaal*, Gremienentscheidungen, 2001, S. 209 ff.

und -realisierung“ und (4) die Notwendigkeit der kumulativen Zusammenwirkung von den Tatbeiträgen.[643]

Zur Veranschaulichung der Problematik werden im Folgenden zwei Fälle herangezogen; zunächst zu nennen ist der sog. „Felsbrocken-Fall“:[644] Zwei Jungen (A und B) ist langweilig und ihnen fällt gemeinsam die Idee ein, schwere Steine jeweils von einer Böschung hinabzurollen. Sie wissen um die damit einhergehende Gefahr, dass jemand unten von dem Stein/den Steinen erfasst werden kann; vertrauen aber darauf, dass schon alles gut gehen wird. Während sie nun jeweils Steine hinabrollen lassen, wird ein vorbeiziehender Angler unten von einem Stein tödlich getroffen. Später steht trotz eingehender Untersuchung nicht fest, wessen Stein (der von A oder der von B) für den Tod ursächlich war. Anschaulich ist außerdem der „Streichholz-Fall“ (zitiert nach einer Entscheidung des OLG Schleswig):[645] „Im Rahmen eines gemeinsamen Diebesvorhabens gelangten der Angekl. und der frühere Mitangekl. S in eine Fabrikationshalle. Dort scheuten sie sich, die elektrische Beleuchtung einzuschalten. Um sich in dem dunklen Raum orientieren zu können, zündeten sie Streichhölzer an. Diese warfen sie nach Gebrauch jedoch noch brennend weg. Durch ein von den Angekl. brennend weggeworfenes Streichholz wurde Dralonstoff in Brand gesetzt. Das Feuer griff auf andere Ballen über und erfasste Teile der Holzdecke. Wer das Streichholz geworfen hat, konnte nicht festgestellt werden.“

Beide Konstellationen sind strukturgleich, insofern zwei Handelnde *gemeinsam* den tatbestandlichen Erfolg *fahrlässig* verursacht haben. Das bedeutet, dass der Erfolg nicht eingetreten wäre, wenn sie gemeinsam die Handlungen unterlassen hätten und dass sie den Erfolgseintritt nicht gewollt oder billigend damit abgefunden haben. Die Gemeinsamkeit besteht aber auch dahingehend, dass man die *genaue* Kausalität (d.h. wessen Beitrag letztlich erfolgsursächlich war) zwischen der Handlung und dem Erfolg nicht nachweisen kann. Schließlich unterscheiden sich die genannten Fälle auch von Fallkonstellationen der Nebentäterschaft, wo zwei oder mehr Handelnde fahrlässig unabhängig voneinander eine Straftat begehen.

i. Die auf dem sog. „gemeinsamen Handlungsprojekt bzw. -plan“ beruhende Gemeinschaftlichkeit

Manche Autoren in der Literatur[646] versuchen, die Gemeinschaftlichkeit gemäß § 25 Abs. 2 StGB auf das sog. „gemeinsame Handlungsprojekt“ bzw. den „gemeinsamen Handlungsplan“ zu stützen.[647] Wenn mehrere an einem gemeinsamen Handlungsprojekt bzw. -plan mitwirken und dementsprechend handeln, können diese

643 So zusammenfassend *Puppe*, GA 2004, 129, 135.

644 BGE 113 IV 54.

645 OLG Schleswig, NStZ 1982, 116 f.

646 *Dencker*, Kausalität, 1996, S. 156; *Renzikowski*, Restriktiver Täterbegriff, 1997, S. 288 ff.; *Kim, S.R.*, Die Analyse, 2001, 282 f.; *Küpper*, GA 1998, 519, 526 f.

647 *Gropp*, GA 2009, 265, 272, spricht – anders als *Baumann*, JuS 1963, 85, 88 – vom *Plan* und *Entschluss* zur gemeinsamen Handlung, aber nach ihm sollte sich der

projekt- bzw. planmäßigen Handlungen miteinander verbunden werden. Falls nun ein tatbestandsmäßiger Erfolg auf die Einheit der Handlungen zurückführbar ist, ist daher die einzelne Kausalität (d.h. die Kausalität des einzelnen Beitrages zum gemeinsamen Projekt) für den Erfolg nicht mehr von Belang. Das durch die kommunikativen Akte gebildete, intersubjektive Handlungsprojekt brauche sich ferner nicht auf die Tatbestandsverwirklichung richten, vielmehr genüge für jeden fahrlässig zusammenwirkenden Mittäter das Bewusstsein, dass er zusammen mit den anderen projekt- bzw. planmäßig Handlungen ausführe und durch das Zusammenwirken insgesamt die Gefahr entstehe, dass ein Rechtsgutsobjekt verletzt werden könne.

Nach *Küpper* wird bei der so bestimmten fahrlässigen Mittäterschaft zwar kein deliktischer Erfolg angestrebt. Dafür sei aber der Handlungswille auf ein bewusstes und gewolltes Zusammenwirken bei einem gemeinsamen Handlungsprojekt bezogen.[648] Als gemeinsam gewolltes Ziel reicht nach *Ransiek* jedes beliebige Ziel, das gemeinschaftlich erreicht werden soll; so wolle z.B. bei Kollegialentscheidungen jeder, dass die Stimmen derjenigen, die ebenso wie er entscheiden, auch für ihn wirken, damit eine Mehrheit entstehe.[649] Einen derartigen Begründungsweg für die sog. fahrlässige Mittäterschaft haben vor allem *Denker, Kim, S.R.* und *Renzikowski* eingeschlagen, auf die nun näher eingegangen werden soll.

i) *Dencker*

Dencker versteht – wie auch nach hier vertretener Auffassung – unter Ursache eine notwendige Bedingung für den tatbestandlichen Erfolg.[650] Er verzichtet dabei aber teilweise auf das Erfordernis der Betrachtung des Erfolgs in seiner konkreten Gestalt[651] und bezieht daher beim Kausalurteil solche hypothetischen Reserveursachen, „die zu einem intensiveren Funktionsverlust des jeweils geschützten Objekts geführt hätten",[652] in die Berücksichtigung mit ein.[653] Er kommt dadurch bei der Mehrfachkausalität zu dem Ergebnis, dass keine der einzelnen Handlungen für den Erfolg kausal sein könne, „weil die je anderen tatsächlich vorgenommenen Handlungen jedenfalls hypothetisch einen gleich intensiven Objektsschaden belassen hätten."[654] Da er ferner davon ausgeht, dass die Tatbestände des Besonderen Teils des StGB, die den tatbestandlichen Erfolgseintritt erfordern, durch einen einzelnen Täter verwirklicht werden müssten, können sie nach ihm insofern bei fehlender Kausalität nicht erfüllt werden.

Gegenstand des Plans und des Entschlusses (über die gemeinsame Handlung hinaus) auf die Straftat beziehen.

648 *Küpper*, GA 1998, 519, 526 f.

649 *Ransiek*, ZGR 1999, 613, 644 ff.

650 *Dencker*, Kausalität, 1996, S. 114 f.

651 *Dencker*, Kausalität, 1996, S. 86 ff., 115.

652 *Dencker*, Kausalität, 1996, S. 115.

653 *Dencker*, Kausalität, 1996, S. 68 ff., 115 f.

654 *Dencker*, Kausalität, 1996, S. 115.

Er hat daher für diese Fallkonstellation seine sog. Lehre vom „Haftungsprinzip Gesamttat" entwickelt.[655] Ihr zufolge lässt sich in dem Fall, dass mehrere ein gemeinsames Handlungsprojekt verfolgen und es in diesem Rahmen durch ihr Zusammenwirken zu strafbaren Außenweltveränderungen kommt, der Haftungsgrund an das Handeln eines jeden einzelnen knüpfen, da der Täter durch die Gesamttat den Erfolg herbeigeführt hat. Die Gesamttat sei nach *Dencker* ein projektgemäßer Gesamtsachverhalt, der sich seinerseits unter den „sog. Gesamttatbestand" subsumieren lasse.[656] Der Gesamttat liege dabei ein dem Individualtatbestand analoger Gesamttatbestand zugrunde, bei dem es auf Täterseite zu einer Pluralisierung kommt. So sei z.B. der Tatbestand des § 212 StGB „Wer [...] tötet" in den Gesamttatbestand „Diejenigen, welche [...] töten" umzuformulieren.[657] *Dencker* geht davon aus, dass dieses Vorgehen trotz der Detailprobleme der Tatbestände des Besonderen Teils grundsätzlich möglich sei.[658] Ferner soll das zugrundeliegende Gesamttatprojekt nach *Dencker* „vor der Tat" und „rein objektiv" vorliegen.[659] So könne es vom Vorsatz im Sinne des § 15 StGB, der dem Koinzidenzprinzip unterliege, unterschieden werden. Zur Aufstellung des Gesamttatprojekts bedürfe es zwar keines wechselseitigen psychischen Kontakts. Wohl aber müsse der einzelne Beteiligte, um sich als Täter verantwortlich zu machen, seinerseits eine „Teiltat" des Gesamtprojekts bewusst und gewollt vornehmen, die für den gesamttatbestandlichen Sachverhalt, zu dem der tatbestandsmäßige Erfolg als dessen Bestandteil gehört, ursächlich und damit wesentlich sei.[660] Auch die subjektiven Vorgänge des Mittäters müssten sich dann auf diese Teiltat beziehen, damit das strafrechtliche Schuldprinzip eingehalten werde.

Das „sog. Haftungsprinzip Gesamttat" ist nach *Dencker* nun auch bei Fahrlässigkeitsdelikten einschlägig.[661] Soweit es in den oben genannten Fällen[662] am Kausalitätsnachweis mangele, ließe sich über den Gesamttatgedanken auch im Bereich der Fahrlässigkeit eine wechselseitige Zurechnung begründen, wobei „man [...] dann (von) ‚gemeinsamem *Handlungs*entschluß' und ‚arbeitsteiligen Zusammenwirken' zumindest fahrlässiger Art bei dessen Realisierung sprechen [müsste]."[663] Hierzu bringt *Dencker* folgendes Beispiel: „Drei Ärzte, ein Facharzt für Chirurgie, einer

655 *Dencker*, Kausalität, 1996, S. 125 ff.; Der Begriff der „Gesamttat", den die Vertreter der „sog. Gesamtlösung" für die Problematik des Versuchsbeginns bei der Mittäterschaft angenommen haben, ist von dem der Gesamttat als „Haftungsprinzip" unterschiedlich. *Dencker* hat ihn aber für seine Theorie aufgegriffen und über den klassischen Problemkreis hinaus ausgeweitet, Kausalität, 1996, S. 142 ff.

656 *Dencker*, Kausalität, 1996, S. 160.

657 *Dencker*, Kausalität, 1996, S. 145 ff.

658 *Dencker*, Kausalität, 1996, S. 147 f.

659 *Dencker*, Kausalität, 1996, S. 132 f., 150 f., 160; auch so *Kim, S.R.*, Die Analyse, 2001, S. 252, 264 f.

660 *Dencker*, Kausalität, 1996, S. 162 ff.

661 *Dencker*, Kausalität, 1996, S. 174 ff.

662 Siehe oben, Teil 2 A. II. 1. 2) (6) b.

663 *Dencker*, Kausalität, 1996, S. 178 f., Hervorhebung dort.

für Anästhesie und einer für Inneres, sollen sich zu dem – objektiv kunstfehlerhaften – Eingriff entschlossen und ihn arbeitsteilig durchgeführt haben, dabei habe keiner von ihnen seinen Part bei der Durchführung fehlerhaft ausgeführt. Der Fall sei ferner so spezifiziert, daß die Fehlerhaftigkeit des Vorgehens vom Internisten und vom Anästhesisten hätte erkannt werden können und müssen, vom Chirurgen jedoch nicht."[664] Hier handele es sich beim Plan zur (falschen) Behandlung um das Gesamthandlungsprojekt, dessen Verwirklichung zu einem „gesamttatbestandsmäßigen Sachverhalt" der (fahrlässigen) Tötung führe. Die Frage, ob jeder Arzt im Hinblick auf die Todesfolge fahrlässig gehandelt habe, sei im Anschluss an die Bejahung der Kausalität der Teiltat für den „gesamttatbestandsmäßigen Sachverhalt" lediglich mit Blick auf diese „Teiltat" bei dem jeweiligen Täter zu untersuchen.

Nicht ersichtlich ist aber, inwiefern die fahrlässige Mittäterschaft durch die Denkfigur der sog. „Gesamttat" (welche eigentlich zur Lösung der Problematik des Versuchsbeginns durch die Mittäterschaft eingesetzt wurde)[665] legitimiert werden kann. Denn zur Übertragung der sog. versuchten „Gesamttat" auf den fahrlässigen Bereich wären zwei Schritte erforderlich: Zunächst ist darzulegen, dass die wechselseitige Zurechenbarkeit der Tatbeiträge aufgrund des gemeinsamen Tatentschlusses, die der „sog. Gesamtlösung" für den strafbaren Versuchsbeginn bei Mittäterschaft zugrunde liegt,[666] sowohl für die versuchte als auch für die vollendete Mittäterschaft gilt. Im zweiten Schritt wäre dies auf Fahrlässigkeitsdelikte zu übertragen. Hier überträgt *Dencker* die sog. vollendete Gesamttat kraft des angeblichen Handlungsprojekts auf die (sog. vollendeten) Fahrlässigkeitsdelikte, ohne jedoch zu begründen, inwiefern dieser zweite Schritt zur Annahme der Mittäterschaft durch Fahrlässigkeit zulässig ist. Denn § 22 StGB verlangt neben dem unmittelbaren Ansetzen zur Tat jedem Mittäter ausdrücklich eine „Vorstellung von der Tat" ab.

Im Übrigen lässt sich gegen den Begründungsversuch fahrlässiger Mittäterschaft anhand des „Handlungsprojekts bzw. -plans" vor allem einwenden, dass unklar ist, inwieweit hiermit das im Strafrecht eigentlich maßgebliche Erfordernis individuell zu beweisender Kausalität überwunden werden kann. Das hieran ein wesentliches Problem des *Dencker*'schen Modells liegt, wird etwa deutlich, wenn man sich eine Konstellation vor Augen führt, in der z.B. einige Dutzend Motorradfahrer mit unerlaubter Geschwindigkeit so eng eine Straße befahren, dass ein unvorsichtiger Fußgänger beim Überqueren der Straße von manchen (etwa zehn von ihnen) erfasst wird und daraufhin stirbt. Hierbei steht nicht fest, durch welches Motorrad die tödliche Ursache gesetzt wurde.[667] Nach der Ansicht von *Dencker* müssten auch die Fahrer wegen der fahrlässigen Tötung bestraft werden, die vom Verkehrsunfallort eindeutig weit entfernt gefahren sind, weil sie an dem Handlungsprojekt, also dem

664 *Dencker*, Kausalität, 1996, S. 177.
665 Vgl. *Sofos*, Mehrfachkausalität, 1999, S. 123.
666 *Wessels/Beulke/Satzger*, AT, 45. Aufl., Rn. 611; *Murmann*, GS, 3. Aufl., § 28 Rn. 94.
667 Vgl. der Wettfahrt-Fall, BGHSt 7, 112; *Kamm*, Die fahrlässige Mittäterschaft, 1999, S. 203.

gemeinsamen Motorradfahren, teilgehabt haben, sodass dadurch ihre Handlungen (Teiltaten) mit den Ausführungshandlungen zu einer Einheit zusammengefasst wurden. Wollte *Dencker* dieses Ergebnis vermeiden, dann müsste er darauf abstellen, dass die vom Unfall weit entfernten Motoradfahrer die „Teiltat" im Sinne von *Dencker*, die nach ihm für die Gesamttatbestandsverwirklichung kausal ist, nicht begangen haben. Dies geht jedoch nicht, ohne dass der Kausalitätsbegriff hierbei letztlich beliebig verwandt wird. Hieraus wird deutlich, dass das Modell *Denckers* nicht alle denkbaren Fälle zufriedenstellend lösen kann, ohne selbstwidersprüchlich zu werden. Die Motorradfahrer-Konstellation ist nach der hier vertretenen Ansicht dahingehend zu bewerten, dass der auf das Opfer aufgefahrene Fahrer den Erfolg bewirkt hat, aber ihm dieser objektiv nicht zuzurechnen ist, weil er durch die hohe Geschwindigkeit zwar ein rechtlich missbilligtes Risiko für das Leben geschaffen hat, aber dieses Risiko sich nicht im konkreten Erfolg realisiert hat. Denn der Erfolg wäre mit Blick auf das Fehlverhalten der anderen Fahrer auch bei gebotener Fahrweise des Täters eingetreten. Umgekehrt können die anderen Fahrer nicht für den Erfolg verantwortlich sein, weil sie keinen kausalen Beitrag geleistet haben.

ii) *Kim, S.R.*

Kim, S.R. hat in Anlehnung an die Theorie von *Dencker* versucht, die Konzeption des sog. „gemeinsamen Handlungsentschlusses" durch die Analyse des subjektiven Tat- bzw. Handlungsmoments[668] in den drei verschiedenen Vorsatzbegriffen (*dolus directus* 1. Grades, *dolus directus* 2. Grades und *dolus eventualis*) zu bestärken. Er geht davon aus, „daß einerseits die Finalität oder die Intentionalität der menschlichen Tätigkeit als Minimalvoraussetzung für die Strafbarkeit angenommen werden muß"[669] und dass andererseits dabei die normative Bewertung von der faktischen Gegebenheit zu unterscheiden ist. Anhand der Analyse der Vorsatzformen kommt er zum Schluss, „daß die Subsumtion der Nebenfolge unter den Vorsatz bei der Wissentlichkeit und dem bedingten Vorsatz durch ein fiktives Willensmoment eine Vertauschung der Tatsache mit der normativen Bewertung ist" und führt dann weiter zum sachlichen Vorsatzbegriff als gemeinschaftlichem Nenner von allen Vorsatzformen aus, dass „der Vorsatz im strafrechtlichen Sinne als der Wille zur Handlung im Hinblick auf ein bestimmtes Ziel – unabhängig davon, daß sich diese Handlung unmittelbar auf die Tatbestandsverwirklichung richtet – und die Kenntnis der Tatumstände definiert wird".[670] Das Wollen der Tatbestandsverwirklichung weist nach ihm nur „ausnahmsweise" der „Absichtstäter" auf.[671] Auf der voluntativen Ebene stelle man im Regelfall vielmehr auf die Handlung bzw. den Handlungsvollzug, nicht auf die Tatbestandsverwirklichung ab.[672] Daneben solle sich aber auch das kognitive

668 *Kim, S.R.*, Die Analyse, 2001, S. 243.
669 *Kim, S.R.*, Die Analyse, 2001, S. 245.
670 *Kim, S.R.*, Die Analyse, 2001, S. 246.
671 *Kim, S.R.*, Die Analyse, 2001, S. 250, 256.
672 *Kim, S.R.*, Die Analyse, 2001, S. 251.

Element nicht auf die Tatbestandsverwirklichung oder die Tatbestandsmerkmale, sondern auf die Tatumstände beziehen müssen.

Konsequenterweise vertritt *Kim, S.R.* vor diesem Hintergrund die faktische „Strukturgleichheit" zwischen Vorsatz und Fahrlässigkeit und versucht diese – was in unserem Zusammenhang relevant ist – auch auf die Mittäterschaft übertragen.[673] Er weist es als Vorteil seiner Methode aus, dass eine Tat durch die Beteiligten begangen wird, die letzteren dabei aber verschiedene subjektive Vorgänge, insbesondere willentliche Komponenten, aufweisen können. So könne eine Mittäterschaft unter Tätern bestehen, die abweichende Vorsatzformen aufweisen,[674] was sogar zwischen einem fahrlässig und einem vorsätzlich handelnden Täter möglich sei.[675] Für seine Ansicht führt er ferner an, dass man nach herkömmlicher Auffassung, dass sich der gemeinsame Tatentschluss für die Begründung der mittäterschaftlichen Haftung auf den tatbestandsmäßigen Erfolg beziehen soll, auf Schwierigkeiten stoße, wenn man die Mittäterschaft zwischen Tätern annehmen wolle, die im Hinblick auf die Tatbestandsverwirklichung unterschiedliche Vorsatzformen zeigten (vor allem zwischen dem wissentlichen Täter und dem Täter mit dem bedingten Vorsatz). Denn diese wollten die Tat im ontologischen Sinne gar nicht.[676] Schwierigkeiten bereite aber auch der sog. stillschweigende bzw. konkludente gemeinsame Tatentschluss.[677] Ferner spreche die Kreativität des Zusammenwirkens im Alltagsleben auch für das Verständnis der Gemeinschaftlichkeit als des gemeinsamen Handlungswillens.[678]

Dass *Kim, S.R.* nur die faktisch-psychische Dimension der vorsätzlichen Handlung (bzw. Unterlassung) sowohl bei individuell begangenen Taten als auch bei Delikten, an deren Begehung sich mehrere beteiligen, hervorhebt, macht seine Position jedoch angreifbar: Gegen seine vermeintliche Vorsatzlehre spricht zunächst, dass sie tatsächlich keine Lehre zum strafrechtlichen Vorsatz zu sein scheint, sondern vielmehr eine zu strafrechtlich irrelevanten Handlungen. Denn, obwohl er auf der einen Seite die Finalität als wesentliches Element der menschlichen Tätigkeit ansieht, bezieht er sie auf der anderen Seite auf eine strafrechtlich irrelevante Sachverhaltsverwirklichung. Die Beschreibung der sachlichen Struktur der vorsätzlichen Handlung an sich kann uns aber nicht hinreichende Auskunft über ihre strafrechtliche Bewertung liefern, auch wenn man der strikten Trennung von Bestimmung und Bewertung methodisch beipflichten mag. *Kim, S.R.*'s Definition des Vorsatzes erschwert die dogmatische Abgrenzung zwischen der den strafrechtlichen Unrechtsgehalt ausmachenden Außenweltveränderung, welche zum Inhalt des Vorsatzes gemacht werden soll (wie z.B. *Tod* im Sinne des § 212 StGB), und der Außenweltveränderung, die bloß eine objektive Strafbarkeitsbedingung darstellt

---

673 *Kim, S.R.*, Die Analyse, 2001, S. 233, 253 f.
674 *Kim, S.R.*, Die Analyse, 2001, S. 257 ff.
675 *Kim, S.R.*, Die Analyse, 2001, S. 289 ff.
676 *Kim, S.R.*, Die Analyse, 2001, S. 235 ff.
677 *Kim, S.R.*, Die Analyse, 2001, S. 261 ff.
678 *Kim, S.R.*, Die Analyse, 2001, S. 273 ff.

und daher nach der h.M.[679] nicht vom Vorsatz erfasst werden muss (etwa *Tod* im Sinne des § 231 Abs. 1 StGB). Gleichzeitig führt seine Vorsatzdefinition auf der einen Seite zur Erleichterung der Begründung fahrlässiger Mittäterschaft, auf der anderen Seite aber unzulässigerweise zur Erschwerung der Abgrenzung zwischen Vorsatz und Fahrlässigkeit. Dies hat zur Folge, dass es nach seinem Ansatz in den meisten Konstellationen um vorsätzliche Mittäterschaft ginge, wenn mehrere in Hinblick auf ein bestimmtes Ziel gemeinsam handeln, und dabei ein Straftatbestand verwirklicht wird. Denn wenn der Täter, der den Erfolgseintritt lediglich für möglich hält, zur Handlung schreitet – was schon meistens den handlungsbezogenen Willen impliziert –, handelt er nach der Konzeption von *Kim, S.R.* im strafrechtlichen Sinne vorsätzlich. Hierin, d.h. in der Strafbarkeit als Vorsatztäter im Falle des Erfolgseintritts, liegt nicht nur eine unzulässige Reduktion der Handlungsfreiheit,[680] sondern auch ein Verstoß gegen den Bestimmtheitsgrundsatz nach Art. 103 Abs. 1 GG und § 1 StGB. Aus dem Umkehrschluss der Interpretation des § 16 Abs. 1 StGB folgt entgegen *Kim, S.R.*[681] nicht, dass der Handelnde, der zur Handlungszeit den tatbestandbezogenen Umstand kennt, bei Vorliegen der üblichen objektiven Voraussetzungen *immer* als Vorsatztäter bestraft werden sollte.

Ferner ist es auch nicht überzeugend, wenn er aus der Analyse des *dolus directus* 2. Grades die Schlussfolgerung zieht, dass sich der Wille des Täters nicht auf den tatbestandsmäßigen Erfolg beziehen müsse, weil der Täter auch dann Vorsatz hinsichtlich des tatbestandlichen Erfolgs aufweise, wenn er – obgleich er den Erfolgseintritt als Nebenfolge eigentlich nicht wolle – den Erfolgseintritt für sicher halte. Denn hätte der Täter den Erfolgseintritt *ernsthaft* nicht gewollt, dann hätte er die fragliche Handlung unterlassen müssen, wenn er sicher wusste, dass sie zum Erfolgseintritt führt. Daher ist dem Täter insofern der Einwand verwehrt, er *wolle* den Eintritt der Nebenfolge nicht, wenn er trotz dieser Kenntnis handelt. Dementsprechend ist die subjektive Einstellung des Täters nicht auf Grund einer beliebigen Untersuchung der faktischen inneren Vorgänge, sondern mit Blick auf das objektive Tatgeschehen anhand des durch den Handlungsvollzug objektivierten Sinngehalts zu ermitteln. Dann liegt nämlich der Bejahung eines voluntativen Elementes in Bezug auf den tatbestandlichen Erfolg (trotz anderslautender Einlassung des Täters) keine normative Fiktion, sondern ein sachlogischer Grund zugrunde.

Anders verhält es sich natürlich beim *dolus eventualis*, insofern es hier ja gerade an der Kenntnis fehlt, dass die eigentlich ungewollte Nebenfolge sicher eintreten werde. Dies ist nicht zuletzt ein Grund, warum bei der Diskussion über den bedingten Vorsatz als Vorsatzform noch immer erhebliche Streitigkeiten bestehen.[682]

---

679 *Jescheck/Weigend*, AT, 5. Aufl., S. 555; *Murmann*, GS, 3. Aufl., § 14 Rn. 9.

680 So ausdrücklich, *Kim, S.R.*, Die Analyse, 2001, S. 251: „Der Grund für die Zuschreibung der Vorsatzstrafbarkeit liegt [...] in dem Handlungsvollzug [...] trotz des Wissens (zumindest) von der Möglichkeit des Erfolgseintritts."

681 *Kim, S.R.*, Die Analyse, 2001, S. 251.

682 Ausführlich dazu *Roxin*, AT I, 4. Aufl., § 12 Rn. 21 ff.

Probleme scheint dabei vorliegend insbesondere die psychische Strukturgleichheit von bedingtem Vorsatz und bewusster Fahrlässigkeit zu bereiten: Beiden ist es gemeinsam, dass der Täter den Eintritt des Erfolgs einerseits für möglich hält, andererseits aber ebenso sehr mit dessen möglichem Ausbleiben rechnet. Aber bei der bewussten Fahrlässigkeit vertraut der Täter *faktisch* auf das Ausbleiben des Erfolgs, während er beim *dolus eventualis* mit dem Erfolgseintritt *rechnet,* d.h. ihn „ernst genommen" hat.[683] Daher kann man – entgegen *Kim, S.R.* – das Vertrauen auf das Ausbleiben nicht mit dem Gewolltsein im alltagsprachlichen Sinne gleichsetzen. Vielmehr ist hierüber – zusätzlich zum voluntativen Element – die Unrechtsdiskrepanz zwischen Vorsatz und Fahrlässigkeit zu rechtfertigen, weil es dem *Handlungsentschluss gegen das Rechtsgut* zugrunde liegt.[684] Die Unrechtsmilderung des fahrlässig Handelnden resultiert daher daraus, dass er – ungeachtet der vorwerfbaren Überschätzung seines eigenen Vermögens zur Steuerung der Sachlage – als rechtstreuer Handelnder sein eigentliches Handlungsziel aufgegeben hätte, wenn er mit der tatbestandlichen Nebenfolge seines Handelns ernstlich gerechnet hätte. Somit ist die Frage nach der Abgrenzung zwischen *dolus eventualis* und der bewussten Fahrlässigkeit insoweit auch normativer Natur.[685]

Dementsprechend kann eine Argumentation für die Strukturgleichheit zwischen Vorsatz und Fahrlässigkeit im *faktischen* Sinne weder allgemein[686] noch im Rahmen der Mittäterschaft überzeugen. Gleiches gilt für die Vorgehensweise von *Kim, S.R.,* die sich bei der Mittäterschaft vereinfacht gesagt folgendermaßen darstellen lässt: Bei Vorliegen eines gemeinsamen Handlungsentschlusses bzw. -plans liege Mittäterschaft (genauer: Handlungsgemeinschaft) vor, wenn der Beteiligte sich der Gemeinschaftlichkeit des (arbeitsteiligen) Zusammenwirkens (d.h. Handlungsentschluss und Übereinstimmung des gemeinsamen Plans mit der eigenen Handlung usw.) bewusst sei.[687] Unbeachtlich sei dabei, ob der Täter hinsichtlich der Tatbestandsverwirklichung vorsätzlich oder fahrlässig handele. Die meistens vom jeweiligen Täter ungewollte, aber vorausgesehene bzw. vorauszusehende, straftatbestandliche Nebenfolge könne ihm gleichwohl nach herkömmlichen Zurechnungsprinzipien zugerechnet werden, wobei jeder Täter isoliert zu betrachten sei.[688] Dagegen lässt sich mit der Systematik des Allgemeinen Teils argumentieren, dass das deutsche Strafgesetzbuch in §§ 15 f. StGB zuerst die strafrechtlich relevante Handlung in die vorsätzliche und fahrlässige Handlung aufteilt und erst dann im § 25 Abs. 2 StGB die mittäterschaftliche Tatbegehung anerkennt.[689] D.h.: Die Tat im Rahmen des § 25

683 *Stratenwerth/Kuhlen,* AT, 6. Aufl., § 8 Rn. 117.

684 *Murmann,* GS, 3. Aufl., § 24 Rn. 7; *Roxin,* AT I, 4. Aufl., § 12 Rn. 23.

685 *Roxin,* AT I, 4. Aufl., § 13 Rn. 27 Fn. 34.

686 Vgl. *Erb,* Rechtmäßiges Alternativverhalten, 1991, S. 263; *Toepel,* Pflichtwidrigkeitszusammenhang, 1992, S. 213 f.; *Ulsenheimer,* Das Verhältnis, 1965, S. 157.

687 *Kim, S.R.,* Die Analyse, 2001, S. 272.

688 *Kim, S.R.,* Die Analyse, 2001, S. 279.

689 A.A. *Weißer,* Kollegialentscheidung, 1996, S. 148; *dies.,* JZ 1998, 230, 233: „Zum anderen besagt die Formulierung ‚Begehen mehrere die Tat gemeinschaftlich ...'

Abs. 2 StGB lässt sich nicht ohne Untersuchung ihrer rechtlichen Bedeutung bestimmen.

Es mangelt der Theorie von *Kim, S.R.* im Vergleich zu den normativen Begründungsansätzen der fahrlässigen Mittäterschaft[690] vor allem an einer Verknüpfung zwischen dem an sich neutralen Handlungsentschluss bzw. -plan und der Erfolgszurechnung zum jeweiligen Täter. Der Ansatz kann die Strafwürdigkeit menschlichen Alltagsverhaltens, dass Menschen durch Zusammenschluss zu beliebig gearteten Zwecken in kreativer Weise zusammenwirken, nicht hinreichend begründen. Zwar zieht solch ein von der Rechtsordnung grundsätzlich erlaubtes Gruppenverhalten nicht seltene Gefahren im Hinblick auf fremde, zu schützende Rechtsgüter nach sich. Soweit allerdings die aus den gemeinsamen Tätigkeiten resultierende Gefährlichkeit auf einer rechtlich erlaubten Ebene bleibt, ist sie strafrechtlich ohne Belang, auch wenn der auf ihnen beruhende Erfolg eintritt. Will man nun eine Erfolgszurechnung mit dem Argument begründen, dass die Gefährlichkeit durch ein Zusammenwirken im Vergleich zur menschlichen Tätigkeit ohne ein solches in ihrer Quantität und Qualität typischerweise so steige,[691] dass sich in entsprechendem Maße die ihrer Realisierung entgegenstehende Sorgfaltspflicht erhöhen müsse, so ist eine Berechtigung für die fahrlässige Mittäterschaft nicht in der Teilnahme an der Bildung des gemeinsamen Handlungsentschlusses zu suchen, sondern allenfalls in der in diesem Sinne erhöhten Gefährlichkeit. Etwas anderes lässt sich nur vertreten, wenn man, wie *Kim, S.R.*,[692] glaubt, dass bereits von mehreren sorgfaltswidrigen Handlungen eine ebenso hohe Gefährlichkeit ausgeht, wie im Falle der vorsätzlichen Mittäterschaft. So verhält es sich entgegen *Kim, S.R.*[693] allerdings nicht, da man insofern auf die „erhöhte Gefährlichkeit"[694] nicht im Moment der gemeinsamen Tatausführung, sondern im Moment der gemeinsamen Tatplanung abstellen muss. Mit Blick hierauf weist das gemeinsame Handlungsprojekt als Verbindungselement jedoch keine vergleichbare Gefährlichkeit in Hinblick auf die Tatbestandsverwirklichung wie der gemeinsame Tatentschluss auf. Verhielte es sich anders, so müsste nämlich das Handlungsprojekt in Fällen des § 30 Abs. 2 StGB auch unter Strafe zu stellen sein, welches jedoch der oben erwähnten Tatsache widerspricht, dass es sich um von

---

noch nichts bezüglich der Schuldform, in der die Tatbestandsverwirklichung erfolgt." Auch sie meint aber, dass Vorsatz und Fahrlässigkeit auch den Unrechtgehalt bestimmen können. Sie setzt dennoch fort: „Die Frage der grundsätzlichen Strafwürdigkeit der fahrlässigen Begehung muß also schon vor der Entscheidung über das etwaige Vorliegen von Mittäterschaft bejaht werden. [...] Die Berücksichtigung von § 15 StGB ist eine ‚Vorfrage' jeder Fahrlässigkeitsstrafbarkeit – ganz unabhängig von der darauf folgenden Fragestellung, ob im einzelnen Allein- oder Mittäterschaft in Betracht kommt.", JZ 1998, 230, 233, Hervorhebung hier.

690 Siehe unten, Teil 2 A. II. 1. 2) (6) b. ii. ff.

691 So ähnlich vgl. *Dencker*, Kausalität, 1996, S. 224 f.

692 *Kim, S.R.*, Die Analyse, 2001, S. 173.

693 *Kim, S.R.*, Die Analyse, 2001, S. 174.

694 *Neudecker*, Kollegialorganen, 1995, S. 210.

der Rechtsordnung grundsätzlich erlaubtes (und zum Teil auch sozial erwünschtes) Gruppenverhalten handelt.

Zuletzt lässt sich am Ansatz von *Kim, S.R.*[695] kritisieren, dass unklar bleibt, warum angesichts der Üblichkeit der organisatorischen Tätigkeit von Menschen überhaupt das Bedürfnis besteht, eine Vielzahl an sich neutraler Verhaltensweisen über die Rechtsfigur der fahrlässigen Mittäterschaft in so weitreichendem Maße strafrechtlich zu erfassen. Hier scheint vielmehr Zurückhaltung geboten, damit die Freiheit gemeinsamen kreativen Handelns, das kein deliktisches Anzeichen aufweist, nicht unnötig restringiert wird.[696] Trotzdem möchte *Kim, S.R.* die Anforderungen an den gemeinsamen Handlungsentschluss bzw. -plan sogar soweit lockern, dass ein stillschweigender bzw. konkludenter Handlungsentschluss (wohlgemerkt, zu einem an sich straflosen [!] Ziel) von der mittäterschaftlichen Strafbarkeit erfasst werde.[697] Dies würde jedoch zu einer nicht hinreichend begründeten Ausweitung der Strafbarkeit führen.

iii) *Renzikowski*

Renzikowski wendet sich in seinem Ansatz zur fahrlässigen Mittäterschaft gegen den Einwand der h.M., dass es bei der fahrlässigen Mittäterschaft keinen gemeinsamen Tatentschluss gebe, der doch aber für die Mittäterschaft erforderlich sei. Er betont zunächst, dass – anders als es bei *Kim, S.R.* der Fall war – die Zurechnung beim Fahrlässigkeitsdelikt mit anderen Kriterien als denen des Vorsatzdeliktes bestimmt werden könne.[698] Anknüpfungspunkt für die wechselseitige Zurechnung der gemeinsamen Handlungen sei „das riskante Geschehen“, sodass eine „gemeinschaftliche Gefahrbegründung“ für die fahrlässige Mittäterschaft erforderlich sei.[699] Er weist auch auf die unzulässige Ausweitung der Reichweite der fahrlässigen Haftung hin,[700] wenn man dabei entweder nach *Roxin* mit der Risikoerhöhung[701] oder mit dem Zusammenhang, dass z.B. im Felsbrocken-Fall der eine Tatbeteiligte nicht ohne den anderen gehandelt hätte,[702] argumentieren würde. Ebenso lehnt er vor dem Hintergrund des von ihm vertretenen restriktiven Täterbegriffs[703] die methodische Vorverlagerung der pflichtwidrigen Handlung ab, wenn die Ursächlichkeit der tatnahen Handlung für die Tatbestandsverwirklichung nicht festgestellt worden

695 *Kim, S.R.*, Die Analyse, 2001, S. 273 ff.
696 *Renzikowski*, Restriktiver Täterbegriff, 1997, S. 291.
697 *Kim, S.R.*, Die Analyse, 2001, S. 282 f.
698 *Renzikowski*, Restriktiver Täterbegriff, 1997, S. 229.
699 *Renzikowski*, Restriktiver Täterbegriff, 1997, S. 284.
700 *Renzikowski*, Restriktiver Täterbegriff, 1997, S. 285.
701 LK/*Roxin*, 11. Aufl., § 25 Rn. 221.
702 *Günther*, JuS 1988, 386, 387; *Murmann*, GS, 3. Aufl., § 27 Rn. 55; SSW/*ders.*, 2. Aufl., § 25 Rn. 34.
703 *Renzikowski*, Restriktiver Täterbegriff, 1997, S. 67 ff.

sei.[704] Für ihn ist – wie für *Dencker* – der gemeinsame Tatentschluss kein Bestandteil des Vorsatzes, sodass sich der gemeinsame Plan nicht auf die Tatbestandsverwirklichung zu beziehen brauche und mit der Ausführung der verabredeten Handlung in das Versuchsstadium gerate.[705] Wo – wie im Fall der additiven bzw. alternativen Mittäterschaft –[706] die vorsätzliche Alleintäterschaft nicht begründbar sei, stehe dann nur die vorsätzliche Mittäterschaft zur Verfügung. Daraus schließt er, dass ein Bedürfnis nach der fahrlässigen Mittäterschaft für den Fall besteht, dass die fahrlässige Alleintäterschaft nicht gegeben ist.[707]

Um die Rechtsfigur der fahrlässigen Mittäterschaft vor dem Hintergrund des geltenden Rechts zu rechtfertigen, verlangt *Renzikowski* zunächst ein „gemeinsames Handlungsprojekt", an dem alle Beteiligten als gleichberechtigte Partner teilhaben.[708] Durch die hiermit zu identifizierende „Gesamttat" müsse objektiv „eine rechtlich mißbilligte Gefahr" geschaffen werden, die aber nicht auf der Verletzung einer (gemeinsam vorangegangenen) Sorgfaltspflicht beruhen müsse.[709] Sodann sei es erforderlich, dass die Tatbeteiligten die im gemeinsamen Plan vorgesehenen Beiträge erbringen, die jedoch nicht alle für den Erfolg kausal sein müssten, wobei allen die Gefährlichkeit des Gesamtprojekts erkennbar gewesen sein müsse.[710] Damit sei es insbesondere möglich, Mittäterschaft auch zwischen vorsätzlich und fahrlässig handelnden Personen zu begründen.[711]

Die Einwände gegen das Konzept des gemeinsamen Handlungsprojekts von *Dencker* und *Kim, S.R.* gelten zunächst auch für den Ansatz von *Renzikowski.*[712] Im Übrigen ist *Renzikowski*'s Auffassung zweifelhaft, wonach nur die letzte Handlung, einerlei ob sie vorsätzlich oder fahrlässig sei, die strafbare Täterschaft begründe,[713] sodass die Strafbarkeit dessen, der fahrlässig eine drittvermittelte Handlung vornimmt, wie beim vorsätzlichen Täter erst über § 25 StGB (in unserem Kontext: § 25 Abs. 2 StGB) begründet werden könne. Das Autonomieprinzip, auf das *Renzikowski* beim

---

704 *Renzikowski*, Restriktiver Täterbegriff, 1997, S. 291.
705 *Renzikowski*, Restriktiver Täterbegriff, 1997, S. 285 f.
706 Siehe oben, Teil 2 A. II. 1. 2) (5) b.
707 *Renzikowski*, Restriktiver Täterbegriff, 1997, S. 286 f.
708 *Renzikowski*, Restriktiver Täterbegriff, 1997, S. 288.
709 *Renzikowski*, Restriktiver Täterbegriff, 1997, S. 226 ff., geht davon aus, dass die Sorgfaltspflicht, derer Verletzung die fahrlässige Haftung begründet, als eine „Pflicht zur Aufmerksamkeit", also eine Pflicht dazu, „sich der Folgen seines eigenen Verhaltens zu vergewissern" angesehen werden könne und dass sie denknotwendig der Verhaltenspflicht, niemanden zu verletzen, vorausgehe. Darüber hinaus sei nach ihm die tatbestandsmäßige Handlung nur diejenige, die die „unmittelbare Gefahr" für die Rechtsgutverletzung geschaffen habe, dagegen stelle die Außerachtlassung der gebotenen Aufmerksamkeit noch keine rechtlich missbilligte Gefahr dar (aaO., S. 291).
710 *Renzikowski*, Restriktiver Täterbegriff, 1997, S. 288 f.
711 *Renzikowski*, Restriktiver Täterbegriff, 1997, S. 289.
712 Siehe oben, Teil 2 A. II. 1. 2) (6) b. i. i) und ii).
713 So auch *Eschenbach*, Jura 1992, 637, 642.

restriktiven Täterbegriff rekurriert,[714] stellt ggfs. kein Hindernis für die Begründung der Strafbarkeit bei fahrlässiger Beteiligung dar, wenn die durch den Ersttäter verletzte Pflicht gerade dem Rechtsgutsschutz dient. Das ist nach *Murmann* dann der Fall, wenn „das Verhältnis des [Täters] zum Opfer gerade auch die Kompensation oder Vermeidung fremden Fehlverhaltens verlangt."[715] Dann darf der Täter sich nicht auf die Autonomie des unmittelbar Handelnden berufen, wenn dieser hinzutritt.[716] Wenn die Handlung im Hinblick auf ein bestimmtes fremdes Rechtsgut nicht mehr in den Freiheitsbereich des Handelnden gehört, so muss er dem Verletzten gegenüber für das, was er durch seine rechtlich missbilligte Handlung verursacht hat, verantwortlich sein. Wie *Lenckner* zutreffend ausführt, ist für die Missbilligung der Gefahr maßgebend, „ob der konkrete, den tatbestandsmäßigen Erfolg verursachende Geschehensablauf noch zu denen gehört, um deren Verhinderung willen rechtliche Verhaltensnormen bereits die Schaffung der Gefahr verbieten".[717] Hält man daran fest, so bedarf es insoweit der Rechtsfigur der fahrlässigen Mittäterschaft nicht.

ii. Die gemeinsame Sorgfaltspflichtverletzung – *Weißer*

Auch *Weißer* möchte die fahrlässige Verantwortlichkeit für den eingetretenen Erfolg anders begründen als die vorsätzliche, weil sie bei der Begründung der fahrlässigen Haftung auf der sorgfaltspflichtwidrigen Erfolgsverursachung beruhe. Daher überzeugt sie das gegen die fahrlässige Mittäterschaft vorgebrachte Gegenargument, dass hierbei ein gemeinsamer Tatentschluss oder finale Tatherrschaft fehle,[718] nicht.[719] Ihr zufolge liefert das geltende Strafrecht die gesetzliche Grundlage für die fahrlässige Mittäterschaft.[720] Ausgehend von dem generellen Fahrlässigkeitserfordernis müssten alle fahrlässigen Mittäter dabei die „gleiche Sorgfaltspflicht" verletzt haben, um von der fahrlässigen Mittäterschaft zu sprechen.[721] Insofern geht es ihr also um „eine von den Beteiligten in gleicher Weise und in gleichem Umfang zu erfüllende [Sorgfaltspflicht]".[722] Um die fahrlässige Mittäterschaft von der fahrlässigen Nebentäterschaft zu unterscheiden, müssten die Mittäter als subjektives Element das Bewusstsein haben, „daß sie durch die sie gemeinsam treffende Sorgfaltspflicht gewissermaßen verbunden sind."[723]

714 *Renzikowski*, Restriktiver Täterbegriff, 1997. S. 72 ff.
715 *Murmann*, Die Nebentäterschaft, 1993, S. 254 f.
716 *Frisch*, Tatbestandsmäßiges Verhalten, 1988, S. 242; *Otto*, Jura 1990, 47, 49; *ders.*, Jura 1992, 90, 97; *ders.*, FS-Spendel, 1992, 271, 278, 280; *Schumann*, Selbstverantwortung, 1986, S. 42 ff., 69 ff., 112 f.
717 S/S/*Lenckner*, 23. Aufl., Vorbem. §§ 13 ff. Rn. 96.
718 *Donatsch*, SJZ 1989, 112; *Maurach/Gössel/Zipf*, AT II, 7. Aufl., § 47 Rn 103.
719 *Weißer*, Kollegialentscheidung, 1996, S. 146 f.; *dies.*, JZ 1998, 230, 232.
720 *Weißer*, Kollegialentscheidung, 1996, S. 148; *dies.*, JZ 1998, 230, 236.
721 *Weißer*, Kollegialentscheidung, 1996, S. 147.
722 *Weißer*, JZ 1998, 230, 236.
723 *Weißer*, Kollegialentscheidung, 1996, S. 147; vgl. *dies.*, JZ 1998, 230, 237; so auch *B. Heinrich*, AT, 4. Aufl., Rn. 998.

Zuzugeben ist, dass die Ansicht von *Weißer* zutreffend darauf hinweist, dass es sich in den von den Anhängern der fahrlässigen Mittäterschaft herangezogenen Konstellationen für die Täter um die gleichinhaltliche Sorgfaltspflicht handelt:[724] Im Streichholz-Fall trifft die Beteiligten die Sorgfaltspflicht, bei Brandgefahr brennende Streichhölzer nicht wegzuwerfen, gleichermaßen. Auch die beiden Jungen trifft gleichermaßen die Pflicht, Steine nicht bei Todesgefahr für Passanten hinabzurollen.[725]

Der Ansatz von *Weißer* führt aber noch weiter zur unangemessenen Ausdehnung der Strafbarkeit. Ein Beispiel dazu: Eine Vielzahl an Fahrgästen drängt zur Rushhour in eine U-Bahn, wobei alle Fahrgäste die Pflicht verletzt haben, mit Blick auf bestehende Körperverletzungsgefahren sorgfältig und langsam in die U-Bahn einzusteigen. Ein Fahrgast hat tatsächlich aufgrund der Sorgfaltspflichtverletzung ein ahnungsloses Kind erheblich verletzt. Nach der Ansicht von *Weißer* müssen auch die Fahrgäste, die nicht im Erfolgseintritt wirksam geworden sind, in fahrlässiger Mittäterschaft für die Körperverletzung des Kindes strafrechtlich haften. Denn dabei waren sich alle Fahrgäste der gemeinsamen, sorgfaltspflichtwidrigen Handlungen bewusst, sodass – so *Weißer* – von der fahrlässigen Mittäterschaft die Rede ist. Daran ändert sich nichts, wenn das gemeinsame Handlungsprojekt, das nach *Dencker* alle fahrlässigen Handlungen miteinander verbindet, unter den Tätern nicht vorliegt. Stellt *Weißer* aber mit der Äußerung: „Dennoch müssen sie im Moment der gefahrbegründenden Handlung ‚willentlich' gemeinsam mit (einem)

---

724 Vgl. *Kim, S.R.*, Die Analyse, 2001, S. 164.: „Man mag damit vorläufig feststellen, daß unter einer ‚gleichen Weise' ein gleiches Verhalten und unter einem ‚gleichen Umfang' eine arithmetisch gleiche Sorgfaltspflichtverletzung verstanden werden können." Hervorhebung dort. Trotz seiner Kritik an *Weißers* Auffassung der fahrlässigen Mittäterschaft als einer „gemeinsamen Sorgfaltspflichtverletzung" von mehreren findet sich jedoch nirgendwo in seiner Arbeit eine konkrete Konstellation, wo die fahrlässigen Mittäter die verschiedenen Begehungsweisen, die angeblich durch den gemeinsamen Handlungszweck verbunden werden können, aufweisen. Sein Hinweis auf die grundsätzliche Möglichkeit einer solchen sozialen Erscheinung bleibt nur auf der abstrakten Ebene. Der Grund dafür müsste m.E. darin liegen, dass, wenn man vom Erfassen der verschiedenartigen Begehungsweisen von Mittätern ausgehen will, so kann man bereits wohl ohne weiteres die einzelne Kausalität des jeweiligen Tatbeitrages für den Erfolgseintritt (insbesondere mit Hilfe der Lehre vom Erfolg in seiner konkreten Gestalt) annehmen, sodass die Berufung auf die Mittäterschaft für die strafrechtliche Haftungsbegründung entbehrlich ist. Die Schwierigkeit des Kausalitätsnachweises, die typischerweise über die Mittäterschaft gelöst wird, beruht in der Regel auf der gleichförmigen sowie -artigen Handlungsform, die für den Erfolgseintritt als hinreichend angesehen werden kann.

725 Und für die Konstellation des Lederspray-Falles ist es in diesem Zusammenhang für alle Stimmberechtigten gleichermaßen geboten, für den Rückruf des Produkts zu stimmen, *Weißer*, JZ 1998, 230, 237 f.

anderen agieren,“[726] wieder auf das Erfordernis einer dem Tatentschluss ähnlichen subjektiven Komponente zur Begründung der fahrlässigen Mittäterschaft ab, so hat sie ihre grundlegende These der Strukturverschiedenheit zwischen Vorsatz und Fahrlässigkeit verlassen.

Die bewusste Addition von mehreren inhaltsgleichen Sorgfaltswidrigkeiten ändert im Übrigen nicht so deren Qualität, dass es bei der fehlenden Nachweisbarkeit der Kausalität der fahrlässigen Mittäterschaft bedürfte.[727] Vor diesem Hintergrund geht die Ansicht von *Weißer* nicht weiter als die sog. Risikoerhöhungstheorie,[728] weil die rechtlich missbilligte Gefahr nicht erst durch die verbundenen Gesamthandlungen, sondern schon durch jede einzelne Handlung allein geschaffen wurde.[729] Eine strafrechtliche Haftung „fahrlässiger Mittäter“ lässt sich daher nicht allein wegen einer vermeintlich gemeinsamen Sorgfaltswidrigkeit rechtfertigen.

iii. Die gemeinsame Risikoschaffung bzw. -erhöhung und die Risikorealisierung – *Otto*

Otto verlangt für die Zurechnung des Unrechtserfolgs – neben der rechtlich missbilligten Risikoschaffung und -realisierung –[730], dass das Geschehen durch den Täter steuerbar gewesen sei, sodass man von der „Zurückführbarkeit des Geschehens auf eine Person als Subjekt des Geschehens“ sprechen könne.[731] Außerdem geht er davon aus, dass die fahrlässige Haftung durch das Verantwortungsprinzip als ein allgemeines Zurechnungsprinzip beschränkt werden müsse.[732] Dieses solle nicht nur im Bereich der eigenverantwortlichen Selbstgefährdung und -verletzung gelten, sondern auch dort, wo mehrere sich an einer Straftat beteiligten. Hierauf aufbauend lasse sich die fahrlässige Mittäterschaft begründen: „Wer in Vollzug eines gemeinsamen Planes arbeitsteilig mit anderen pflichtwidrig Gefahren für Rechtsgüter Dritter begründet, ist für die Verletzung dieser Rechtsgüter (mit-)verantwortlich, wenn sich in der Verletzung der Rechtsgüter die spezifischen von ihm mitgesetzten

---

726 *Weißer*, JZ 1998, 230, 237, Hervorhebung hier; so auch *B. Heinrich*, AT, 4. Aufl., Rn. 998.

727 SSW/*Murmann*, 2. Aufl., § 25 Rn. 34.

728 A.A. *Kraatz*, Die fahrlässige Mittäterschaft, 2006, S. 136.

729 Vgl. *Kraatz*, Die fahrlässige Mittäterschaft, 2006, S. 136. Fragwürdig ist jedoch sein Kritikpunkt, dass *Weißers* Ansicht auf der vermeintlich zweifelhaften These beruhe, dass eine Sorgfaltspflicht teilbar sei. Denn man kann nicht ohne weiteres sagen, dass – wie er schon angedeutet hat – die Sorgfaltspflicht in aller Hinsicht der Sonderpflicht bei den Sonderdelikten entspricht; *Kamm*, Die fahrlässige Mittäterschaft, 1999, S. 116. Ferner lässt es sich in den von ihr behandelten Fällen annehmen, dass jede einzelne Handlung allein schon sorgfaltswidrig ist.

730 *Otto*, NJW 1980, 417, 421 f.; *ders.*, Jura 1992, 90, 97.

731 *Otto*, Jura 1992, 90, 97.

732 *Otto*, Jura 1990, 47, 48; *ders.*, FS-Spendel, 1992, 271, 276.

Gefahren realisieren. Das gilt auch dann, wenn eine kausale Verknüpfung zwischen dem Erfolg und dem jeweils einzelnen Tatbeitrag nicht nachweisbar ist."[733]

Jedoch versucht *Otto* darüber hinaus (vor allem im Bereich des Umweltschutzes), die mittäterschaftliche Verantwortung soweit auszuweiten, dass eine Strafbarkeit auch dort gegeben sei, wo „eine Absprache pflichtwidrigen Verhaltens nicht vorliegt".[734] Die faktisch bestehende, gemeinschaftliche Übereinkunft, bestehende Gefahren nicht abzuwenden oder zu vermindern, könne durch die gemeinsame rechtliche Verantwortung für die Vermeidung oder Verminderung bestimmter Gefahren ersetzt werden.[735] Zur Illustration verweist er auf das Beispiel eines Bahnübergangs, an dem es zu einem Unfall zwischen einem Reisebus und einem Zug kommt. Der Busfahrer hatte zuvor vorschriftswidrig das Fenster geschlossen, so dass er den Warnton der Lokomotive nicht hören konnte. Auf der anderen Seite hatte der Lokomotivführer die Sirene nicht tuten lassen.[736]

Zweifelhaft ist aber, ob das Verantwortungsprinzip, das im Bereich der eigenverantwortlichen Selbstgefährdung und -verletzung die Haftung für den Erfolgseintritt beschränkt,[737] auch dort allgemein gilt, wo der Erfolg über das Fehlverhalten eines Dritten mit der Handlung des Täters vermittelt ist, sodass es auch bei Fahrlässigkeitsdelikten der Mittäterschaft gem. § 25 Abs. 2 StGB bedarf. Dass der Täter durch seine kausale Handlung eine rechtlich missbilligte Gefahr für das Rechtsgut geschaffen hat, kann mit Blick auf den Eintritt des Fehlverhaltens eines Dritten nicht anders bewertet werden. Entscheidend ist dann die Frage, ob sich die rechtlich missbilligterweise geschaffene Gefahr im konkreten Erfolg realisiert hat; es geht – konkret gesagt – um ein Problem des Pflichtwidrigkeitszusammenhangs. Hierbei ist es einerlei, ob der Erfolg beim bewussten oder unbewussten Zusammenwirken von mehreren herbeigeführt wurde. Insoweit stellt die Begründung der Haftung mit Hilfe der fahrlässigen Mittäterschaft eine unvertretbare Ausweitung der Strafbarkeit dar.

Im von *Otto* ausgeführten Beispiel haben zwar sowohl der Busfahrer als auch der Lokomotivführer das Risiko geschaffen, aber der Pflichtwidrigkeitszusammenhang entfällt, weil der Erfolg auch bei der gebotenen Handlung eingetreten wäre. Hieran ändert sich auch nichts, wenn man auf die Besonderheit bei Umweltdelikten Rücksicht nimmt, dass hierbei häufig mehrere Täter ohne Kontakt zueinander durch bloße Kumulation ihrer umweltschädlichen Handlungen die Umwelt verletzen. Ausschlaggebend sind hier die Kriterien der objektiven Zurechnung, nicht die Mittäterschaft.

---

733 *Otto*, Jura1990, 47, 49; *ders.*, FS-Spendel, 1992, 271, 282.

734 *Otto*, Jura 1990, 47, 49 f.

735 *Otto*, FS-Spendel, 1992, 271, 283; so auch im Bereich der fehlerhaften Produkthaftung, *ders.*, Jura 1998, 409, 412.

736 *Otto*, FS-Maurach, 1972, 91, 104; *ders.*, FS-Spendel, 1992, 271, 283 f.

737 *Murmann*, GS, 3. Aufl., § 23 Rn. 76 und 85.

Die faktische Übereinstimmung unter mehreren Beteiligten, den tatbestandsmäßigen Erfolg nicht abzuwenden, kann lediglich im Unterlassungsdelikt durch das Bewusstsein der nur gemeinsam erfüllbaren Erfolgsvermeidepflicht durch die Garanten ersetzt werden.[738] Bei Begehungsdelikten hiergegen vermag der objektive Umstand, dass der Erfolg allein durch das Zusammenwirken zweier fahrlässiger Handlungen herbeigeführt werden kann, das Erfordernis eines gemeinsamen Tatentschlusses für eine mittäterschaftliche Haftung nach § 25 Abs. 2 StGB nicht zu ersetzen. Falls die Rettung bei unechten Unterlassungsdelikten allein durch die Vornahme der jeweils gebotenen Handlung möglich ist, ist für Mittäterschaft der gemeinsame Entschluss zur Unterlassung erforderlich.

iv. Die Notwendigkeit der kumulativen Zusammenwirkung – *Kamm*

Kamm geht auch von der Strukturverschiedenheit zwischen vorsätzlichen und fahrlässigen Delikten im objektiven Bereich aus, um zu verdeutlichen, dass der für Vorsatzdelikte typische gemeinsame Tatentschluss nicht auf Fahrlässigkeitsdelikte übertragbar ist.[739] Sie verlangt für die fahrlässige Mittäterschaft neben den oben genannten Voraussetzungen (namentlich gemeinsames Handlungsprojekt, gemeinsame Sorgfaltspflichtwidrigkeit sowie Risikoschaffung) objektiv „die Notwendigkeit des Zusammenwirkens zur Herbeiführung des tatbestandlichen Erfolges“[740] und subjektiv das diese umfassende Bewusstsein.[741] Allein die Erkennbarkeit hiervon reiche nicht aus.[742] Dennoch geht sie im Fall der „überbedingten“ Kausalität davon aus, dass das Erfordernis der notwendigen Zusammenwirkung von mehreren die für die Begründung der Mittäterschaft ausreichende „Risikosteigerung“ ergebe. Diese liege vor, wenn mehr Personen als unbedingt erforderlich beteiligt seien.[743] Für sie ist dabei wesentlich, „daß *eine* Person ohne die Mitwirkung anderer die Tat so nicht hätte begehen können.“[744]

Kamm versucht den zutreffenden Einwand zu umgehen, dass es der Figur der fahrlässigen Mittäterschaft nicht bedürfe, da die meisten Fallkonstellationen, die für die fahrlässige Mittäterschaft herangezogen würden, zufriedenstellend durch die Alleintäterschaft gelöst werden könnten. Die Mittäterschaft soll dort in Betracht kommen, wo die Alleintäterschaft fehlt. Im Felsbrocken- bzw. Streichholz-Fall kommt nach ihr keine Mittäterschaft in Betracht, weil der jeweilige Beitrag des Täters für den Erfolgseintritt ausreichend sei.[745] Im Lederspray-Fall liege hingegen

---

738 *Röckrath*, NStZ 2003, 641, 645; Siehe dazu unten, Teil E. II. 2.

739 *Kamm*, Die fahrlässige Mittäterschaft, 1999, S. 181 ff., 204.

740 *Kamm*, Die fahrlässige Mittäterschaft, 1999, S. 188 ff., 201 ff.; einschränkend auch *Mitsch*, JuS 2001, 105, 109 f.

741 *Kamm*, Die fahrlässige Mittäterschaft, 1999, S. 199 ff.

742 *Kamm*, Die fahrlässige Mittäterschaft, 1999, S. 200 f.

743 *Kamm*, Die fahrlässige Mittäterschaft, 1999, S. 203.

744 Hervorhebung dort.

745 Vgl. *Kamm*, Die fahrlässige Mittäterschaft, 1999, S. 189.

ein Fall fahrlässiger Mittäterschaft vor, da der Erfolg nur gemeinsam herbeizuführen sei.[746]

Der Ansatz von *Kamm* ist insoweit von Interesse, als sie wie hier durch die Analyse der Kausalität versucht, Mittäterschaft von Nebentäterschaft zu unterscheiden. Er überzeugt aber gleichwohl nicht. Wenn der tatbestandsmäßige Erfolg nur durch das Zusammenwirken mehrerer *verursacht* werden kann, so hat der jeweilige Tatbeitrag für sich selbst noch keine rechtliche Relevanz erlangt.[747] Aus der Notwendigkeit der Zusammenwirkung der Beiträge ergibt sich nun, dass der Täter – um den Erfolg herbeizuführen – neben seinem Tatbeitrag die für die Erfolgsherbeiführung notwendigen, aber für sich genommen noch nicht hinreichenden Tatbeiträge durch die anderen und einen weiteren Akt benötigt, der alle Beiträge zum Zwecke der Erfolgsherbeiführung verbindet. Wenn der letztere fehlte, könnte man nicht mehr von der Tatherrschaft über den Kausalvorgang sprechen. Dieser zusätzliche Akt bedeutet aber nichts anderes als die Fassung des gemeinsamen Tatentschlusses, der sich gerade auf die Herbeiführung des tatbestandsmäßigen Erfolgs richten soll. D.h.: Der gemeinsame, auf den tatbestandsmäßigen Erfolg bezogene Tatplan ist bei der von *Kamm* verlangten Notwendigkeit der kumulativen Zusammenwirkung für die Erfolgsherbeiführung notwendig. Diese die Handlungen verbindende Voraussetzung kann jedoch das gemeinsame Handlungsprojekt der Täter, das nicht auf die Herbeiführung des tatbestandlichen Erfolgs, sondern auf ein strafrechtlich irrelevantes Ziel gerichtet ist, noch nicht erfüllen. Insoweit könnte man nur noch sagen, dass das notwendige Zusammenwirken zufällig erfüllt wurde. Dadurch kann die Mittäterschaft noch nicht genügend begründet werden.

Das ist aber anders, wenn der Erfolg nur gemeinsam *verhindert* werden kann.[748] Hier ist von der Rechtsordnung zuerst der gemeinsame Entschluss zur Erfolgsvermeidung, und dann die dem gemäße Teilrettungsaktion geboten. Falls der Täter es trotzdem unterlässt, am gemeinsamen Unterlassungsentschluss mitzuwirken, ist wegen des den Beteiligten bewussten Umstandes, dass der Erfolg nur gemeinsam verhindert werden kann, die jeweilige Unterlassung schon rechtlich relevant.[749] Und man kann hier wie *Kamm* zwar von der Mittäterschaft durch Unterlassen sprechen, aber keinesfalls von der fahrlässigen Mittäterschaft. Denn das angeblich für die fahrlässige Mittäterschaft erforderliche Bewusstsein davon, dass ein kumulatives Zusammenwirken für den Erfolgseintritt notwendig ist, deutet auf die Annährung zum Vorsatz in der Form *dolus directus* 2. Grades hin.[750]

---

746 *Kamm*, Die fahrlässige Mittäterschaft, 1999, S. 212.

747 Siehe dazu oben, Teil 2 A. I. 1. 3) (2) d.

748 A.A. *Kamm*, Die fahrlässige Mittäterschaft, 1999, S. 209.

749 Siehe dazu unten, Teil 2 E. I. 1. 1).

750 Vgl. *Kamm*, Die fahrlässige Mittäterschaft, 1999, S. 200: „Das Bewusstsein des einzelnen muß [...] zum einem die Tatsache der Gemeinschaftlichkeit des Handelns [...] umfassen. Zum anderen müssen dem einzelnen Beteiligten aber *auch* die Umstände bewußt sein, die die Situation geschaffen haben, in der der ungewollte

Die Unzulänglichkeit der Ansicht von *Kamm* besteht auch darin, dass sie die notwendige Zusammenwirkung von Mehreren als „Risikosteigerung“ bewertet, wenn eine für den Erfolg unnötige Mitwirkung einer anderen hinzukommt.[751] Insoweit ist es schlüssig, dass die hinzutretende Handlung keine Risikosteigerung aufweist, sodass sie strafrechtlich irrelevant ist, weil nur die Kumulation die rechtlich relevante Risikosteigerung darstellt. Wenn die für die Erfolgsherbeiführung unnötige Handlung nicht den Erfolg bewirkt, sondern nur in strafrechtlich relevanter Weise ein Risiko gesteigert hätte, so gibt es keinen Grund, weshalb die eine unterschiedliche Qualität zeigenden Handlungen, also mehrere kausale Handlungen und die nicht kausale, aber riskante Handlung, zu einer Einheit zusammengefasst werden können.

c. Fazit

Die sog. fahrlässige Mittäterschaft ist wie bisher gesehen nicht hinreichend zu begründen.[752] Im Fall des mangelnden gemeinsamen Entschlusses zur tatbestandsmäßigen Erfolgsherbeiführung durch Tun liegt keine strafrechtlich relevante, faktische Grundlage für die Zurechnung der fremden Handlung und des hierauf beruhenden Erfolgs vor.

Nun gilt es, die Frage zu beantworten, ob angesichts eines gemeinsamen Handlungsplanes nicht das Vertrauensverhältnis unten den Mitbürgern, welches im Falle der Nebentäterschaft die objektive Erfolgszurechnung unterbindet,[753] aufgehoben wird. Ein fahrlässiger Täter rechnet selbstverständlich bei Bildung des gemeinsamen Handlungsplans, der auf ein außerstrafrechtliches Ziel gerichtet ist, mit dem sorgfaltswidrigen Verhalten des anderen. Insoweit ist es naheliegend, dass alle fahrlässigen Handlungen durch den gemeinsamen Handlungsplan so miteinander verbunden sind, dass die Einwände des einzelnen Täters (etwa dass zum einen sein Tatbeitrag ohne die anderen noch nicht die Tatbestandsverwirklichung hätte herbeiführen können oder dass zum anderen der Erfolg bei der gebotenen Handlung des Täters auch eingetreten wäre sowie dass er durch die gebotene Sorgfalt nicht mit an Sicherheit grenzender Wahrscheinlichkeit hätte vermieden werden können) nicht mehr wirksam sind.

Jedoch ist das Fehlen des wechselseitigen Vertrauensverhältnisses in Hinblick auf das Rechtsgut des Opfers zwar eine notwendige, aber noch nicht eine hinreichende Bedingung für die Mittäterschaft. Die positiven Voraussetzungen für die mittäterschaftliche Zurechnung müssen darüber hinaus erfüllt sein. Der gemeinsame Handlungsplan bzw. das gemeinsame Handlungsprojekt kann – wie oben

---

Erfolg allein durch das Zusammentreffen der jeweiligen Verhaltensweisen verwirklicht werden konnte [...]“

751 *Kraatz*, Die fahrlässige Mittäterschaft, 2006, S. 134: „Damit setzt sie sich in einen Widerspruch“; ausführlich dazu, *Kim, S.R.*, Die Analyse, 2001, S. 170 ff.

752 *Kraatz*, Die fahrlässige Mittäterschaft, 2006, S. 110 ff.

753 Siehe oben, Teil 2 A. I. 1. 3) (2).

gesehen –[754] noch nicht die sachliche Grundlage für die mittäterschaftliche Zurechnung liefern.

Für die objektive Zurechnung des tatbestandsmäßigen Erfolgs zum fahrlässig Handelnden ist angesichts der mangelnden Vorsätzlichkeit neben der Kausalität die objektive Sorgfaltswidrigkeit erforderlich. Die allgemeine Sorgfaltspflicht richtet sich freilich in der Regel an die *einzelne* Person, ausgenommen der Fall, dass die Verhaltensnorm eine besondere, kollektive Sorgfaltspflicht statuiert.[755] Zweifelhaft ist, ob dementsprechend eine kollektive Sorgfaltspflichtverletzung aufgrund von §§ 15 f. 25 Abs. 2 StGB zu begründen ist. Daher ist für die Strafbarkeit des fahrlässigen Täters entscheidend, ob dieser durch seine kausale Handlung die objektiv gestellte Sorgfaltspflicht verletzt hat, wobei der Erfolg bei der sorgfaltsgemäßen Handlung ausgeblieben wäre.

In Felsbrocken- und Streichholz-Fällen ist das kausale Moment gegenüber den Anhängern des sog. restriktiven Täterbegriffs in der Veranlassung bzw. Bestärkung einer anderen Person zur Tatbestandsverwirklichung durch den Täter zu sehen,[756] auch wenn nicht feststeht, wessen Stein- bzw. brennende Streichholzwurf den Tod bzw. den Brand bewirkt hat.[757] Danach muss man prüfen, ob dieses vorangegangene Verhalten mit Blick auf das Rechtsgut pflichtwidrig ist. Das ist im Felsbrocken- und Streichholz-Fall zu bejahen.[758] Und die Frage, ob der Erfolg bei der gebotenen Unterlassung der Veranlassungs- bzw. Bestärkungshandlung des Täters vermieden worden wäre, ist ebenfalls zu bejahen.[759] Von diesem Standpunkt ist die nebentäterschaftliche Lösung unter Berufung auf die sog. unechte Wahlfeststellung zu bestärken,[760] weil zumindest feststeht, dass der Täter entweder durch seine Veranlassung bzw. Bestärkung des anderen zur gefährlichen Handlung oder durch den Stein- oder Streichholzwurf die Tatbestandsverwirklichung verursacht hat.[761]

Der der Lederspray-Entscheidung zugrundeliegende Sachverhalt, soweit es bei ihm um die fahrlässige Körperverletzung geht, ist aber anders zu beurteilen. Es kommt hier nicht auf die Bildung des Handlungsprojekts bzw. -plans, sondern immer noch darauf an, ob der Täter die Tatbestandserfüllung der Körperverletzung in *zurechenbarer* Weise verursacht hat. Man kann mit dem bisher Gesagten die Ursächlichkeit der Abstimmung für den Beschluss vertreten.[762] Soweit es bloß um einen gemeinsamen Handlungsplan geht, lässt sich aber nur noch sagen, dass der

754 Siehe oben, Teil 2 A. II. 1. 2) (6) b. i.
755 *Bloy*, Die Beteiligungsform, 1985, S. 257.
756 Siehe oben, Teil 2 A. II. 1. 2) (5) a.
757 *Murmann*, GS, 3. Aufl., § 27 Rn. 55.
758 *Murmann*, GS, 3. Aufl., § 27 Rn. 55; SSW/*ders.*, 2. Aufl., § 25 Rn. 34.
759 *Günther*, JuS 1988, 386; *Roxin*, AT II, § 25 Rn. 240.
760 Zur sog. unechten Wahlfeststellung, *Murmann*, GS, 3. Aufl., § 31 Rn. 77; *Wessels/Beulke/Satzger*, AT, 45. Aufl., Rn. 1134.
761 *Murmann*, GS, 3. Aufl., § 27 Rn. 55; SSW/*ders.*, 2. Aufl., § 25 Rn. 34; *Günther*, JuS 1988, 386.
762 Siehe dazu, Teil 2 A. I. 2. 2) (2).

Täter durch seine kausale Handlung ein rechtlich missbilligtes Risiko mit Blick auf das zu schützende Rechtsgut geschaffen hat.[763] Somit ist also eine Grundlage für die Verbindung der fährlässigen Handlungen noch nicht geschaffen. Dieses Ergebnis lässt sich dadurch bestärken, dass eine die Mittäterschaft gem. § 25 Abs. 2 StGB begründende Grundlage nicht besteht, auch wenn der fahrlässige Täter mit der Mitwirkung an der Bildung des gemeinsamen Handlungsplans das Fehlverhalten des (der) anderen sogar gewollt hat.[764] Daher muss man den weiteren normativen Gesichtspunkt für die objektive Zurechnung prüfen, ob sich das rechtlich missbilligte Risiko im Erfolg realisiert hat, noch konkreter gesagt, ob der Erfolg bei der gebotenen Handlung ausgeblieben wäre.

2. *Anwendung auf den* **Fall 1**

Nachdem wir nun die Voraussetzungen der mittäterschaftlichen Zurechnung umfassend erläutert haben, gehen wir auf die Frage ein, inwiefern die Vorstandsmitglieder im **Fall 1** bei der Abstimmung als Mittäter strafrechtlich verantwortlich sind. Da sich die Beiträge der Vorstandsmitglieder allein in der Stimmabgabe und ggfs. der vorangegangenen Absprache erschöpfen,[765] ergibt sich mit Blick auf das Verhältnis zwischen Tatentschluss und Tatbeitrag das Problem, ob die Beiträge die Voraussetzungen für Mittäterschaft erfüllen können.

1) Die einstimmige Abstimmung als gemeinsamer Tatentschluss

(1) Die Abstimmung nach vorheriger Absprache

Scholl vertritt hierzu die Auffassung, dass im Stimmverhalten kein gemeinsamer Tatplan, sondern nur ein bloßes Zusammenwirken ohne subjektive Übereinstimmung zu sehen sei, weil sich die Tätigkeit des einzelnen Gremienmitgliedes im Handheben erschöpfe und für jeden erst nach der Abstimmung abzuschätzen sei, welche Mitglieder des Kollegiums mit ihm gestimmt hätten.[766] Erforderlich wäre vielmehr ein der Entscheidung vorausgehender Tatplan, etwa in Form einer inoffiziellen Absprache über das Abstimmverhalten.[767]

Sicherlich lässt sich Mittäterschaft bejahen, wenn es – abgesehen von Beweisschwierigkeiten –[768] im vorstehend erläuterten **Fall 1** im *Vorfeld* der Abstimmung zu einer Absprache über den gemeinsamen, rechtswidrigen Beschluss gekommen ist, weil hiermit ein gemeinsamer Tatentschluss zur Begehung der Straftat vorliegt,

---

763 MK/*Duttge*, 2. Aufl., § 15 Rn. 144; SSW/*Momsen*, 2. Aufl., §§ 15, 16 Rn. 67; *Murmann*, GS, 3. Aufl., § 23 Rn. 50 ff.; *Wessels/Beulke/Satzger*, AT, 45. Aufl., Rn. 946.

764 Siehe oben, Teil 2 A. II. 1. 2) (6) b. i.

765 *Neudecker*, Kollegialorganen, 1995, S. 210; *Nettesheim*, BayVBl 1989, 161, 165.

766 *Scholl*, Strafrechtliche Verantwortlichkeit, 1996, S. 219 ff.; so auch *Nettesheim*, BayVBl 1989, 161, 165; *Weber*, BayVBl 1989, 166, 169.

767 *Beulke/Bachmann*, JuS 1992, 737, 743.

768 *Scholl*, Strafrechtliche Verantwortlichkeit, 1996, S. 220.

auf Grund dessen dann die Stimmabgabe und der Beschlussvollzug durch einen Dritten (oder ein Mitglied selbst) als arbeitsteiliger Tatbeitrag zu qualifizieren sind.[769] Die Abstimmung selbst ist dann nur noch ein Bestandteil der Tatvorbereitung (d.h. weder Mitwirkung an der Bildung des gemeinsamen Tatplans noch unmittelbare Tatausführung),[770] und insofern nicht gesondert strafrechtlich zu würdigen.[771]

(2) Die Abstimmung ohne vorherige Absprache

Genauso lässt sich auch in anderen Fällen von einem gemeinsamen Tatentschluss der Gremiumsmitglieder sprechen; vielleicht auch dann, wenn Meinungsverschiedenheiten unter den Abstimmungsberechtigten bis in die Abstimmung fortwirken und es insofern vor der Beschlussfassung nicht zu einer vorherigen Einigung gekommen ist.[772] Wenn sich nämlich eine Einstimmigkeit trotz solcher Meinungsverschiedenheiten erst bei der Abstimmung herausstellt, dann lassen sich die Beiträge zur rechtswidrigen Entscheidung als Mitwirkung am gemeinsamen Tatentschluss qualifizieren.[773] Dabei braucht man keine hohen Anforderungen an den gemeinsamen Tatplan zu stellen.[774] Wenn der Täter durch die Stimmabgabe seine Stellungnahme und Bereitschaft geäußert hat, an einem pflichtwidrigen Beschluss mitzuwirken, dann liegt hierin bereits die Vereinbarung zur gemeinsamen Begehung der fraglichen Straftat mit den anderen Kollegen, die inhaltsgleiche Stimmen

---

769 *Corell*, Kollegialentscheidungen, 2007, S. 174 ff.; *Franke*, FS-Blau, 1985, 227, 242; *Knauer*, Die Kollegialentscheidung, 2001, S. 53; *Otto*, Jura 1998, 409, 410; *Schaal*, Gremienentscheidungen, 2001, S. 192; *Neudecker*, Kollegialorganen, 1995, S. 211; dagegen *Nappert*, Haftung im Umweltstrafrecht, 1997, S. 52 ff.; *Weber*, BayVBl 1989, 166, 169.

770 Dagegen, *Scholl*, Strafrechtliche Verantwortlichkeit, 1996, S. 220: „das Ergebnis der eigenen, autarken Meinungsbildung".

771 Will man trotzdem das Stimmverhalten als Tatausführungshandlung ansehen, so etwa *Neudecker*, Kollegialorganen, 1995, S. 215, führt dies ggfs. zur Versuchsstrafbarkeit. Das ist der Fall, wenn ein Täter gemäß der vorherigen Absprache bei der Abstimmung für den rechtswidrigen Beschluss stimmt, aber die anderen aus welchem Grund auch immer wider die Absprache in Mehrheit gegen ihn votieren. Die rechtswidrige, aber überstimmte Stimme erlangt jedoch noch nicht das Versuchsunrecht. Siehe unten, Teil 2 G.

772 Dagegen, *Scholl*, Strafrechtliche Verantwortlichkeit, 1996, S. 220.

773 *Neudecker*, Kollegialorganen, 1995, S. 213; Dagegen, *Nettesheim*, BayVBl 1989, 161, 165; *Scholl*, Strafrechtliche Verantwortlichkeit, 1996, S. 220; *Weber*, BayVBl 1989, 166, 169; „[S]elbst bei Absprachen über das Abstimmungsverhalten [entscheidet] das Gemeinderatsmitglied letztlich eigenverantwortlich [...]." Dagegen wendet *Neudecker*, Kollegialorganen, 1995, S. 211 Fn. 88, mit Recht ein: „[D]ies ist keine Besonderheit der Kollegialentscheidung, sondern gilt für jede mittäterschaftliche Tatausführung."

774 So auch *Corell*, Kollegialentscheidungen, 2007, S. 175 ff.; *Knauer*, Die Kollegialentscheidung, 2001, S. 55 Fn. 239 und S. 105 ff.; *Schumann*, StV 1994, 106, 110; *Sofos*, Mehrfachkausalität, 1999, S. 129; *Stein*, Beteiligungsformenlehre, 1988, S. 327; *Schaal*, Gremienentscheidungen, 2001, S. 194 f.

abgegeben haben. Die Willenserklärung durch die Abstimmung ist – obwohl sich erst später herausstellt, dass sie sich auch in der letztendlichen Gremienentscheidung durchgesetzt hat – für das Zustandekommen des Beschlusses bereits hinreichend, da kein weiterer Prozess (etwa die zusätzliche Annahme des vereinbarten Beschlusses) erforderlich ist.[775] Es gibt (falls keine anderweitigen Sonderverfahren bestehen) innerhalb der Abstimmung keine Möglichkeit mehr, die einmal abgegebene Stimme zu korrigieren oder rückgängig zu machen.[776] Die Gremienmitglieder in ihrer Gesamtheit können zwar natürlich ihre Entscheidung jederzeit wieder ändern, aber dies ist eine andere Frage. Insofern darf man die Stimmabgabe nicht bloß als eine Zwischenphase zur endgültigen Meinungsbildung qualifizieren; vielmehr ist die Stimmabgabe *uno actu* der Prozess der Meinungsbildung und Beschlussfassung. Der psychische Zustand jedes Votierenden ist mit dem desjenigen vergleichbar, der zwar vorsätzlich handelt, aber die Tatbestandsverwirklichung von einem zufälligen Ereignis abhängig macht.[777] Hier darf man ihn nicht schon deshalb von der Zurechnung ausschließen, weil er noch keine Antwort durch die Außenwelt auf sein durch sein Stimmverhalten manifestiertes Vorhaben bekommt.

Nicht überzeugend ist jedoch, die Stimmabgabe als bloßes *Handheben* zu qualifizieren,[778] sodass sich die Bedeutung des Stimmverhaltens allein in der bloßen Abstimmung erschöpft, aus der sich kein gemeinsamer Tatentschluss ergibt. Ein solches Verständnis des Stimmverhaltens widerspricht dem Wesen des Beschlussverfahrens, durch das der Stimmberechtigte an der Gestaltung sowie Veränderung der sozialen Wirklichkeit mitwirkt, indem sich seine Stimme im Beschluss niederschlägt. Der Zweck der Abstimmung liegt in der die ganze Organisation vertretende Willensbildung, nicht nur rein in der Willenserklärung des einzelnen Votierenden.

2) Die einstimmige Abstimmung als gemeinsame Tatausführung?

Auf dieser Grundlage stellt sich die Frage, ob das nun als Mitwirkung am gemeinsamen Tatentschluss zu qualifizierende Stimmverhalten *zugleich* die gemeinsame Tatausführung ausmachen muss, weil die Votierenden die tatbestandliche Ausführungshandlung nicht selbst vornehmen. Ein Teil der Literatur geht davon aus, dass allein durch die Stimmabgabe eine mittäterschaftliche Tatbegehung nicht möglich sei, da es insofern am objektiven mittäterschaftlichen Tatbestand fehle, also im **Fall 1** die Beteiligung an einer Abstimmung in der Regel nicht Tatausführung, sondern Tatvorbereitung sei.[779]

---

775 BGHSt 49, 147, 163 f.; SSW/*Murmann*, 2. Aufl., § 25 Rn. 37.

776 Vgl. *Schaal*, Gremienentscheidungen, 2001, S. 195: „Blankoangebot".

777 *Jescheck*/*Weigend*, AT, 5. Aufl., S. 303 f.; *Wessels*/*Beulke*/*Satzger*, AT, 45. Aufl., Rn. 215; vgl. BGHSt 5, 149, 152; 21, 14, 17.

778 So *Scholl*, Strafrechtliche Verantwortlichkeit, 1996, S. 221.

779 *Hoyer*, GA 1996, 160, 172; *Jakobs*, FS-Miyazawa, 1995, 419; *Knauer*, Die Kollegialentscheidung, 2001, S. 49 Fn. 225; MK/*Joecks*, 2. Aufl., § 25 Rn. 244; *Scholl*, Strafrechtliche Verantwortlichkeit, 1996, S. 220 f.

Der Einwand gegen die mittäterschaftliche Lösung ist jedoch unzutreffend, da nach hier vertretener Ausführung im Einklang mit der h.M.[780] auch Vorbereitungshandlungen mittäterschaftliche Tatherrschaft begründen können, (die sog. gemäßigte Tatherrschaftslehre), wenn sie bei der Tatplanung sowie -vorbereitung eine besonders wichtige Rolle spielen und ihre Bedeutung bis zur Tatvollendung fortwirkt.[781] Dies ist offensichtlich bei Abstimmungen von Vorstandsmitgliedern der Fall, insofern sie innerhalb des Unternehmens dahingehend verfügen,[782] dass (wie im **Fall 1**) jedes Vorstandsmitglied als Geschäftsführer für die wichtigen Entscheidungen innerhalb der Organisation zuständig ist.[783] Es besitzt ferner die Garantenstellung für die Vermögensinteressen des Unternehmens und wird regelmäßig über alle wichtigen Umstände der Organisation umfassend informiert.[784]

Vor diesem Hintergrund muss man sich – um von der Mittäterschaft sprechen zu können – nicht auf die Rechtsfigur der sukzessiven Mittäterschaft berufen.[785] Sie kann aber auch hier nicht angewandt werden. Denn sie bezieht sich nach der h.M. in der Regel auf den Hinzutretenden in den schon von den anderen gestalteten gemeinsamen Tatplan, solange die Tat noch nicht vollendet bzw. beendigt ist,[786] obwohl gerade im Eintritt des sukzessiven Täters das Moment des Zusammentreffens von beiden Merkmalen zu sehen ist. Die sog. sukzessive Mittäterschaft gilt also nicht direkt unter den gleichzeitig Handelnden.[787] Von der Sukzessivität ist die Rede, wenn der Täter nach und aufgrund der nun als gemeinsamen Tatentschluss gehaltenen Abstimmung die Ausführungshandlung vornimmt.[788]

III. Fazit

Die Untersuchung im **Fall 1** ist auf die Konstellation beschränkt, in der mehrere Täter als Vorstandsmitglieder durch die Beteiligung an der kollektiven Entscheidung die Tatbestandsverwirklichung bewirkt haben. Da der Schwerpunkt der Untersuchung hier vornehmlich darin besteht, zu erklären, ob und wie sie aufgrund des

780 BGHSt 16, 12, 14; 33, 50, 53; BGH NStZ 2009, 25, 26; *Jakobs*, AT, 2. Aufl., 21/52; SSW/*Murmann*, 2. Aufl., § 25 Rn. 42; *Stratenwerth/Kuhlen*, AT, 6. Aufl., § 12 Rn. 93 f.; *Wessels/Beulke/Satzger*, AT, 45. Aufl., Rn. 764.

781 Siehe oben, Teil 2 A. II. 1. 2) (4); so auch *Jakobs*, FS-Miyazawa, 1995, 419, 421; *Otto*, Jura 1998, 409, 410.

782 Siehe oben, Teil 2 A. II. 1. 2) (4) b.; *Schaal*, Gremienentscheidungen, 2001, S. 195 f. Er sieht die Besonderheiten der Abstimmung darin, dass die Identität des Mitbeteiligten ohne Belang sei. Diese Anonymität des Mittäters ist aber nicht nur für das Abstimmungsverhalten typisch, SSW/*Murmann*, 2. Aufl., § 25 Rn. 36.

783 Vgl. *Mansdörfer*, FS-Frisch, 2013, 315, 325 ff.

784 So auch, *Schaal*, Gremienentscheidungen, 2001, S. 197.

785 So schon *Neudecker*, Kollegialorganen, 1995, S. 211.

786 *Murmann*, GS, 3. Aufl., § 27 Rn. 59; *Wessels/Beulke/Satzger*, AT, 45. Aufl., Rn. 762; *Seelmann*, JuS 1980, 571, 572.

787 So auch *Scholl*, Strafrechtliche Verantwortlichkeit, 1996, S. 220 f.

788 Dazu siehe unten, Teil 2 B. I. 3. 2).

Abstimmungsverhaltens als *aktives Tun* für die Tatbestandsverwirklichung verantwortlich sein können, tritt der Aspekt der Tat, dass die Täter als Garanten Sonderstellung für den Rechtsgutschutz des Opfers besitzen, nicht in Vordergrund. Darauf kommen wir später zurück.[789]

Wenn mehrere Stimmberechtigte bei der Abstimmung *einstimmig* für eine rechtswidrige Beschlussalternative stimmen und diese später zur Tatbestandsverwirklichung führt, stellt sich die Frage, ob sie für die Tatbestandsverwirklichung nebentäterschaftlich oder mittäterschaftlich haften. Hierbei ist nicht zu bezweifeln, dass der jeweilige Beitrag, also die Abstimmung, im Erfolgseintritt wirksam geworden ist. Fraglich ist vielmehr der normative Aspekt, in welche Zurechnungsform das Stimmverhalten einzuordnen ist. Eine Nebentäterschaft ist immer dann ausgeschlossen, wenn es im Vorfeld der Abstimmung zu keiner Aussprache zwischen den Gremiumsmitgliedern gekommen ist, denn insoweit fehlt es – aus Sicht des Einzelnen – angesichts des Vertrauensprinzips bereits an einer rechtlich missbilligten Gefahrschaffung. Anders verhält es sich im Falle einer vorherigen Aussprache: Hier kommt zwar – wie oben gesehen – bei Entscheidungen nach dem Einstimmigkeitsprinzip eine nebentäterschaftliche Strafbarkeit in Betracht, wohingegen bei Entscheidungen nach dem Mehrheitsprinzip häufig die objektive Zurechnung wegen fehlender Risikorealisation zu verneinen sein wird. In jedem Fall ist jedoch in diesen Konstellationen vorheriger Aussprache vorzugswürdigerweise stets von einer Mittäterschaft der Gremiumsmitglieder auszugehen. Für die mittäterschaftliche Lösung spricht nun, dass die in Betracht kommenden Täter gemeinschaftlich die Straftat begangen haben. Denn die Täter haben durch die inhaltsgleiche Stimmabgabe eine Grundlage für die mittäterschaftliche Zurechnung geschaffen. Der mittäterschaftlichen Zurechnung steht es ferner nicht im Weg, dass sich die Beiträge, die die Täter tatsächlich geleistet haben, bloß in der Gestaltung der mittäterschaftlichen Grundlage (also: des gemeinsamen Tatentschlusses) erschöpft haben. Angesichts ihrer entscheidenden Stelle in der Organisation behalten die Vorstandsmitglieder funktional Tatherrschaft bis in das Tatausführungsstadium.

Das Ergebnis gilt aber nur für durch aktives Tun begangene Vorsatztaten, da nach der Untersuchung im **Fall 1** die Rechtsfigur der sog. fahrlässigen Mittäterschaft als nicht legitimierbar zu qualifizieren ist. Dies führt etwa im Lederspray-Fall zu dem Ergebnis, dass der Erfolg dem einzelnen Täter, der mit den anderen einstimmig für die rechtswidrige Beschlussalternative gestimmt hat, nicht objektiv zugerechnet werden kann. Denn er hat durch seine kausale Handlung zwar das rechtlich missbilligte Risiko im Hinblick auf das Rechtsgut geschaffen, aber der tatbestandsmäßige Erfolg wäre auch beim gebotenen Stimmverhalten des Täters eingetreten.

789 Siehe unten, Teil 2 B. I. 3. 2) und C. ff.

B. Fall 2: Die rechtmäßig-überstimmte Gegenstimme

In Abwandlung von Fall 1[790] hat C gegen den pflichtwidrigen Beschluss votiert. Nach den Regelungen für den Beschlussvorgang wäre aber das Gremium ohne C nicht beschlussfähig. Ist C trotz seiner Gegenstimme für die Tatbestandsverwirklichung strafrechtlich mitverantwortlich?[791]

I. Als Täter: §§ 266, 25 Abs. 1 1. Alt. StGB

Hierbei sind zunächst zwei Fragen zu unterscheiden: Zum einen, ob sich das Stimmverhalten des C inhaltlich auf den Beschluss auswirkt; zum anderen, ob allein die Teilnahme am Beschlussverfahren bereits strafrechtlich relevant ist. Wir widmen uns zunächst der ersten Frage.

1. Die rechtmäßig-überstimmte Gegenstimme

In dieser Fallkonstellation ist das Stimmverhalten des C nach der *conditio*-Formel für den Erfolgseintritt nicht kausal, weil eine wirksame Beschlussfassung nicht entfiele, wenn man sein Stimmverhalten hinwegdenkt; die zwei übrigen Stimmen von A und B sind bereits für den Beschluss hinreichend.[792] C's Stimmverhalten ist aber auch kein notwendiger Bestandteil der hinreichenden Mindestbedingung im Sinne von *Puppe*.[793] Jedoch ist nach der Lehre von der gesetzmäßigen Bedingung ein naturalistischer Kausalzusammenhang zu bejahen, da sein Beitrag insofern mitursächlich war, als das Stimmergebnis 2:1 statt 2:0 lautete.[794] Gleichwohl ist zu beachten, dass sich Abstimmungen (nach dem Mehrheits- wie auch nach dem Einstimmigkeitsprinzip) nicht naturgesetzlich betrachten lassen, sondern soziale Gesetzmäßigkeiten abbilden.[795] Ungeachtet der Frage der Erfolgskausalität des Abstimmungsverhaltens von C fehlt es in jedem Fall an der objektiven Erfolgszurechenbarkeit,

---

790 Siehe oben, Teil 2 A. I. 2.

791 Vgl. *Jakobs*, FS-Miyazawa, 1995, 419, 420.

792 S/S/*Heine*/*Weißer*, 29. Aufl., § 25 Rn. 81; MK/*Joecks*, 2. Aufl., § 25 Rn. 251; *Mansdörfer*, FS-Frisch, 2013, 315, 317; *Weißer*, Kollegialentscheidung, 1996, S. 172.

793 Siehe oben, Teil 2 A. I. 2. 2) (1) d.

794 Siehe oben, Teil 2 A. I. 2. 2) (1) e.; dagegen *Weißer*, Kollegialentscheidung, 1996, S. 173: „[D]enn dafür fehlt es der abgegebenen Stimme gänzlich am ‚Erfolgs-Wert'", Hervorhebung dort. Das überzeugt nicht, wenn es nach ihr doch auch auf einen „naturgesetzliche[n] Zusammenhang" ankommt, S. 173; *Knauer*, Die Kollegialentscheidung, 2001, S. 204: „Denn wenn bereits die Kausalität der pflichtwidrigen Stimme mit dieser Theorie [also, der *conditio*-Formel bzw. der Formel der gesetzmäßigen Bedingung] nicht feststellbar ist, führt diese Überlegung für die pflichtgemäße Stimme auch nicht weiter."

795 *Franke*, FS-Blau, 1985, 227, 241.

weil seine Gegenstimme keine rechtlich missbilligte Risikoschaffung in Hinblick auf das Rechtsgut des § 266 StGB darstellt.[796]

In Fällen wie dem eben geschilderten, lässt sich die Gegenstimme sicherlich nicht als Übereinstimmung zur Tatbestandsverwirklichung qualifizieren.[797] Das ist auch der Fall, wenn das in der Abstimmung unterlegene Gremiumsmitglied bereits vor der Beschlussfassung davon ausgeht, dass er von der Mehrheit überstimmt werden und im Ergebnis des Beschlussverfahrens unterliegen wird.[798] Auch lässt sich schwerlich vertreten, dass sich das in der Abstimmung unterlegene Gremiumsmitglied bereits durch die freiwillige Gremiumsmitgliedschaft (hier C als Vorstandsmitglied) bereit erklärt, für eine vom Gremium herbeigeführte Tatbestandsverwirklichung – wenn auch ohne seinen Zutun – pauschal verantwortlich zu sein.[799]

2. *Die Strafwürdigkeit von Verhalten im Vorfeld der Abstimmung*

Aus diesem Grund ist danach zu fragen, ob außerhalb der eigentlichen Abstimmung ein strafwürdiges Verhalten des in der Abstimmung unterlegenen Gremiumsmitglieds auszumachen ist. Dies gilt zum einen für das Vorfeld der Abstimmung, zum anderen für die Beschlussausführung, da in der Regel ein zeitlicher Abstand zwischen der Beschlussfassung und der Tatbestandsverwirklichung besteht.[800]

1) Vorbemerkung

Insofern ist die Abstimmung ins *Vorbereitungsstadium* einzuordnen, wenn die spätere Tatbestandsverwirklichung zwar auf sie zurückgeführt werden kann, es jedoch einer (ggfs. mehrstufigen) Umsetzung des Beschlusses bedarf, bevor es zur tatbestandlichen Ausführungshandlung kommt.[801] Ein Beispiel sind etwa die vom BGH entschiedenen Mauerschützenfälle, in denen erst die Grenzsoldaten die zuvor getroffene Gremienentscheidung vollzogen. Auch beim Lederspray-Fall geht es um einen solchen mehrstufigen Tatvorgang.[802] Bleibt in solchen Fällen eine

---

796 MK/*Joecks*, 2. Aufl., § 25 Rn. 252; *Franke*, JZ 1982, 579, 582; *Schmidt*, SchwZStrR 105 (1988), 156, 159; *Schumann*, StV 1994, 106, 110; *Vogel/Hocke*, JZ 2006, 568 f.; *Fleischer*, BB 2004, 2645, 2648.

797 SK/*Hoyer*, 8. Aufl., § 25 Rn. 129; *Knauer*, Die Kollegialentscheidung, 2001, S. 204; *Neudecker*, Kollegialorganen, 1995, S. 245; *Weißer*, Kollegialentscheidung, 1996, S. 176.

798 *Knauer*, Die Kollegialentscheidung, 2001, S. 204; *Weißer*, Kollegialentscheidung, 1996, S. 176.

799 Siehe oben, Teil 2 A. II. 1. 2) (2); *Schmidt-Salzer*, Produkthaftung I, 2. Aufl., Rn. 1.275; *Knauer*, Die Kollegialentscheidung, 2001, S. 204; *Weißer*, Kollegialentscheidung, 1996, S. 173 ff.

800 *Knauer*, Die Kollegialentscheidung, 2001, S. 52; *Neudecker*, Kollegialorganen, 1995, S. 245 f.

801 *Franke*, FS-Blau, 1985, 227, 237; *Fleischer*, BB 2004, 2645.

802 *Knauer*, Die Kollegialentscheidung, 2001, S. 52.

Tatbestandsverwirklichung aus, ist mit Blick auf die Beiträge zur Beschlussfassung unter Erfüllung der Voraussetzungen an eine Strafbarkeit wegen Verbrechensverabredung gem. § 30 Abs. 2 StGB (mit der Rücktrittsmöglichkeit nach § 31 Abs. 1 Nr. 3 StGB) zu denken.

Anders verhält es sich aus Sicht der Rspr. freilich in den Fällen, in denen bereits durch die Abstimmung das strafbare *Versuchsstadium* erreicht wird. Das ist insbesondere mit Blick auf den Tatbestand der Rechtsbeugung durch die Entscheidung eines Kollegialgerichts gemäß § 339 StGB diskutabel.[803] Denkbar ist aber auch die Konstellation, in der bspw. eine Beleidigung nach §§ 185 ff. StGB durch die Beschlussfassung verwirklicht würde, wenn sie sich als eine gegen eine bestimmte Person gerichtete beleidigende Äußerung darstellt. Der BGH hat – ohne das Deliktsstadium betrachtet zu haben – hierzu ausgeführt, dass der Kollegialrichter sich einer Rechtsbeugung bei der Entscheidung nur schuldig mache, wenn er für die von ihm als Unrecht erkannte Entscheidung stimme.[804] Dies impliziert, dass bereits durch die Beschlussfassung die Rechtsbeugung nach § 339 StGB vollendet wird. Demgegenüber vertritt die Literatur, dass die Rechtsbeugung erst mit der Urteilsverkündung bzw. -zustellung durch den Vorsitzenden vollendet werden könne.[805] Aber auch hiernach hätte der bei der Beschlussfassung für die Rechtsbeugung votierende Richter das strafbare Versuchsstadium gem. § 23 Abs. 1 StGB erreicht.

2) Teilnahme an der Abstimmung selbst

(1) Kausalität

Zunächst stellt sich hier die Frage, ob bei einer überstimmten Gegenstimme ein strafwürdiges Verhalten im Vorfeld der Abstimmung auszumachen ist. Zuerst ist mit Blick auf den vorliegenden Fall zu prüfen, inwiefern eine Strafbarkeit an C's kausalen Beitrag für den Beginn des Beschlussverfahrens geknüpft werden kann. Denn C's Verhalten ist für den Beschluss insoweit *conditio sine qua non*, als der

---

803 BGH GA 1958, 241 f. Der dem Urteil des BGH zugrundeliegende Sachverhalt lautet: Der Angeklagte war zur Tatzeit (18. Dezember 1950 bis 29. Januar 1951) als Oberrichter Vorsitzender der 6. (politischen) Strafkammer des Landgerichts in M..., die außer ihm mit einem beisitzenden Richter und drei Schöffen besetzt war. Diese Strafkammer verurteilte am 18. Dezember 1950 sowie am 23., 24. und 29. Januar 1951 in fünf Strafsachen insgesamt 18 Angehörige der „Zeugen Jehovas" wegen Spionage, Kriegshetze und Boykotthetze nach Artikel 6 Absatz 2 der Verfassung der „DDR" und Abschnitt II Artikel III A III der Kontrollratsdirektive Nr.38 (ABl. des Kontrollrats Nr. 11 vom 31. 10. 1946 S. 184) zu Zuchthausstrafen zwischen 3 Jahren 6 Monaten und 10 Jahren. Außerdem ordnete sie die Einziehung des Vermögens der damaligen Angeklagten und Sühnemaßnahmen an. *Dencker*, Kausalität, 1996, S. 182 ff.; *Franke*, FS-Blau, 1985, 227, 231; *Knauer*, Die Kollegialentscheidung, 2001, S. 52.

804 BGH GA 1958, 242.

805 *Dencker*, Kausalität, 1996, S. 185; *Knauer*, Die Kollegialentscheidung, 2001, S. 52; LK/*Spendel*, 11. Aufl., § 339 Rn. 106.

Beschluss entfiele, wenn er sich von vornherein nicht an dem Beschlussvorgang beteiligt hätte,[806] weil dann die Beschlussfähigkeit entfallen wäre.[807] Dies könnte unter den gleichen Umständen auf den Sich-der Stimme-enthaltenden übertragen werden.[808]

(2) Pflichtwidrigkeit

a. Allgemeines

Die bloße Teilnahme am Beschlussverfahren ist aber *per se* nicht rechtlich missbilligt,[809] vielmehr gesellschaftsrechtlich geboten,[810] auch wenn das Mitglied vor dem Beschlussverfahren aufgrund des potentiell rechtswidrigen Beschlusses den tatbestandsmäßigen Erfolgseintritt voraussehen kann.[811] Auch *Neudecker* betont, dass „die Abstimmung das typische, rechtlich institutionalisierte Handlungsinstrument des Kollegialorgans ist"[812] und dass es bis zur Durchführung der Abstimmung immer noch die Chance gebe, dass das Gremium als Ganzes sich zu einer rechtstreuen Entscheidung durchringen werde. Denn erst das Abstimmungsergebnis gebe einen ersten *zuverlässigen* Anhaltspunkt dafür, dass eine Rechtsgutsverletzung bevorstehe.[813] Dem ist zuzustimmen. Denn der Stimmberechtigte nimmt nicht an der Abstimmung teil, damit er die Chance bekommen kann, das nachträgliche rechtswidrige Abstimmungsergebnis zu korrigieren. Sondern er soll sich an der Abstimmung beteiligen, um *innerhalb* des Beschlussverfahrens zu versuchen, seine eigene Meinung bzw. Stellungnahme zum Beschlussgegenstand zu äußeren und ggfs. durch Diskussion bzw. Meinungsaustausch die anders Denkenden umzustimmen. Daran ändert sich auch nichts, wenn es nur um eine (in der Praxis kaum vorstellbare) Abstimmung ohne vorherige Vorbereitungsphase geht. Die Organmitglieder sind also „kraft ihrer Stellung gesellschaftsrechtlich gehalten [...], an den Abstimmungen

---

806 *Jakobs*, FS-Miyazawa, 1995, 429 f.

807 *Dencker*, in: Amelung [Hrsg.], Individuelle Verantwortung, 2000, 63, 70; *Hanft*, Jura 2007, 60 f.; *Vogel/Hocke*, JZ 2006, 568; *Neudecker*, Kollegialorganen, 1995, S. 203 m.w.N.

808 *Hanft*, Jura 2007, 60 f.; *Vogel/Hocke*, JZ 2006, 568.

809 *Bottke*, JR 1981, 342, 343; *Jakobs*, FS-Miyazawa, 1995, 429 f.; *Mansdörfer*, FS-Frisch, 2013, 315, 321, 325 f.; *Neudecker*, Kollegialorganen, 1995, S. 204, 245; *Ransiek*, NJW 2006, 814, 816; *Tiedemann*, ZIP 2004, 2056, 2057; *Franke*, FS-Blau, 1985, 227, 241.

810 Vgl. MK/*Spindler*-AktG, 4. Aufl., § 93 Rn. 170; MK/*Habersack*-AktG, 4. Aufl., § 116 Rn. 31; Spindler/Stilz/*Fleischer*, AktG, 2. Aufl., § 77 Rn. 30; *ders.*, BB 2004, 2645, 2648; im Strafrecht *Neudecker*, Kollegialorganen, 1995, S. 205.

811 *Dencker*, Kausalität, 1996, S. 184.

812 *Neudecker*, Kollegialorganen, 1995, S. 205: „[D]enn nur die Stimmabgabe ermöglicht es dem Geschäftsleitungsmitglied, die jeweiligen Interessen eines Geschäftsbereichs bei der ressortübergreifenden Entscheidung in Anschlag zu bringen."

813 *Neudecker*, Kollegialorganen, 1995, S. 204 f.

teilzunehmen, nicht diese durch ihr Ausbleiben oder ein gezieltes Abstandnehmen von einer Stimmabgabe zu »torpedieren«."[814]

b. Sonderkonstellation: Im Fall der absoluten Aussichtlosigkeit eines rechtmäßigen Beschlussergebnisses

Anders verhält es sich allenfalls, wenn die anderen Gremiumsmitglieder im Vorhinein bereits derart zur Straftat entschlossen sind, dass ausgeschlossen erscheint, dass das rechtstreue Gremiumsmitglied die kriminellen Einstellungen der anderen noch ändern kann.[815] Die absolute Aussichtlosigkeit eines rechtmäßigen Beschlussergebnisses begründet aber noch nicht die Verpflichtung des Geschäftsführers zur Nichtteilnahme an der Abstimmung, solange dem Täter – wie unten zu sehen ist –[816] zwischen der Abstimmung und dem Erfolgseintritt noch Rettungsmöglichkeiten offenstehen.[817] Wenn dagegen die Nichtteilnahme an der Abstimmung das einzige Mittel zur Erfolgsvermeidung darstellt, darf der Stimmberechtigte nicht an der Abstimmung teilnehmen. Hierbei tritt das gesellschaftsrechtliche Gebot hinter das strafrechtliche Verbot zurück. Dann kann sich der rechtstreu Votierende bei der Abstimmung im Falle eines späteren Erfolgseintritts nicht auf seine pflichtmäßige Abstimmung berufen. Zu weit geht es daher, wenn *Weißer* davon ausgeht, dass der rechtmäßig Votierende jedenfalls straflos bleibe,[818] weil er keinen „kausalen" Beitrag für den Verletzungserfolg erbracht und keinen „Wille[n], die getroffene Entscheidung mit zu tragen," geäußert habe.[819] Gleiches gilt für *Knauer*, der darlegt, dass es „aus der ex-ante Sicht [...] auf seinen Beitrag gerade nicht an[kam]. Auch *ex post* gesehen hat der pflichtgemäß Votierende die Wahrscheinlichkeit des Eintritts des Erfolges ja gerade nicht erhöht."[820] Beide erfassen nämlich nicht die vorliegend relevante Sonderkonstellation, dass der kausale Beitrag des rechtmäßig Votierenden in der Teilnahme an der Abstimmung besteht, weil ohne ihn eine Abstimmung mangels Beschlussfähigkeit ausgeblieben wäre.[821] Freilich könnte er allenfalls wegen Beihilfe bestraft werden, weil er bei der Abstimmung ausdrücklich gegen den Beschluss gestimmt hat. Insoweit kann man davon ausgehen, dass er sich an der fremden Tat beteiligt hat.

---

814 *Hanft*, Jura 2007, 58, 61; auch so *Ransiek*, NJW 2006, 814, 816; Spindler/Stilz/*Fleischer*, § 77 Rn. 30; *ders.*, BB 2004, 2645, 2648.

815 *Tiedemann*, ZIP 2004, 2056, 2057; vgl. *Neudecker*, Kollegialorganen, 1995, S. 249 Fn. 246; dagegen *Fleischer*, BB 2004, 2645, 2648.

816 Siehe unten, Teil 2 B. I. 3.

817 *Neudecker*, Kollegialorganen, 1995, S. 249.

818 *Weißer*, Kollegialentscheidung, 1996, S. 178.

819 *Weißer*, Kollegialentscheidung, 1996, S. 177.

820 *Knauer*, Die Kollegialentscheidung, 2001, S. 205.

821 *Dencker*, in: Amelung [Hrsg.], Individuelle Verantwortung, 2000, 63, 70; *Vogel/Hocke*, JZ 2006, 568.

3) *Mittäterschaft durch die Teilnahme an der Abstimmung?*

(1) Allgemeines

Als Ausgangspunkt der Überlegungen kommt hierbei die Entscheidung des OLG Stuttgart in Betracht,[822] auch wenn der ihr zugrundeliegende Sachverhalt[823] insofern von **Fall 2** abweicht, als der Stimmberechtigte bei der durch das Mehrheitsprinzip bedingten Abstimmung *für* die rechtswidrige Beschlussalternative gestimmt hat. Das OLG Stuttgart ging zutreffend davon aus, dass der Erfolg „auf einer Kollektiventscheidung beruht, an der der Angeklagte mitgewirkt hat", und lehnte die Auffassung der Strafkammer ab, dass es jedenfalls an der Kausalität (im hiesigen Sinne: der objektiven Zurechnung) zwischen einem pflichtwidrigen Verhalten des Angeklagten und der Verbreitung des Druckwerks fehle, weil auch bei pflichtgemäßem Verhalten mit an Sicherheit grenzender Wahrscheinlichkeit das strafrechtlich „unreine" Druckwerk erschienen wäre.[824] Das Ergebnis begründete das OLG Stuttgart mit den Grundsätzen für die mittäterschaftliche Zurechnung: „[B]ei Mittäterschaft entfällt die Bestrafung des einzelnen Mittäters nicht schon deshalb, weil – isoliert betrachtet – sein Tatbeitrag den Verletzungserfolg nicht herbeigeführt hätte."[825]

In Parallele dazu zog es für das Ergebnis das „Wesen der Kollektiventscheidung" heran, dass der rechtswidrig Votierende „zwar mitentscheiden, sich jedoch gegebenenfalls der Mehrheitsentscheidung unterwerfen [will],"[826] und übertrug es nun überraschenderweise auf die Konstellation, in der der Angeklagte gegen (!) die Aufnahme des inkriminierten Leserbriefs gestimmt haben sollte.[827] „Denn es würde dem Wesen einer Unterwerfung unter die Kollektiventscheidung widersprechen, wenn man sich der damit übernommenen Mitverantwortung durch schlichtes Dagegenstimmen entziehen könnte. Daher erwächst bereits aus der Teilnahme an der Kollektiventscheidung und der damit verbundenen Unterwerfung unter die Mehrheitsmeinung die Mitverantwortlichkeit für den Entscheid."[828]

Es ist schon zweifelhaft, ob man aufgrund des Wesens der Kollektiventscheidung dem rechtstreu Votierenden die gemeinsame Tatbegehung vorwerfen kann. Dieser hat zwar bei der Teilnahme an der Kollektiventscheidung konkludent erklärt, das spätere Ergebnis der Abstimmung hinzunehmen, aber das bedeutet nicht zugleich, dass er gemeinschaftlich mit den anderen die Tat begehen wollte.[829] *Schmidt-Salzer*

---

822 JR 1981, 340 f.

823 Der Angeklagte als Mitglied eines Clubs, der eine Alternativepresse herausgibt, hat in einer Redaktionssitzung mit den anderen Arbeitskreismitgliedern für die Veröffentlichung eines Leserbriefs, der eine Beleidigung gem. § 185 StGB enthielt, entschieden. Dabei gilt das einfache Mehrheitsprinzip für die Entscheidung.

824 JR 1981, 341.

825 JR 1981, 341. Hervorhebung hier.

826 JR 1981, 341; zust. *Schmidt-Salzer*, Produkthaftung I, 2. Aufl., Rn. 1.279.

827 JR 1981, 340.

828 JR 1981, 340.

829 *Weißer*, Kollegialentscheidung, 1996, S. 177; *Fleischer*, BB 2004, 2645, 2648.

lehnt auch die Ansicht vom OLG Stuttgart ab, dass es im praktischen Ergebnis allein auf die Kollegialentscheidung ankomme, nicht aber, ob der einzelne Beschuldigte bzw. Angeklagte dafür oder dagegen gestimmt habe.[830] *Franke* hat darauf hingewiesen, dass der rechtmäßig Votierende im Beschlussverfahren keinen Willen zur Deliktsverwirklichung aufweise. Für ihn ist eine solche Konstruktion des „Willens: ich bin ungeachtet meines negativen Votums dafür, daß der Beitrag erscheint, wenn sich eine Mehrheit dafür findet" rein fiktiv.[831] Dem ist insoweit zu folgen, als der vom OLG Stuttgart vorgenommene Schluss von der bloßen Teilnahme am Beschlussverfahren über die Unterwerfung unter die Mehrheit auf deren Billigung trotz der rechtstreuen gegenteiligen Stimmabgabe unhaltbar ist.[832] Freilich bleibt hiervon eine etwaige fahrlässige Strafbarkeit des Täters unberührt.[833]

Allein die Teilnahme am Beschlussverfahren ist noch nicht für eine Mittäterschaft gemäß § 25 Abs. 2 StGB hinreichend. Auf Grund des Eintritts in das Gremium oder die bloße Teilnahme am Beschlussverfahren kann man noch nicht von einem (konkreten) gemeinsamen Tatentschluss i.S.v. § 25 Abs. 2 StGB sprechen. Vielmehr muss sich der Täter darüber hinaus *im Beschlussverfahren* mit anderen die Begehung der Straftat vereinen.[834] Wenn er aber wie im **Fall 2** gegen die Mehrheit gestimmt hat, so hat er sich insofern vom gemeinsamen Tatentschluss der anderen distanziert. Eine mittäterschaftliche Erfolgszurechnung kommt somit für ihn nicht mehr in Betracht.

(2) Fallabwandlung: Im Fall der vorherigen Absprache – Gegenstimme als Distanzierung von der Absprache?

Mit Blick hierauf wäre eine mittäterschaftliche Strafbarkeit gemäß § 25 Abs. 2 StGB denkbar, wenn sich das rechtstreu abstimmende Gremiumsmitglied *vor* der Teilnahme an der Abstimmung an der Entstehung des gemeinsamen Tatentschlusses beteiligt hat und nun die Teilnahme am Beschlussverfahren scheint, aufgrund der vorherig-gemeinsamen Tatabsprache ein wesentlicher Beitrag zur Tatbegehung zu sein.[835] Wesentlich wäre die Teilnahme an der Abstimmung in dem Sinne, dass ohne sie die Beschlussfähigkeit des Organs entfiele. Die Frage, ob der pflichtgemäß Votierende aufgrund der Kausalität der Teilnahme am Beschlussverfahren für den Beschluss Mittäter sein kann, ist wie folgendes differenzierend zu beantworten.

---

830 *Schmidt-Salzer*, Produkthaftung I, 2. Aufl., Rn. 1.281.
831 *Franke*, JZ 1982, 579, 582.
832 *Neudecker*, Kollegialorganen, 1995, S. 205.
833 *Neudecker*, Kollegialorganen, 1995, S. 204; *Schmidt-Salzer*, Produkthaftung I, 2. Aufl., Rn. 1.282.
834 *Bottke*, JR 1981, 342, 343; *Mansdörfer*, FS-Frisch, 2013, 315, 317.
835 Vgl. Teil 2 A. II. 2. 1) (1).

a. Abstimmung als Vorbereitungshandlung

Geht man zunächst davon aus, dass (wie im **Fall 2**) die Abstimmung des Stimmberechtigten innerhalb des Beschlussverfahrens nur eine *Vorbereitungshandlung* für die Tatbestandsverwirklichung darstellt,[836] so reicht eine Distanzierung vom ursprünglich gemeinsamen Tatplan durch rechtmäßige Abstimmung aus, um eine mittäterschaftliche Haftung auszuschließen. Insoweit ist trotz ihrer Kausalität die vorangegangene Teilnahme an der Abstimmung für die Mittäterschaft ohne Belang, es sei denn, dass der rechtstreu Votierende für die Tat gehilfenschaftlich verantwortlich sein kann, wenn die Nichtteilnahme an der Abstimmung das einzige Mittel zur Erfolgsvermeidung darstellt.[837] Nicht ausgeschlossen ist ferner – wie unten gezeigt wird – die Möglichkeit der täterschaftlichen Unterlassungsstrafbarkeit bei nachheriger Rettungsmöglichkeit und -pflicht.[838]

Nach dem BGH genügt dagegen die fördernde Mitwirkung bei der Entstehung des Tatentschlusses, wenn der andere Beteiligte „an der weiteren Ausführung des gemeinsamen Plans fest" hielt.[839] Man hafte als Täter nicht wegen der Verabredung zum Verbrechen gemäß § 30 Abs. 2 StGB, sondern wegen mittäterschaftlichen Beteiligung an der Haupttat nach § 25 Abs. 2 StGB, wenn man „entscheidend dazu beigetragen [hat], daß der konkrete Tatplan überhaupt entstand".[840] Dem ist jedoch entgegenzuhalten, dass der gemeinsame Tatplan bis in das strafbare Versuchsstadium von allen Mittätern getragen werden muss, um die mittäterschaftliche Zurechnung des Erfolgs zum Täter gem. § 25 Abs. 2 StGB zu begründen.[841] Allerdings geht es zu weit, wenn man – wie *Eisele* – behauptet, die bloße Förderung der Tat sei eigentlich der klassische Fall der Beihilfe.[842] Denn der kausale Beitrag in Form der Förderung vermag bei hinreichendem Gewicht für die Tat *gemäß* dem gemeinsamen Tatentschluss eine mittäterschaftliche Haftung zu begründen.[843] Gleichwohl bleibt es dabei: Die Abstimmung des Stimmberechtigten innerhalb des Beschlussverfahrens stellt nur eine *Vorbereitungshandlung* für die Tatbestandsverwirklichung dar, sodass eine Distanzierung vom ursprünglich gemeinsamen Tatplan durch rechtmäßige Abstimmung ausreicht, um eine mittäterschaftliche Haftung auszuschließen.

836 Siehe oben, Teil 2 B. I. 2. 1).

837 Siehe oben, Teil 2 B. I. 2. 1); *Kühl*, AT, 7. Aufl., § 20 Rn. 105; *Murmann*, GS, 3. Aufl., § 27 Rn. 62; a.A. BGH NStZ 1999, 449, 450.

838 Siehe unten, Teil 2 B. I. 3.

839 BGHSt 28, 346; BGHSt 37, 289; BGH NStZ 1999, 449, 450.

840 BGH NStZ 1999, 449, 450.

841 *Eisele*, ZStW 112 (2000), 745, 758 ff.; *Murmann*, GS, 3. Aufl., § 27 Rn. 62; *Puppe*, NStZ 1991, 571, 572.

842 *Eisele*, ZStW 112 (2000), 745, 756, 762.

843 Siehe oben, Teil 2 A. II. 1. 2) (5).

b. Abstimmung als Versuchshandlung

Etwas anders verhält es sich aber dann, wenn bereits die Abstimmung eine tatbestandsmäßige Handlung darstellt; wenn z.B. ein Richter im oben genannten Rechtsbeugungsfall[844] im Vorfeld der Abstimmung den anderen Kollegen zugesagt, an der Rechtsbeugung mitzuwirken, dann aber in der Abstimmung anders abstimmt. Hier würde die rechtsgemäße Abstimmung keine Abstandnahme vom gemeinsamen Tatentschluss im Vorbereitungsstadium, sondern – sofern die übrigen Voraussetzungen vorliegen – einen strafbefreienden Rücktritt gemäß § 24 Abs. 2 StGB darstellen.[845] Für die Strafbefreiung muss der Betroffene die Tatvollendung durch die anderen verhindern. Ist der Erfolg hingegen eingetreten, so muss auch der rechtstreu Handelnde für die vollendete Tatbestandsverwirklichung mittäterschaftlich haften.[846]

3. Exkurs: Die Strafwürdigkeit von Verhalten im Nachhinein der Abstimmung

Nun stellt sich die Frage, ob und inwiefern trotz rechtmäßiger Abstimmung eines Gremiumsmitglieds im Beschlussverfahren eine Strafbarkeit an das Verhalten im Nachhinein der Abstimmung geknüpft werden kann. Denkbar sind ausgehend von **Fall 2** zunächst zwei Konstellationen: 1) C setzt durch seine Handlung den getroffenen Beschluss um und nimmt die tatbestandliche Ausführungshandlung vor. 2) Die Ausführungshandlung übernimmt eine andere Person (einerlei ob A, B oder ein Dritter und ob einzeln oder gemeinsam), während C untätig bleibt.

1) Durch Tun

Eine Strafbarkeit des C als Täter ist zweifelsohne zu bejahen, wenn er aufgrund des von den anderen Stimmberechtigten gefassten Beschlusses die Tatausführungshandlung selbst vorgenommen hat, obwohl er in der Abstimmung gegen den rechtswidrigen Beschluss gestimmt hat (insb. ist seine Handlung zweifellos erfolgsursächlich)[847]. Fraglich ist allein, ob der Erfolg dem C als Allein- oder Mittäter zugerechnet werden kann. Für die individuelle Begründung der Täterschaft könnte man auf den ersten Blick damit argumentieren, dass C bei der Abstimmung eine Gegenstimme abgegeben hat und sich dadurch vom gemeinsamen Tatentschluss der Mehrheit distanziert hat. Wenn er aber gleichwohl sich durch die Übernahme der Ausführung des rechtswidrigen Beschlusses im Nachhinein dem im Beschluss gefassten Tatplan der anderen angeschlossen hat, dann widerruft er nunmehr seine

844 Siehe oben, Teil 2 B. I. 2. 1).

845 *Eisele*, ZStW 112 (2000), 745, 756 Fn. 44, 759,

846 *Eisele*, ZStW 112 (2000), 745, 756; *Kühl*, AT, 7. Aufl., § 20 Rn. 105.

847 *Dencker*, Kausalität, 1996, S. 183.

vorherige rechtstreue Meinung und schließt sich *sukzessiv* dem gemeinsamen Tatplan der anderen an.[848] C ist dann für den Erfolg als Mittäter verantwortlich.

Zu weit geht es jedoch, wenn *Weißer* diesbezüglich auf das „Wesen der Kollektiventscheidung" hinweist: Charakteristisch für die Kollegialentscheidung sei der Umstand, dass die einmal gebildete Mehrheit auch über das nachfolgende Verhalten der unterlegenen Minderheit entscheidet.[849] Die von der Mehrheit getroffene Entscheidung sei auch für die Minderheit verbindlich und von allen Mitgliedern des Kollegiums zu befolgen.[850] Diese Ansicht kann jedoch angesichts des normativen Geltungsanspruchs des Strafrechts nicht überzeugen: Wenn es nach der Abstimmung eine Phase der Beschlussausführung gibt und der im Beschlussverfahren rechtmäßig Handelnde gesellschaftsrechtlich zwar eigentlich zur Umsetzung des Beschlusses verpflichtet ist, steht dem jedoch das strafrechtliche Ge- bzw. Verbot entgegen, die Rechtsgutverletzung zu verhindern bzw. an dieser mitzuwirken. Das strafrechtliche Verbot der Beteiligung an der Ausführung überwiegt, schränkt insofern das gesellschaftsrechtliche Gebot, sich der Mehrheitsentscheidung zu unterwerfen, ein.[851] Anderenfalls käme man zu dem schwer vertretbaren Ergebnis, dass man sich der strafrechtlichen Verantwortung durch Hinweis auf die gesellschaftsrechtliche Verpflichtung zur Umsetzung rechtswidriger Anweisung eines Vorgesetzten in Wirtschaftsunternehmen entziehen könnte.[852]

2) Durch Unterlassen

In der zweiten geschilderten Fallkonstellation stellt sich die Frage, ob eine mittäterschaftliche Tatbegehung durch Unterlassen oder seitens C nur eine Teilnahme durch Unterlassen vorliegt. Dies setzt jedoch in jedem Fall voraus, dass C trotz

---

848 Siehe oben, Teil 2 A. II. 1. 2) (4) b. ii. und 2. 2); *Dencker*, Kausalität, 1996, S. 184; Dagegen, *Weißer*, Kollegialentscheidung, 1996, S. 180 ff.

849 Vgl. Teil 2 B. I. 2. 3) (1).

850 *Weißer*, Kollegialentscheidung, 1996, S. 180; so auch *Schmidt-Salzer*, Produkthaftung I, 2. Aufl., Rn. 1.281: „Aufgrund dieser Organisationsmaßnahme ist der Überstimmte dazu verpflichtet, sich im Interesse der Kollegialität der Mehrheitsmeinung zu unterwerfen und sie gegebenenfalls auch dann innerhalb seines Verantwortungsbereichs zu realisieren, wenn er persönlich dagegen gestimmt hat." und Rn. 1.284. Er räumt trotzdem einen Ausnahme- bzw. einen Extremfall ein, in dem eine Strafbarkeit in Betracht kommt, wenn erstens sich dem Betreffenden die Rechtswidrigkeit der vom Kollegium getroffenen Maßnahme aufdrängen mußte und zweitens für ihn voraussehbar war, dass eine Vielzahl schwerer Schäden vorhersehbar war, Rn. 1.283.

851 Siehe oben, Teil 2 B. I. 2. 2) (2), b.; *Dencker*, Kausalität, 1996, S. 184; *Neudecker*, Kollegialorganen, 1995, S. 248; im Bereich der Rechtsbeugung durch das Kollegialgericht, *Knauer*, Die Kollegialentscheidung, 2001, S. 58; *Fleischer*, BB 2004, 2645, 2649; a.A. *Weißer*, Kollegialentscheidung, 1996, S. 180 f.

852 *Neudecker*, Kollegialorganen, 1995, S. 199 f.; dagegen *Weißer*, Kollegialentscheidung, 1996, S. 179.

Garantenstellung eine zur Erfolgsabwehr geeignete und ihm objektiv mögliche Handlung unterlassen hat und durch dieses Unterlassen den Erfolgseintritt bewirkt haben.

(1) Möglichkeit und Erforderlichkeit der Strafbarkeit des nachherigen Verhaltens

C müsste im besagten Fall zunächst Rettungsmaßnahmen, die zur Erfolgsabwehr geeignet und ihm objektiv möglich sind, unterlassen haben, um ihm die Unterlassung strafrechtlich vorwerfen zu können.[853] Als Rettungsmöglichkeiten sind verschiedene gesellschaftsinterne oder -externe Maßnahmen denkbar.[854] Innerhalb der Gesellschaft kann z.B. der Gegner der Mehrheit je nach den konkreten rechtlichen Rahmenbedingungen Gesellschafterversammlung oder Aufsichtsrat über die Rechtswidrigkeit des Beschlusses verständigen. Er kann aber auch nach außen Polizei, Staatanwalt oder Gericht sowie ggfs. das potentielle Opfer oder die Öffentlichkeit informieren.[855] Insofern sind dem in der Abstimmung unterlegenen Gremiumsmitglied – vorliegend C – diverse zur Erfolgsabwehr geeignete Rettungshandlungen objektiv möglich.

(2) Quasi-Kausalität des Unterlassens

Der Unterlassungstäter ist nach der h.M. für den tatbestandsmäßigen Erfolg verantwortlich, wenn er ihn als Garant durch die Unterlassung der eben genannten Maßnahmen verursacht hat.[856] Nach der Rspr. ist ein Quasi-Kausalzusammenhang anzunehmen, „wenn die pflichtmäßige Handlung nicht hinzugedacht werden kann, ohne dass der Erfolg mit an Sicherheit grenzender Wahrscheinlichkeit entfiele."[857] **Fall 2** gibt dazu keine konkreten Anhaltspunkte. Es liegt aber nahe – und soll im Folgenden unterstellt werden – dass eine Leistungsperson in der Lage ist, durch ihr Eingreifen den Erfolgseintritt zu verhindern.

(3) Exkurs: Bewirken durch Unterlassen

Allerdings entspricht eine Verursachung durch bloßes Untätigbleiben nicht dem tradierten Kausalitätsverständnis, wonach die Kausalität als Unterfall der

---

853 *Knauer*, Die Kollegialentscheidung, 2001, S. 206; *Neudecker*, Kollegialorganen, 1995, S. 245 ff.: MK/*Spindler*-AktG, 4. Aufl., § 93 Rn. 166; *Fleischer*, BB 2004, 2645, 2647.

854 Näher dazu, *Neudecker*, Kollegialorganen, 1995, S. 196 ff.; *Fleischer*, BB 2004, 2645, 2649; krit. *Hassemer*, Produktverantwortung, 2. Aufl., 1996, S. 69.

855 *Murmann*, GS, 3. Aufl., § 28 Rn. 162.

856 BGHSt 6, 1, 2; 37, 106, 127; *Murmann*, GS, 3. Aufl., § 29 Rn. 23; *Wessels/Beulke/Satzger*, AT, 45. Aufl., Rn. 999; dagegen geht die sog. Risikoverminderungstheorie davon aus, dass es für die Erfolgszurechnung ausreichend ist, dass der Täter bei der gebotenen Handlung das Risiko für das Rechtsgut in rechtlich relevanter Weise vermindert hätte. Dazu siehe unten, Teil 2 C. I. 3. 2).

857 BGHSt 6, 1, 2; 37, 106, 127; Näher zu der Formel siehe unten, Teil 2 C. I. 3.

Seinskategorie eine wirkliche Energiequelle (*causa agens*) erfordert, die fähig ist, einen Kraftaufwand zu erbringen.[858] Denn nach dem ontischen Kausalitätsverständnis gilt immer: *Ex nihilo nihil fit.* Auch im Strafrecht soll die kausale Ursache für den eintretenden Erfolg einen Seinsgrund darstellen. Das im tatbestandsmäßigen Erfolgseintritt beschriebene Ereignis ist im notwendigen bzw. gesetzmäßigen Sinne von dem Gegebensein des vorausgegangenen Ereignisses abhängig. Hierauf basiert die herkömmliche Bedingungstheorie.[859] Mit Blick hierauf lässt sich nicht einfach von einer Kausalität des Unterlassens sprechen; etwa wenn wir den Fall eines ertrinkenden Kindes betrachten, dessen Vater trotz bestehender Rettungsmöglichkeit untätig bleibt. Hier ist die sachliche Ursache für den Tod das Einatmen des Wassers; die Unterlassung der Rettungshandlung durch den Vater stellt höchstens eine logisch-negative Bedingung für den Erfolg, aber keine sachliche Ursache dar.[860] In diesem Sinne kann man also nicht von der Ursächlichkeit des Untätigbleibens des Vaters sprechen.

In der Literatur versuchen jedoch einige Autoren im Anschluss an die Rspr., die Übertragung der ursprünglich zum Begehungsdelikt entwickelten Kausalitätsdogmatik auf die unechten Unterlassungsdelikte theoretisch zu untermauern, indem sie beim Begriff der Kausalität vom Wirkungselement abstrahieren.[861] So wird vertreten, dass es keinen Grund gebe, die Ursächlichkeit der Unterlassung als negativer Bedingung für den positiven Erfolg zu negieren. Hierbei wird unter anderem auf die Regularitätstheorie von *Mill* zur Kausalität rekurriert, wonach es bei der Kausalität lediglich um die empirische Regularität von Ereignissen gehe, nicht um den Begriff der Kraft sowie der Wirkung, den man nie bewiesen habe.[862] Hierauf beruhend geht *Engisch* davon aus, dass man dem gesetzmäßigen Zusammenhang außer den Veränderungen auch Nichtveränderungen als „Erscheinungen" unterwerfen müsse. Ihm zufolge kann die Gesetzmäßigkeit zwischen einem positiven Tun und dem (negativen) Ausbleiben des Erfolgs genauso gegeben sein wie die Gesetzmäßigkeit zwischen der Unterlassung und dem Erfolgseintritt.[863] *Puppe*, die die Kausalität als einen speziellen Bedingungszusammenhang ansieht, hält es ohne weiteres für möglich, die Unterlassung als Ursache anzunehmen. Diesbezüglich weist sie darauf hin, dass häufig ein Rekurs auf negative Bedingungen für die kausale Erklärung eines Erfolgseintritts unvermeidbar sei; etwa dort, wo anderenfalls störende Bedingungen den Erfolgseintritt verhindern. Dabei sind – laut *Puppe* – die negativen Bedingungen,

---

858 *Jescheck/Weigend*, AT, 5. Aufl., S. 618; *Murmann*, GS, 3. Aufl., § 29 Rn. 23; *Wolff, E.A.*, Kausalität, 1965, S. 12 Fn. 4: „Wie sollte etwas, das nicht ist, teil haben an den Strukturen, die etwas Wirkliches hervorbringen?" S. 18 Fn. 24 und S. 60.

859 Die *conditio*-Formel selbst kann aber nicht nur auf die ontische Kategorie, sondern auch auf die normative Anwendung finden, weil sie sich lediglich auf eine logische Relation bezieht, vgl. *Kahlo*, GA 1987, 66, 69, 73.

860 *Murmann*, Die Nebentäterschaft, 1993, S. 221.

861 Siehe schon oben, Teil 2 A. I. 2. 2) (1) e.

862 Siehe oben, Teil 2 A. I. 1. 2) (1) a.

863 *Engisch*, Die Kausalität, 1931, S. 30.

die mit dem Erfolgseintritt im gesetzmäßigen Zusammenhang stehen, grundsätzlich auf die strafrechtlich relevanten, menschlichen Handlungen zu begrenzen.[864] Auch *Roxin* plädiert dafür, dass man ohne Bedenken von einer Kausalität des Unterlassens sprechen könne. „Denn da wir von einer „Wirkkraft" oder „Dynamik" der Kausalität sogar bei Begehungsdelikten nichts Näheres wissen, empfiehlt es sich, die im übrigen heute anerkannte Formel von der Kausalität als gesetzmäßiger Bedingung bei Begehungs- und Unterlassungsdelikten gleichermaßen anzuwenden."[865] Auch *Hilgendorf* als Anhänger der Lehre der gesetzmäßigen Bedingung möchte von der Kausalität der Unterlassung sprechen. Eine Besonderheit der Lehre von der gesetzmäßigen Bedingung bestehe eben darin, dass sie nur auf das Bestehen eines gesetzmäßigen Zusammenhangs abstelle und Spekulationen über irgendwelche „Kräfte", die angeblich dem Naturgeschehen zugrunde lägen, vermeide.[866]

Gegenüber den vorgenannten Stimmen in der strafrechtlichen Literatur ist zunächst darauf hinzuweisen, dass sich Kausalität – wie bereits oben anhand der Konstellation der sog. alternativen Kausalität gezeigt –[867] ohne den Wirkungszusammenhang nicht plausibel erklären lässt. Naturalistische Gesetzmäßigkeit gibt es eigentlich nur zwischen zwei positiven Ereignissen.[868] Eine negative Bedingung für ein bestimmtes positives Ereignis oder (umgekehrt) eine positive Bedingung für ein bestimmtes negatives Ereignis ist zwar feststellbar, aber nur in der menschlichen Reflexion hierüber.[869] Außerdem verlöre der § 13 StGB seine Bedeutung, wenn sich die Kausalität durch Unterlassen bereits mittels der (gedanklichen) Gesetzmäßigkeit begründen ließe. Denn wenn Kausalität durch Unterlassen grundsätzlich zu bejahen wäre, so wäre nicht einzusehen, warum bei unechten Unterlassungsdelikten die von § 13 StGB verlangte Garantenstellung und -pflicht sowie die Entsprechungsklausel erforderlich sind. Die Erfolgszurechnung könnte dann schon anhand der Kriterien der Kausalität (und der objektiven Zurechnung) ohne Berufung auf § 13 StGB begründet werden.[870] Ferner müssten dann nach jener Ansicht in dem oben genannten Fall, in dem das Kind ertrinkt, nicht nur der Vater als Garant, sondern auch alle anderen, in der Nähe befindlichen Personen, die rettungsfähig sind, als Ursache für den Tod des Kindes strafrechtlich haften. Dies macht deutlich, dass sich

864 *Puppe*, ZStW 92 (1980), 863, 899; NK/*dies.*, 4. Aufl., Vor §§ 13 ff. Rn. 81.

865 *Roxin*, AT II, § 31 Rn. 42.

866 *Hilgendorf*, NStZ 1994, 561, 564.

867 Siehe oben, Teil 2 A. I. 2. 2) (1) e.

868 *Walder*, SchwZStrR 93 (1977), 123, 139; *Philipps*, Handlungspielraum, 1974, S. 120 ff.; krit. *Haas*, Kausalität, 2002, S. 162.

869 *Wolff, E.A.*, Der Handlungsbegriff, 1964, S. 11: „Das Unterlassen wäre also überhaupt nur im Denkprozeß anderer Menschen existent, nicht etwa in der Wirklichkeit sonst. Der Täter selbst unterließe nicht. Er würde auch nicht wegen *seines* Verhaltens bestraft, sondern wegen eines Delikts, das erst später durch den Denkprozeß des Richters geschaffen wird.", Hervorhebung dort; *ders.*, Kausalität, 1965, S. 35.

870 *Wolff, E.A.*, Kausalität, 1965, S. 35 f.

die Kausalität bei Unterlassungsdelikten nicht (quasi-)naturalistisch verstehen lässt. Vielmehr kommt es primär auf das normative „Abhängigkeitsverhältnis" zwischen dem Garanten und dem Geschützten an, das sich nun einmal nicht naturalistisch bestimmen lässt.[871] Erst wenn ein derartiges Verhältnis zwischen zwei Personen gemäß § 13 StGB aus einem vertraglichen bzw. rechtlichen Grund oder aus vorausgegangenem Tun vorliegt, ist die nachgelagerte Frage von Bedeutung, ob der Täter durch die gebotene Handlung den Erfolg verhindert hätte.

Man kann auch nicht behaupten, dass das positiv-kausale Moment bei Unterlassung in der „Unterdrückung eines Handlungsimpulses" liegt, wie es früher die sog. Interferenztheorie vertreten hat.[872] Zwar hielt diese am Erfordernis des Wirkungsmoments fest,[873] jedoch ging sie letztlich von der Prämisse aus, dass ein und derselbe Täter psychologisch wie zwei Sub-Täter zu betrachten sei, von denen der eine den anderen im Entscheidungsverfahren überwunden habe. Die Interferenztheorie ist damit als eine Kausalitätslehre unbrauchbar, weil sich über solch ein subjektives Vorverfahren zur Entscheidung zwar die Handlungsstruktur (rechtlich) erklären lässt, aber nicht die objektiv zu bestimmende Kausalität. Wenn es bei der Kausalität um einen *einheitlichen* Geschehensablauf geht, der erst durch die *äußere* Handlung des Täters verändert worden ist, so darf der subjektive Entscheidungsprozess ein und desselben Täters keine Rolle spielen. Die Theorie verdient freilich insofern Aufmerksamkeit, als sie hat erkennen lassen, dass der Täter durch Unterlassung eigentlich nichts verursacht hat, sondern vielmehr etwas hat geschehen lassen.

Mithin bleibt festzuhalten, dass im Rahmen der Erfolgszurechnungsfrage bei unechten Unterlassungsdelikten die Frage beantwortet werden muss, ob und inwiefern die Unterlassung einer gebotenen Handlung unter Kausalitätsgesichtspunkten jenseits ihrer Beschaffenheit als bloß logisch-gesetzmäßige Bedingung genauso wie eine positive Handlung angesehen werden kann, mit der der Unterlassende die soziale Welt zu gestalten vermag. Wenn der Täter durch die Unterlassung den Erfolg im naturalistischen Sinne nicht verursacht hat, muss man sich also fragen, ob er gleichwohl insofern Unrecht begehen kann. Damit verlagert sich unser Augenmerk von der Kausalitätsdogmatik auf die Handlungsqualität der Unterlassung.[874]

Nach der kausalen Handlungslehre, der zufolge Handlung eine „willkürliche Körperbewegung", nämlich eine „durch Vorstellungen bewirkte, durch die Innervierung der Bewegungsnerven erfolgende Anspannung (Kontraktion) der Muskeln" ist,[875] dürfte das Unterlassen nicht als Handlung zu qualifizieren sein.[876] Es führt insofern auch nicht weiter, wenn man die Handlung als Zwecktätigkeit verstehen will, die nach einem Handlungsziel bestimmt ist. Danach ist „das äußere Kausalgeschehen

871 *Roxin*, AT II, § 31 Rn. 4; näher zum „Abhängigkeitsverhältnis", *Wolff, E.A.*, Kausalität, 1965, S. 37 ff.

872 *Binding*, Normen, Bd. II, 516 ff., 536 ff., 555 ff.

873 *Wolff, E.A.*, Kausalität, 1965, S. 34.

874 *Wolff, E.A.*, Kausalität, 1965, S. 53.

875 *V. Liszt*, Lehrbuch, 4. Aufl., 1891, § 27 S. 128; *ders.*, ZStW 8 (1888), 133, 151.

876 *Murmann*, GS, 3. Aufl., § 13 Rn. 7.

[...] durch den zweckhaft handelnden Menschen final überdeterminiert."[877] Da jedoch auch nach dieser Ansicht die naturhafte Kausalität für die Handlungsbestimmung unentbehrlich ist, ist die Unterlassung durch den „finalen Handlungsbegriff" genauso wenig zu erfassen wie nach der kausalen Handlungslehre.[878]

Die bloße „negative Bedingung", d.h. die Untätigkeit, lässt sich somit nur als Ursache verstehen, wenn man auf das menschliche Vermögen, die soziale Umwelt zu verstehen und sie mittels Erkenntnis des Kausal- und Normgesetzes[879] nach seinem Sinne zu verändern und zu gestalten, abstellt.[880] Das bedeutet Folgendes: Wenn ein Mensch voraussieht, dass die Entwicklung der Welt durch eine Handlung in eine bestimmte Richtung verändert wird, und trotzdem untätig bleibt, so ist die zu verändernde Welt für den Menschen ebenso greifbar, wie die Welt, die sich ohne Zutun des Menschen entwickelt.[881] Daher lässt sich im oben geschilderten Fall sagen, dass der Vater, der die Konsequenzen seines Tuns wie seines Unterlassens gleichermaßen abzuschätzen vermochte, den Erfolgseintritt durch die Entscheidung zur Unterlassung einer Rettungshandlung bewirkt hat. Bewirken meint hierbei freilich nicht eine Wirkursächlichkeit, sondern lediglich, dass der Täter die Unterlassung als eine Handlungsmöglichkeit instrumental zur Tatbestandsverwirklichung und damit zur Gestaltung der sozialen Wirklichkeit gesetzt hat.[882] Diese Gestaltung der sozialen Wirklichkeit hängt nun wesentlich von dem rechtlich anerkannten Abhängigkeitsverhältnis ab, welches im deutschen Strafrecht positivrechtlich durch § 13 StGB seine Ausgestaltung findet[883] und unter dem Gesichtspunkt der Garantenstellung vom Täter verlangt, dass „er rechtlich dafür einzustehen hat, daß der Erfolg nicht eintritt".

(4) Garantenstellung

Auf Grund einer Garantenstellung ist der Täter zur Erfolgsabwendung verpflichtet, d.h. er hat dafür einzustehen, dass es zu keiner Beeinträchtigung der – insoweit von ihm abhängigen – Personen bzw. deren Rechtsgüter kommt. In den häufigsten Fällen beruht die Garantenstellung auf Vertrag oder anderweitiger rechtlichen Einstandspflicht sowie aus vorangegangenen pflichtwidrigen Tun (der sog. Ingerenz). Im eingangs geschilderten **Fall 2** kann man von einer Garantenstellung *qua* Vertrag bzw. Gesetz (hier etwa: §§ 76 ff. AktG) sprechen, auf Grund derer ein Abhängigkeitsverhältnis zwischen den Vorstandsmitgliedern (A, B und C) und dem Unternehmen in Bezug auf dessen Vermögensschutz besteht. Sie haben daher in ihrer Eigenschaft als

877 *Küpper*, Grenzen, 1990, S. 44.
878 *Gallas*, ZStW 67 (1955), 1, 8 f., 40 f.; *Matt*, Kausalität, 1994, S. 34 f.; *Murmann*, GS, 3. Aufl., § 13 Rn. 12.
879 *Wolff, E.A.*, Kausalität, 1965, S. 38.
880 *Wolff, E.A.*, Der Handlungsbegriff, 1964, S. 16; *ders.*, Kausalität, 1965, S. 37 ff.
881 Vgl. *Kaufmann, Arm.*, Strafrechtsdogmatik, 1982, S. 114.
882 *Murmann*, GS, 3. Aufl., § 29 Rn. 23.
883 Siehe zur Rechtsvergleichung, Teil 3 B. II. 4.

Vorstandsmitglieder die Pflicht zur Abwendung eines tatbestandsmäßigen Erfolges i.S.d. § 266 StGB.

Angesichts der Besonderheit der hier zu erörternden Fallkonstellation, in der der Erfolg durch die Gremienentscheidung verursacht wurde, vertritt *Weißer* die Ansicht, dass das in der Abstimmung unterlegene Gremiumsmitglied – vorliegend C – keine Pflicht zur Verhinderung der Ausführung des Beschlusses habe, weil er wie die anderen „die gleichen Einflußmöglichkeiten, die gleiche Rechtsstellung (nach der internen Machtverteilung)" besitze, sodass die Verhinderung des Vollzugs der von der Mehrheit getroffenen Entscheidung eine „Kompetenzüberschreitung" darstelle.[884] Die Ansicht ließe sich vom allgemeinen Grundsatz der Garantendogmatik untermauern, dass „das aus einer Garantenstellung resultierende Handlungsgebot sich stets im Rahmen des Möglichen und Zumutbaren bewegen muß."[885] Darüber hinaus widerspreche die Verpflichtung zur Verhinderung der Beschlussrealisierung dem Sinn und Zweck der Bildung des Kollegialorgans, der darin bestehe, dass durch die gegenseitige Kontrolle und das Zusammentragen der den einzelnen Mitgliedern jeweils zur Verfügung stehenden Informationen die Wahrscheinlichkeit von Fehlentscheidungen herabgesetzt werde. Bejahe man eine Garantenstellung und mithin eine Pflicht zum Tätigwerden, führe dies dazu, dass hier C „letztlich die Verantwortung für das Fehlverhalten anderer Kollegiumsmitglieder mit übernehmen müßte."[886]

Der Auffassung ist aber nicht zuzustimmen: C hat zwar im Rahmen der gesellschaftsrechtlich wirksamen Entscheidung eine begrenzte Kompetenz. Dies führt jedoch nicht zu einer Beschränkung des strafrechtlich bezweckten Rechtsgutschutzes, zu dem C verpflichtet ist. Das den Prozess der gemeinsamen Willensbildung regulierende Mehrheitsprinzip ist – wie *Weißer* richtig gesehen hat –[887] vom Gedanken der Zweckmäßigkeit, nicht aber der Rechtsmäßigkeit getragen.[888] Das Mehrheitsprinzip gibt der Mehrheit das Recht, die Minderheit zu binden, verpflichtet diese aber nicht, die Auffassung der Mehrheit zu übernehmen.[889] Das führt dazu, dass die im Beschlussverfahren unterlegene Minderheit auch dort, wo eigentlich das beschlossene „Unrecht der gesellschaftsrechtlichen Mehrheitsentscheidung" entgegensteht, den strafrechtlichen Handlungspflichten Folge zu leisten hat. Diese Überlegungen entsprechen gerade dem Wesen der Kollektiventscheidung, für das die Meinungsverschiedenheit charakteristisch ist. Letztere zeigen, dass es bei Kollektiventscheidungen nicht – wie dies *Weißer* meint – um eine unbedingte Verpflichtung der im Beschluss unterlegenen Minderheit geht, sondern um das Finden einer sorgfältigen sowie rechtmäßigen Entscheidung. Die Priorität der gesellschaftsrechtlichen Pflicht der Hinnahme der Mehrheitsentscheidung gegenüber der strafrechtlichen Pflicht

884 *Weißer*, Kollegialentscheidung, 1996, S. 178.
885 *Weißer*, Kollegialentscheidung, 1996, S. 74 f., 178.
886 *Weißer*, Kollegialentscheidung, 1996, S. 179.
887 *Weißer*, Kollegialentscheidung, 1996, S. 179.
888 *Neudecker*, Kollegialorganen, 1995, S. 200.
889 BVerfGE 2, 143.

zum Rechtsgutschutz ist mithin unakzeptabel.[890] C muss daher „mehr tun als seine Gegenmeinung kundzutun, nämlich alles ‚ihm Mögliche und Zumutbare', um den tatbestandsmäßigen Erfolg zu verhindern", „wenn den einzelnen eine aus einer Garantenstellung resultierende Erfolgsabwendungspflicht trifft, [...]."[891]

(5) Täterschaftliche oder teilnehmerische Beteiligung durch Unterlassen an Begehungsdelikten?

Beteiligt sich C also durch Unterlassen an der Straftat, – wenn und soweit diese nun die übrigen beteiligten Täter (hier A und B oder auch sonst, deren Weisungen befolgende Mitarbeiter) durch ihre Handlungen zur Ausführung des rechtswidrigen Beschlusses begehen –, so stellt sich die Frage, ob auch C täterschaftlich oder doch nur teilnehmerisch haften soll. Bei der Abgrenzung von täterschaftlicher und teilnehmerischer Beteiligung durch Unterlassen an Begehungsdelikten handelt es sich um eine höchst umstrittene Problematik in der Strafrechtsdogmatik.[892] Denn während feststeht, dass ein Garant ein Opfer gegenüber einer Naturgewalt retten kann und soll, lässt sich dies nicht ohne Weiteres auf den Fall übertragen, dass er einem aktiv handelnden Angreifer begegnet, auch wenn er mit einer bestimmten gebotenen Handlung den Angriff auf das Opfer abwehren könnte. Denn hier besteht die Besonderheit eines „Dreiecksverhältnisses" von Garant, Opfer und aktivem Dritten.[893]

a. Die Lösung nach der *animus*-Theorie

Die Rspr. und ein Teil in der Literatur vertreten auch für die unechten Unterlassungsdelikte zur Abgrenzung zwischen Täterschaft und Teilnahme die subjektive Theorie,[894] wonach Täter ist, wer den *Willen zur Täterschaft* (Täterwillen) aufzeigt. Ein solcher Wille zur Täterschaft sei im Ausdruck des Unterlassenden zu sehen, sich die Tat eines anderen zu eigen zu machen, während die Haltung des Teilnehmers dahin gehe, dass der Unterlassende sich dem aktiv Handelnden im Willen unterordne und das Geschehen ohne innere Beteiligung lediglich ablaufen lasse.[895] Gelegentlich ist auch vorgeschlagen worden, dass hierfür auf das „Tatinteresse am Erfolg" abzustellen sei.[896] Legt man danach die subjektive Theorie zugrunde, so spricht im **Fall 2** die Gegenstimme in der Abstimmung für den Teilnahmewillen

---

890 *Knauer*, Die Kollegialentscheidung, 2001, S. 206. Hervorhebung dort.

891 *Knauer*, Die Kollegialentscheidung, 2001, S. 205; vgl. die Rechtsbeugungskonstellation, Teil 2 B. I. 2. 1).

892 *Murmann*, GS, 3. Aufl., § 29 Rn. 93.

893 *Hoffmann-Holland*, ZStW 118 (2006), 620, 633; *Sowada*, Jura 1986, 399, 403.

894 Siehe oben, Teil 2 A. II. 1. 2) (1).

895 *Haas*, ZIS 2011, 392.

896 BGHSt 38, 356, 360 f.; BGH NJW 1966, 1763; StV 1986, 59 f.; BGH NStZ 1992, 31; *Arzt*, JA 1980, 553; *ders.*, StV 1986, 337 f.; *Baumann/Weber/Mitsch*, AT, 11. Aufl., § 29 Rn. 71; *Seelmann*, StV 1992, 416; NK/*Wohler/Gaede*, 4. Aufl., § 13 Rn. 26.

des C. Wie oben schon bereits hinreichend erörtert, ist die *animus*-Theorie jedoch abzulehnen.[897] Bezogen auf die Unterlassungsdelikte ist sie sogar in noch höherem Maße zu kritisieren, weil bei einer Beteiligung durch Unterlassen häufig jegliche Anhaltspunkte fehlen, die es ermöglichen würden, nachvollziehbar Rückschlüsse auf die innere Einstellung des Beteiligten zu ziehen.[898]

b. Die Lösung nach der klassischen Tatherrschaftslehre

Nach der Tatherrschaftslehre, die geschichtlich im Rahmen der vorsätzlichen Begehungsdelikte vor allem durch die finale Handlungstheorie entwickelt worden ist,[899] ist Täter, wer die reale Tatherrschaft dahingehend besitzt, vorsätzlich das Kausalgeschehen in den Händen zu halten.[900] Dieses Merkmal passt eigentlich jedoch nur bei Begehungsdelikten, nicht aber bei Unterlassungsdelikten. Bildhaft halte der Unterlassungstäter – wie dies *Hoffmann-Holland* richtig angeführt hat –[901] „beim Unterlassen gerade nichts in Händen, sondern könnte nur etwas in die Hand nehmen".[902] Soweit er durch seinen rechtzeitigen Eingriff in die laufende Kausalkette nur die Möglichkeit hat, einen Erfolg abzuwehren, ist er höchstens im halben Sinne Herr über sie,[903] da der Täter durch Unterlassen den Erfolg nicht im naturalistischen Sinne verursachen könne.[904] Trotzdem gehen einige Autoren im Schrifttum von der grundsätzlichen Anwendbarkeit des Tatherrschaftskriteriums auf die unechten Unterlassungsdelikte aus (die sog. „potenzielle Tatherrschaft").[905] Sie stellen daher auf den „Grad der (potenziellen) Einflussmöglichkeiten" des Garanten ab.[906] Hiernach hänge die Frage der Täterschaft von der Qualität des Unterlassens je nach

897 Siehe oben, Teil 2 A. II. 1. 2) (1).

898 *Krüger*, ZIS 2011, 1, 3; *Hoffmann-Holland*, ZStW 118 (2006), 620, 624; *ders.*, AT, 2. Aufl., Rn. 801; *Lackner/Kühl*, StGB, 28. Aufl., § 27 Rn. 5; *Roxin*, AT II, § 31 Rn. 135.

899 *Welzel*, Das Deutsche Strafrecht, 11. Aufl., S. 33; *Küpper*, Grenzen, 1990, S. 44; *Murmann*, FS-Beulke, 2015, 181, 182.

900 *Maurach*, AT, 4. Aufl., § 49 II C 2; *Maurach/Gössel/Zipf*, AT II, 7. Aufl., § 47 Rn. 85 ff.; *Hoffmann-Holland*, ZStW 118 (2006), 620, 624; *Gropp*, AT, 4. Aufl., § 10 Rn. 80; LK/*Roxin*, 11. Aufl., § 25 Rn. 30 ff.; *Wessels/Beulke/Satzger*, AT, 45. Aufl., Rn. 745; in Rechtsprechung: BGH NStZ 2009, 321, dazu kritisch *Haas*, ZIS 2011, 392 ff.

901 *Hoffmann-Holland*, ZStW 118 (2006), 620, 624; *ders.*, AT, 2. Aufl., Rn. 799.

902 Vgl. *Krüger*, ZIS 2011, 1, 5: der Garant „hat, um im Bilde zu bleiben, insofern die Herrschaft über sich selbst, ob er untätig bleibt oder gegen die aktive Handlung des Dritten einschreitet."

903 *Haas*, ZIS 2011, 392, 394 m.w.N.

904 So könne der Unterlassende im Verhältnis zum aktiv Handelnden stets nur Gehilfe sein, *Murmann*, FS-Beulke, 2015, 181, 183.

905 S/S/*Heine/Weißer*, 29. Aufl., Vorbem. §§ 25 ff. Rn. 102; vgl. auch *B. Heinrich*, AT, 4. Aufl., Rn. 1214; MK/*Joecks*, 2. Aufl., § 25 Rn. 270; *Wessels/Beulke/Satzger*, AT, 45. Aufl., Rn. 1034; *Ransiek*, JuS 2010, 678, 680 f.; *Rengier*, AT, 7. Aufl., § 51 Rn. 21; *ders.*, JuS 2010, 281, 284.

906 MK/*Joecks*, 2. Aufl., § 25 Rn. 270; *Wessels/Beulke/Satzger*, AT, 45. Aufl., Rn. 1034.

der objektiven Tatsituation ab: Wenn der Unterlassende im konkreten Fall den drohenden Erfolg allein durch seinen Eingriff abwenden könne, sei er als Täter für den Erfolgseintritt verantwortlich, während er Gehilfe sei, wenn die Erfolgsabwendungsmöglichkeit nicht mit an Sicherheit grenzender Wahrscheinlichkeit festgestellt sei. Dabei sei es für den Garanten einerlei, ob die Gefahr auf eine Naturgewalt oder auf die menschliche Handlung eines Dritten zurückzuführen sei.[907] In Anwendung auf den oben geschilderten **Fall 2** wäre danach C als Garant für den Erfolg täterschaftlich verantwortlich, weil der Erfolg bei einem pflichtsmäßigen Eingriff nach der Abstimmung durch ihn verhindert worden wäre.[908]

Die Ansicht verdient insoweit Beifall, als (im Unterschied zur subjektiven Theorie) nun der objektive Umstand der Möglichkeit der Erfolgsabwendung oder -erschwerung in die rechtliche Beurteilung der Verhaltensform Unterlassen und ihre Einordnung in Täterschaft und Teilnahme einbezogen werden soll. Allerdings liegt genau hierin auch der Kritikpunkt, dass die Erfolgsabwendungsmöglichkeit keine Tatherrschaft ist. Insoweit führt auch die klassische Tatherrschaftslehre nicht weiter als die subjektive Theorie. Daran wird deutlich, dass sich das Bewirken durch Unterlassen – wie oben erörtert –[909] nicht ohne das Verständnis des Abhängigkeitsverhältnisses zwischen dem Garanten und dem Opfer begründen lässt. Für die Abgrenzung von Täterschaft und Teilnahme bei Beteiligung durch Unterlassen an Begehungsdelikten ist daher – wie unten gezeigt wird –[910] die Untersuchung der Qualität des Abhängigkeitsverhältnisses zwischen beidem wesentlich.

Murmann kritisiert die Lösung nach der klassischen Tatherrschaftslehre ferner zutreffend dahingehend, dass nach ihr die Einordnung des Unterlassenden als Täter oder Teilnehmer rein vom „Zufall" abhänge.[911] Die zufällige Erfolgsabwendungsmöglichkeit lässt sich vor allem im unten zu behandelnden **Fall 3** demonstrieren.[912] Hier hängt die faktische Erfolgsabwendungsmöglichkeit durch das gebotene Stimmverhalten (also die „Nein"-Stimme bei C) davon ab, ob es um eine *Pattsituation* geht

907 *Kielwein*, GA 1955, 225, 227; *Grünwald*, GA 1959, 110, 115; LK/*Roxin*, 11. Aufl., § 25 Rn. 206; *Bachmann*/*Eichinger*, JA 2011, 105, 107 f.; a.A. *Mosenheuer*, Unterlassen und Beteiligung, 2009, S, 192 ff.

908 Siehe oben, Teil 2 B. I. 3. 2) (2).

909 Siehe oben, Teil 2 B. I. 3. 2) (3).

910 Siehe unten, Teil 2 B. I. 3. 2) (5) f.

911 *Murmann*, FS-Beulke, 2015, 181, 187.

912 Siehe unten, Teil 2 C. I. 3. 4). Hierbei geht es um die Stimmenthaltung des C, wobei der rechtswidrige Beschluss durch die rechtswidrige Mehrheit von A und B getroffen wird. Hält man das Stimmverhalten für Unterlassen und prüft, ob die gebotene Gegenstimme in der Abstimmung zum Erfolgsausfall führt, gelangt man zum Fehlen der Quasi-Kausalität. Das Ergebnis ist aber in einem solchen Fall anders, in dem A, B und D pflichtwidrig Pro-Stimme und E, F dagegen pflichtmäßig Kontra-Stimme abgeben, wobei C sich seiner Stimme enthält. Hätte C wie E und F gegen die rechtswidrige Beschlussalternative gestimmt, wäre zumindest der so getroffene Beschluss entfallen.

oder nicht.[913] Hiernach hängt die Strafbarkeit also von der konkreten Tatsituation ab; zufällige Tatumstände dürfen aber aus normativer Sicht für die Frage der Täterschaft nicht von Belang sein. Die Erfolgsabwendungsmöglichkeit gibt daher kein ausschlaggebendes Kriterium für die Einordnung des Unterlassenden als Täter oder Teilnehmer ab.[914]

c. Die Lösung mit der einheitlichen Beihilfe

Einen gänzlich anderen Ansatz vertritt die Literaturansicht, nach der Garant generell nur wegen Beihilfe strafrechtlich verantwortlich ist, wenn neben ihm ein aktiv handelnder Begehungstäter unmittelbar das vom Garanten zu schützende Opfer angreift.[915] Ihr liegt ebenfalls der Tatherrschaftsgedanke zugrunde, dass nicht der Unterlassende, sondern der Begehungstäter das Geschehen in den Händen hält. Nach *Gallas* verstellt der die Tat unmittelbar selbst Ausführende dem Unterlassenden die Tatbeherrschung, solange er die Handlungsherrschaft ausübt.[916] Die Garantenpflicht sei inhaltlich unterschiedlich, je nachdem ob der Garant das Opfer vor Naturgewalten oder vor einem menschlichen Angriff zu schützen habe;[917]auch weil die Rettungsmöglichkeit gegenüber einer naturhaften Gefahr in der Regel weniger aufwändig sei, als beim Delikt eines Dritten.[918] In diesem Sinne bestimmt auch *Ranft* das Verhältnis zwischen dem aktiv handelnden Dritten und dem Garanten.[919] Ihm zufolge haftet der Garantenpflichtige (wie in § 27 StGB geregelt) bei seiner Unterlassung lediglich „abhängig“ von der Begehungstat, d.h. der „vorsätzlichen“ und „rechtswidrigen“ Haupttat des Aktiven.[920] In der Konstellation des **Fall 2** gelangt man mit dieser Meinung zur „gehilfenschaftlichen“ Strafbarkeit des C.

Dieser Ansatz müsste Beifall finden, wenn sich das Unrecht, das der unterlassende Garant verwirklicht, in der Beteiligung an der rein faktisch zu beurteilenden

---

913 Das fragwürdige Ergebnis, dass hier C nur bei der Pattsituation als Täter, sonst angesichts der fehlenden Erfolgsabwendungsmöglichkeit als Teilnehmer für die Tatbegehung durch die anderen verantwortlich sein würde, kann allerdings durch die grundsätzliche Annahme der Strafbarkeit des nachherigen Verhaltens relativiert werden.

914 So auch *Murmann*, FS-Beulke, 2015, 181, 187.

915 *Gallas*, JZ 1960, 686, 687; SSW/*Kudlich*, 2. Aufl., § 13 Rn. 43; *Kühl*, AT, 7. Aufl., § 20 Rn. 230; *Mosenheuer*, Unterlassen und Beteiligung, 2009, S. 144, 152; *Ranft*, ZStW 94 (1982), 815, 828 ff., 845 f.; LK/*Weigend*, 12. Aufl., § 13 Rn. 95.

916 *Gallas*, JZ 1960, 686, 687. Auch wenn aber der aktiv Handelnde seine Tatherrschaft verliert und die Rettungsmöglichkeit an Stelle des Garanten noch vorliegt, steht nach *Gallas* der Garant nicht für den Erfolgseintritt ein, wenn es beim Handelnden um die Selbsttötung geht, *ders.*, JZ 1960, 686, 689.

917 Dagegen *Hoffmann-Holland*, AT, 2. Aufl., Rn. 805.

918 *Gallas*, Beiträge, 1968, S. 187 ff.; *Sowada*, Jura 1986, 399, 403; dagegen *Roxin*, AT II, § 31 Rn. 155; *Haas*, ZIS 2011, 392, 394; *Hoffmann-Holland*, AT, 2. Aufl., Rn. 805.

919 *Ranft*, ZStW 94 (1982), 815, 828 ff.

920 Krit. *Haas*, ZIS 2011, 392, 394.

Verursachung des äußeren Kausalgeschehens durch den Dritten erschöpfte. Dann wäre der aktiv Handelnde sicher alleiniger Herr über das äußerliche Kausalgeschehen.[921] Geht man – wie hier vertreten – aber davon aus, dass das durch den Erfolgseintritt verwirklichte Unrecht letztendlich von der Verletzung eines Rechtsverhältnisses abhängt, so liegen die Dinge insofern anders, als dieses besagte Rechtsverhältnis aufgrund eines einzigen faktischen Sachverhalts mehrfach und unterschiedlich zu konstruieren ist. So sind im Hinblick auf das schützenswerte Rechtsgut in der vorliegend verhandelten Konstellation zwei Rechtverhältnisse, verstanden als Anerkennungsverhältnis zwischen dem aktiv Handelnden und dem Opfer einerseits und als ein Anerkennungsverhältnis andererseits, das aufgrund einer Abhängigkeitsbeziehung besondere Anforderungen an den Garanten im Verhältnis zu seinem Opfer stellt, denkbar. Das eine Anerkennungsverhältnis besteht zwischen dem Begehungstäter und dem Opfer dahingehend, dass der Täter den rechtlich anerkannten Freiheitskreis des letzteren genauso wie seinen eigenen respektieren soll und ihn daher nicht beeinträchtigen darf.[922] Hiervon bleibt jedoch das andere Rechtsverhältnis unberührt, das zwischen dem garantenpflichtigen Unterlassungstäter und dem Opfer besteht und vom Garanten verlangt, für den Bestand seiner Rechtsgüter – gerade auch in Ansehung der Rechtsgutsgefährdung durch Dritte – einzustehen.[923] Die rechtswidrige Nichterbringung der danach notwendigen Handlungen bedeutet nunmehr einen Bruch dieses Rechtsverhältnisses, sodass bei der Nichtverhinderung der Tatbegehung durch den Aktiven eine eigene Rechtsverhältnisverletzung des unterlassenden Garanten (soweit dieser eine Erfolgsabwendungsmöglichkeit besitzt) zu bejahen ist. Er beteiligt sich also nicht (nur) am Bruch des Rechtsverhältnisses des aktiv handelnden Begehungstäters. Dass der unterlassende Garant von der Tatbegehung durch den Begehungstäter Kenntnis hat, bewirkt mithin allein die Verpflichtung zum Einschreiten, nicht jedoch die Akzessorietät der Haftung des Garanten.[924] Die Garantenpflicht ist jedoch vom Vorsatz des Begehungstäters unabhängig und der Garant soll auch gegen einen fahrlässigen Rechtsgutsangriff einschreiten.[925]Angesichts dieser Erwägungen lässt sich entgegen einiger Literaturstimmen[926] die vom Garanten unterlassene Verhinderung der Tatbegehung auch in anderen Konstellationen nicht mit der auf sie gerichteten Beihilfe vergleichen: Wenn der Garant zugleich zur Tatbegehung des anderen aktive Hilfe leistet, so liegt der Vorwurf nicht auf seiner akzessorischen Verursachung des Erfolgs, sondern auf dessen pflichtwidriger Nichtverhinderung. Er ist dementsprechend auch wegen Versuchs zu bestrafen, wenn er – Versuchsstrafbarkeit vorausgesetzt – irrig annimmt, dass das Rechtsgutobjekt von jemandem

---

921 *Hoffmann-Holland*, ZStW 118 (2006), 620, 625 f.; so krit. *Roxin*, AT II, § 31 Rn. 153.
922 Siehe oben, Teil 2 A. I. 1. 3) (1) a.
923 Siehe oben, Teil 2 B. I. 3. 2) (3).
924 *Haas*, ZIS 2011, 392, 394.
925 *Sowada*, Jura 1986, 399, 404.
926 SK/*Rudolphi*/*Stein*, 8. Aufl., Vor § 13 Rn. 55; *Hoffmann-Holland*, AT, 2. Aufl., Rn. 803.

angegriffen zu werden drohe. Ist der Begehungstäter noch nicht in das strafbare Versuchsstadium eingetreten, so bleibt der Garant nicht wegen etwaig fehlender Haupttat, sondern mangels aktual bestehender Garantenpflicht straflos. Und im Fall, dass der Haupttäter unabhängig vom aktiven Beitrag des Garanten das Opfer angreift,[927] soll nicht der Garant aufgrund der versuchten Beihilfe straflos sein, sondern unter der Voraussetzung der Rettungsmöglichkeit wegen der Nichtverhinderung der Tatbegehung des anderen haften.

d. Die Lösung mit dem Unterlassungstäter

Roxin geht davon aus, dass dem Unterlassenden keine Tatherrschaft zugänglich sei.[928] Daher übernehme bei Unterlassungsdelikten wie bei anderen Pflichtdelikten nicht die Tatherrschaft, sondern die aus der Garantenstellung herleitbare Garantenpflicht die täterschaftsbegründende Funktion. Entsprechend müsse der Garant bei Erfüllung der anderen tatbestandlichen Merkmale sowie der Entsprechungsklausel stets täterschaftlich für eine Rechtsgutverletzung haften, wenn er garantenpflichtwidrig nicht gegen die Tatausführung durch einen anderen Aktiven eingeschritten sei.[929] Insofern Täterschaft Tatbestandserfüllung sei, liege diese bei Unterlassungsdelikten vor, sobald der Unterlassungstatbestand durch die Garantenpflichtverletzung vollständig verwirklicht werde.[930] Im Umkehrschluss folge daraus, dass eine Täterschaft ausgeschlossen sei, wenn der Garant trotz gegebener Garantenstellung/Garantenpflicht das Delikt nicht durch Unterlassen begehen könne, etwa bei eigenhändigen Delikten oder bei Delikten, die eine bestimmte subjektive Einstellung erforderten (z.B. Zueignungs- oder Bereicherungsabsicht).[931] Da nach diesem Ansatz die in §§ 26 und 27 StGB geregelte teilnehmerische Haftung der Sache nach auf die Begehungsform zugeschnitten ist und daher nicht als Unterlassen vorkommen kann,[932] ist ihm zufolge der C in **Fall 2** als Unterlassungstäter neben A und B für den tatbestandsmäßigen Erfolg strafrechtlich verantwortlich.

Dem Ansatz von *Roxin* ist insoweit zuzustimmen, als er zur Bestimmung der Täterschaft überwiegend auf den normativen Gesichtspunkt einer bestehenden Garantenstellung/Garantenpflicht bei unechten Unterlassungsdelikten abstellt, nicht jedoch auf die äußere Perspektive des Kausalgeschehens selbst. Denkbar ist freilich der Kritikpunkt, dass der Ansatz dazu führe, dass fast alle Fälle aktiver Beihilfe über

---

927 *Grünwald*, GA 1959, 110, 116.

928 *Roxin*, AT II, § 31 Rn. 133, 140; *ders.*, Täterschaft, 9. Aufl., S. 462 f.; Schon dagegen, *Ransiek*, JuS 2010, 678, 680, geht davon aus, dass die zur Tatbestandserfüllung notwendige Kausalität des Unterlassens nichts anderes als die faktische Herrschaft über die Erfolgsabwendung sei.

929 LK/*Roxin*, 11. Aufl., § 25 Rn. 206; *ders.*, AT II, § 31 Rn. 140 ff.; so auch *Bloy*, JA 1987, 490, 492 f.; *Haft*, AT, 9. Aufl., S. 222 f.; *Mitsch*, Jura 1989, 193, 197.

930 *Roxin*, AT II, § 31 Rn. 140.

931 *Roxin*, AT II, § 31 Rn. 140, 143.

932 *Roxin*, AT II, § 31 Rn. 141.

die Ingerenz die täterschaftsbegründende Garantenstellung und demnach – bei bestehender Erfolgsabwendungsmöglichkeit – eine täterschaftliche Haftung auslösen würden.[933] Hier ist zwar der Rechtsgutschutz des Opfers aufgrund des vorangegangenen pflichtwidrigen Tuns durch den Gehilfen von dessen darauf folgenden Leistungen abhängig,[934] aber der Zweck der Garantenpflicht bei ihm richtet sich nicht direkt auf die Erfolgsverhinderung, sondern auf die Reduzierung des Haupttatrisikos durch Einwirkung auf den Begehungstäter.[935] Daher soll nicht der Hilfeleistende als Unterlassungstäter für die Tat verantwortlich sein.

Nach *Roxin* ist der Unterlassende ausschließlich im Falle einer sicher bestehenden Rettungsmöglichkeit strafrechtlich verantwortlich, sodass hierdurch automatisch eine Beteiligung durch Unterlassen an fremden Begehungsdelikten (etwa die Möglichkeit der Beihilfe durch Unterlassen) im Fall der *Taterschwerung* ausgeschlossen ist.[936] Maßgeblich ist für die unechten Unterlassungsdelikte wie bei der klassischen Tatherrschaftstheorie wiederum die „Kausalität im Sinne einer Erfolgsabwendungsmöglichkeit."[937] Dadurch kommt er jedoch wieder *de facto* auf den von ihm abgelehnten Tatherrschaftsgedanken zurück. Insoweit hiernach die Pflichtverletzung von der sicheren Erfolgsabwendungsmöglichkeit abhängig ist, eröffnen sich jedoch – was zu kritisieren ist – gelegentlich Strafbarkeitslücken.[938] Richtigerweise ist die Garantenstellung und -pflicht nicht nur das täterschaftsbegründende, sondern auch ein allgemein zurechnungsbegründendes Merkmal. Daher ist die Möglichkeit der versuchten[939] bzw. teilnehmerischen Strafbarkeit[940] im Fall der Beteiligung durch Unterlassen am fremden Begehungsdelikt nicht ausgeschlossen, wenn der Garant durch seinen Eingriff die Tatbestandsverwirklichung zwar nicht hätte verhindern, aber hätte erschweren können.

e. Die Lösung nach der Beschützer- und Überwachungsgarantenpflicht

Manche Autoren in der Literatur differenzieren zur Abgrenzung von Täterschaft und Teilnahme durch Unterlassen nach der Qualität und dem Inhalt der Pflicht, die der garantenpflichtige Täter durch Unterlassen verletzt (die sog. Pflichtinhaltslehre).[941] Für die Pflichtinhaltslehre ist eine inhaltliche Unterscheidung der Garantenpflicht

933 *Grünwald*, GA 1959, 110, 113; *Haas*, ZIS 2011, 392, 396; *Jakobs*, AT, 2. Aufl., 29/105.

934 *Murmann*, GS, 3. Aufl., § 29 Rn. 66.

935 Siehe unten, Teil 2 B. I. 3. 2) (5) f.

936 *Roxin*, AT II, § 31 Rn. 169; *ders.*, Täterschaft, 9. Aufl., S. 489; auch MK/*Freund*, 2. Aufl., § 13 Rn. 279; *ders.*, JuS 1990, 213, 218 f.; *B. Heinrich*, AT, 4. Aufl., Rn. 1214.

937 *Roxin*, AT II, § 31 Rn. 169.

938 So krit. *Murmann*, GS, 3. Aufl., § 29 Rn. 96 und 100; *ders.*, FS-Beulke, 2015, 181, 186 ff.

939 *Murmann*, FS-Beulke, 2015, 181, 187 und Fn. 37.

940 *Herzberg*, Die Unterlassung, 1972, S. 262.

941 *Geppert*, Jura 99, 266, 271; *Herzberg*, Die Unterlassung, 1972, S. 258 ff.; *ders.*, Täterschaft, 1977, S. 82 ff.; *Herzberg*, JuS 1984, 937, 938; *Krey*/*Esser*, AT, 5. Aufl., Rn. 1181 ff.; *Hoffmann-Holland*, AT, 2. Aufl., Rn. 807; *Lüderssen*, FS-Grünwald, 1999,

in Beschützer- und Überwachungsgaranten möglich. Beschützergaranten seien für den Schutz der Rechtsgüter des Opfers verantwortlich; das Opfer sei insoweit von der Schutzbereitschaft des Täters abhängig,[942] während Überwachungsgaranten über die Gefahrenquelle (hier: der Täter als menschliche Gefahrenquelle), für die sie in spezifischer Weise verantwortlich seien, herrschten.[943] Von daher sei Täter derjenige, der durch sein Unterlassen eine Beschützergarantenpflicht verletze; Teilnehmer sei, wer gegen eine Überwachungsgarantenpflicht verstoße. Z.B.: Der Vater, der den Totschlag durch aktives Tun des X gegen sein Kind nicht verhindere, sei mit Blick hierauf Beschützergarant.[944] Insoweit sei es einerlei, ob die Gefahr für Rechtsgüter vom Menschen oder von der Natur ausgehe; der Vater habe wegen des unterlassenen Schutzes der Rechtsgüter des Kindes täterschaftlich zu haften.[945] Wenn der Vater umgekehrt trotz sicherer Rettungsmöglichkeit seinen minderjährigen Sohn, der seine Ex-Freundin erwürgen wolle, nicht von der Tatbegehung abhalte, hafte er für die Tatbestandsverwirklichung gehilfenschaftlich.[946] In diesem Fall kommt es nach dieser Ansicht zur Bestimmung der Qualität der Beteiligung maßgeblich nicht auf das Verhältnis zwischen dem Garanten und dem Opfer an, sondern auf die Beziehung von Garanten und menschlicher Gefahrquelle (hier aktiv des handelnden Sohnes), wobei die Eigenverantwortlichkeit des Handelnden anders als eine naturhafte oder schuldunfähig-personale Gefahrquelle die Täterschaft des Unterlassenden ausschließt. In Anwendung auf den eingangs geschilderten **Fall 2** ergibt sich danach ein undeutliches Bild: Einerseits spricht für die Täterschaft durch Unterlassen, dass C als Vorstandsmitglied gemäß §§ 76 ff. AktG und § 266 StGB dazu verpflichtet ist, das Rechtsgutsobjekt, hier das Unternehmensvermögen, vor äußeren Angriffen zu schützen.[947] Genauso gut kann man aber für die Teilnahme durch Unterlassen damit argumentieren, dass der Angriff gerade nicht von außen, sondern von innen, namentlich von den frei-verantwortlich handelnden Gremienmitgliedern, ausgeht (das wird deutlicher, wenn der Beschluss durch nachgeordnete Mitarbeiter umgesetzt wird) und C insofern nur Überwachungsgarant für die anderen Vorstandsmitglieder ist.

329, 332 f.; *Eser*, Strafrecht II, 3. Aufl., Nr. 27 A 20 ff.; *Schünemann*, Unterlassungsdelikte, 1971, S. 377.

942 *Murmann*, GS, 3. Aufl., § 29 Rn. 38.

943 *Murmann*, GS, 3. Aufl., § 29 Rn. 58.

944 *Krey/Esser*, AT, 5. Aufl., Rn. 1181.

945 *Murmann*, FS-Beulke, 2015, 181, 192.

946 *Krey/Esser*, AT, 5. Aufl., Rn. 1162 und 1181; *Murmann*, FS-Beulke, 2015, 181, 192.

947 Im Gegensatz dazu könnte man z.B. beim Täter im Lederspray-Fall keine Beschützerpflicht gegenüber Konsumenten, die die Waren von dem Unternehmen verbrauchen, annehmen, weil zwischen ihnen eine zeitliche oder örtliche Distanz und keine menschliche Beziehung bestehen. Er ist vor allen Dingen dazu verpflichtet, das Risiko zu überwachen, das innerhalb des Bereichs, in dem er es kontrollieren kann, entsteht. Deshalb kann man ihn hier nur als Gehilfe betrachten.

Die soeben geschilderte Lösung nach der Qualität der Garantenpflicht verdient zunächst insoweit Beifall, als nach ihr grundsätzlich beide Beteiligungsformen (Täterschaft und Teilnahme) durch Unterlassen vorkommen können. Möglich wird dies, weil die Beteiligungsform – im Unterschied zur einheitlichen Qualifikation als Täterschaft bzw. Teilnahme – normativ nach dem Inhalt der Garantenpflicht bestimmt wird. Allerdings erscheint eine rein formale Qualifikation der Garantenpflicht nach der Beschützer- oder Überwachungsgarantenstellung ungenügend. Denn die Überwachungspflicht, die lediglich eine Teilnahmestrafbarkeit des Unterlassenden begründen soll, trägt im Ergebnis ebenso zur Verhinderung der Tatbestandsverwirklichung bei, wie es der Fall wäre, wenn die Gefahr für das Rechtsgut nicht von einer Person ausgeht, sondern von natürlichen Gegebenheiten.[948] Insoweit bleibt begründungsbedürftig, warum bei identischer Garantenstellung eine unterschiedliche Haftung stattfinden soll, nur weil bei Überwachung einer menschlichen, anders als einer natürlichen Gefahrquelle der Überwachte frei verantwortlich handelt.[949] Außerdem bleibt ungeklärt, warum der Garant bei Bejahung einer Garantenpflicht trotz eigentlich übergeordneter Stellung gegenüber der von ihm zu kontrollierenden Person derselbigen unterlegen sein soll und bloß akzessorisch haften soll, wenn diese durch eine freiverantwortliche Handlung ein Rechtsgut des Opfers verletzt.

Einen anderen Ansatz vertritt *Hoffmann-Holland*. Er stellt für die Bewertung der Beteiligung des Unterlassungstäters darauf ab, ob der Rechtsgutsangriff durch den Begehungstäter direkt oder indirekt erfolgt.[950] Der Täter sei Zentralgestalt des Rechtsgutsangriffs, während der Teilnehmer Randfigur des Rechtsgutangriffs sei. *Hoffmann-Holland* unterscheidet nun die „situationsbezogenen“ von den „situationsunabhängigen“ Garantenpflichten.[951] Wenn die Garantenpflicht mit Blick auf den Rechtsgutschutz auf die „Gestaltung der Tatsituation“ bezogen sei, stehe der Garant neben dem Aktiven für den eingetretenen Erfolg als Gehilfe ein, weil die von der Pflicht betroffene Tatsituation vorrangig vom aktiv Handelnden gesteuert werde.[952] Sei dagegen eine Garantenpflicht situationsunabhängig, also unabhängig davon, woher die Gefahr für das Rechtsgut drohe, stehe der Garant generell in einer direkten Beziehung zum Rechtsgut, sodass er immer für den Erfolg täterschaftlich haften sollte.[953] Der Ansicht ist aber entgegenzuhalten, dass jede Garantenpflicht prinzipiell situationsbezogen ist. Z.B. ist die Mutter, die gegenüber ihrem Kind wegen der familiären Beziehung eine Garantenstellung innehat, nicht ohne Rücksicht auf die Situation, also nicht jederzeit verpflichtet, es zu schützen. Entgegen *Hoffmann-Holland*[954] erwächst die Garantenpflicht vielmehr je nach der

948 *Murmann*, FS-Beulke, 2015, 181, 192.
949 *Murmann*, FS-Beulke, 2015, 181, 186 Fn. 31, 192.
950 *Hoffmann-Holland*, ZStW 118 (2006), 620, 630.
951 *Hoffmann-Holland*, ZStW 118 (2006), 620, 633 ff.; *ders.*, AT, 2. Aufl., Rn. 807.
952 *Hoffmann-Holland*, ZStW 118 (2006), 620, 633 f.
953 *Hoffmann-Holland*, ZStW 118 (2006), 620, 636 f.; krit. *Krüger*, ZIS 2011, 1, 6.
954 *Hoffmann-Holland*, ZStW 118 (2006), 620, 637.

Gefährlichkeit der Situation.[955] Man kann aber auch anhand des von *Hoffmann-Holland* geschilderten Falls gegen seinen Ansatz argumentieren: A, B und C sind gemeinsam als Bergsteiger unterwegs. In der dritten Nacht und einer kritischen Situation ihrer Bergtour müssen sie auf einem Felsvorsprung übernachten. In dieser Nacht löst A die Karabiner-Befestigung des schlafenden B und stößt diesen in die Tiefe. C war zuvor aufgewacht; er blieb aber völlig untätig, obgleich er die Absicht des A erkannte und diesen von seinem Tun hätte abhalten können. C ist unter dem Aspekt der Übernahme von Schutzfunktionen im Sinne einer sog. Gefahrgemeinschaft Garant für das Leben von B.[956] Nach der Ansicht des Autors ergibt sich aus der gefährlichen Situation für C eine Überwachungsgarantenpflicht, sodass er beim Untätigbleiben für die Tat teilnehmerisch verantwortlich sei. Zweifelhaft wird nun aber das Ergebnis der Unterlassungshaftung als Teilnehmer, wenn in der gleichen Situation nicht A, sondern ein unbekannter Dritter die Karabiner-Befestigung löst. Es ist nach der Ansicht von *Hoffmann-Holland* unklar, ob C hier auch angesichts der gefährlichen Tatsituation als Gehilfe bestraft werden sollte.

Gerade umgekehrt geht *Krüger* im Ergebnis davon aus, dass der Beschützergarant als Gehilfe, der Überwachungsgarant als Täter anzusehen sei.[957] Dem zugrunde liegt sein Verständnis der Tatherrschaft als „*maßgebliche*[r] Einfluss auf das Geschehen", das er bei der Abgrenzung zwischen Täterschaft und Teilnahme bei unechten Unterlassungsdelikten zugrundelegt.[958] Dabei stellt er auf die gebotene Handlung ab, nicht aber auf den Erfolg.[959] Von daher kommt es zur Konsequenz, dass die Pflicht, das Rechtsgut bzw. den Rechtgutsträger vollständig vor Gefahren zu schützen, wesentlich schwerer zu erfüllen sei, als die Pflicht, die Gefahrquelle zu überwachen und ihre Realisierung zu verhindern. Allerdings ist schon die Verallgemeinerung des Grades der Schwierigkeit der Erfolgsabwendung bei Überwachungs- bzw. Beschützergarantenpflichten nicht überzeugend. Es kann deutlich schwerer sein, eine Gefahrenquelle zu überwachen – insb. wenn die vom Garanten zu überwachende Gefahrquelle eine freiverantwortlich handelnde Person ist –, als das Opfer mit relativ geringem Aufwand vor Naturgefahren schützen. Darüber hinaus spricht gegen diese Auffassung vor allem der Wortlaut des § 13 StGB: „Wer es unterläßt, einen Erfolg abzuwenden, der zum Tatbestand eines Strafgesetzes gehört, [...]". D.h.: Für die Unterlassungshaftung ist die Risikoschaffung bzw. -erhöhung durch Unterlassung allein noch nicht ausreichend; vielmehr kommt es auf die Erfolgsabwendung an, für die eine Differenzierung nach dem Grad der Gefährlichkeit nicht maßgeblich sein kann.

---

955 *Murmann*, FS-Beulke, 2015, 181, 186.
956 *Hoffmann-Holland*, ZStW 118 (2006), 620, 634.
957 *Krüger*, ZIS 2011, 1, 7.
958 *Krüger*, ZIS 2011, 1, 8.
959 *Krüger*, ZIS 2011, 1, 4 f.

f. Die Lösung nach dem Schutzzweck der Garantenpflicht

Murmann stellt bei der Abgrenzung zwischen Täterschaft und Teilnahme durch Unterlassen entscheidend darauf ab, ob die durch den Unterlassungstäter verletzte Garantenpflicht der Erfolgsverhinderung oder der Reduzierung des Haupttatrisikos dient.[960] Nach ihm erstreckt sich die in § 13 StGB normierte Garantenpflicht über die tatsächliche Erfolgsabwendungsmöglichkeit hinaus auf die Gefahrenreduzierung.[961] Ausgehend vom Verständnis der Täterschaft als „Herrschaft über die Qualität des Verhältnisses" erachtet *Murmann* denjenigen Unterlassenden als Täter, der sein Verhältnis zum Opfer trotz der Vermittlung des Erfolges durch einen aktiv handelnden Vorsatztäter beherrsche.[962] Letzterer werde lediglich als Gefahr für das Rechtsgut aufgefasst.[963] Das sei in der Regel der Fall, wenn der Garant eine unmittelbar erfolgsbezogene Beschützergarantenstellung besitze.[964] So verhalte es sich aber nicht, wenn der Begehungstäter letztlich für die Tatbegehung verantwortlich sei, was auch bei Beihilfe durch aktives Tun eine Entsprechung finde.[965] Denn die Vermeidung der Haupttat sei zwar das Motiv für das Verbot der Anstiftung oder Hilfeleistung, stelle aber nicht den mit den konkreten Verhaltensnormen verfolgten Schutzzweck dar.[966] Der Schutzzweck der Garantenpflicht, die das Teilnahmeunrecht begründet, bestehe in der „Minderung des Haupttatrisikos", wodurch keine Grundlage für eine täterschaftliche Zurechnung des Haupttaterfolges vorliege. Da das Abhängigkeitsverhältnis des (potentiellen) Opfers zum Garanten hier aufgrund der Überwachungspflicht erst durch den eigenverantwortlich handelnden Begehungstäter begründet werde, beschränke sich die Garantenpflicht nicht notwendig in faktischer, wohl aber regelmäßig in rechtlicher Hinsicht auf die Einwirkung auf die Freiheit des Begehungstäters.[967] Wenn der aktiv Handelnde ein Verantwortungsdefizit aufweise, solle sich die Garantenpflicht über die Reduzierung des Haupttatrisikos hinaus auf die Erfolgsvermeidung erweitern und der Garant müsse wie ein mittelbarer Täter für die (z.B. durch den schuldunfähigen Begehungstäter begangene) Tatbestandsverwirklichung verantwortlich sein.[968] Danach ließe sich für den **Fall 2** sagen, dass der Schutzzweck der Garantenpflicht des C nicht nur in der Einwirkung auf die anderen Vorstandsmitglieder, sondern in der Erfolgsvermeidung überhaupt besteht, weil das Abhängigkeitsverhältnis des Unternehmens zu ihm nicht erst über die anderen, aktiv Handelnden (A und B) vermittelt wurde, sondern schon vor der konkreten

960 *Murmann*, FS-Beulke, 2015, 181, 186 ff.
961 *Murmann*, FS-Beulke, 2015, 181, 187, 189 f.
962 *Murmann*, FS-Beulke, 2015, 181, 188.
963 *Murmann*, FS-Beulke, 2015, 181, 192.
964 *Murmann*, FS-Beulke, 2015, 181, 192.
965 *Murmann*, FS-Beulke, 2015, 181, 188.
966 *Murmann*, FS-Beulke, 2015, 181, 188.
967 *Murmann*, FS-Beulke, 2015, 181, 192.
968 *Murmann*, FS-Beulke, 2015, 181, 193.

Gefahrsituation bestand. C ist danach als Vorstandsmitglied für den Schutz des Unternehmens unmittelbar zuständig. C haftet daher als Täter.

Mithin geht es bei der Beteiligung durch Unterlassen am Begehungsdelikt – wie die Ansicht richtig gesehen hat – nicht darum, „*welche* Handlungen von dem Garanten erwartet werden, sondern *weshalb* diese Handlungen erwartet werden."[969] Freilich ist zweifelhaft, ob die auf die Reduzierung des Haupttatrisikos gerichtete Garantenpflicht allein aus § 13 Abs. 1 StGB abgeleitet werden muss.[970] Insofern es auf § 13 Abs. 1 StGB ankommt, ist zu beachten, dass sich die den Erfolgstatbeständen zugrunde liegende Verhaltenspflicht nicht *ex-post*, sondern *ex-ante* bestimmt. Daher kann ein *ex-post* festgestelltes Fehlen der Erfolgsvermeidbarkeit nicht die Pflicht zur Rettungshandlung ausschließen. Das führt aber nicht dazu, dass der Garant nach § 13 Abs. 1 StGB auch dann zu Rettungshandlungen verpflichtet ist, wenn diese für sich allein von vornherein zur Erfolgsverhinderung untauglich ist. Das ist etwa gerade der Fall, wenn zur Handlungszeit feststeht, dass der Erfolg erst durch Zusammenwirkung mehrerer Beiträge verhindert werden kann.[971] Die Pflicht zur für sich genommen für die Erfolgsvermeidung unzulänglichen Teilrettungshandlung kann sich dann aber aus der Kombination von §§ 13 und 25 Abs. 2 StGB ergeben. Entsprechend ergibt sich auch die Strafbarkeit der teilnehmerischen Garantenpflichtverletzung daher erst aus §§ 13 und 26 StGB. Es gibt insofern keinen Grund dafür, dass die Beteiligungsvorschriften nach §§ 25 ff. StGB ausschließlich für Begehungsdelikte gelten.

g. Stellungnahme

Wenn man – wie die hier vertretene Ansicht – davon ausgeht, dass der Täter durch Unterlassen wie durch Tun die soziale Wirklichkeit zulasten des Opfers verändern kann, so ist es ein Stück weit irrelevant, dass er als Garantenpflichtiger keine faktische Tatherrschaft im naturalistisch-finalen Sinne besitzt. Anderenfalls käme man zu einer gänzlichen Straffreiheit wegen Untätigkeit des Täters, was aber mit § 13 StGB nicht vereinbar ist. Durch die Einführung des § 13 StGB ist bei den Erfolgsdelikten ein den Verbotstatbeständen des Besonderen Teils des StGB entsprechenden Gebotstatbestand positiv geschaffen worden. Der Unterlassungstäter, der durch die Unterlassung der gebotenen Handlung diesen Gebotstatbestand verwirklicht, muss für den Erfolgseintritt somit täterschaftlich verantwortlich sein können. Für die Erfüllung des § 13 StGB ist die Erfolgsabwendungsmöglichkeit maßgebend, die Voraussetzung einer entsprechenden Erfolgsabwendungspflicht ist. Daneben ist jedoch eine Garantenpflicht zur Taterschwerung, welche sich insoweit aus §§ 13 *und* 25 ff. StGB ergeben kann, nicht ausgeschlossen. Die Frage, welcher Beteiligungsform die rechtswidrige Untätigkeit des Täters zuzuschreiben ist, lässt sich also nicht nur innerhalb des § 13 StGB, sondern nur unter Berücksichtigung von §§ 25 ff. StGB

969 *Murmann*, FS-Beulke, 2015, 181, 188.
970 *Murmann*, FS-Beulke, 2015, 181, 190.
971 Siehe unten, Teil 2 E. II. 1.

beantworten. Ist die Vorschrift von § 27 StGB in Begehungsdelikten strafbarkeitsausdehnend, so darf sich die Unterlassungshaftung nicht in der Pflichtverletzung der Tatverhinderung erschöpfen, sondern die Garantenpflicht umfasst angesichts § 27 StGB auch die Taterschwerung gegenüber dem Begehungstäter.

Diese Arbeit geht – wie gezeigt[972] – davon aus, dass das Unrecht der unechten Unterlassungsdelikte in der Verletzung eines sozialen Abhängigkeitsverhältnisses durch die Unterlassung gebotener Handlungen besteht, die für den Schutz der Rechtsgüter des Opfers notwendig sind. Dann aber kann Täterschaft nicht mehr Tatherrschaft im naturalistisch-finalen Sinne bedeuten, sondern muss als *Herrschaft über die Qualität des Verhältnisses* verstanden werden.[973] Vor diesem Hintergrund kann und muss man nun im Fall der Beteiligung durch Unterlassen am Begehungsdelikt die mit dem Rechtsverhältnis verbundene Garantenpflicht auf ihre Qualität hin untersuchen. Hierbei spielt der materielle Maßstab, d.h. der *Schutzzweck der Garantenpflicht* die entscheidende Rolle.[974] Darauf, dass der Erfolg bei der gebotenen Leistung durch den Unterlassungstäter mit an Sicherheit grenzender Wahrscheinlichkeit vermieden worden wäre, kommt es lediglich im Rahmen der objektiven Zurechnung an,[975] nicht aber hinsichtlich der die Täterschaft begründenden Pflichtbildung.

Das Abhängigkeitsverhältnis des Unterlassungstäters kann sich nun über den frei-vorsätzlich Handelnden auf das von diesem verletzte Opfer erweitern. Da hier der Tatbestand unmittelbar vom Begehungstäter verwirklicht wurde, sieht man den Vorwurf gegenüber dem Unterlassenden primär darin, dass er nicht versucht hat, den unmittelbaren Täter zur Aufgabe der Tat umzustimmen, nicht schon aber darin, dass er trotz der bejahenden Erfolgsabwendungsmöglichkeit nicht die Tatbegehung überhaupt verhindert hat. Das ist etwa der Fall, wenn ein Gehilfe dem Täter durch aktives Tun vor Tatausführung Hilfe geleistet hat. Hier ergibt sich zwar die Garantenpflicht für den Gehilfen aus Ingerenz, aber diese bezweckt nicht direkt die Erfolgsverhinderung gegenüber dem Begehungstäter, sondern eine Reduzierung des Haupttatrisikos durch Einwirkung auf den Begehungstäter.[976] Daher muss er nicht wegen der Garantenpflichtverletzung als Unterlassungstäter bestraft werden. Die Frage, welche Garantenpflicht der Unterlassende verletzt hat, lässt sich allerdings nicht ohne Unterschied, sondern je nach der konkreten Konstellation beantworten.[977]

Der Gegenstand des Vorwurfs ändert sich jedoch, wenn der Begehungstäter nicht frei-verantwortlich handelt. Hier ist von der mittelbaren Täterschaft durch Unterlassen die Rede.[978] Denn, obwohl das Rechtsverhältnis zwischen dem Garanten

---

972 Siehe oben, Teil 2 B. I. 3. 2) (3).
973 Siehe oben, Teil 2 B. I. 3. 2) (5) f.
974 Siehe oben, Teil 2 B. I. 3. 2) (5) f.
975 Siehe unten, Teil 2 C. I. 3. 1).
976 Siehe oben, Teil 2 B. I. 3. 2) (5) f.
977 *Murmann*, FS-Beulke, 2015, 181,191.
978 *Baumann/Weber/Mitsch*, AT, 11. Aufl., § 29 Rn. 118; *Frister*, AT, 7. Aufl., 27/47; *Wessels/Beulke/Satzger*, AT, 45. Aufl., Rn. 1033; *Murmann*, FS-Beulke, 2015, 181, 193; *Hoffmann-Holland*, ZStW 118 (2006), 620, 629.

und dem potenziellen Opfer hier erst über die menschliche Gefahrquelle gestaltet worden ist, ist der Freiheitsstatus des Opfers direkt von der Leistung des Garanten abhängig,[979] weil es zwischen dem nicht frei-verantwortlichen Angreifer und dem Opfer (noch) kein Rechtsverhältnis gibt, das durch den ersten schuldhaft verletzt werden kann. Wenn das Abhängigkeitsverhältnis aber wie bei enger natürlicher Verbundenheit unabhängig vom Verhalten anderer besteht, ist es gleichgültig, ob es sich beim Risiko für das Rechtsgut um ein natürliches handelt oder eines, das von einem frei-verantwortlichen Menschen geschaffen wurde.

Angesichts dessen kann sich der Täter durch Unterlassen an Tatbeständen beteiligen, die ausschließlich durch menschliche Handlungen verwirklicht werden können. Z.B.: Ein trotz der Erfolgsabwendungsmöglichkeit tatenlos zusehender Vater ist wegen §§ 177, 13 StGB strafbar, wenn seine Tochter von einem anderen vergewaltigt wird.[980] Das Entsprechungserfordernis des § 13 Abs. 1 StGB, das hier bei Zusammentreffen von Tun und Unterlassung relevant wird, stellt zwar strenge Anforderungen an die Tatbestandsmäßigkeit durch Unterlassen, wenn über den Erfolgseintritt hinaus eine besondere Qualität der Handlung vorausgesetzt wird, z.B. bei der Wegnahme in § 242 oder der Täuschung in § 263 StGB. Hierdurch wird jedoch eine Begehbarkeit durch Unterlassen nicht grundsätzlich verneint. Das Entsprechungserfordernis sagt allerdings noch nichts über die Akzessorietät, also die Einordnung des pflichtwidrigen Unterlassens in Täterschaft oder Teilnahme aus.[981] Allerdings können die eigenhändigen Erfolgsdelikte, die – auch wenn sie selten auftreten –[982] begrifflich ausschließlich durch Tun begangen werden können, vom Unterlassenden nicht täterschaftlich begangen werden.[983] Denn hier fehlt das für Täterschaft notwendige Merkmal der körperlichen Beteiligung beim Unterlassenden.

Zuletzt besagt die fakultative Strafmilderung gem. § 13 Abs. 2 StGB auch nicht, dass durch Unterlassen verwirklichtes Unrecht im Vergleich zum Unrecht des Begehungstäters geringer sei. Wie der Begehungstäter durch Tun die Verbotsnorm, die aus dem Tatbestand des Besonderen Teils des StGB unmittelbar herleitbar ist, verletzt, so übertritt der Garant bei Untätigbleiben die Gebotsnorm, die § 13 StGB konstituiert. Nicht zu schließen ist vom mittelbaren Gebot bei den unechten Unterlassungsdelikten darauf, dass der unterlassende Garant bei Beteiligung an der Tat des aktiven Begehungstäters für seine Tatbegehung teilnehmerisch haften müsse.

---

979 So spricht ein Teil der Literatur von einer unmittelbaren Unterlassungstäterschaft, S/S/*Heine*/*Weißer*, 29. Aufl., § 25 Rn. 57; MK/*Joecks*, 2. Aufl., § 25 Rn. 179; SSW/*Kudlich*, 2. Aufl., § 13 Rn. 46; *Krey*/*Esser*, AT, 5. Aufl., Rn.1185.

980 LK/*Hörnle*, 12. Aufl., § 177 Rn. 136 und MK/*Renzikowski*, 2. Aufl., § 177 Rn. 92, gehen freilich von Beihilfe aus.

981 *Hoffmann-Holland*, ZStW 118 (2006), 620, 629; a.A. *Schwab*, Täterschaft, 1996, S. 189.

982 *Jescheck*/*Weigend*, AT, 5. Aufl., S. 630.

983 *Jakobs*, AT, 2. Aufl., 29/79; *Jescheck*/*Weigend*, AT, 5. Aufl., S. 630.

Hierfür lässt sich auch nicht unter dem Gesichtspunkt der Leichtigkeit bzw. Schwierigkeit der Tatbegehung, überzeugend argumentieren.[984] Denn die Tatbegehung erscheint zunächst für den Begehungstäter schwieriger als für den Untätigbleibenden, weil es bei letzterem für die Tatbegehung keines Energieaufwands bedarf. Insoweit wäre der Unterlassende Täter, während der Begehungstäter Gehilfe sein würde. Man kann aber auch gerade umgekehrt argumentieren, dass die Tataufgabe dem Begehungstäter leichter fällt, als die Tatvermeidung dem Garanten. Dann wäre dieser Teilnehmer. Außerdem lässt sich im Einzelfall auch nicht eindeutig beurteilen, welche Erfolgsabwehr, also gegenüber der Natur oder gegenüber Menschen, für den Garanten leichter ist. Für die Leichtigkeit der Erfolgsabwendung gegenüber der Natur spricht, dass die naturalistische Kausalität steuerbarer ist als die psychische. Hiergegen spricht aber, dass der Garant ggfs. den zur Tat Entschlossenen zum Gegenteil umzustimmen vermag, ohne Gegenkraft einsetzen zu müssen.

(6) Neben- oder Mittäterschaft?

Nun kann man noch die Frage stellen, ob C durch seine nachfolgende Unterlassung mit den anderen die Straftat gemäß § 25 Abs. 2 StGB gemeinschaftlich begangen hat, also ob eine Mittäterschaft zwischen dem Begehungs- und dem Unterlassungstäter möglich ist. *Roxin* lehnt die Möglichkeit der Mittäterschaft zwischen dem nicht garantenpflichtigen Begehungstäter und dem Unterlassungstäter ab. Eine solche Möglichkeit scheitere im Allgemeinen daran, dass die Mittäterschaft für die mehreren Beteiligten einheitliche Zurechnungskriterien verlange; daran fehlt es hier, weil Tun und Unterlassen in aller Regel verschiedenen Täterbegriffen unterfallen sollen. Wenn beispielhaft der Badewärter ungerührt zusehe, wie jemand einen Nichtschwimmer ins tiefe Wasser stoße, so seien zwar beide Täter (einer Begehungstat und eines Unterlassungsdelikts), aber sie seien nicht Mittäter.[985] Die oben angeführte, einheitliche Gehilfentheorie verneint schon die Möglichkeit der Mittäterschaft zwischen Tun und Unterlassen, da der Tatherrschaft ausübende aktiv Handelnde den Unterlassenden in die Rolle des Gehilfen abdränge.[986] *Mosenheuer* steht auch auf diesem Standpunkt und weist auf das Prinzip der Handlungszurechnung hin. Jedem Mittäter sollen nach ihm die Tatbeiträge des anderen Mittäters so zugerechnet werden, als habe er sie selbst vorgenommen. Eine solche Zurechnung sei bei Zusammentreffen von Tun und Unterlassen jedoch nicht möglich. Bei der einverständlichen Nichthinderung fremden Begehungsunrechts wäre die Folge, dass dem Unterlassenden die fremde Tathandlung zugerechnet werden müsste, so dass die Bestrafung eigentlich auch für den Unterlassenden aus dem Begehungsdelikt zu erfolgen hätte. Dies führe auch zu absurden und nicht vertretbaren Konsequenzen, wenn man den Fall so

---

984 So MK/*Joecks*, 2. Aufl., § 25 Rn. 270; *Wessels/Beulke/Satzger*, AT, 45. Aufl., Rn. 1034; *Rengier*, AT, 7. Aufl., § 51 Rn. 21; *Krüger*, ZIS 2011, 1, 8.

985 *Roxin*, Täterschaft, 9. Aufl., S. 470.

986 Siehe oben, Teil 2 B. I. 3. 2) (5) c.

abwandelt, dass kein Garant – wie die Mutter – das Begehungsunrecht verwirklicht, sondern ein Nichtgarant. Hier scheitere die Zurechnung des garantenpflichtwidrigen Unterlassens des Vaters zum Handeln des Dritten daran, dass dieser Dritte eben gerade kein handlungspflichtiger Garant sei und eine solche Pflicht ihm auch nicht zugerechnet werden könne.[987] *Roxin* nimmt freilich die Möglichkeit der Mittäterschaft zwischen dem garantenpflichtigen Begehungstäter und dem Unterlassungstäter an. So verhält es sich nach ihm bei den „Begehungs-Pflichtdelikten. Wenn zwei Aufsichtsbeamte dem Gefangenen vereinbarungsgemäß dadurch die Flucht ermöglichen, dass der eine ihm den Schlüssel zur Öffnung der Zellentür überreicht (aktives Tun), während der andere entgegen seiner Pflicht die Außenpforte unverschlossen lässt (Unterlassen), so sind sie Mittäter der Gefangenenbefreiung."[988] Denn sie sollen denselben Tatbestand erfüllen und gegen eine gemeinsame Aufsichtspflicht verletzen, deren Verletzung sie ohne Rücksicht auf die Art des äußeren Verhaltens zu Tätern mache.[989] Nach *Hoffmann-Holland* werde hier der Rechtsgutangriff „gemeinschaftlich direkt gesteuert".[990]

Die einheitliche Annahme der Nebentäterschaft oder der Gehilfenschaft für den pflichtwidrig unterlassenden Garanten ist schon angesichts des oben angeführten Schutzzweckgedankens der Garantenpflicht nicht überzeugend. Falls nun der Begehungs- und Unterlassungstäter sich miteinander vor oder während der Tatausführung über die gemeinsame Tatbegehung ausdrücklich (aber auch konkludent) verständigen, haften sie für die Tat mittäterschaftlich, wenn und soweit der Unterlassungsbeitrag für die Tatbegehung wesentlich ist, also wesentlich im Sinne, dass der Begehungstäter sich auf die Nichtverhinderung seiner Tat durch den Garanten verlassen kann. Insoweit ist von der nebentäterschaftlichen oder gehilfenschaftlichen Zurechnung keine Rede. Hierbei ist es einerlei, ob der aktiv Handelnde Garant ist oder nicht.[991] Auch wenn die gemeinsame Tatvereinbarung zwischen dem Begehungs- und dem Unterlassungstäter überhaupt nicht besteht, lässt sich im Fall der bewussten, nur gemeinsamen Erfolgsabwendungsmöglichkeit auch noch von der mittäterschaftlichen Zurechnung sprechen, wenn der Begehungstäter auch Garant ist. Denn die Garantenpflicht bezweckt hier die gemeinsame Erfolgsabwendung.[992]

Wenn C im **Fall 2** nach der Abstimmung einvernehmlich mit A und B keine gebotene Maßnahme gegen die Beschlussumsetzung ergreift und der Unterlassungsbeitrag durch ihn für A und B die Erfolgsherbeiführung ermöglicht, haftet er für den tatbestandlichen Erfolg mittäterschaftlich.

---

987 *Mosenheuer*, Unterlassen und Beteiligung, 2009, S. 135 f.
988 *Roxin*, AT II, § 31 Rn. 174.
989 *Roxin*, Täterschaft, 9. Aufl., S. 471.
990 *Hoffmann-Holland*, ZStW 118 (2006), 620, 636.
991 *Wessels/Beulke/Satzger*, AT, 45. Aufl., Rn. 733.
992 *Hoffmann-Holland*, ZStW 118 (2006), 620, 636.

(7) Ergebnis

Nach alledem ist im **Fall 2** C durch Unterlassen unter Voraussetzung der sicheren Rettungsmöglichkeit nach § 13 StGB für die von A und B gemeinsam begangene Untreue gemäß § 266 StGB täterschaftlich verantwortlich. Denn die die Täterschaft begründende Garantenpflicht des C ergibt sich schon aus seiner Stellung im Geschäftleitungsorgan. Das Rechtsverhältnis zwischen ihm und dem Opfer besteht wegen des Vertrags über die Vermögensbetreuungspflicht von vornherein, entsteht also nicht angesichts der Beteiligung an der rechtswidrigen Beschlussfassung. Insoweit erstreckt sich die Garantenpflicht des C als Beschützergaranten über die Erschwerung der Tat durch die anderen Kollegen hinaus auf die Erfolgsabwendung überhaupt. Hierbei ist es einerlei, ob der Angriff an das Rechtsgut von innen oder außen herkommt.

II. Als Gehilfe: §§ 266, 27 StGB?

Nach § 27 Abs. 1 StGB wird als Gehilfe bestraft, wer vorsätzlich dem Täter zu dessen Haupttat Hilfe geleistet hat. Mit der Gegenstimme hat C im **Fall 2** den anderen für die rechtswidrige Beschlussalternative Stimmenden in keiner Weise geholfen. In der vorherigen, kausalen Teilnahme am Beschlussverfahren liegen weder Vorsätzlichkeit noch Pflichtwidrigkeit in Hinblick auf die Rechtsgutverletzung. Falls im Nachfeld der Abstimmung C in der Lage ist, die Ausführung des gefassten Beschlusses zu verhindern und dazu verpflichtet ist, kann nicht die täterschaftliche Verantwortlichkeit für die Tatbestandsverwirklichung ausgeschlossen werden. Beim nachherigen, aktiven Beitrag haftet C – wie oben gesehen – für den Erfolgseintritt mittäterschaftlich.[993] Soweit es um die Unterlassungshaftung geht, ist aber streitig, ob C für den Erfolg täterschaftlich oder teilnehmerschaftlich haften muss. Unter Zugrundlegung der (unechten) Unterlassungsstrafbarkeit und des oben erworbenen Ergebnisses[994] lässt sich sagen, dass C wegen seines Untätigbleibens für die Tatbestandsverwirklichung *täterschaftlich* haften muss, weil er eine Beschützergarantenpflicht innehat, die aus seiner Position in der Organisation gegenüber dem Opfer, hier dem Unternehmen abzuleiten ist. Insoweit ist von der Beihilfe gem. §§ 266 und 27 StGB keine Rede.

993 Siehe oben, Teil 2 B. I. 3. 1); a.A. *Weißer*, Kollegialentscheidung, 1996, S. 182 f., sieht in der aktiven, nachherigen Umsetzungshandlung durch den pflichtgemäß Votierenden nur Beihilfe gem. § 27 StGB.

994 Siehe oben, Teil 2 B. I. 3. 2) (5).

C. Fall 3: Die Stimmenthaltung

Fall 3 liegt die gleiche Konstellation wie in der durch das Mehrheitsprinzip geprägten Abwandlung des Fall 1 zugrunde,[995] nur, dass C sich seiner Stimme enthalten hat. Beschlussfähigkeit hängt wie im Fall 2 von der Teilnahme von C ab. Wie ist nun das Stimmverhalten des C strafrechtlich zu würdigen?

I. Als Nebentäter: §§ 266, 25 Abs. 1 1. Alt. StGB

1. Tun oder Unterlassung?

Die Arbeit betrachtete bisher lediglich das Stimmverhalten „Ja" und „Nein" in Form positiven Tuns. Fraglich ist, wie die Stimmenthaltung zu qualifizieren ist. Zum einen könnte man von einem positiven Tun sprechen, sofern auch bei der Stimmenthaltung in der Regel ein *Energieeinsatz* beobachtet werden kann.[996] Es ist dabei einerlei, ob die Stimmenthaltung sprachlich oder durch Körperbewegung, etwa Zeigen einer gefärbten Karte, Erhebung der Hand auf Frage usw. vorgenommen wird. Auf der anderen Seite könnte man aber auch davon ausgehen, dass sich C mit der Stimmenthaltung passiv verhalten, d.h. weder mit „Ja" noch „Nein" gestimmt hat. Insofern scheint das Unterlassen als Bezugspunkt zur strafrechtlichen Haftung für die Tatbestandsverwirklichung naheliegend zu sein. Wir können in diesem Rahmen der Arbeit die bekannte, aber immer noch umstrittene Problematik über die Abgrenzung zwischen Tun und Unterlassen unentschieden lassen, indem wir methodisch ein und dasselbe Verhalten je nach den Grundsätzen von Tun und Unterlassen prüfen.[997]

2. Tatbegehung durch positives Tun: §§ 266, 25 Abs. 1 1. Alt. StGB

Sieht man die Stimmenthaltung innerhalb des Beschlussverfahrens als aktives Tun an, so müsste der Fall nicht anders zu beurteilen sein, als die Abstimmung mit einer rechtmäßigen Neinstimme.[998] Denn auch die Stimmenthaltung ist für den Beschluss und daher für den tatbestandsmäßigen Erfolg nicht *conditio sine qua non*. Sie ist zwar mit dem konkreten Erfolg naturgesetzmäßig verbunden, aber nicht in zurechenbarer

---

995 Siehe oben, Teil 2 A. I. 2.

996 Zum Energieeinsatz als Kriterium für die Abgrenzung von Tun und Unterlassen, *Roxin*, AT II, § 31 Rn. 77 ff.

997 Vgl. *Murmann*, GS, 3. Aufl., § 29 Rn. 14: „Die Relevanz der Abgrenzung von Tun und Unterlassen sollte nicht überschätzt werden. Denn letztlich kann die strafrechtliche Haftung wohl kaum davon abhängen, ob ein bestimmtes Verhalten als Tun oder Unterlassen eingestuft wird. Entscheidend muss bei positivem Tun wie beim Unterlassen sein, ob sich eine Pflichtverletzung im Erfolg niedergeschlagen hat.". So auch *Ransiek*, JuS 2010, 490, 494.

998 Siehe oben, Teil 2 B. I. 1.

Weise.[999] Trotzdem hat der BGH in seiner Entscheidung des Mannesmann-Falls[1000] das Aufsichtsratsmitglied, das sich der Stimme enthalten hat, verurteilt, weil der BGH dessen kausalen Tatbeitrag nicht in der Stimmenthaltung, sondern in der Teilnahme an der Abstimmung als solcher gesehen hat, ohne die die Beschlussfähigkeit entfallen wäre.[1001] Einige Stimmen in der Literatur haben sich hiergegen gewandt und mit einem Erst-Recht-Schluss argumentiert, dass bei der Stimmenthaltung der erfolgskausale Beitrag nicht in der Teilnahme an der Abstimmung gesehen werden könne, weil dies sonst auch bei der „Nein"-Stimme bejaht werden müsse.[1002] Wie im Rahmen der Arbeit deutlich wurde, muss man jedoch beachten, dass – unabhängig vom Abstimmungsverhalten (*Nein* oder *Enthaltung*) die der eigentlichen Abstimmung vorausgehende Teilnahme an der Abstimmung unabhängig von der Art der Abstimmung strafrechtlich erlaubt ist.[1003] Den hinsichtlich einer bestimmten Beschlussalternative Unentschlossenen trifft keine Sonderpflicht, das Beschlussverfahren durch die Nichtteilnahme daran anzuhalten, etwa um sich später von einer bestimmten Stellungnahme zur Beschlussalternative überzeugen zu können. Außerdem ist bei wirtschaftlicher Betrachtungsweise zu berücksichtigen, dass die Verzögerung der Beschlussfassung gegebenenfalls zu Beeinträchtigungen des unternehmerischen Interesses führt. Damit kommt im Ergebnis eine Strafbarkeit des C anknüpfend an die eigentliche Stimmenthaltung verstanden als positives Tun nicht in Betracht. Vielmehr lässt sich eine Strafbarkeit als Täter anknüpfend an die nachherige Beschlussausführungshandlung begründen, weil er insofern gemäß § 25 Abs. 2 StGB mit A und B gemeinschaftlich als Mittäter haftet.[1004]

3. Tatbegehung durch Unterlassen: §§ 266, 25 Abs. 1 1. Alt. i.V.m. § 13 StGB

Sehen wir hingegen in der Stimmenthaltung ein Unterlassen, so kann C zugegebenermaßen nicht vorgeworfen werden, pflichtwidrig mit *Ja* gestimmt zu haben. Jedoch hat er – anders als im **Fall 2** – gerade auch nicht pflichtgemäß mit *Nein* abgestimmt.[1005] § 266 StGB kann als Sonderdelikt auch durch Unterlassen gemäß

---

999 Siehe oben, Teil 2 A. I. 1. 2) (2) c. und 3) (3).

1000 Der Sachverhalt lautet: A, B, C und D als Mitglieder des Aufsichtsratsausschusses für Vorstandsangelegenheiten (Präsidium) der früheren Mannesmann AG haben bei einer Sitzung eine untreuemäßige Zuerkennung der kompensationslosen Anerkennungsprämien zugunsten einiger Vorstandmitglieder beschlossen, wodurch sie eine Schädigung des ihnen anvertrauten Gesellschaftsvermögens herbeigeführt haben. Hierbei hat C sich seiner Stimme enthalten.

1001 BGH NJW 2006, 522, 527.

1002 *Vogel/Hocke*, JZ 2006, 568 f.; *Hanft*, Jura 2007, 58, 60.

1003 Siehe oben, Teil 2 B. I. 2. 2) (2).

1004 Siehe oben, Teil 2 B. I. 3.

1005 Dies hebt *Hanft*, Jura 2007, 58, 61 bei der Stimmenthaltung das Unterlassungsmoment hervor. Er legt den Wert auf die Quasi-Kausalität für die strafrechtliche Verantwortung.

§ 13 StGB verwirklicht werden.[1006] Anders als bei echten Unterlassungsdelikten, wo die Untätigkeit des Täters selbst mit Strafe bedroht ist, stellt sich nun bei unechten Unterlassungsdelikten die Frage, ob und wie der eingetretene Erfolg dem Unterlassenden zugerechnet werden kann.

1) Die sog. Quasi-Kausalität der Rspr.

Der BGH hat sich der oben erörterten Problematik des Bewirkens durch Unterlassen[1007] im Wesentlichen nicht gewidmet und für die kausale Zurechnung des Erfolgs zum Täter die herkömmliche *conditio*-Formel dahingehend modifiziert, dass „die Unterlassung kausal ist, wenn die pflichtmäßige Handlung nicht hinzugedacht werden kann, ohne dass der Erfolg mit an Sicherheit grenzender Wahrscheinlichkeit entfiele."[1008] Jedoch lässt sich ein *Hinzudenken* hypothetisch normgemäßer Handlungen ontologisch nicht rechtfertigen. Denn mit der modifizierten *conditio*-Formel sucht man nicht nach dem Seinsgrund für den Erfolg, sondern nach der Person, die für den Erfolgseintritt verantwortlich ist. Der BGH spricht trotzdem bei unechten Unterlassungsdelikten von der Ursächlichkeit der Unterlassung der gebotenen Handlung.[1009] Dies scheint darauf zurückzuführen zu sein, dass diese Formel mit der *conditio*-Formel formell den Beurteilungsrahmen „wenn ... so wäre, dann wäre ... so" teilt.[1010] Auch Teile der Literatur sprechen insofern von einem „quasi-Kausalzusammenhang"[1011] oder einem „hypothetischen Kausalzusammenhang"[1012].

Letztlich ist diese Zurechnung unter der Fahne der *Kausalität* jedoch verfehlt. Denn materiell gesehen bestimmt man mittels der umgekehrten *conditio*-Formel den Zusammenhang zwischen der gedachten, gebotenen Handlung und dem Ausbleiben des tatbestandlichen Erfolgs. Es geht trotz der Bezeichnung als *Kausalität*, also als *Erfolgsverursachung* durch Unterlassen, in der Sache um die Erfolgsvermeidbarkeit durch das gebotene Tun.[1013] Wenn daher nach § 13 StGB dem Unterlassungstäter hinsichtlich des Opfers – aus welchem Grund auch immer – eine Garantenstellung zukommt, so muss man bestimmen, welche Handlung zur Rettung des Opfers im konkreten Fall rechtlich geboten ist. Die Bestimmung der rechtlich relevanten Unterlassung ist definitionsgemäß stets von der gebotenen Handlung abhängig.[1014] Ohne Bedeutung sind hingegen Spekulationen, wie sich das Untätigbleiben eines

---

1006 Siehe oben, Teil 1 B. III.

1007 Siehe oben, Teil 2 B. I. 3. 2) (3).

1008 BGHSt 37, 106, 127; vgl. *Engisch*, Die Kausalität, 1931, S. 30; *Murmann*, GS, 3. Aufl., § 29 Rn. 24.

1009 BGHSt 11, 1; zust. *Kindhäuser*, AT, 7. Aufl., § 36 Rn. 12.

1010 BGH JZ 2003, 575, 580.

1011 MK/*Freund*, 2. Aufl., Vor § 13 Rn. 335; § 13 Rn. 201; *Gropp*, AT, 4. Aufl., § 11 Rn. 161.

1012 *Rengier*, AT, 7. Aufl., § 49 Rn. 13; vgl. auch *Stratenwerth*/*Kuhlen*, AT, 6. Aufl., § 13 Rn. 53; *Jescheck*/*Weigend*, AT, 5. Aufl., S. 620; LK/*Jescheck*, 11. Aufl. § 13 Rn. 17.

1013 Zur Quasi-Kausalität durch mehrere Unterlassungen, siehe unten, Teil 2 E. I. 1. 2).

1014 *Jescheck*/*Weigend*, AT, 5. Aufl., S. 616; *Roxin*, AT II, § 31 Rn. 6; vgl. *Welzel*, Das Deutsche Strafrecht, 11. Aufl., S. 200.

Menschen mit einem bestimmten Ereignis verbinden lässt oder ob das Ausbleiben denkbarer Vorkommnisse auf eine Handlung zurückführbar ist.[1015] Denn beim Unterlassen (anders als bei der Prüfung der Kausalität der Sorgfaltspflichtwidrigkeit im Rahmen der fahrlässigen Begehungsdelikte)[1016] liegt gerade kein Wirkungszusammenhang vor. Daher lässt sich in der Unterlassungsdogmatik die Methode der ganz konkreten Erfolgsbeschreibung nicht anwenden, um die Kausalität des Unterlassens zu bestimmen.[1017]

Augenfällig wird das Problem in der umgekehrten *conditio*-Formel anhand des Merkmals „mit an Sicherheit grenzenden Wahrscheinlichkeit". Zum einen zeigt es deutlich die ontologische Grenze des vermeintlichen Kausalitätsurteils auf, weil die gedachte Handlung in der wirklichen Kausalkette ja gerade keine feststellbare Wirkung hat und man daher mit Wahrscheinlichkeitserwägungen arbeiten muss.[1018] Zum anderen kann man daran den normativ-restriktiven Gedanken ablesen, dass nicht alle Unterlassungen der gebotenen Handlung eine Verantwortlichkeit für den Erfolgseintritt begründen können. Welche Unterlassungen (für den Erfolgseintritt verantwortlich und daher) sanktionswürdig sind, ist daher eine Frage der *normativen* Zurechnung. Dabei kommt es unstreitig zunächst darauf an, dass die gebotene Handlung objektiv möglich und zumutbar ist.[1019] Im Beispiel, in dem ein nicht schwimmfähiges Kind ins tiefe Wasser gefallen ist, müsste also der Vater, der auch nicht schwimmen kann, ohne Verzögerung einen anderen, in der Nähe befindlichen Retter rufen. Darüber hinaus ist das grundlegende Prinzip der objektiven Zurechnung auch bei unechten Unterlassungsdelikten mit zu berücksichtigen, aber in der umgekehrten Form: Im Erfolg muss es sich realisiert haben,[1020] dass der Täter in rechtlich missbilligter Weise einem Risiko seinen Lauf gelassen hat. „Quasikausalität und Pflichtwidrigkeitszusammenhang sind identisch".[1021] Im vorliegenden Fall hat C danach durch die Unterlassung der gebotenen Handlung in seiner Person den Erfolg noch nicht bewirkt, denn auch bei einem pflichtgemäßen Verhalten des C wäre der Erfolg nicht ausgeblieben. Insofern realisiert sich im tatbestandlichen Erfolg gerade nicht das rechtlich missbilligte Risiko seines Unterlassens.

2) Die sog. Risikoverminderungstheorie und ihre Kritik

Anders als die Lehre von der Quasi-Kausalität der Rspr. lässt es die in der Literatur vertretene sog. Risikoverminderungstheorie für die Erfolgszurechnung bei Unterlassen bereits genügen, dass die Vornahme der unterlassenen Handlung das Risiko des

1015 Vgl. *Welzel*, Das Deutsche Strafrecht, 11. Aufl., S. 201 f.
1016 Dazu siehe oben, Teil 2 A. I. 1. 3) (1) c. i.
1017 *Gropp*, AT, 4. Aufl., § 11 Rn. 171; *Hilgendorf*, GA 1995, 515, 523; *Schlüchter*, JuS 1976, 793, 794; abl. *Kindhäuser*, AT, 7. Aufl., § 36 Rn. 20; *Otto*, GS, 7. Aufl., § 9 Rn. 101.
1018 *Jescheck/Weigend*, AT, 5. Aufl., S. 620.
1019 *Matt*, Kausalität, 1994, S. 208 f.; *Murmann*, Die Nebentäterschaft, 1993, S. 221.
1020 *Kölbel*, JuS 2006, 309 ff.; *Kühl*, AT, 7. Aufl., § 18 Rn. 40.
1021 *Gropp*, AT, 4. Aufl., § 11 Rn. 175.

Erfolgseintritts vermindert hätte.[1022] Sie sieht das vermeintliche Kausalitäts-Merkmal „mit an Sicherheit grenzender Wahrscheinlichkeit" für die Erfolgsvermeidbarkeit durch die gebotene Handlung als unnötig an, da die für den Garanten von der Rechtsordnung erlassene Verhaltensnorm, hier das Gebot der Handlung, durch eine ex-post festzustellende Quasi-Kausalität nicht beeinflusst werden dürfe. Daher reicht es nach der Risikoverminderungstheorie für die Erfolgszurechnung aus, wenn feststeht, dass die Normerfüllung durch den Einzelnen zwar nicht zur Erfolgsvermeidung, aber mindestens zu einer Risikoverminderung beigetragen hätte. Hiernach kann der Erfolg im **Fall 3** aber auch nicht zugerechnet werden, weil *ex-post* feststeht, dass der Erfolg „mit an Sicherheit grenzenden Wahrscheinlichkeit" auch eingetreten wäre, wenn der Unterlassende gegen die Beschlussalternative gestimmt hätte.

Gegen diese Ansicht lässt sich allerdings theoretisch einwenden, dass es für die Annahme einer (vollendeten) Strafbarkeit nicht ausreichend sein kann, auf eine Risikoverringerung durch die gebotene Handlung abzustellen. Denn hierdurch lässt sich allenfalls ein Gefährdungsunrecht begründen, für Verletzungsdelikte durch Unterlassen muss dagegen ein Zusammenhang vorliegen, der aufzeigt, wie sich die Garantenpflichtverletzung durch Unterlassen im konkreten Verletzungserfolg realisiert hat.[1023] Auch die Entsprechungsklausel von § 13 StGB „und wenn das Unterlassen der Verwirklichung des gesetzlichen Tatbestandes durch ein Tun entspricht" spricht insoweit gegen die Risikoverminderungslehre. § 13 StGB bringt nämlich zum Ausdruck, dass sich die Entsprechung zwischen beiden Verhaltensformen nicht allein im speziellen Abhängigkeitsverhältnis zwischen dem Garanten und dem Opfer erschöpft. Vielmehr muss hiernach gelten: Wenn die tatbestandsmäßige Handlung bei positivem Tun ein sicheres Ausbleiben des Erfolgs im Falle ihres Unterlassens voraussetzt, so ist umgekehrt auch für das tatbestandsmäßige Unterlassen ein sicheres Ausbleiben des Erfolgs bei Vornahme der gebotenen Handlung zu fordern.[1024] D.h.: Wenn das Merkmal der Risikoerhöhung durch das positive Tun für die Erfolgszurechnung unzulänglich ist, so ist der Maßstab der Risikominderung durch die gebotene Handlung nach der Entsprechungsklausel in § 13 StGB auch nicht genügend.[1025] Sonst wäre die materielle Abgrenzung zwischen dem echten – im StGB-BT selbstständig geregelten – und dem unechten – im StGB-AT speziell vorgeschriebenen – Unterlassungsdelikt verschwommen.

1022 *Otto*, FS-Maurach, 1972, 91, 102; *ders.*, GS, 7. Aufl., § 9 Rn. 101; *Stratenwerth/Kuhlen*, AT, 6. Aufl., § 13 Rn. 54.

1023 *Murmann*, GS, 3. Aufl., § 29 Rn. 25.

1024 *Kindhäuser*, AT, 7. Aufl., § 36 Rn. 13.

1025 A.A. *Roxin*, AT II, § 31 Rn. 51 ff.; *Kaspar*, AT, Rn. 969; dagegen *Murmann*, GS, 3. Aufl., § 29 Rn. 25 Fn. 39; *Ransiek*, JuS 2010, 490, 496.

3) Die Quasi-Kausalität im sog. normativen Ausgangspunkt und ihre Kritik

Ein besonderer Ansatz für Fälle der Nebentäterschaft wird von Teilen der Rspr. und Literatur vertreten.[1026] Diese beachten nicht die Pflichtwidrigkeit des Unterlassens der anderen Garanten, sondern stellen – falls sich mehrere an der Tatbestandsverwirklichung beteiligen – auf die hypothetische Konstellation ab, in der sich alle anderen normgemäß verhalten.[1027] Danach müsste C im vorliegenden Fall für den Erfolg *nebentäterschaftlich* haften, weil die gebotene Handlung des C, also eine „Nein"-Stimme, in der hypothetischen Konstellation, dass auch A und B mit *Nein* gestimmt hätten, das Ausbleiben des Erfolgs nach sich gezogen hätte.

Dass man sich auf das normgemäße Verhalten des anderen verlassen darf, ist aber keine Voraussetzung für die Feststellung der Kausalität, sondern betrifft die zur Handlungszeit zu untersuchende, objektive Pflichtwidrigkeit des fraglichen Verhaltens.[1028] Das gilt auch für die unechten Unterlassungsdelikte. Daher muss man in die Prüfung der Quasi-Kausalität auch normwidrige Unterlassungen der anderen miteinbeziehen.

Was nun die objektive Pflichtwidrigkeit der Unterlassung anbelangt, gilt folgendes: Sieht die Rechtsordnung wie hier für den Rechtsgutsschutz die Zusammenarbeit mehrerer vor, stellt jede einzelne Ablehnung der Zusammenarbeit eine Abstandnahme von dem dar, was von der Rechtsordnung gefordert wird. Insoweit ist das Verhalten dann in jedem Fall pflichtwidrig.[1029] So verhält es sich bei C. (Davon zu unterscheiden ist die Konstellation, in der der Erfolg nur durch die Zusammenarbeit mehrerer verursacht werden kann. Wegen des objektiven Umstands weist jede einzelne Handlung noch keine rechtlich missbilligte Risikoschaffung auf). Und auch nach der h.L. im Aktienrecht verhalten sich nicht nur der Votierende, der mit *Ja* für einen rechtswidrigen Beschluss stimmt, sondern auch der sich der Stimme Enthaltende pflichtwidrig.[1030]

1026 BGHSt 48, 77, 95 f.; *Röckrath*, NStZ 2003, 641, 645; *Sofos*, Mehrfachkausalität, 1999, S. 245 ff.

1027 Siehe auch unten, Teil 2 E. I. 1. 2) (2) a.

1028 Siehe oben, Teil 2 A. I. 1. 3) (1) b.

1029 Siehe oben, Teil 2 A. II. 1. 2) (6) b. iv. und unten, E. I. 1. 1).

1030 Von einer Pflichtverletzung bei Stimmenthaltung sprechen die Ansichten im Gesellschaftsrecht, wonach das Vorstandsmitglied seine sich aus Gesetz, Satzung und Anstellungsvertrag ergebenden Pflichten gegenüber der AG kennen müsse und gegen sie weder selbst verstoßen dürfe, noch es zulassen dürfe, dass andere sie übertreten. *U. Schmidt*, in: Heidel, Aktienrecht, § 93 AktG Rn 75; Spindler/Stilz/*Fleischer*, AktG, 2. Aufl., § 77 Rn. 29; *ders.*, BB 2004, 2645, 2648 ff.; vgl. im Strafrecht *Neudecker*, Kollegialorganen, 1995, S. 205 m.w.N.; *Tiedemann*, ZIP 2004, 2056, 2058: „Personenautonomie". Nach *Spindler* kann eine Enthaltung das Vorstandsmitglied nicht von seiner Haftung entlasten, da es zu klarer Stellungnahme und Tätigwerden im Interesse der Gesellschaft verpflichtet sei, MK/*ders.*-AktG, 4. Aufl., § 93 Rn. 153. Dagegen spricht *Kort*, ZIP 1990, 294, 297, vom Recht, sich der Stimme zu enthalten.

Als Nebentäter kann – um bei unserem Beispielsfall zu bleiben – der C jedoch nicht haften, denn auch bei einem pflichtgemäßen Verhalten des C wäre der Erfolg nicht ausgeblieben. Insofern realisiert sich im tatbestandlichen Erfolg gerade nicht das rechtlich missbilligte Risiko seines Unterlassens.

4) Zwischenergebnis und die Pattsituation

Mithin ist im **Fall 3** soweit festzuhalten: C hat den Erfolg durch die Unterlassung der gebotenen Handlung in seiner Person noch nicht bewirkt. Denn die pflichtgemäße Gegenstimme durch C allein wäre nach dem Mehrheitsprinzip für den Rechtsgutschutz des Opfers noch nicht ausreichend. Das lässt sich bei Anwendung der sog. Quasi-Kausalität auf das Unterlassen durch C im **Fall 3** erweisen, weil die gebotene Handlung, also die Gegenstimme des C hinzugedacht werden kann, ohne dass der Erfolg entfiele. Oder – nach Maßgabe der hier vorgetragenen Kritik – normativ gewandt: Auch bei einem pflichtgemäßen Verhalten des C wäre der Erfolg nicht ausgeblieben, sodass sich im tatbestandlichen Erfolg gerade nicht das rechtlich missbilligte Risiko seines Unterlassens realisiert. Eine nebentäterschaftliche Erfolgszurechnung zu Lasten von C kann somit also nicht begründet werden. Aber auch nach der hier abgelehnten Risikoverminderungstheorie fällt das Ergebnis nicht anders aus. Denn der Erfolg wäre im Fall der gebotenen Handlung des C *mit an Sicherheit grenzender Wahrscheinlichkeit* eingetreten. Daher kann von einer Risikoverminderung im Falle pflichtgemäßen Verhaltens des C keine Rede sein.

Anders verhielte es sich erst, wenn etwa A, B und D pflichtwidrig mit *Ja*, hingegen E und F pflichtgemäß mit *Nein* abstimmen, wobei sich C seiner Stimme enthält. Denn wenn C in diesem Fall gegen den rechtswidrigen Beschluss gestimmt hätte, so wäre der Beschluss mangels Stimmmehrheit nicht zustande gekommen (im Ergebnis: 3 Pro-Stimmen zu 3 Kontra-Stimmen, also Pattsituation).[1031] Zwar wäre hier der Einwand denkbar, dass in diesem Alternativfall das Verhalten des C nicht anders beurteilt werden dürfe, nur weil eine Pattsituation vorliege. Jedoch kann sich C nicht zu seinen Gunsten auf eine hypothetische anders gelagerte Fallkonstellation berufen, da es normativ keinen Grund gibt, zu Gunsten des Täters eine Sachlage zu unterstellen, bei der es auf seinen Beitrag nicht ankäme.

II. Als Mittäter: §§ 266, 25 Abs. 2 StGB

1. Durch Tun

Wie bereits erwähnt hat der 3. Strafsenat des BGH im Mannesmann-Fall die Stimmenthaltung als eine Art der aktiven Stimmabgabe wie eine „Ja"- oder „Nein"-Stimme gewertet.[1032] Dabei sah der BGH den wirksamen Beitrag des sich der Stimme Enthaltenden in der vorangegangenen Teilnahme am Beschlussverfahren selbst, wobei

1031 *Hanft*, Jura 2007, 58, 61.
1032 SSW/*Saliger*, 2. Aufl., § 266 Rn. 107.

dieser auch die beabsichtigte Verhaltensweise der anderen kannte. Daher sei er sich bei seiner Stimmabgabe bewusst gewesen, dass die anderen für die pflichtwidrige Beschlussalternative votieren würden und dass das Ergebnis des Beschlussfassens unabhängig von seinem Beitrag festgelegt werde. Daher heißt es im Urteil: „Die Stimmenthaltung des Angekl. [...] entsprach hier objektiv und subjektiv im Ergebnis einer ‚Ja-Stimme', die mit Rücksicht auf seine Stellung als Arbeitnehmervertreter lediglich nach außen nicht erkennbar werden sollte."[1033] Auch ein Teil des Schrifttums vertritt diese Ansicht.[1034]

Der Auffassung des 3. Strafsenats ist insoweit zuzustimmen, als die Abstimmung an sich als eine „formalisierte"[1035] Art der Willenserklärung in die Kategorie des positiven *Tuns* einzuordnen ist. Man muss dann freilich zur Bestimmung der Handlung den Inhalt des durch die Stimme geäußerten Willens des Votierenden ermitteln. Nur dann lässt sich für den Täter feststellen, ob sich der Inhalt seiner Stimme im Ergebnis niedergeschlagen hat.[1036] Die subjektive Vorstellung – um auf unseren Ausgangsfall zurückzukommen – des C, dass das Beschlussverfahren unabhängig von ihm pflichtwidrig abläuft, führt weder dazu, dass deswegen die Stimmenthaltung dem Stimmverhalten von A und B inhaltlich gleichzustellen wäre, noch dazu, dass C sich bei der Abstimmung pflichtwidrig verhalten durfte. Die Stimmenthaltung ist vielmehr als Passivität dahingehend zu qualifizieren, dass sich der Stimmberechtigte zwar am Entscheidungsprozess (gesellschaftsrechtmäßig) beteiligt, aber seine Position in der zur Debatte stehenden Sache noch nicht endgültig gefestigt ist[1037] und dies durch sein Stimmverhalten zum Ausdruck bringt. Sie ist auch aus der Perspektive der Ja-Stimmenden eher mit der pflichtgemäßen Nein-Stimme gleichzustellen,[1038] weil sie letztlich in der Entscheidung keine Wirkung entfaltet, sodass sie gerade keine Form der Solidarisierung mit den mit *Ja* Abstimmenden darstellt.[1039] Daher kann man nicht von einer Mitwirkung an der Bildung eines gemeinsamen Tatentschlusses durch die Stimmenthaltung des C als Tun sprechen.

Der kausale Beitrag der Stimmenthaltung zur Wirksamkeit des Beschlusses besteht im Mannesmann-Fall – wie dies der 3. Strafsenat richtig gesehen hat – ausschließlich

---

1033 BGH NJW 2006, 522, 527. Hervorhebung dort.

1034 *Dencker*, in: Amelung [Hrsg.], Individuelle Verantwortung, 2000, 63, 70; *Vogel/Hocke*, JZ 2006, 568, 569.

1035 *Vogel/Hocke*, JZ 2006, 568, 569; *Neudecker*, Kollegialorganen, 1995, S. 204, sieht die Abstimmung als „das typische, rechtlich institutionalisierte Handlungsinstrument des Kollegialorgans" an.

1036 *Spindler*, in K. Schmidt/Lutter [Hrsg.], AktG, 2. Aufl., § 133 Rn. 26; *Hanft*, Jura 2007, 58, 61 ist auch der Meinung, dass es bei der Stimmenthaltung nicht darum gehe, warum sich der Täter – trotz einer unter Umständen vorhandenen inneren Billigung – enthalten habe, sondern dass er dies getan hat."; so *Ransiek*, NJW 2006, 814, 816.

1037 S/S/*Heine/Weißer*, 29. Aufl., § 25 Rn. 82.

1038 Vgl. *Knauer*, Die Kollegialentscheidung, 2001, S. 206 ff.

1039 Vgl. S/S/*Heine/Weißer*, 29. Aufl., § 25 Rn. 82; *Ransiek*, NJW 2006, 814, 816; *Vogel/Hocke*, JZ 2006, 568, 569.

in der Teilnahme am Beschlussprozess. Mit Blick hierauf vertritt *Dencker* folgenden Standpunkt:[1040] „Läge der Fall z.B. so, daß der Wegfall einer jeden Stimme nach diesen Regeln dazu führen würde, daß wegen Beschlußunfähigkeit ein Beschluß nicht zustande kommt, so wäre auch eine jede Gegenstimme oder Enthaltung haftungsbegründend. [...] Erkennt nämlich der sich der Stimme Enthaltende oder eine Gegenstimme Abgebende bei dieser Grenzkonstellation alle maßgeblichen tatsächlichen und rechtlichen Umstände [...] und enthält sich gleichwohl nicht der Stimmenthaltung oder der Gegenstimme, ergäbe es keinen ‚Sinn', ihn aus der Verantwortung zu entlassen, die er trägt, weil er einen notwendigen Teilsachverhalt eines kriminellen Gesamtsachverhalts verwirklicht." Er begründet die strafrechtliche Haftung des sich Enthaltenden jedoch nicht über die individuellen Haftungsgrundsätze, sondern über das dem § 25 Abs. 2 StGB zugrundeliegende Zurechnungsprinzip.[1041] *Vogel/Hocke* zufolge ist der kausale und arbeitsteilige Beitrag in Form bloßer Beteiligung des sich Enthaltenden an der Beschlussfassung dadurch zu einem mittäterschaftlichen – nicht bloß gehilfenschaftlichem – Beitrag geworden, dass er sich den Tatplan der anderen Abstimmenden zu Eigen machte. Jedoch kann weder die Kausalität des vorangegangenen Tuns die fehlende Ursächlichkeit der nachfolgenden Handlung ersetzen, noch dürfen die beiden voneinander abzutrennenden Handlungen (hier: die Teilnahme an der Abstimmung als solche und die Stimmenthaltung im Verfahren) angesichts der subjektiven Haltung des sich der Stimme Enthaltenden – selbst wenn man angesichts dessen von einer empirisch unerheblichen Kausalitätsabweichung sprechen möchte –[1042] zu einer tatsächlichen Einheit werden.[1043] Wie schon oben im **Fall 2** gesehen, ist die Beteiligung am Beschlussverfahren zwar für die Veränderung der Wirklichkeit kausal, aber nicht rechtlich missbilligt.[1044] Das folgt freilich nicht erst aus der pflichtgemäßen Abstimmung im Abstimmungsverfahren,[1045] sondern daraus, dass die Beteiligung am Verfahren unabhängig vom Inhalt der abzugebenden Stimme grundsätzlich erlaubt ist.[1046]

Zusammenfassend lässt sich daher festhalten, dass C durch seine Beteiligung am Beschlussprozess und der anschließenden Stimmenthaltung keinen gemeinsamen Tatentschluss mit A und B zur gemeinschaftlichen Tatbegehung vereinbart hat und

---

1040 *Dencker*, in: Amelung [Hrsg.], Individuelle Verantwortung, 2000, 63, 70.

1041 *Dencker*, in: Amelung [Hrsg.], Individuelle Verantwortung, 2000, 63, 70.

1042 Der Sachverhalt ist nicht mit dem sog. dolus generalis-Fall vergleichbar, in dem die erste vom Vorsatz erfasste Handlung für den späteren Erfolgseintritt nicht kausal ist, vielmehr die zweite, unvorsätzliche Handlung ihn verursacht, (ein Beispiel dazu *Murmann*, GS, 3. Aufl., § 24 Rn. 70.) Hier geht es um die Konstellation, in der der Täter durch die erste Handlung vorsätzlich den Erfolg verursacht hat, aber die darauffolgende Handlung keine Kausalität aufweist. Nun ist zweifelhaft, ob die erste Handlung pflichtwidrig ist.

1043 Vgl. *Hanft*, Jura 2007, 58, 61 Fn. 21.

1044 *Franke*, JZ 1982, 579, 583; *Ransiek*, NJW 2006, 814, 816.

1045 So *Vogel/Hocke*, JZ 2006, 568; *Hanft*, Jura 2007, 58, 60.

1046 Näher dazu Teil 2 B. I. 2. 2) (2).

ihm deswegen der tatbestandliche Erfolg nicht wegen Mittäterschaft durch Tun nach § 25 II StGB zugerechnet werden kann.

2. Durch Unterlassen

Wir haben im Rahmen der nebentäterschaftlichen Betrachtung gesehen, dass C durch die Stimmenthaltung zwar die ihm gebotene Pflicht, mit *Nein* abzustimmen, verletzt hat, dadurch aber in seiner Person nicht den Tatbestand verwirklicht hat. Fraglich ist allerdings, ob seine Unterlassung pflichtgemäßer Abstimmung eine mittäterschaftliche Strafbarkeit begründet.[1047]

Mittäterschaftliche Verantwortung durch Unterlassen ist in zwei Konstellationen denkbar. Erstens liegt Mittäterschaft durch Unterlassen vor, wenn zwei oder mehr Garanten untätig bleiben, obwohl die mögliche und gebotene Rettungshandlung durch ihr Zusammenwirken vollzogen werden könnte.[1048] Hierfür ist es auch nicht erforderlich, dass sie sich zur Straftat mit dem (den) anderen ausdrücklich verabreden.[1049] Eine solche Konstellation liegt hier jedoch nicht vor, denn A und B haben den tatbestandlichen Erfolg durch ihre aktive Abstimmung mit *Ja* (positives Tun) verursacht. Denkbar ist Mittäterschaft durch Unterlassen – zweitens – auch dann, wenn es für die Tatbestandsverwirklichung insgesamt notwendig ist, dass einige Täter ihren Beitrag durch positives Tun ausführen, während ein anderer Teil die gebotene und mögliche Rettungshandlung unterlässt. Hierfür ist aber eine ausdrückliche bzw. konkludente Vereinbarung erforderlich, die Tun und Unterlassen als gemeinschaftliche Tat verbindet. Abgesehen von der Frage, ob im **Fall 3** die vorherige Vereinbarung zur gemeinsamen Tat vorliegt, ist hier das Unterlassen durch C jedenfalls für den Erfolg nicht wesentlich, da ja auch bei pflichtgemäßer Abstimmung der tatbestandliche Erfolg allein durch das Abstimmungsverhalten der anderen Gremiumsmitglieder herbeigeführt worden wäre.

Denkbar wäre allenfalls noch, für Mittäterschaft durch Unterlassen damit zu argumentieren, dass der gemeinsame Tatentschluss bereits darin bestehe, dass alle Täter bei der Abstimmung ohne Rücksicht auf den Inhalt der Stimmen (also *Ja* oder *Enthaltung*) stets darüber einig sind, *nicht* pflichtgemäß mit *Nein* abzustimmen.[1050] In diesem Sinne haben alle Täter im **Fall 3** in Kenntnis der Tatumstände zumindest in Hinblick auf das Rechtsgut pflichtwidrig gehandelt. Dies genügt jedoch nicht den Anforderungen an einen gemeinsamen Tatentschluss i.S.v. § 25 Abs. 2 StGB, da sich hiernach nicht Grund und Grenze der mittäterschaftlichen Zurechnung

---

1047 Schon so *Bottke*, JR 1981, 342, 343.

1048 BGHSt 37, 106, 129; *Murmann*, GS, 3. Aufl., § 29 Rn. 87.

1049 *Murmann*, GS, 3. Aufl., § 29 Rn. 87; Zur Möglichkeit und Erforderlichkeit der Mittäterschaft durch mehrere Unterlassungen, siehe unten, Teil 2 E. II. 1.

1050 *Franke*, JZ 1982, 579, 583; vgl. *Roxin*, Täterschaft, 9. Aufl., S. 471: „[S]ie erfüllen denselben Tatbestand und verstoßen gegen eine gemeinsame Aufsichtspflicht, deren Verletzung sie ohne Rücksicht auf die Art des äußeren Verhaltens zu Tätern macht."

bestimmen lassen. Es käme vielmehr zu dem zweifelhaften Ergebnis, dass der pflichtwidrig motivierende, aber untätig bleibende Täter angesichts des Wissens von den Tatumständen immer als Mittäter verantwortlich wäre für die Tatbestandsverwirklichung, die andere als Begehungstäter begehen. Wenn jedoch kein konkreter Tatplan, der das Unterlassen des C als notwendig-funktionalen (d.h. für die Straftat wesentlichen) Beitrag erscheinen lässt, vorliegt, dann kann C höchstens als Gehilfe bestraft werden.

III. Ergebnis

Im Ergebnis kommt im **Fall 3** eine mittäterschaftliche Strafbarkeit des C wegen seiner Stimmenthaltung weder durch Tun noch durch Unterlassen in Betracht. Die denkbare Strafbarkeit wegen Beihilfe des C durch die Stimmenthaltung[1051] träte hinter die vorliegend angenommene täterschaftliche Strafbarkeit des C wegen strafrechtlich relevanten Verhaltens *nach* der Abstimmung,[1052] zurück.

1051 S/S/*Heine*/*Weißer*, 29. Aufl., § 25 Rn. 82.
1052 Siehe oben, Teil 2 B. I. 3.

D. Fall 4: Nichtteilnahme am Beschlussverfahren

C hat im Unterschied zu Fall 3 nun sogar noch nicht einmal an der Sitzung teilgenommen. Das hindert aber nicht an der rechtswidrigen Beschlussfassung durch A und B. Denn für die Beschlussfähigkeit des Gremiums müssen nun nicht alle, sondern zwei davon an der Abstimmung teilnehmen. Ist C gleichwohl strafrechtlich verantwortlich?

Um die strafrechtliche Haftung wegen der Nichtteilnahme am Beschlussverfahren zu ermitteln, muss man zunächst feststellen, ob die (hypothetische) Teilnahme am Beschlussverfahren strafrechtlich *geboten* ist. In den **Fällen** 2 und 3 haben wir bereits gesehen, dass die tatsächliche Teilnahme am Beschlussverfahren – abgesehen von der Ausnahmekonstellation –[1053] gesellschafts- und strafrechtlich zumindest *nicht verboten* ist, obwohl sie für die spätere Rechtsgutverletzung kausal ist.[1054] Darüber hinausgehend ist die Teilnahme an der Abstimmung dann strafrechtlich *geboten*, wenn die drohende Tatbestandsverwirklichung nur durch die kollektive Entscheidung vermeidbar ist. Dem steht das Mehrheitsprinzip nicht entgegen, nach dem nicht alle Stimmberechtigten, sondern eine Mehrheit für den gebotenen Beschluss stimmen müssen bzw. muss.[1055] Außerdem sprechen hierfür in unserem Kontext §§ 76 und 93 AktG sowie ggf. die Satzung des jeweiligen Unternehmens.[1056] Daran ändert sich auch nichts, wenn der eine Täter den Tatplan der Mehrheit zuvor erkannt hat, weil die Garantenpflicht sich nicht nur auf den Fall der faktischen Erfolgsabwendungsmöglichkeit beschränkt,[1057] sondern der Täter auch dazu verpflichtet ist, auf die zur Tat entschlossene Mehrheit einzuwirken, damit diese mit ihrem Tatplan aufhört.

Nun stellt sich ein Problem mit Blick auf die Quasi-Kausalität zwischen der pflichtwidrigen Nichtteilnahme an der Abstimmung und dem Erfolgseintritt. Hier besteht nämlich die Besonderheit, dass die Quasi-Kausalität erst über das hypothetische Stimmverhalten innerhalb der Abstimmung ermittelt werden könnte. Um zu prüfen, ob die gebotene Teilnahme am Beschlussverfahren hinzugedacht werden kann, ohne dass der Erfolg mit an Sicherheit grenzender Wahrscheinlichkeit entfiele, darf man hier angesichts des Vertrauensprinzips von einem pflichtgemäßen Stimmverhalten des C in der Abstimmung ausgehen. Das stellt keine unerlaubte Berücksichtigung hypothetischer Abläufe im Rahmen der Erfolgszurechnung dar. Denn es handelt sich bei der pflichtwidrigen Nichtteilnahme am Beschlussverfahren um die Konstellation einer *omissio libera in omittendo*, bei der sich der Täter

1053 Siehe oben, Teil 2 B. I. 2. 2) (2) b.
1054 Siehe oben, Teil 2 B. I. 2. 2) (2) a.
1055 Siehe unten, Teil 2 E. I. 2.
1056 Siehe oben, Teil 2 B. I. 2. 2) (2) a.
1057 Siehe oben, Teil 2 B. I. 3. 2) (5).

durch seine freie Unterlassung (hier die Nichtteilnahme an der Beschlusssitzung) der Möglichkeit der gebotenen Stimmabgabe im Beschlussverfahren beraubt.[1058]

Weißer sieht dies anders.[1059] Nach ihr ist die Kausalitätsqualität der fraglichen Verhaltensweise im Zusammenwirken mit dem nachfolgenden Verhalten zu bestimmen, also *„im Gesamtzeitraum zwischen Mehrheitsentscheidung und Ausführung* der Entscheidung durch das Verletzerverhalten".[1060] Denkbar sei danach etwa die Konstellation, in der der nicht an der Beschlusssitzung Beteiligte im Nachhinein für die rechtmäßige Alternative abstimmen kann und so die Entscheidung im Ergebnis rechtmäßig ergehen könnte. Ob dies möglich ist, bestimmt sich nach der Verfahrens- und Organisationsordnung hinsichtlich des Beschlusses bzw. der Beschlussfassung. Hinzu kommt als zweite Variante, dass die faktische Umsetzung der Entscheidung im Zuständigkeitsbereich des an der Beschlusssitzung nicht Beteiligten liegt und dieser somit noch Einflussmöglichkeiten im Nachhinein hat. Gegen diese Sichtweise ist aber einzuwenden, dass die (Quasi-)Kausalität der Nichtteilnahme am Beschlussverfahren nur über die gedachte Verhaltensweise *im* Beschlussverfahren, nicht aber mittels der nachherigen Beiträge des nicht an der Beschlusssitzung Beteiligten feststellbar ist. Nicht ersichtlich ist ferner, warum man nicht die gerade erwähnten, nachträglichen Beiträge, sondern die diesen weit vorausgehende Nichtteilnahme am Beschlussverfahren als Ursache des letztlich eintretenden tatbestandsmäßigen Erfolges qualifizieren sollte. Kausalität besagt definitionsgemäß, dass die Ursache die Folge bestimmt, nicht umgekehrt. Der Ansatz von *Weißer* führt zu dem fragwürdigen Ergebnis, dass die pflichtgemäße Nein-Stimme innerhalb der Abstimmung auch für den Erfolgseintritt kausal wäre, wenn der so pflichtgemäß Abstimmende im Nachhinein die Entscheidung in seinem Zuständigkeitsbereich allein oder mit anderen ausgeführt hat oder es unterlassen hat, die Umsetzung der Entscheidung zu verhindern.

Im Ergebnis ist daher im **Fall 4** die Quasi-Kausalität zu verneinen. Auch wenn C an der Abstimmung teilgenommen hätte *und* in der Abstimmung gegen den rechtswidrigen Beschluss gestimmt hätte, wäre der Erfolg wegen der Beiträge von A und B eingetreten. Das Ergebnis ist dann aber anders, wenn es bei der gebotenen Handlung in der Abstimmung um die zuvor geschilderte Pattsituation geht.[1061] Insoweit ist die Nichtteilnahme an der Abstimmung mit der Stimmenthaltung in der Abstimmung vergleichbar.[1062] Diese unterschiedlichen Ergebnisse lassen sich allerdings angesichts der verbleibenden Strafbarkeit des Verhaltens nach der Abstimmung einebnen.[1063]

1058 Vgl. *Kühl*, AT, 7. Aufl., § 18 Rn. 12; *Ransiek*, JuS 2010, 490, 492.

1059 *Weißer*, Kollegialentscheidung, 1996, S. 193 ff.

1060 *Weißer*, Kollegialentscheidung, 1996, S. 194 f.

1061 Siehe oben, Teil 2 C. I. 3. 4).

1062 Im Aktienrecht *Hüffer/Koch*, AktG § 133 Rn.18; *Spindler* in K. Schmidt/Lutter (Hrsg.), AktG, 2. Aufl., § 133 Rn. 15.

1063 Siehe oben, Teil 2 B. I. 3. 2).

E. Fall 5: Die gemeinsame Untätigkeit in einer Notsituation

Deutschland hat seit langem eine rückläufige Konjunktur. Das Unternehmen X ist daher in finanzielle Not geraten. Der mit an Sicherheit grenzender Wahrscheinlichkeit einzige Ausweg ist nach Aussage der meisten wirtschaftlichen Spezialisten die freundliche Übernahme durch das koreanische Unternehmen Y. Die Mitglieder A, B und C des Vorstandsgremiums des Unternehmens X haben als Entscheidungsträger aber trotzdem bei der Sitzung nicht die Mitwirkung an der Übernahme beschlossen. Vielmehr haben sie gar keine Maßnahmen zur Besserung der finanziellen Lage des Unternehmens vorgenommen. Dies hat zu einem Vermögensnachteil für das Unternehmen im Sinne des § 266 StGB geführt. Inwiefern haften A, B und C für den tatbestandsmäßigen Erfolg?

I. Als Nebentäter durch Unterlassen?

Für die Beantwortung der Strafbarkeit gemäß § 266 StGB kann der Sachverhalt dahingehend ergänzt werden, dass jeder Täter bei der Sitzung die finanzielle Krise des Unternehmens aus irgendeinem Grund bewusst nicht thematisiert hat.[1064] Innerhalb des Sachverhalts sind hier wiederum Abstimmungen nach dem Einstimmigkeits- oder Mehrheitsprinzip zu unterscheiden.

1. Einstimmigkeitsprinzip

1) Die Pflichtwidrigkeit der Unterlassung

Fraglich ist schon, ob man angesichts der Tatsache, dass eine Abstimmung nach dem Einstimmigkeitsprinzip in Kenntnis des Rettungsgebotes gänzlich unterblieben ist und daher ein anderes Verhalten des einzelnen Gremiumsmitglieds nicht zur Erfolgsvermeidung geeignet ist, überhaupt von einer Pflichtwidrigkeit des Unterlassens sprechen kann.[1065] Denn eine Pflicht zur Erfolgsabwendung durch den einzelnen

1064 Vgl. *Samson*, StV 1991, 182, 185: „[W]ie entschieden werden soll, wenn ein gemeinsamer Entschluß nicht gefaßt wurde, sondern jeder in Kenntnis des Rettungsgebotes schlicht überhaupt nichts tut."; a.A. *Mansdörfer*, FS-Frisch, 2013, 315, 323 f., der darauf hinweist, dass der Rückzug auf das Unterlassen möglicherweise etwas vorschnell komme und auch zu sehr „den Tatbestandsbezug" bzw. den „personalen Bezug" überhaupt aus dem Blick verliere.

1065 *Dencker*, Kausalität, 1996, S. 169 f.; *Weißer*, Kollegialentscheidung, 1996, S. 74 f., 178; vgl. BGHSt 37, 106, 125 f.; BGH JZ 2003, 575, 580: „Unter dem Gesichtspunkt der Handlungspflicht der Angeklagten bleibt es ohne Bedeutung, daß es ungewiß ist, ob die Angeklagten durch die ihnen gebotenen Aktivitäten jeweils das Leben der Opfer tatsächlich gerettet hätten."

Täter setzt begrifflich deren Möglichkeit voraus.[1066] Hieran fehlt es gerade, wenn wie hier der Erfolg erst durch das Zusammenwirken aller abgewendet werden kann. Geht man allerdings – wie hier – davon aus, dass die Frage der Quasi-Kausalität des Verhaltens für die objektive Zurechnung des eingetretenen Erfolgs maßgebend ist, nicht aber für die Feststellung der Pflicht zum Zeitpunkt des fraglichen Unterlassens, so stellt sich die Lage anders dar. Denn die Garantenpflicht beschränkt sich beim Vorsatzdelikt nicht auf die faktische Erfolgsabwendungsmöglichkeit[1067] und im fahrlässigen Erfolgsdelikt kann sie sich über die Verhinderung der unmittelbaren Erfolgsverursachung hinaus auf die Verhinderung der drittvermittelten Erfolgsverursachung, also die Risikoverminderung, ausdehnen.[1068] Wenn nun zur Handlungszeit feststeht, dass das rechtlich zu schützende Rechtsgut im konkreten Fall nur durch das Zusammenwirken von allen Beiträgen hätte gerettet werden können, so ist also vielmehr die Zusammenwirkung selbst rechtlich geboten.

Näher betrachtet, ist von Rechtsordnung zuerst der gemeinsame Rettungsentschluss durch mehrere Unterlassende und dann die dem gemäße, dem einzelnen Täter mögliche und zumutbare Teilrettungsaktion *geboten*. Das Verhalten des Unterlassungstäters ist also jeweils pflichtwidrig.[1069] Der BGH hat daher im Lederspray-Fall richtigerweise das den einzelnen Geschäftsführer treffende Handlungsgebot von der Pflicht zum Rückruf, die allen Geschäftsführern gemeinsam oblag, unterschieden. Jeder sei also trotz der (allgemeinen) Allzuständigkeit für die Schadensabwendung im konkreten Fall nur dazu verpflichtet, unter vollem Einsatz seiner Mitwirkungsrechte das ihm Mögliche und Zumutbare zu tun, um einen Beschluß der Gesamtgeschäftsführung über Anordnung und Vollzug des gebotenen Rückrufs zustandezubringen.[1070]

Darüber hinaus haben wir gesehen, dass man davon ausgehen kann, dass sich andere Mitbürger als freie und gleiche Person nicht willkürlich, sondern normgemäß verhalten würden, um zu prüfen, ob das betroffene Verhalten in Bezug auf den Rechtsgutschutz *pflichtwidrig oder -gemäß* ist.[1071] Unter diesem Gesichtspunkt stellt sich die jeweilige Unterlassung der gebotenen Abstimmung als pflichtwidrig dar, weil sie bei der drohenden Gefahr für das Rechtsgut zu dessen Verletzung führt. Davon zu unterscheiden ist die Frage, ob sich die Pflichtwidrigkeit des Täters im Erfolg realisiert hat. Hierbei muss man das pflichtwidrige Verhalten des anderen mitberücksichtigen.

Trotzdem zog der BGH im Politbüro-Fall den normativen Gedanken heran, *um* die Kausalität und somit die nebentäterschaftliche Haftung für die Tatbegehung durch Unterlassen zu begründen: „Die Beurteilung der »Quasi-Kausalität« des

---

1066 Vgl. *Murmann*, FS-Beulke, 2015, 181, 187; *Roxin*, Täterschaft, 9. Aufl., S. 459.
1067 *Murmann*, FS-Beulke, 2015, 181, 189 f.; *Roxin*, AT II, § 31 Rn. 10.
1068 *Murmann*, GS, 3. Aufl., § 23 Rn. 55; *ders.*, FS-Beulke, 2015, 181, 189 Fn. 42.
1069 Siehe oben, Teil 2 A. II. 1. 2) (6) b. iv. und C. I. 3. 3).
1070 BGHSt 37, 106, 125 f.
1071 Siehe oben, Teil 2 A. I. 1. 3) (1) b.

Unterlassens erfolgt allein nach normativen Kriterien. In diesem Zusammenhang ist rechtmäßiges Verhalten der parallelen Garanten zu unterstellen; denn das Recht hat von der Befolgung seiner Regeln auszugehen."[1072] Der Grund dafür liegt darin, dass der Unterlassungstäter in dem der Entscheidung des BGH zugrunde liegenden Sachverhalt – ähnlich wie im **Fall 5** – mit den anderen Beteiligten keinerlei geistigen Kontakt hatte, sodass eine mittäterschaftliche Strafbarkeit ausgeschlossen war. Um näher zu untersuchen, ob dieser Lösungsweg plausibel ist, muss man zunächst die Konstellationen, in denen sich mehrere Unterlassungstäter an einer Straftat beteiligen, analysieren.

2) Die sog. Quasi-Kausalität

Zuvor wurde bereits festgestellt, dass für eine vollendete Strafbarkeit des Täters wegen der Nichtvornahme der gebotenen Handlung die sog. Quasi-Kausalität der Unterlassung bejaht werden muss und dass die Schaffung bzw. Erhöhung des strafrechtlich relevanten Risikos durch Unterlassen in diesem Zusammenhang noch nicht ausreicht.[1073] Wie verhält es sich diesbezüglich, wenn sich nun mehrere Täter durch Unterlassen an einer Verletzung des Rechtsgutsobjekts beteiligen? Grundsätzlich kann man sich hier wieder zwei Konstellationen vorstellen: die (1) alternative und (2) kumulative Quasi-Kausalität durch Unterlassen.[1074]

(1) Die sog. alternative Quasi-Kausalität

Eine *alternative* Quasi-Kausalität liegt dann vor, wenn der eingetretene Erfolg durch die hypothetisch-gebotene Handlung des Täters für sich genommen vermieden werden könnte. Z.B.: Das Opfer O wurde durch verdorbenes Essen vergiftet. Zum Entgiften benötigt es 10 g Gegengift. A und B haben zwar jeweils eine hinreichende Menge Gegengift, aber geben es ihm unabhängig voneinander nicht, so dass O stirbt. Die gebotene Handlung ist hier *alternativ* für die Erfolgsvermeidung hinreichend. Quasi-Kausalität ist mithin zu *bejahen*, da der Erfolg bei Vornahme der gebotenen Handlung durch den einzelnen Täter vermieden worden wäre. A und B haften daher als Garanten für die Tatbegehung durch Unterlassen nebentäterschaftlich.[1075] Dementsprechend können sich A und B auch nicht jeweils auf die Rettungsmöglichkeit und -pflicht des jeweils anderen berufen, weil diese auf die eigene Rettungspflicht keinen Einfluss hat.[1076]

1072 BGHSt 48, 77, 95; in Literatur *Puppe*, JuS 1982, 661, 665; *dies.*, FS-Frisch, 2013, 447, 452; so auch *Bloy*, FS-Maiwald, 2010, 35, 56; *ders.*, Die Beteiligungsform, 1985, S. 278; *Röckrath*, NStZ 2003, 641, 645; *Samson*, Hypothetische Kausalverläufe, 1972, S. 137 f., 146, 172. Siehe unten, Teil 2 E. I. 1. 2) (2) a.

1073 Siehe oben, Teil 2 C. I. 3.

1074 *Stratenwerth/Kuhlen*, AT, 6. Aufl., § 14 Rn. 16 ff.; *Mosenheuer*, Unterlassen und Beteiligung, 2009, S. 135; vgl. *Schaal*, Gremienentscheidungen, 2001, S. 201 ff.

1075 *Schaal*, Gremienentscheidungen, 2001, S. 201.

1076 Vgl. *Murmann*, Die Nebentäterschaft, 1993, S. 225 f.

(2) Die sog. kumulative Quasi-Kausalität

„Umgekehrt" stellt sich die Situation bei kumulativer Quasi-Kausalität dar.[1077] Wenn im soeben geschilderten Beispiel erst die Menge des Gegengifts von A und B zusammengenommen für eine Entgiftung hinreichend ist, folgt daraus zweierlei: Zum einen ist die jedem einzelnen gebotene Handlung für sich genommen zur Erfolgsvermeidung nicht ausreichend und zum anderen die Unterlassung der jedem einzelnen gebotenen Rettungshandlung für den Erfolgseintritt hinreichend.[1078] Man kann daher *nicht* von Quasi-Kausalität sprechen, weil der einzelne Täter durch Vornahme der gebotenen Handlung den Erfolg nicht hätte verhindern können.[1079] Trotzdem spricht sich hier eine Ansicht für eine Kausalität der Unterlassung für den Erfolgseintritt aus, weil nach ihr nicht das Verhältnis zwischen der gebotenen Handlung und der Erfolgsvermeidung, sondern das zwischen der Unterlassung und dem Erfolgseintritt maßgeblich ist.[1080] Dagegen spricht jedoch, dass beim unechten Unterlassungsdelikt maßgeblich ist, ob der tatbestandsmäßige Erfolg bei hypothetischer Vornahme der gebotenen Handlung mit an Sicherheit grenzender Wahrscheinlichkeit hätte verhindert werden können.[1081] Irrelevant ist hingegen – wie oben bereits ausgeführt –[1082] die faktische Frage, ob die Unterlassung im naturalistischen Sinne den Erfolg verursacht hat. *De facto* ist die Ursache für den Erfolg nicht die Unterlassung, sondern ein anderweitiger natürlicher Geschehensablauf. Das führt dazu, dass bei der Prüfung der Quasi-Kausalität für die Feststellung des Wirkungszusammenhangs nicht auf die Betrachtung des eingetretenen Erfolgs in seiner konkreten Gestalt abgestellt werden kann.[1083] Das strafrechtliche Unrecht liegt bei den unechten Unterlassungsdelikten nämlich zunächst in der pflichtwidrigen Verletzung des Abhängigkeitsverhältnisses zwischen dem Garanten und dem Opfer durch die Unterlassung der gebotenen Handlung, also im „Entzug der dem anderen [Opfer] zustehenden Möglichkeit".[1084] Außerdem muss sich das durch die Unterlassung geschaffene, rechtlich missbilligte Risiko für das Rechtsgut des Opfers im konkreten Erfolg realisieren.

Allerdings hat der BGH im Lederspray-Fall und im Politbüro-Fall zwei in der Sache eigentlich ähnlich gelagerte Konstellationen (es ging jeweils um mehrere Stimmberechtigte, die keine Entscheidung getroffen haben, durch die die spätere

---

1077 *Röckrath*, NStZ 2003, 641, 645 Fn. 56.

1078 Vgl. *Dencker*, Kausalität, 1996, S. 172; *Rödig*, Die Denkform, 1969, S. 136 ff.; *Joerden*, Fallsysteme, 1986, S. 151 f., Fn. 33; *Meier*, NJW 1992, 3193, 3197 f.; *Sofos*, Mehrfachkausalität, 1999, S. 133, welcher aber nach Maßgabe der – hier abgelehnten – modifizierten *conditio*-Formel alternative Kausalität annimmt.

1079 *Toepel*, Pflichtwidrigkeitszusammenhang, 1992, S. 74 Fn. 96.

1080 *Renzikowski*, Restriktiver Täterbegriff, 1997, S. 290.

1081 *Kahlo*, Das Problem, 1990, S. 234 m.w.N.; *Kamm*, Die fahrlässige Mittäterschaft, 1999, S. 202.

1082 Siehe oben, Teil 2 B. I. 3. 2) (3) und C. I. 3.

1083 Siehe oben, Teil 2 C. I. 3.

1084 *Wolff, E.A.*, Kausalität, 1965, S. 36 ff.

Tatbestandsverwirklichung verhindert worden wäre) anders bewertet. Die Fälle unterscheiden sich allein dahingehend, dass es beim ersten um einen positiven kollegialen Beschluss geht, während im Politbüro-Fall alle Täter gänzlich untätig geblieben sind.

a. Die Lösung von BGHSt 48, 77 und ihre Kritik

Der BGH hat im Politbüro-Fall die Politbüro-Mitglieder jeweils als mittelbare Täter für die Tötung durch die DDR-Grenzsoldaten strafrechtlich verantwortlich gemacht.[1085] Ihnen wurde vorgeworfen, den Schießbefehl nicht aufgehoben zu haben, auf dem die Schüsse der Grenzsoldaten beruhte. Der BGH hat dabei aufgrund der Annahme der Quasi-Kausalität des Unterlassens der Täter für den Erfolgseintritt ein „nebentäterschaftliches" Verhältnis bejaht. In der Begründung wurde maßgeblich auf das hypothetisch-normgemäße Verhalten der anderen Politbüro-Mitglieder abgestellt, die sich pflichtmäßig verhalten hätten:[1086] „Auch die ...»Quasi-Kausalität«, wonach der »quasi-ursächliche« Beitrag jedes einzelnen Politbüro-Mitglieds zum jeweiligen Taterfolg nicht in der gedachten bloßen Konsequenz des individuellen Unterlassens zu suchen, sondern in der hypothetischen Folge des gemeinschaftlichen Unterlassensverhaltens aller Politbüro-Mitglieder zu finden ist, nötigt nicht etwa zu der Prüfung, ob auch die Voraussetzungen einer Mittäterschaft, namentlich ein gemeinschaftlicher Tatentschluß, vorliegen."[1087] Der Grund für die nebentäterschaftliche Lösung des BGH und damit für die Untersuchung der Quasi-Kausalität liegt darin, dass die Stimmberechtigten hier anders als im Lederspray-Fall keinen gemeinsamen positiven Beschluss in der Frage der Rettung des Opfers, über den sich ein gemeinsamer Tatentschluss und damit mittäterschaftliche Zurechnung gemäß § 25 Abs. 2 StGB konstruieren ließe, getroffen haben.

Die Annahme der Quasi-Kausalität unter Zugrundlegung des allseitig normgemäßen Verhaltens ist jedoch nicht überzeugend. Denn zum einen muss man – wenn man mit dem BGH alle normwidrigen Unterlassungen wegdenkt, um die Quasi-Kausalität anzunehmen – letztlich implizit eine Verbindung aller Unterlassungen angesichts der gemeinsamen Rettungsmöglichkeit annehmen, was sich jedoch nur im Rahmen der Mittäterschaft rechtfertigen lässt. Zum anderen ist der normative Ausgangspunkt, dass man vom normgemäßen Verhalten durch die anderen ausgehen muss, um die Frage einer rechtlich missbilligten Risikoschaffung durch den Täter zu beantworten, gewissermaßen voreingenommen. Denn es ist zweifelhaft, ob bei der Prüfung der Quasi-Kausalität der betroffenen Unterlassung unter Voraussetzung eines i.Ü. allseitig normgemäßen Verhaltens überhaupt ein anderes Ergebnis

---

1085 Näher zur mittelbaren Täterschaft in Form des Machtapparats, siehe oben, Teil 2 A. II. 1. 2) (4) b. ii.

1086 Zustimmend *Röckrath*, NStZ 2003, 641, 645. Er begründet allerdings im Politbüro-Fall die einzelne Kausalität mittels der INUS-Formel begründet; vgl. *Sofos*, Mehrfachkausalität, 1999, S. 245 ff.

1087 BGHSt 48, 77, 95 f.

denkbar ist. Anders gesagt: Setzt man allseitig normgemäßes Verhalten voraus, bleibt der Erfolg bei pflichtgemäßer Handlung des einzelnen immer aus.[1088] Daher ist es vielmehr geboten bei der Prüfung der Quasi-Kausalität die wirklich stattgefundenen, pflichtwidrigen Unterlassungen anderer mit einzubeziehen.[1089] Dann ist aber im Ergebnis die Quasi-Kausalität der individuellen Unterlassung zu verneinen: Auch wenn der Unterlassungstäter die gebotene Handlung vorgenommen hätte, wäre der gebotene Rettungsbeschluss nicht gefasst worden, weil die anderen untätig geblieben wären.

b. Die Lösung von BGHSt 37, 106, 126 ff. und ihre Kritik

Der BGH hat im Lederspray-Fall den seiner Entscheidung zugrunde liegenden Sachverhalt, der erst mit der Abstimmung begonnen hat, mit Blick auf die Kausalitätsprüfung in drei Stufen eingeteilt[1090] und zunächst für die erste Stufe ausgeführt: „Der (hypothetische) Ursachenzusammenhang der ersten Stufe [sc. zwischen den gebotenen Handlungen der Stimmberechtigten insgesamt und der Beschlussfassung] ist auf der Grundlage der getroffenen Feststellungen ebenfalls zu bejahen. Allerdings muß auch insoweit berücksichtigt werden, daß […] die Handlungspflicht jedes einzelnen Angeklagten sich darauf beschränkt, alles ihm Mögliche und Zumutbare zu tun, um einen Beschluß der Gesamtgeschäftsführung über Anordnung und Vollzug des gebotenen Rückrufs zustandezubringen. Demgemäß ist entscheidend, ob die Erfüllung dieser Handlungspflicht dazu geführt hätte, daß ein solcher Beschluß gefaßt worden wäre. Wird diese Frage für jeden der Angeklagten gesondert gestellt, so kann ihre Beantwortung deshalb zweifelhaft sein, weil nicht auszuschließen ist, daß jeder der Geschäftsführer mit dem Versuch, die erforderliche Entscheidung herbeizuführen, am Widerstand der übrigen, den Rückruf ablehnenden Geschäftsführer gescheitert wäre. Doch läßt dies seine strafrechtliche Haftung gleichwohl bestehen."[1091] Der BGH meint, dass der (hypothetische) Ursachenzusammenhang zwischen den gebotenen Handlungen der Stimmberechtigten insgesamt und der Beschlussfassung, nicht aber die Quasi-Kausalität der jeweils einzelnen Unterlassung bejaht werden könne. Daher hat der BGH in der Folge auf die Mittäterschaft abgestellt, um die einzelnen Unterlassungen wechselseitig zuzurechnen.

1088 *Ranft*, JZ 2003, 584: „[D]er Begriff ‚paralleles Unterlassen' hat keinen Inhalt."

1089 *Murmann*, GS, 3. Aufl., § 23 Rn. 115.

1090 BGHSt 37, 106, 127: „Auf der ersten Stufe war zu entscheiden, ob die gebotene Rückrufaktion überhaupt zustandegekommen wäre, auf der zweiten, ob sie den jeweils zwischengeschalteten Händler rechtzeitig erreicht hätte, und der dritten, ob dieser den Rückruf beachtet, das schadensauslösende Lederspray also nicht dem Verbraucher ausgefolgt hätte, so daß dessen gesundheitliche Schädigung unterblieben wäre."

1091 BGHSt 37, 106, 128 f.; so auch *Dreher*, JuS 2004, 17, 18; dazu kritisch *Samson*, StV 1992, 182, 184 f.

Der BGH hat im Lederspray-Fall zu Recht die mittäterschaftlichen Tatbegehung durch Unterlassen bejaht, „wenn mehrere Garanten, eine ihnen gemeinsam obliegende Pflicht nur gemeinsam erfüllen können, gemeinschaftlich den Entschluss fassen, dies nicht zu tun."[1092] Wenn – wie im Lederspray-Fall – die Gremiumsmitglieder den gemeinschaftlichen Entschluss gefasst haben, die ihnen gemeinsam obliegende Schadensabwendungspflicht nicht zu erfüllen,[1093] ist es mit Blick auf die mittäterschaftliche Haftung gleichgültig, ob der Schaden erst durch das Zusammenwirken der Rettungsbeiträge mehrerer oder durch den Beitrag jedes einzelnen für sich hätte abgewendet werden können. Wenn z.B. der Vater und die Mutter jeweils in der Lage sind, ihr zu ertrinken drohendes Kind zu retten und sie trotzdem vereinbaren, nichts zu tun, sodass das Kind stirbt, sind sie für den Tod mittäterschaftlich verantwortlich. Allerdings ist nach der in dieser Arbeit vertretenen Auffassung der Wirkungszusammenhang für den Erfolg darin zu sehen, dass der Mittäter bei der Mitwirkung an der Bildung des gemeinsamen Tatentschlusses die jeweils anderen beeinflusst hat; genauer ihn zur Straftat veranlasst oder zumindest bestärkt hat. Die Kausalität im psychischen Sinne entfällt auch nicht, wenn einige Beschlussberechtigte bereits vor dem Beschlussverfahren zur rechtswidrigen Abstimmung entschlossen waren.[1094] Wenn man daher – wie hier – das gemeinsame Abstimmungsverhalten angesichts der Organisationsstruktur von Unternehmen für die mittäterschaftliche Haftung ausreichend ansieht,[1095] so muss man anders als der BGH von einer Mittäterschaft durch *Tun* sprechen. Der Unterschied des im Lederspray-Fall geschilderten Sachverhalts zu dem normalen Fall der Mittäterschaft durch Tun liegt insofern lediglich darin, dass die zu erwartende, gemeinsame Tatausführung ein Unterlassen darstellt.

Jedoch nimmt der BGH bei der Prüfung der fahrlässigen Haftung für die Körperverletzung durch die Entscheidung, die fehlerhaften Produkte nicht zurückzurufen, zu Unrecht zuerst eine kumulative Quasi-Kausalität an und begnügt sich dann damit für die Begründung der strafrechtlichen Haftung.[1096] Mit Blick auf die Kausalität führt er aus: „Kann die zur Schadensabwendung gebotene Maßnahme, hier der von der Geschäftsführung zu beschließende Rückruf, nur durch das Zusammenwirken mehrerer Beteiligter zustandekommen, so setzt jeder, der es trotz seiner Mitwirkungskompetenz unterläßt, seinen Beitrag dazu zu leisten, eine Ursache dafür, daß die gebotene Maßnahme unterbleibt."[1097] Das ist angesichts der oben ausgeführten Analyse der sog. kumulativen Quasi-Kausalität[1098] nicht richtig. Wie dort gezeigt, ist jede Unterlassung für den Erfolg dann nicht quasi-ursächlich, wenn dieser nur durch das Zusammenwirken mehrerer Beiträge vermieden worden wäre.

1092 BGHSt 37, 106, 129.
1093 BGHSt 37, 106, 129.
1094 Schon so, *Schaal*, Gremienentscheidungen, 2001, S. 192.
1095 Siehe dazu oben, Teil 2 A. II. 1. 2) (4).
1096 BGHSt 37, 106, 130 ff.
1097 BGHSt 37, 106, 131.
1098 Siehe oben, Teil 2 E. I. 1. 2) (2).

So verhält es sich auch hier, da auch bei Vornahme der gebotenen Handlung der gebotene Beschluss ausgeblieben und der Erfolg eingetreten wäre.[1099] Sog. kumulative Quasi-Kausalität lässt sich nicht ohne die hier abgelehnte Lösung in BGHSt 48, 77 ff. begründen. Man muss sagen, dass der BGH die unterschiedliche Sachstruktur von Tun und Unterlassen nicht ernst genommen hat. Dies wird in der Ansicht des BGH augenfällig, dass die Annahme der kumulativen Kausalität im Begehungsdelikt haftungsbegründend sei und dies auch für die unechten Unterlassungsdelikte gelte.[1100] Dagegen spricht zum einen, dass die Feststellung der Kausalität für die objektive Zurechnung notwendig, aber nicht hinreichend ist,[1101] zum anderen, dass der Quasi-Kausalzusammenhang im Fall der sog. kumulativen Quasi-Kausalität nicht anzunehmen ist.

(3) Zwischenergebnis

Quasi-Kausalität des individuellen Tatbeitrages lässt sich in der hier verhandelten Konstellation nicht bejahen. Auch wenn jedes der Mitglieder A, B und C nebeneinander zunächst am Entscheidungsverfahren teilgenommen hätte und dann seine Stimme pflichtgemäß abgegeben hätte, wäre der tatbestandmäßige Erfolg angesichts des Einstimmigkeitsprinzips gleichwohl eingetreten, weil die anderen Stimmberechtigten untätig geblieben wären.

2. Mehrheitsprinzip

Nun stellt sich die Frage, ob eine nebentäterschaftliche Haftung in Betracht kommt, wenn die Abstimmung dem Mehrheitsprinzip unterliegt. Dies ist zunächst mit Blick auf die Pflichtwidrigkeit der Unterlassung zu beantworten. Es geht dabei um die Frage, ob eine Pflicht des Täters zu pflichtgemäßem Verhalten deswegen entfällt, weil er durch sein Stimmverhalten den Erfolg bei einheitlichem Stimmverhalten der anderen Gremiumsmitglieder ohnehin nicht beeinflussen kann. Wie aber oben schon gesehen,[1102] hebt diese Möglichkeit die Pflichtwidrigkeit des Verhaltens *nicht* auf, weil die Garantenpflicht unabhängig von den Erfolgsaussichten eigener Rettungsbemühungen zunächst dahingehend besteht, unter vollem Einsatz der eigenen Mitwirkungsrechte das Mögliche und Zumutbare zu tun, um einen pflichtgemäßen Beschluß zu erwirken. Darüber hinaus beschränkt sich die Garantenpflicht nicht auf das für die Erfolgsvermeidung taugliche Handlungsmittel.[1103] Die Pflichtwidrigkeit

---

1099 Dagegen BGHSt 37, 106, 131: „Dabei kann [der Unterlassende] sich nicht damit entlasten, daß sein Bemühen, die gebotene Kollegialentscheidung herbeizuführen, erfolglos geblieben wäre, weil ihn die anderen Beteiligten im Streitfalle überstimmt hätten."

1100 BGHSt 37, 106, 131.

1101 Siehe oben, Teil 2 A. I. 1. 3).

1102 Siehe oben, Teil 2 C. I. 3. 2).

1103 *Murmann*, FS-Beulke, 2015, 181, 190.

der Unterlassung des einzelnen Gremiumsmitglieds ist daher auch bei Zugrundelegung des Mehrheitsprinzips zu bejahen.

Allerdings scheitert eine nebentäterschaftliche Haftung bei konsequenter Anwendung der Quasi-Kausalitätsformel, weil – wie im vorliegenden Fall angenommen – auch bei Festlegung der gebotenen Rettungsaktion als Tagesordnungspunkt das rechtmäßige Stimmverhalten des Täters angesichts des Mehrheitsprinzips keine andere Entscheidung bedingt hätte. Wie bereits ausgeführt,[1104] ist es in diesem Zusammenhang abzulehnen, zur Bejahung der Quasi-Kausalität hypothetisch von einem normgemäßen Abstimmungsverhalten der übrigen Stimmberechtigten auszugehen.

3. *Fazit*

Mithin ist im Ergebnis festzuhalten, dass A, B oder C – unabhängig davon, ob Einstimmigkeits- oder Mehrheitsprinzip vorherrscht – im **Fall 5** für den tatbestandsmäßigen Erfolg *nicht nebentäterschaftlich* verantwortlich sind. Denn bei isolierter Betrachtungsweise wäre der Erfolg bei Vornahme der gebotenen Handlung auch eingetreten, sodass die Vornahme der gebotenen Handlung durch den Täter für sich allein noch kein taugliches Mittel zur Erfolgsabwendung darstellt.

Der oben mehrfach erörterte Gesichtspunkt, dass die Unterlassung für sich genommen pflichtwidrig ist, wenn der Erfolg nur durch das Zusammenwirken mehrerer Beiträge abgewendet werden kann,[1105] legt vielmehr eine mittäterschaftliche Betrachtung nahe. Denn wenn der einzelne Unterlassungstäter durch die Unterlassung die nur gemeinschaftlich zu erfüllende Rettungspflicht verletzt, so spricht man bereits von der Mittäterschaft begründenden Pflichtverletzung. Insoweit kommt es nicht auf das für die Allein- bzw. Nebentäterschaft maßgebende Kriterium an. Im Folgenden wird nun untersucht, ob und wie mehrere Unterlassungstäter für den tatbestandsmäßigen Erfolgseintritt mittäterschaftlich haften können.

II. Als Mittäter durch mehrere Unterlassen: §§ 266, 25 Abs. 2, 13 StGB

Nach dem bisherigen Befund der Untersuchung kann der Garant durch Unterlassen die Tatbestandsverwirklichung sowohl täterschaftlich, als auch teilnehmerschaftlich bewirken,[1106] wobei der Schutzzweck der Garantenpflicht für die Einordnung des Garanten als Täter oder Teilnehmer maßgebend ist.[1107] Im Fall der täterschaftlichen Haftung des Garanten kann man je nach Ausgestaltung der Beteiligung die

1104 Siehe oben, Teil 2 E. I. 1. 2) (2) a.
1105 Siehe oben, Teil 2 A. II. 1. 2) (6) iv., C. I. 3. 3) und E. I. 1. 1).
1106 Siehe oben, Teil 2 B. I. 3. 2) (5) und C. II. 2.
1107 Siehe oben, Teil 2 B. I. 3. 2) (5) f. und g.

unmittelbare,[1108] bzw. mittelbare,[1109] Mittäterschaft[1110] unterscheiden. Nachdem im Vorigen zu **Fall 5** eine nebentäterschaftliche Haftung verneint wurde, soll nunmehr eine Strafbarkeit als Mittäter durch Unterlassen untersucht werden.

1. Möglichkeit und Erforderlichkeit der Mittäterschaft durch das (unechte) Unterlassen

Fraglich ist jedoch zunächst, ob eine Lösung über Mittäterschaft durch Unterlassen dogmatisch überhaupt zu rechtfertigen ist. Die Rspr. und ein Teil der Literatur geht in einigen Fällen von einer solchen Mittäterschaft durch Unterlassen aus.[1111] Ein anderer Teil der Literatur ist dagegen der Meinung, dass die Mittäterschaft durch Unterlassen unmöglich bzw. überflüssig sei.[1112]

Vor allem *Armin Kaufmann* vertritt die Meinung, dass Mittäterschaft durch Unterlassen nicht möglich sei,[1113] weil es der Unterlassung im Vergleich zu Begehungsdelikten sowohl an Kausalität als auch Finalität, also am Vorsatz, des Verhaltens fehle.[1114] Anstelle des „Verwirklichungswillens" i.S.d. Begehungsdelikts,[1115] der den Vorsatz des Begehungsdelikts ausmacht und vorliegt, wenn der Täter sich eine Einwirkungsmöglichkeit auf das reale Geschehen zuschreibt,[1116] begnüge man sich bei der Unterlassungshaftung mit der Kenntnis bzw. Erkennbarkeit der Handlungsmöglichkeit.[1117] Jedoch ist gegen die Analyse *Armin Kaufmanns* zunächst einzuwenden, dass das Fehlen des Entschlusses, die gebotene Handlung vorzunehmen, den auch für das Unrecht des unechten Unterlassungsdelikts erforderlichen Vorsatz nicht zu ersetzen vermag.[1118] Sieht man nämlich die Legitimation der schwereren Unrechts- und Schuldart des Vorsatzes darin, dass sich der Täter mit der Tat „gegen

---

1108 *Gropp*, AT, 4. Aufl., § 10 Rn. 145; *Otto*, GS, 7. Aufl., § 21 Rn. 108; *Rengier*, AT, 7. Aufl., § 51 Rn. 5; *Roxin*, AT II, § 31 Rn. 175 m.w.N.

1109 BGHSt 40, 257, 266; 48, 77, 89; *Wessels/Beulke/Satzger*, AT, 45. Aufl., Rn. 1033 m.w.N.

1110 *Roxin*, AT II, § 31 Rn. 174.

1111 RGSt 66, 71, 74; BGHSt 37, 106, 129; in der Literatur *Kühl*, AT, 7. Aufl., § 20 Rn. 268; *Murmann*, GS, 3. Aufl., § 29 Rn. 87; SSW/*ders.*, 2. Aufl. § 25 Rn. 32; *Rengier*, AT, 7. Aufl., § 51 Rn 3; LK/*Jescheck*, 11. Aufl., § 13 Rn. 58; *Joecks*, StGB, 11. Aufl., § 13 Rn. 86; *Stratenwerth/Kuhlen*, AT, 6. Aufl., § 14 Rn. 17.

1112 *Bachmann/Eichinger*, JA 2011, 105, 108; *Kaufmann, Arm.*, Unterlassungsdelikte, 1959, S. 189; *Welzel*, Das Deutsche Strafrecht, 11. Aufl., S. 206; *Mosenheuer*, Unterlassen und Beteiligung, 2009, S. 140 ff.; Matt/Renzikowski/*Haas*, § 13 Rn. 130 f.

1113 *Kaufmann, Arm.*, Unterlassungsdelikte, 1959, S. 189.

1114 *Kaufmann, Arm.*, Strafrechtsdogmatik, 1982, 107, 119; Auch *Welzel*, Das Deutsche Strafgesetz, 11. Aufl., 1969, S. 201.

1115 *Kaufmann, Arm.*, Strafrechtsdogmatik, 1982, 107, 117 f.

1116 *Welzel*, Das Deutsche Strafgesetz, 11. Aufl., 1969, S. 66.

1117 *Welzel*, Das Deutsche Strafgesetz, 11. Aufl., 1969, S. 201.

1118 *Jescheck/Weigend*, AT, 5. Aufl., S. 632 f.

das Rechtsgut entscheidet“,[1119] muss und kann man den Vorsatz nicht in eine ontologisch vorgegebene Kategorie einordnen.[1120] Eines mit naturhafter Kausalität verbundenen Verwirklichungswillens bedarf es daher nicht,[1121] wenn man – wie vorliegend vertreten – vom durch menschliches Unterlassen verletzlichen Rechtsverhältnis zwischen dem Täter und dem Opfer spricht. Für den Vorsatz im Sinne des § 15 StGB ist bei Unterlassungsdelikten dann neben der Kenntnis der objektiven Tatbestandsmerkmale nur noch – wie bei Begehungsdelikten – die voluntative Komponente bezogen auf die Untätigkeit erforderlich.[1122] Hat der Rettungspflichtige danach die Handlungsmöglichkeit nicht wenigstens „am Rande des Bewußtseins“ bedacht, kann er höchstens fahrlässig gehandelt haben.[1123] Allerdings muss sich der Vorsatz nicht auf die sichere Erfolgsabwendungsmöglichkeit bei Vornahme der gebotenen Handlung beziehen.[1124] *Kaufmanns* Ablehnung der Mittäterschaft durch Unterlassen ist schließlich auch deshalb nicht überzeugend, weil hiernach das vorsätzliche Unterlassungsdelikt durch den einzelnen Täter ebenso wenig anzuerkennen wäre.[1125]

Nach einer anderen Ansicht in der Literatur bedarf es der Konstruktion der Unterlassungsmittäterschaft nicht, da „jeder Unterlassungstäter bereits wegen seines eigenen pflichtwidrigen Unterlassens als Täter angesehen werden kann“.[1126] Die Pflichtverletzung durch Unterlassung sei dementsprechend das allein maßgebliche Kriterium für die Begründung der Täterschaft, obwohl faktische Tatherrschaft fehle. Dies beruhe darauf,[1127] dass das Unterlassungsdelikt zur Kategorie der Pflichtdelikte gehöre[1128] und dass „der Tatherrschaftsgedanke (bei Pflichtdelikten) ... völlig auszuschalten (ist)“.[1129] Jedoch ist zweifelhaft, ob diese Lösung mit dem Verantwortungsprinzip vereinbar ist, da der Täter allein *qua* Garantenstellung und daher ggfs. unabhängig von seiner Schuld für den Erfolg einzustehen hätte. Wenn der Täter eine nur gemeinschaftlich zu erfüllende Garantenpflicht verletzt, ist ja

---

1119 *Frisch*, Vorsatz, 1983, S. 102 ff.; *Kühl*, AT, 7. Aufl., § 5 Rn. 11; *Murmann*, GS, 3. Aufl., § 24 Rn. 7; *Roxin*, AT I, 4. Aufl., § 12 Rn. 23.

1120 S/S/*Sternberg-Lieben*/*Schuster*, 29. Aufl., § 15 Rn. 93 m.w.N.

1121 MK/*Freund*, 2. Aufl., § 13 Rn. 236.

1122 SSW/*Kudlich*, 2. Aufl., § 13 Rn. 34; *Murmann*, GS, 3. Aufl., § 29 Rn. 77.

1123 *Jescheck*/*Weigend*, AT, 5. Aufl., S. 632 f.

1124 *Murmann*, GS, 3. Aufl., § 29 Rn. 77 Fn. 156; *Rengier*, AT, 7. Aufl., § 49 Rn. 36.

1125 *Roxin*, Täterschaft, 9. Aufl., S. 470.

1126 S/S/*Heine*/*Weißer*, 29. Aufl., § 25 Rn. 86; vgl. auch Matt/Renzikowski/*Haas*, § 13 Rn. 131.

1127 Vgl. *Dencker*, Kausalität, 1996, S. 169; Matt/Renzikowski/*Haas*, § 13 Rn. 130.

1128 *Roxin*, Täterschaft, 9. Aufl., S. 459.

1129 *Roxin*, Täterschaft, 9. Aufl., S. 355 ff., 459 ff., der aber nicht die Erforderlichkeit der Mittäterschaft verneint hat (a.a.O., S. 357 f.). Sie komme dort in Betracht, „wo ein bestimmter Kreis von Geschäften mehreren Personen gleichzeitig anvertraut ist.“ Die Nebentäterschaft dagegen finde sich, wo jeder Täter „nur eine individuell-persönliche Obligation“ verletze (a.a.O. S. 357).

von der mittäterschaftlichen Zurechnung die Rede, auch wenn es beim unechten Unterlassungsdelikt nicht auf die faktische Mitherrschaft über das Kausalgeschehen ankommt. Um dagegen Allein- bzw. Nebentäterschaft zu bejahen, muss aber zwischen Erfolg und Unterlassung ein isoliert zu untersuchender Pflichtwidrigkeitszusammenhang bestehen.[1130] Dieser ist jedoch – wie oben bereits erörtert – nicht gegeben, wenn die Rettungshandlung bei einer Mehrzahl von Beteiligten nur allen gemeinsam möglich ist.[1131]

Das weitere Argument, dass die pflichtwidrige Unterlassung durch den Täter ausschließlich *in seiner Person* begehbar sei, sodass eine wechselseitige mittäterschaftliche Zurechnung nicht in Betracht komme,[1132] ist ebensowenig überzeugend. Zwar ist die Garantenstellung ein besonderes persönliches Merkmal im Sinne von § 28 Abs. 1 StGB.[1133] Wenn aber – wie vorliegend – alle Beteiligten Garanten sind und die konkrete Garantenpflicht sich auf eine gemeinsam vermeidbare Gefahr bezieht, so ist die pflichtwidrige Unterlassung dem jeweils anderen wechselseitig zurechenbar. Im Unterschied zur an die einzelne Person gerichteten, allgemeinen Sorgfaltspflicht bestehen zudem rechtlich nur gemeinsame erfüllbare Garantenpflichten, wie die bei Gremienentscheidungen relevante Sonderpflicht, die sich auf eine gemeinsame Erfolgsabwendung richtet.

Im **Fall 5** hat der Täter keine Herrschaft über die Erfolgsvermeidung; letztere hängt auch bei Vornahme der gebotenen Handlung immer noch von der entsprechenden Beteiligung anderer ab. Insoweit kann jeder Täter das Geschehen nur teilweise steuern.[1134] Wie gezeigt, ist in solchen Konstellationen eine nebentäterschaftliche Haftung ausgeschlossen, sodass es zur Begründung strafrechtlicher Verantwortlichkeit der Mittäterschaft durch Unterlassen bedarf, um die unterlassene gemeinschaftliche Rettungshandlung über eine wechselseitige Zurechnung der jeweiligen Tatbeiträge strafrechtlich zu erfassen.[1135]

1130 *Köhler*, AT, 1997, S. 229; *Dreher*, JuS 2004, 17 f.

1131 Siehe oben, Teil 2 E. I. 1. 2) (2).

1132 *Mosenheuer*, Unterlassen und Beteiligung, 2009, S. 135 f.

1133 *Kielwein*, GA 1955, 225; *Krüger*, ZIS 2011, 1, 3; *Murmann*, GS, 3. Aufl., § 29 Rn. 92; dagegen *Geppert*, ZStW 82 (1970), 40 ff.

1134 Zur umgekehrten Konstellation, siehe oben, Teil 2 A. I. 1. 2) (3). Hier kann der Täter durch die hypothetische Unterlassung der wirklichen, aber für sich allein für den Erfolgseintritt nicht hinreichenden Handlung den Erfolgseintritt vermeiden.

1135 Vgl. *Köhler*, Strafrecht AT, S. 513; *Kamm*, Die fahrlässige Mittäterschaft, 1999, S. 202: „Der Unterlassungstäter muß [...] eine Handlung nicht ausgeführt haben, welche selbst im Fall seines Aktivwerdens den Eintritt des tatbestandlichen Erfolgs nur dann hätte verhindern können, wenn auch andere Garanten ihrer Pflicht zum Tätigwerden nachgekommen wären."

2. *Anforderungen an den gemeinsamen Tatentschluss durch Unterlassen mehrerer*

Angesichts dessen ist die objektive Tatseite, die gemeinsame Tatausführung, bei Mittäterschaft durch Unterlassen dann erfüllt, wenn jeder Garantenpflichtige die ihm mögliche Erfolgsabwendungshandlung unterlässt und somit in Zusammenwirken mit den anderen den Erfolgseintritt bewirkt.[1136] Fraglich ist hingegen, wie die subjektive Tatseite beschaffen sein muss, d.h. wie die Fassung des gemeinsamen Tatentschlusses durch Unterlassen vonstattengehen kann. Die Antwort darauf scheint nicht einfach zu sein, da der gemeinsame Tatentschluss i.S.v. § 25 Abs. 2 StGB eigentlich stets durch wechselseitige Kommunikation als aktives Tun zustande kommen muss. Hierbei sind zwei Konstellationen zu unterscheiden.

Entschließen sich alle Beteiligte durch die aktive Stimmabgabe – wie im Lederspray-Fall – zur gemeinsamen Unterlassung (des Rückrufs), und bleiben in der Folge demgemäß untätig, so lässt sich eine mittäterschaftliche Verantwortung – wenn hierdurch ein bestimmter Tatbestand verwirklicht wird – unschwer begründen.[1137] Dabei ist die Beschlussfassung durch aktive Stimmabgabe als der wesentliche Tatbeitrag zu qualifizieren;[1138] der Vereinbarungsvorgang ist hier durch positives Tun erfolgt,[1139] während das Beschlossene eine gemeinsame Unterlassung darstellt.[1140]

Die Dinge sehen hingegen anders aus, wenn – wie im Politbüro-Fall – alle Garanten von vornherein untätig bleiben. Hier stellt sich nun die Frage, ob es durch Unterlassen zur Fassung eines gemeinsamen Tatentschlusses kommen kann. Nach einer Ansicht in der Literatur sollte ein gemeinsamer Tatentschluss auch bei Unterlassungsdelikten erforderlich sein, zumindest in der Form, dass sich die Beteiligten „stillschweigend oder konkludent" zur gemeinschaftlichen Tat entschließen. Der gemeinsame Tatentschluss könne dabei auch noch während der gemeinsamen Tatausführung entstehen. Deshalb sollte „das bloße Bewusstsein eines gemeinschaftlichen Handlungsprojekts" nicht ausreichend sein. Im Fall der nur gemeinsam

1136 Denkbar ist die mittäterschaftliche Unterlassungshaftung für den Garanten auch dann, wenn ein gemeinsamer Tatentschluss zwischen ihm und einem Begehungstäter vorliegt und er die Unterlassung des Garanten als wesentlich für die Tatbestandsverwirklichung durch den Begehungstäter erscheinen lässt, siehe oben, Teil 2 C. II. 2. Auf diese Konstellation ist aber nicht ausführlich einzugehen, weil der gemeinsame Tatentschluss hier durch das aktive Tun des Garanten herbeigeführt wurde, was nicht der hauptsächliche Gegenstand der Untersuchung im **Fall 5** ist. Hinzuweisen ist nur darauf, dass in der Konstellation Mittäterschaft anhand des gemeinsamen Tatentschlusses begründet werden kann, nicht aber dadurch, dass der Garant eine nur gemeinschaftlich erfüllbare Rettungspflicht verletzt hat.

1137 BGHSt 37, 106, 129.

1138 Siehe oben, Teil 2 A. II. 1. 2) (4).

1139 BGH JZ 575, 579, 580.

1140 Vgl. *Bloy*, FS-Maiwald, 2010, 56 ff.; *Dencker*, Kausalität, 1996, S. 168; *Röckrath*, NStZ 2003, 641, 645; *Schaal*, Gremienentscheidungen, 2001, S. 168, 208, 250 ff.

erfüllbaren Garantenpflicht könne der Erfolg jedem Garanten daher nur zugerechnet werden, wenn das Unterlassen auf einem gemeinsamen Tatentschluss beruhe.[1141] Diese Ansicht ist aber nicht überzeugend. Nicht notwendig ist eine solche faktische (stillschweigende bzw. konkludente) Kommunikationsaktion für den gemeinsamen Tatentschluss in den Situationen, in denen die Erfolgsabwendung nur durch das Zusammenwirken von allen Garanten möglich ist.[1142] Denn ihr Fehlen kann durch die jedem Beteiligten obliegende, nur gemeinsam erfüllbare Garantenpflicht zur Rettungsaktion ausgeglichen werden, soweit er diese spezifische Pflicht erkannt hat.[1143] Das ist der Fall, wenn mehrere Garanten untätig bleiben, obgleich sie erkannt haben, dass sie zur Risikoverhinderung bzw. -verminderung, zu der jeder von ihnen verpflichtet ist, nur gemeinsam befähigt sind. Der jeweilige Unterlassungstäter entzieht hier schon durch seinen Entschluss zur Unterlassung den anderen die Möglichkeit, das Rechtsgutsobjekt zu retten. Für die Mittäterschaft durch Unterlassen genügt es daher, wenn bei jedem Täter das Bewusstsein einer gemeinsamen pflichtwidrigen Unterlassung vorliegt.[1144] Nicht erforderlich ist, dass jeder Unterlassende neben dem eigenen Bewusstsein einer gemeinsam erfüllbaren Rettungspflicht außerdem noch erkannt hat, dass auch den anderen die gemeinsame pflichtwidrige Unterlassung bewusst ist. Vielmehr reicht die Kenntnis der bloßen Anwesenheit des anderen Rettungspflichtigen für die mittäterschaftliche Strafbarkeit aus.[1145]

Etwas anderes gilt, wenn eine Partei ohne Kenntnis davon, dass die andere Partei zur normwidrigen Unterlassung entschlossen ist, ihren Beitrag zur Rettung geleistet hat, und es mangels der Mitwirkung der anderen gleichwohl zum Erfolgseintritt kommt. Ihr kann dann der Erfolg nicht zugerechnet werden, weil sie keine Pflichtverletzung begangen hat. Dagegen ist der Untätige wegen der Unterlassung seiner Teilrettungshandlung für die Tatbestandsverwirklichung (*allein*-)täterschaftlich verantwortlich, weil er durch die Unterlassung nun die *allein* erfüllbare Rettungspflicht verletzt hat und sich diese Pflichtwidrigkeit im Erfolg realisiert hat.

Anders verhält es sich, wenn der Erfolg schon durch die dem einzelnen Garanten gebotene Handlung hätte abgewendet werden können. Bleiben mehrere Garanten gleichwohl unabhängig voneinander untätig und tritt der tatbestandsmäßige Erfolg ein, für dessen Abwendung sie jeweils einstehen müssen, so muss jeder Garant für den Erfolgseintritt nebentäterschaftlich haften. Denn es ist dann für die Zurechnung maßgeblich, dass jeder Garant die allein erfüllbare Rettungspflicht verletzt hat und diese Pflichtwidrigkeit sich im Erfolg realisiert hat; der Erfolg also bei der gebotenen

1141 *Rengier*, AT, 7. Aufl., § 51 Rn 3; MK/*Joecks*, 2. Aufl., § 25 Rn. 253; S/S/*Heine*/*Weißer*, 29. Aufl., § 25 Rn. 83; *Otto*, FS-Spendel, 1992, 271, 283.

1142 *Ranft*, JZ 2003, 582, 584; *ders.*, FS-Otto, 2007, 403, 418.

1143 Die situationsbedingte Garantenpflicht kann auch die mittelbare Täterschaft (BGHSt 48, 77, 89 ff.; *Wessels*/*Beulke*/*Satzger*, AT, 45. Aufl., Rn. 1033) bzw. die Anstiftung durch Unterlassung gemäß § 26 StGB (SSW/*Murmann*, 2. Aufl., § 26 Rn. 3; *Ranft*, JZ 2003, 583) begründen; a.A. *Bachmann*/*Eichinger*, JA 2011, 509, 510.

1144 *Ranft*, FS-Otto, 403, 418; SSW/*Murmann*, 2. Aufl., § 25 Rn. 32.

1145 *Murmann*, GS, 3. Aufl., § 29 Rn. 87; *Ranft*, FS-Otto, 2007, 403, 418.

Handlung nicht eingetreten wäre. Falls aber eine gemeinsame Unterlassung unter den Garanten, die jeweils für sich selbst durch die gebotene Leistung den Erfolg hätten abwenden können, vereinbart ist und so der Erfolg dementsprechend eintritt, sind sie als Mittäter für die Tatbestandsverwirklichung verantwortlich, obwohl sie jeweils eine allein erfüllbare Rettungspflicht verletzt haben.[1146] Denn dadurch, dass sie die gemeinsame Unterlassung vereinbart haben, durften sie nicht mehr mit normgemäßen Verhalten des jeweils anderen rechnen. Dann kommt es auch nicht mehr darauf an, ob der einzelne Täter in seiner Person durch die Unterlassung das rechtlich missbilligte Risiko für das Rechtsgut geschaffen hat und dieses Risiko sich im Erfolg realisiert hat.[1147] Das ist auch dann der Fall, wenn der gemeinsame Tatentschluss zwischen einem Garanten und einem Begehungstäter erfolgt. Um die Verantwortlichkeit des Garanten für die Tatbestandsverwirklichung durch den Begehungstäter zu begründen, stellt man zwar darauf ab, ob die Tatbegehung durch den Begehungstäter bei der gebotenen Leistung des Garanten vermieden worden wäre, spricht aber angesichts des gemeinsamen Tatentschlusses nicht von der nebentäterschaftlichen Haftung.

3. Ergebnis

Alle Gremiumsmitglieder wussten im **Fall 5** davon, dass die freundliche Übernahme als einzige effektive Maßnahme gegen die finanzielle Krise nur durch einen gemeinsam pflichtgemäß zu fassenden Beschluss erfolgen konnte. Sie haben trotzdem die gebotene Zusammenwirkung unterlassen. A, B und C haben dadurch die nur gemeinschaftlich erfüllbare Rettungspflicht verletzt und sich daher als Mittäter durch Unterlassen nach §§ 266, 25 Abs. 2, 13 StGB strafbar gemacht. Dem steht nicht entgegen, dass sie nicht die gemeinsame Unterlassung zur Rettungsaktion vereinbart haben, weil sie jeweils schon durch die Unterlassung den anderen die Rettungsmöglichkeit genommen haben.

1146 A.A. *Joecks*, StGB, 11. Aufl., § 13 Rn. 86; *Kühl*, AT, 7. Aufl., § 20 Rn. 268; *Murmann*, GS, 3. Aufl., § 29 Rn. 86.

1147 Siehe oben, Teil 2 A. I. 1. 3) (1).

F. Fall 6: Das geheime Beschlussverfahren

A, B, C, D und E gehören zum Aufsichtsrat einer AG und haben Stimmrecht in einer Sondersitzung, die dem Mehrheitsprinzip unterliegt. Bis zum Beginn der Abstimmung gibt es Meinungsverschiedenheiten über die richtige Entscheidung in der Sache. A, B, C stimmen letztlich für ein rechtswidriges Projekt, D enthält sich der Stimme. E weicht von der Mehrheit ab. Dieser forderte aber als Arbeitsnehmervertreter im Vorhinein mit Recht, dass der Beschluss geheim zustande kommen soll, um eventuell nachteiligen Folgen für das Arbeitsverhältnis vorzubeugen. Haben sich A, B, C, D oder E strafbar gemacht?

Die Besonderheit des **Fall 6** ist, dass es geheim bleibt, wer welche Stimme im Einzelnen abgegeben hat.[1148] Diese Abstimmung ist somit von der „verdeckten" Abstimmung zu unterscheiden, bei der Einzelne, hier etwa E, ihr Verhalten nachträglich offen legen können, um rechtlich nicht zur Verantwortung gezogen zu werden.[1149] Somit ist zunächst zu klären, ob solche geheimen Abstimmungen gesellschaftsrechtlich überhaupt zulässig sind.

Im hierfür einschlägigen Aktiengesetz findet sich hierzu nichts. Für das Verbot der geheimen Abstimmung spricht die unzulässige Befreiung von der Haftung gemäß §§ 93, 116 AktG.[1150] Die h.M. im AktG geht dagegen von der Zulässigkeit der geheimen Abstimmung aus, weil das Aufsichtsratsmitglied außerhalb der Abstimmung auch noch für den getroffenen Beschluss einstehen müsse und außerdem die geheime Abstimmung im konkreten Fall der Funktion des Aufsichtsrates, d.h. Kontrolle und Beratung der Geschäftsführung, mehr diene als eine offene Abstimmung.[1151] In der strafrechtlichen Literatur finden sich gleichwohl einige Auffassungen, die solchen geheimen Abstimmungen einen kriminellen Charakter attestieren.[1152] Unter dem Gesichtspunkt des im Wirtschaftsstrafrecht in Anspruch genommenen Transparenzprinzips müsse nämlich auch der Entscheidungsprozess offen gelegt werden. Gleichwohl wird man wohl auch aus strafrechtlicher Sicht geheime Abstimmungen angesichts des im Strafrecht herrschenden *ultima ratio*-Prinzips zulassen müssen.[1153]

1148 *Weißer*, Kollegialentscheidung, 1996, S. 184; *Corell*, Kollegialentscheidungen, 2007, S. 162, ordnet auch einen solchen Fall der offenen Abstimmung, in dem „die Beteiligten wissen, dass später keiner von ihnen Abgaben über einzelnes Abstimmungsverhalten macht und keine schriftlichen Aufzeichnungen darüber gefertigt werden", in den Problemkreis der geheimen Abstimmung ein.

1149 *Corell*, Kollegialentscheidungen, 2007, S. 162; *Mansdörfer*, FS-Frisch, 2013, 315, 317, bezeichnet das Beispiel der geheimen Abstimmung als eine Art „Nagelprobe" für eine angemessene Dogmatik des tatbestandsmäßigen Verhaltens der Unternehmensleitung.

1150 KK-AktG/*Mertens*, 3. Aufl., § 108 Rn. 32.

1151 *Hüffer*/*Koch*, AktG, 11. Aufl., § 108 Rn. 5; MK/*Arnold*-BGB, 7. Aufl., § 32 Rn. 71; ausführlich dazu *Kollhosser*, FS-Hadding, 2004, 501 ff.

1152 Etwa *Schünemann*, Unternehmenskriminalität, 1979, S. 41 ff.

1153 *Mansdörfer*, FS-Frisch 2013, 315, 319.

Dafür sprechen nicht nur die gesellschaftsrechtlichen Belange, sondern auch, dass das geheime Abstimmungsverfahren als solches keinen deliktischen Bezug aufweist.

Die Zulässigkeit geheimer Abstimmungen angenommen, dürften sich zunächst prozessrechtliche Beweisprobleme in Bezug auf die Kausalität der einzelnen Beiträge stellen, wenn man dem jeweiligen Stimmberechtigten die nachherige Straftat *wegen* des Abstimmungsverhaltens vorwerfen will.[1154] Die Nachforschung durch Strafverfolgungsbehörden, wie sich wer im Beschlussverfahren verhalten hat, ist selbstverständlich trotz der geheimen Abstimmungsregelung nicht verboten,[1155] weil hier das Interesse der Strafverfolgung als überwiegend zu qualifizieren ist. Fraglich ist, wie vorzugehen ist, wenn solche Nachforschungen ergebnislos blieben. Keine Schwierigkeit tritt auf, wenn der Beschluss im geheimen Prozess einstimmig getroffen wurde. Denn in diesem Fall kann vom einstimmigen Ergebnis darauf geschlossen werden, dass alle eine inhaltsgleiche Stimme abgegeben haben. Dann würden unter Zugrundelegung des gemeinsamen Tatentschlusses alle Stimmberechtigte für die Tat mittäterschaftlich haften.[1156] Anders wenn es keinen einstimmigen Beschluss gab: Hat es nämlich zuvor Meinungsverschiedenheiten gegeben und ist nicht der Inhalt, sondern nur das Ergebnis der Abstimmung protokolliert worden,[1157] ergeben sich Beweisschwierigkeiten, weil das einzige Beweismittel im Verfahren die Aussage der Beschuldigten selbst ist. Dann greift jedoch das *nemo tenetur se ipsum accusare* Prinzip zugunsten des Täters ein, wonach „niemand verpflichtet ist, zu seiner eigenen Überführung beizutragen, insbesondere sich selbst zu belasten".[1158] Nach alledem kann man den Einzelnen bei der Unaufklärbarkeit des jeweiligen Beitrages zum Erfolg wegen des *in dubio pro reo* Grundsatzes nicht für sein Verhalten im geheimen Beschlussverfahren verantwortlich machen.[1159]

Allerdings beschränkt sich – wie oben erörtert – der strafrechtliche Vorwurfspunkt nicht nur auf das Abstimmungsverhalten selbst.[1160] Für *Mansdörfer* ist es daher

---

1154 *Deruyck*, ZStW 103 (1991), 705, 711; S/S/*Heine*/*Weißer*, 29. Aufl., § 25 Rn. 79; *Mansdörfer*, FS-Frisch, 2013, 315, 321; *Knauer*, Die Kollegialentscheidung, 2001, S. 205.

1155 Anders *Mansdörfer*, FS-Frisch, 2013, 315, 319 f., 321.

1156 Siehe oben, Teil 2 A. II.; *Corell*, Kollegialentscheidungen, 2007, S. 162; *Weißer*, Kollegialentscheidung, 1996, S. 185.

1157 *Knauer*, Die Kollegialentscheidung, 2001, S. 205, weist darauf hin, dass dasselbe auch für die offene Abstimmung gelte, wenn und weil das Protokoll in der Regel nicht die Namen der jeweils für bzw. gegen die Vorlage Abstimmenden, sondern nur das Stimmverhältnis aufführe. *Neudecker*, Kollegialorganen, 1995, S. 245, führt hierfür die Gründe des „zeitlichen Abstandes und des Zusammenhalts, den das Gremium gegenüber dem Staatsanwalt an den Tag legen wird." an.

1158 BGH NJW 2007, 3138, 3139.

1159 *Beulke*/*Bachmann*, JuS 1992, 737, 742 Fn. 73; *Deruyck*, ZStW 103 (1991), 705, 711; S/S/*Heine*/*Weißer*, 29. Aufl., § 25 Rn. 79; LK/*Walter*, 12. Aufl., vor § 13 Rn. 83; *Neudecker*, Kollegialorganen, 1995, S. 245; *Weißer*, Kollegialentscheidung, 1996, S. 185 f.

1160 Siehe oben vor allem Teil 2. B. I. 3.

einerlei, ob die Entscheidung im offenen oder geheimen Verfahren gefunden wurde.[1161] Er ist der Meinung, dass die strafrechtliche Verantwortung im Unternehmen an die „Leitungsmacht" anzuknüpfen sei. Diese Leitungsmacht erschöpfe sich aber nicht im Abstimmungsakt – der nach *Mansdörfer* ohnehin nur ein ausnahmsweise äußerlich wahrnehmbarer Akt sei und regelmäßig keinen tauglichen Anknüpfungspunkt für eine strafrechtliche Haftung darstelle –, sondern impliziere auch, dass der Täter als Leitungsmachthaber seine Funktionen im Unternehmen entsprechend wahrnehme, was Verantwortung für die Gremienentscheidung als solche nach sich ziehe. Daher sei auch im Falle geheimer Abstimmung angesichts dieser Leitungsmacht eine strafrechtliche Haftung (in verschiedenen Beteiligungsformen) möglich, da der Täter in Zusammenwirkung mit den anderen Leitungsmachthabern in jedem Fall für die Gremienentscheidung einzustehen habe.

Ein Teil in der Rechtsprechung und Literatur haben eine zumindest zum Teil ähnliche Position, wenn sie bei der geheimen Abstimmung das strafwürdige Moment in dem Eintritt in das Kollegialorgan[1162] bzw. in der Teilnahme am Beschlussverfahren erblicken.[1163] Danach sollen alle Stimmberechtigten unabhängig vom Inhalt der Stimmabgabe für das Ergebnis der Abstimmung einstehen und sich erst durch rechtzeitige Amtsniederlegung von der Haftung befreien können.[1164] Diese Form der Haftungsbegründung entspreche dem Wesen der Kollegialentscheidung.[1165] Dem ist jedoch entgegenzuhalten, dass die oben gegen die Mittäterschaftslösung mittels des *Gesamtssubjekts* vorgebrachten Einwände grundsätzlich auch hinsichtlich einer solchen Haftungsbegründung bei der geheimen Abstimmung greifen.[1166] Denn beim Rekurs auf ein *Gesamtsubjekt* wie auch auf eine *Leitungsmacht* geht es letztlich nicht um die Sanktion der eigenverantwortlichen Teilnahme an einer gemeinsamen Tatverwirklichung, sondern um die Kriminalisierung gesteigerter Gefährlichkeit durch organisiertes Zusammenwirken mehrerer.[1167] Für die Kriminalisierung solchen Verhaltens bedarf es jedoch einer besonderen gesetzlichen Grundlage, z.B. § 129 StGB.[1168] Über § 25 Abs. 2 StGB kann der bloße Beitritt zu einem Kollektivorgan oder die Teilnahme an der Abstimmung selbst jedoch keine

---

1161 *Mansdörfer*, FS-Frisch, 2013, 315, 325 ff.

1162 Statt vieler *Tiedemann*, Wirtschaftsstrafrecht, AT, 4. Aufl., Rn. 286.

1163 OLG Stuttgart NStZ 1981, 27; OLG Düsseldorf NJW 1980, 71; dazu *Knauer*, Die Kollegialentscheidung, 2001, S. 15.

1164 OLG Stuttgart NStZ 81, 27; OLG Düsseldorf NJW 80, 71; LG Göttingen NJW 79, 1561; ähnl. *Dencker*, Kausalität, 1996, S. 182 f.; krit. *Knauer*, Die Kollegialentscheidung, 2001, S. 204 f.; *Neudecker*, Kollegialorganen, 1995, S. 203; *Schaal*, Gremienentscheidungen, 2001, S. 258 Fn. 338.

1165 OLG Stuttgart, NStZ 81, 27.

1166 Siehe oben, Teil 2 A. II. 1. 2) (2); auch krit. *Corell*, Kollegialentscheidungen, 2007, S. 164; *Mansdörfer*, FS-Frisch, 2013, 315, 321 und 323.

1167 S/S/*Heine*/*Weißer*, 29. Aufl., § 25 Rn. 81.

1168 MK/*Joecks*, 2. Aufl., § 25 Rn. 252; S/S/*Heine*/*Weißer*, 29. Aufl., § 25 Rn. 81.

strafrechtliche Relevanz entfalten,[1169] weil die Tat zu diesem Zeitpunkt eindeutig noch nicht genügend konkretisiert ist.[1170]

Jedoch sieht *Corell* den im geheimen Verfahren rechtskonform Votierenden als Mittäter an, wenn und soweit er die Voraussetzungen des § 25 Abs. 2 StGB erfüllt habe.[1171] Der gemeinsame Tatentschluss könne in der ausdrücklichen Absprache mit den anderen Votierenden über seine „verschleiernde" Gegenstimme im Vorfeld der Abstimmung liegen, wobei sein Beitrag innerhalb des geheimen Beschlussverfahrens eine wesentliche Tatausführung darstelle. Wesentlich sei sie im Sinne der sog. „Alibifunktion",[1172] da ohne die abweichende Gegenstimme ein einstimmiger Beschluss zustande käme, sodass jedem Stimmberechtigten das Ergebnis der Abstimmung zugerechnet werden könne. *Corell* hat seinen Ansatz auch auf den Fall, dass eine ausdrückliche Absprache im Vorfeld der Abstimmung fehlt, mit dem Argument ausgedehnt, dass im Rahmen der Mittäterschaft gemäß § 25 Abs. 2 StGB gemeinsamer (konkludenter) Tatentschluss und gemeinsamer Tatbeitrag in der Abstimmung zusammenfallen können. Unklar bleibt nichtsdestoweniger, wie man ermitteln kann, ob jemand bei einer geheimen Abstimmung letztlich mit „Alibi"-Absicht gegen die nachträgliche Straftat gestimmt hat oder ob er hierbei gutgläubig war. Angesichts dieses Problems läuft der Ansatz von *Corell* letztlich darauf hinaus, den Täter bereits allein wegen der Mitgliedschaft im Entscheidungsorgan bzw. wegen der Teilnahme an der Abstimmung für die spätere Tatbestandsverwirklichung strafrechtlich zur Verantwortung zu ziehen, was, wie zuvor schon erörtert, abzulehnen ist.[1173]

Ein strafrechtlicher Vorwurf lässt sich daher allenfalls nur an das rechtswidrige Verhalten *nach* der geheimen Abstimmung anknüpfen. Denn insoweit ändert auch das gesellschaftsrechtliche Prinzip geheimer Abstimmungen an der Strafbarkeit rechtswidrigen Verhaltens im Anschluss an die Abstimmung nichts. Der normgemäß Votierende – wie hier F – vermag sich mit Blick hierauf auch nicht durch Hinweis auf sein *ex post* nicht zu beweisendes Verhalten innerhalb der Abstimmung exkulpieren.[1174] Er muss als Garant in jedem Fall gegen die Beschlussumsetzung aktiv vorgehen. Falls er trotzdem untätig bleibt, ist er – wie übrigens auch D – im Ergebnis als Mittäter strafrechtlich verantwortlich. Denn wenn feststeht, dass alle Beteiligten durch ihr späteres Verhalten den Tatbestand verwirklicht haben, kommt es nicht mehr auf das Verhalten in der geheimen Abstimmung an.

1169 Siehe oben, Teil 2 B. I. 2. 2) (2) a. und C. I. 2.

1170 *Neudecker*, Kollegialorganen, 1995, S. 195; S/S/*Heine*/*Weißer*, 29. Aufl., Rn. 79.

1171 *Corell*, Kollegialentscheidungen, 2007, S. 166 ff.

1172 *Corell*, Kollegialentscheidungen, 2007, S. 185.

1173 Siehe oben, vor allem Teil 2 B. I. 2. 2) (2) a.

1174 Siehe oben, Teil 2 B. I. 3. 2).

G. Fall 7: Die überstimmte rechtswidrige Stimmabgabe

A und B stimmen als Vorstandsmitglieder im Unternehmen X aufgrund mehrfacher Mitteilungen über fehlerhafte Produkte für deren Rückruf, der gefährliche Körperverletzungen bei den Verbrauchern verhüten würde. C hat als Vorstandsmitglied aus wirtschaftlichen Erwägungen heraus dagegen gestimmt. Ist das Verhalten des C strafwürdig?

Hier geht es um einen Fall, in dem eine Strafbarkeit wegen versuchter Körperverletzung zu untersuchen ist, da eine versuchte Untreue nach dem deutschen Strafrecht straflos ist.

In diesem Fall haben nun A, B und C eine Überwachungspflicht aus Ingerenz gegenüber den Konsumenten.[1175] Nach dem oben Gesagten[1176] hat C bei der gemeinsamen Rettungsmöglichkeit durch die pflichtwidrige Stimmabgabe[1177] zwar das rechtlich missbilligte Risiko für das Rechtsgut geschaffen, aber der tatbestandsmäßige Erfolg ist wegen der den Rückruf herbeiführenden Handlungen durch A und B ausgeblieben. Fragwürdig ist nun, ob er für sein pflichtwidriges Abstimmungsverhalten unter dem Gesichtspunkt des Versuchs nach §§ 22 ff. strafrechtlich verantwortlich sein muss.

I. §§ 224 und 22 ff. StGB

Erforderlich ist für das Versuchsunrecht zunächst ein Tatentschluss.[1178] Die Frage, ob der Täter (C) im Ausgangsfall einen Tatentschluss zur Tatbegehung gehabt hat, lässt sich differenzierend beantworten. Ist vorher schon klar, dass er überstimmt wird oder stimmt er als letzter in dem Beschlussverfahren ab, in dem reihum abgestimmt wird, so liegt kein Tatentschluss vor, weil für die Bejahung des Tatentschlusses wie die des Vorsatzes beim vollendeten Delikt[1179] erforderlich ist, dass der Täter die Tatbestandsverwirklichung zumindest für möglich gehalten hat, soweit es um die Anforderung an das kognitive Element geht.[1180] Auch nach der Vorstellung des Täters kann das von vornherein sicher überstimmte Stimmverhalten alleine den zur Tatbestandsverwirklichung führenden Beschluss nicht herbeiführen. Hier kommt der untaugliche Versuch nicht in Betracht, weil sich der Täter über die Untauglichkeit des Tatmittels nicht geirrt hat. Etwas anders gilt, wenn die Möglichkeit von vornherein nicht ausgeschlossen ist, dass die Stimme des Täters eine Mehrheit

1175 BGHSt 37, 106, 115.
1176 Siehe oben, Teil 2 E. I. 1. 1) und 2.
1177 *Neudecker*, Kollegialorganen, 1995, S. 265.
1178 *Kühl*, AT, 7. Aufl., § 15 Rn. 23; *Murmann*, GS, 3. Aufl., § 28 Rn. 38; *Wessels/Beulke/Satzger*, AT, 45. Aufl., Rn. 1022.
1179 HK/*Ambos*, 3. Aufl., § 22 Rn. 12; *Gropp*, AT, 4. Aufl., § 9 Rn. 21; *Murmann*, GS, 3. Aufl., § 28 Rn. 39.
1180 *Murmann*, GS, 3. Aufl., § 24 Rn. 15 ff.; *Wessels/Beulke/Satzger*, AT, 45. Aufl., Rn. 316 ff.; vgl. *Hirsch*, FS-Roxin, 2001, 711, 720 ff.

bilden kann. Insoweit lässt sich sagen, dass sich der Täter durch das pflichtwidrige Stimmverhalten endgültig gegen das Rechtsgut entschieden hat,[1181] auch wenn die Verwirklichung des Tatentschlusses vom Stimmverhalten der anderen abhängt.[1182] Zweifelhaft ist aber, ob der Täter nach seiner Vorstellung von der Tat unmittelbar zur Verwirklichung des Tatbestandes angesetzt hat.[1183] Gegen das unmittelbare Ansetzen durch die normwidrige Abstimmung spricht, dass es hierin in der Regel nur um eine bloße Vorbereitungshandlung geht.[1184] Diese Vorbereitungshandlung entfaltet hier keine strafrechtliche Relevanz, weil anders als in den bereits erörterten Konstellationen der Mittäterschaft (Bildung eines gemeinsamen Tatentschlusses durch Mitwirkung an der rechtswidrigen Gremienentscheidung)[1185] hier keine rechtswidrige Entscheidung getroffen wurde. Eine Strafbarkeit des C nach §§ 224, 22 StGB scheidet daher aus.

Ebenso fällt das Ergebnis aus, wenn C trotz einer drohenden gefährlichen Körperverletzung der Verbraucher untätig geblieben ist, falls er zum einen sicher weiß, dass sich A und B im Beschlussverfahren rechtmäßig verhalten werden und zum anderen das Mehrheitsprinzip für die Beschlussfähigkeit und die wirksame Entscheidung gilt, ist seine Nichtteilnahme am Beschlussverfahren nicht pflichtwidrig. Wusste er dagegen nicht, wie die Kollegen von ihm im entscheidenden Zeitpunkt handeln, so ist zwar die Mitwirkung an der Beschlussfassung zur Rettung geboten,[1186] C hat hiermit aber noch nicht das strafbare Versuchsstadium erreicht.

II. §§ 224 und 30 I StGB

Eine strafrechtlich relevante Vorbereitungshandlung liegt auch dann vor, wenn sie die Tatbestände gemäß § 30 StGB erfüllt. Dies scheidet vorliegend jedoch aus, da § 224 StGB keinen Verbrechenscharakter aufweist. Nicht ausgeschlossen ist allerdings die Möglichkeit des strafbaren Versuchs der Beteiligung gem. § 30 Abs. 1

1181 *Neudecker*, Kollegialorganen, 1995, S. 266: „Der Gremiumsangehörige [...] ist im Augenblick seiner Stimmabgabe bereits zur Deliktsvollendung entschlossen.“; *Weißer*, Kollegialentscheidung, 1996, S. 187 f.

1182 BGHSt 12, 306, 309; *Weißer*, Kollegialentscheidung, 1996, S. 188; *Murmann*, GS, 3. Aufl., § 28 Rn. 38; *Wessels/Beulke/Satzger*, AT, 45. Aufl., Rn. 851; *Gropp*, AT, 4. Aufl., § 9 Rn. 24.

1183 Nach *Neudecker*, Kollegialorganen, 1995, S. 266, setze der rechtswidrig Stimmende mit der Stimmabgabe zur Begehung des Versuchs an, nicht aber zur Begehung der Tat selbst.

1184 *Neudecker*, Kollegialorganen, 1995, S. 266; *Weißer*, Kollegialentscheidung, 1996, S. 188 f.; siehe oben, Teil 2 B. I. 2. 1).

1185 Siehe oben, Teil 2 A. II. 1. 2) (4).

1186 Bedenklich ist insoweit die Ansicht von *Weißer*, Kollegialentscheidung, 1996, S. 190, dass die Rettungspflicht beim Untätigbleibenden erst nach der rechtswidrigen Kollegiumentscheidung entstehe. Wie in **Fall 4** gesehen, ist der Täter (hier: C) zur Einwirkung auf die anderen verpflichtet, wenn er ihren kriminellen Plan erkannt hat.

StGB,[1187] wenn die von der Mehrheit abgelehnte Beschlussalternative anders als im vorliegenden Fall einen Verbrechenscharakter aufweist. Denkbar ist etwa eine Abwandlung des der Politbüro-Entscheidung zugrunde liegenden Sachverhalts:[1188]

Um die Befehlslage an der Grenze zur Bundesrepublik aufzuheben, treten die Mitglieder des Nationalen Verteidigungsrats der DDR, etwa A, B und C, zusammen. Bei der Beschlusssitzung stimmt die Mehrheit, A und B, für die Aufhebung der Befehlslage, aber C stimmt – nachdem er vergeblich versuchte, A und B von seiner Position zu überzeugen – pflichtwidrig dagegen.

C hat hier durch sein pflichtwidriges Stimmverhalten die anderen zur Verbrechensbegehung durch Unterlassen anzustiften versucht, weil sein Beitrag sich nicht nur in der bloßen Äußerung seiner Meinung erschöpft. Vielmehr hat er versucht, die ein anderes Stimmverhalten von A und B und damit einen anderen Beschluss herbeizuführen.[1189] Er kann daher nach § 212 und 30 I StGB bestraft werden kann. Man muss aber einräumen, dass eine solche Konstellation in der Regel Beweisschwierigkeiten aufweist und keine sonderliche praktische Bedeutung hat.

H. Zusammenfassung – Die Strafbarkeit von Mitgliedern eines Gremiums in Einzelfällen

I. Zum Fall 1: Die rechtswidrig-einstimmigen Abstimmungen

Wie wir bei der rechtswidrig-einstimmigen Abstimmung sehen konnten, kommt es hier bereits auf das Stimmverhalten im Beschlussverfahren an, wenn es um die strafrechtliche Verantwortlichkeit des Täters für die auf dem Beschluss beruhende Tatbestandsverwirklichung geht. Dabei haben wir festgestellt, dass es sich um eine mittäterschaftliche Strafbarkeit handelt, wenn mehrere Täter einstimmig mit kriminellem Vorsatz für den rechtswidrigen Beschluss stimmen. Insoweit ist es gleichgültig, ob das Einstimmigkeit- oder Mehrheitsprinzip für die Beschlussfähigkeit bzw. die wirksame Entscheidung gilt. Gegen eine nebentäterschaftliche Lösung in solchen Fällen spricht, dass – falls keine vorherige Aussprache unter den Gremiumsmitgliedern stattfindet – der tatbestandsmäßige Erfolg – obgleich jede Pro-Stimme für den pflichtwidrigen Beschluss im Sinne der *conditio*-Formel wie auch nach der Formel der gesetzmäßigen Bedingung kausal ist – den einzelnen Tätern nebeneinander nicht zurechenbar ist. Denn der einzelne Beitrag stellt im normativen Sinne noch keinen für die Erfolgsherbeiführung tauglichen Beitrag

1187 Zur Straflosigkeit der überstimmten rechtswidrigen Stimmabgabe nach § 30 Abs. 2 1. Alt. StGB *Neudecker*, Kollegialorganen, 1995, S. 266 und § 30 Abs. 2 3. Alt. StGB *Weißer*, Kollegialentscheidung, 1996, S. 190 ff.

1188 Siehe oben, Fn. 549.

1189 Vgl. Teil 2 C. II. 1.

dar. D.h.: Der Täter hat durch sein Stimmverhalten als Tun noch kein rechtlich missbilligtes Risiko für das Rechtsgut geschaffen. Etwas anders gilt allerdings, wenn eine vorherige Aussprache stattfindet. Hier kommt bei Entscheidungen nach dem Einstimmigkeitsprinzip eine nebentäterschaftliche Strafbarkeit in Betracht, wohingegen bei Entscheidungen nach dem Mehrheitsprinzip häufig die objektive Zurechnung wegen fehlender Risikorealisation zu verneinen sein wird. Diese unterschiedlichen Ergebnisse bei isolierter Betrachtung sprechen aber auch für die mittäterschaftliche Lösung. Wie wir gesehen haben, kommt diese Lösung jedoch nur für die vorsätzliche Begehung in Betracht; die fahrlässige Tat kann nicht mittäterschaftlich begangen werden.

II. Zu den Fällen 2 und 6: Die rechtmäßig-überstimmte Gegenstimme und das geheime Beschlussverfahren

Man kann dem Täter ein rechtmäßiges wie auch ein prozessrechtlich nicht beweisbares Stimmverhalten strafrechtlich nicht vorwerfen. Das Stimmverhalten ist hier weder für den tatbestandsmäßigen Erfolg ursächlich,[1190] noch dient es der Bildung des gemeinsamen Tatentschlusses im Rahmen einer Mittäterschaft. Die vorangegangenen, kausalen Handlungen, also der Eintritt in das entscheidungsbefugte Gremium und die Teilnahme an der konkreten Abstimmung, sind strafrechtlich irrelevant. Eine Strafbarkeit lässt sich in diesen Fällen – wie gezeigt – nur an das tatbestandsmäßig-rechtswidrige Verhalten nach der Abstimmung knüpfen, wonach der normgemäß Votierende als (Mit)Täter für die Tatbegehung verantwortlich sein kann. Dafür sprechen die Möglichkeit der sukzessiven Mittäterschaft durch Tun einerseits und der Schutzzweck der Garantenpflicht beim unechten Unterlassungsdelikt andererseits.

III. Zu den Fällen 3 und 4: Die Stimmenthaltung und Nichtteilnahme am Beschlussverfahren

Das Ergebnis des **Falls 2** gilt auch für die **Fälle 3** und **4**. Jeder Versuch, das strafrechtliche Unrecht lediglich über die pflichtwidrige Stimmenthaltung oder Nichtteilnahme an der Abstimmung zu vermitteln, ist dogmatisch nicht überzeugend, da der Täter durch die besagten Verhaltensweisen den Erfolg nicht in strafrechtlich zurechenbarer Weise (sei es als Alleintäter, sei es mittäterschaftlich) verursacht hat. Außerdem bedarf es insofern keiner strafrechtlichen Sanktionierung, als dass noch die Möglichkeit der täterschaftlichen Haftungsbegründung anknüpfend an das nachherige, strafrechtlich relevante Verhalten besteht.

1190 Im Fall der geheimen Abstimmung kommt man hierzu nach dem *in dubio pro reo* Prinzip.

IV. Zum Fall 5: Die gemeinsame Untätigkeit in Notsituation

Wenn mehrere Unterlassungstäter an einer Straftat beteiligt sind, stellt sich – wie im Fall des Begehungsdelikts – die Frage, ob der einzelne Unterlassungstäter für die Tat neben- oder mittäterschaftlich haften muss. Wie wir sehen konnten, liegt ein Fall von Mittäterschaft vor, wenn mehrere Unterlassungstäter miteinander ein gemeinsames Unterlassen vereinbaren, um den Erfolg eintreten zu lassen. Das ist sowohl der Fall, wenn der Erfolg nur durch das Zusammenwirken der dem Einzelnen jeweils gebotenen Teilrettungshandlungen vermieden werden kann, als auch, wenn der Erfolg bereits durch die einzelne gebotene Handlung hätte abgewehrt werden können. Im ersten Fall bedarf es allerdings – neben dem Vorsatz den eigenen Beitrag zu unterlassen – des Bewusstseins der Täter, dass nur durch gemeinsamen Vollzug der gebotenen Rettungshandlung der Erfolg vermieden werden kann.

V. Zum Fall 7: Die rechtswidrig-überstimmte Abstimmung

Hier haben wir gesehen, dass der Täter bei rechtswidrigem, aber überstimmtem Abstimmungsverhalten in der Regel nicht wegen versuchter Tat nach §§ 22 ff. StGB haften muss. Das ergibt sich daraus, dass er mit dem Abstimmungsverhalten meistens noch nicht zur Tatbestandsverwirklichung unmittelbar ansetzen kann. Eine Strafbarkeit kann aber begründet sein, wenn die von ihm bei der Abstimmung entworfene Tat ein Verbrechen ist. Hier kann der Täter – abgesehen von Beweisschwierigkeiten – wegen versuchter Beteiligung am Verbrechen gem. § 30 Abs. 1 StGB bestraft werden.

Teil 3: Rechtsvergleichung

A. Einleitung

Nachdem wir nun im **Teil 2** anhand der oben erörterten Fälle eins bis sieben die Problematik der strafrechtlichen Bewertung von Gremienentscheidungen im deutschen Recht untersucht haben, können wir hiervon ausgehend zu einer Rechtsvergleichung mit dem koreanischen Strafrecht schreiten. Die strafrechtliche Problematik der Gremienentscheidungen ist in Korea allerdings noch nicht in das allgemeine Problembewusstsein getreten. Vielmehr wurden einzelne, der Untersuchung des deutschen Rechts zugrundeliegende, lehrreiche Fälle (etwa der Lederspray-Fall und der Grenzsoldaten-Fall) herangezogen, um hieran etwa die fahrlässige Mittäterschaft oder die mittelbare Täterschaft in Form des „Täters hinter dem Täter" zu thematisieren.[1191] Auch die koreanische Rspr. lieferte keine vergleichbaren Fallkonstellationen, in denen die Rechtsgutverletzung in der hier interessierenden Weise auf kollektive Entscheidung zurückführbar ist. Die vorliegend angestrebte Rechtsvergleichung versteht sich daher als ein Versuch, die im **Teil 2** behandelten Fallkonstellationen auf Grundlage des koreanischen Rechts zu prüfen.[1192]

B. Rechtslage

Zunächst geht es darum, den Allgemeinen Teil des koreanischen Strafgesetzbuchs (im Folgenden: KStGB) mit Blick auf die Vorschriften über Kausalität gem. §§ 17 und 19 KStGB sowie über die objektive Zurechnung und Mittäterschaft nach § 30 KStGB zu erörtern. Hierbei werden beide Deliktsmodi, Begehung und Unterlassung, nach § 18 KStGB mitberücksichtigt.

I. Kausalität bzw. objektive Zurechnung

Im KStGB ist der Kausalzusammenhang zwischen der Handlung und dem tatbestandsmäßigen Erfolg anders als im deutschen Recht ausdrücklich geregelt. Liegt ein solcher Zusammenhang (und mithin eine Tatvollendung) nicht vor, so kann nur eine Versuchsstrafbarkeit in Betracht kommen, wenn er nach den Vorschriften im KStGB strafbar ist. § 17 KStGB lautet: „Hat eine Handlung eine Gefahr, die ein

1191 Zum Lederspray-Fall: *Kim, I.S./Suh, B.H.*, AT, 11. Aufl., S. 611; *Lee, J.S.*, AT, 7. Aufl., § 33 Rn. 31; *Kim, S.R.*, Hyongsapanraeyongu 17 (2009), 25, 31 ff.; *Kim, Y.K.*, Bubhaknonchong 26/2 (2009), 151 ff. Zum Grenzsoldaten-Fall: *Lee, J.H.*, Cheonjububhak 32/2 (2010), 55, 60.

1192 Siehe unten, Teil 3 C.

Tatbestandsmerkmal eines Delikts bildet, nicht verursacht, so ist sie nicht strafbar, auch wenn der rechtswidrige Erfolg eintritt."[1193]

1. § 17 KStGB

Die Auseinandersetzung in der koreanischen Strafrechtswissenschaft über die Auslegung des § 17 StGB stellt eine Entsprechung zum deutschen Verständnisspektrum über die Kausalität im Erfolgsdelikt dar. So werden auch in Korea vor allem die Äquivalenztheorie, die Lehre von der gesetzmäßigen Bedingung und die Adäquanztheorie aktuell vertreten. Die Rspr. des obersten Gerichts und ein Teil der Literatur vertreten die Adäquanztheorie. *Oh, Y.K.* verteidigt vor allem die Adäquanztheorie in einem deutschsprachigen Aufsatz.[1194] Unter Hinweis auf § 17 KStGB versteht er dort den Begriff der Kausalität ebenso wie die Begriffe *Schuld, Realisierung der Gefahr* und *Erfolg* als einen genuin strafrechtlichen Begriff. Die Anforderungen, die nach *Oh, Y.K.* hieran zu stellen sind, entsprächen am ehesten denen der Adäquanztheorie. Dies lasse sich aus der geschichtlichen Tatsache begründen, dass der Allgemeine Teil des koreanischen Strafgesetzbuchs dem japanischen Reformgesetzentwurf für das Strafrecht von 1931 entspreche, der seinerseits der Adäquanztheorie folgt.[1195] Darüber hinaus lehnt *Bae, J.D.* die Trennung zwischen Kausalität im naturalistischen Sinne und objektiver Zurechnung ab, weil das KStGB einen eigenen Kausalbegriff positiv geregelt habe und dieser juristisch-sozialer Natur sei. Dem koreanischen Rechtsempfinden werde nur eine monistische Betrachtungsweise gerecht. Vor diesem Hintergrund plädiert er wie *Oh, Y.K.* grundsätzlich für die Adäquanztheorie, und zwar die objektive Adäquanztheorie, nach der der Richter alle zur Handlungszeit gegebenen Umstände in objektiv-synthetischer Weise berücksichtigen müsse, um die Adäquanz der Handlung zu prüfen.[1196] Da aber für ihn das Kriterium der Adäquanz an sich noch zu abstrakt ist, räumt er die Notwendigkeit der Konkretisierung des Kriteriums ein und schlägt hierfür einen „Typenvergleich" der Rechtstheorie vor.[1197]

Abgesehen von der methodischen Schwäche der Adäquanztheorie,[1198] ist vor allem das historische Argument für die Adäquanztheorie nicht überzeugend. Denn wenn die Adäquanztheorie ebenso wie die Lehre der objektiven Zurechnung ein

1193 *Ryu, P.K.*, KStGB, 1968, S. 10. Vgl. für andere Übersetzungen: „Steht eine Handlung in keinem Zusammenhang mit der Entstehung der Gefahr als Element der Straftat, so wird sie nicht wegen des eingetretenen Erfolgs bestraft", *Son, M.S.*, in: Sieber/Cornils [Hrsg.], Nationales Strafrecht AT III, 2008, S. 555, oder: „Kein Erfolg wird bestraft, es sei denn, die Handlung ist mit schuldhaft realisiertem Risiko verbunden.", *Oh, Y.K.*, in: Ostasiatisches Strafrecht, 2010, 63, 65.

1194 *Oh, Y.K.*, in: Ostasiatisches Strafrecht, 2010, 63, 65 f.

1195 *Oh, Y.K.*, in: Ostasiatisches Strafrecht, 2010, 63, 65; *Bae, J.D.*, AT, 10. Aufl., S. 236.

1196 *Bae, J.D.*, AT, 10. Aufl., S. 227.

1197 *Bae, J.D.*, AT, 10. Aufl., S. 229 f.

1198 Siehe oben, Teil 2 A. I. 1. 3) (2) b.

rechtsdogmatischer Import aus Deutschland und keine eigene Errungenschaft der koreanischen Rechtswissenschaft bzw. -praxis ist,[1199] lässt sich nicht mehr rechtfertigen, dass die koreanische Strafrechttheorie bzw. -praxis strikt an die alte gesetzgeberische Entscheidung, die die Lehre von der objektiven Zurechnung noch nicht kannte, gebunden sein soll. Darüber hinaus ist es zweifelhaft, ob die nach dem allgemeinen bzw. alltäglichen Erfahrungsgesetz zu bestimmende Adäquanz eine juristische Kausalität bzw. einen juristisch-sozialen Kausalitätsbegriff ausmachen kann.[1200] Eine empirisch unwahrscheinliche Folge kann normativ gesehen dem Täter gleichwohl zugerechnet werden, wodurch er für den hierdurch verursachten Erfolg verantwortlich ist.[1201] Das in Korea noch beobachtbare Spannungsverhältnis zwischen der Adäquanztheorie und der Lehre von der objektiven Zurechnung lässt sich aber damit erklären, dass es hier noch an einer dogmatischen Aufarbeitung dieser Problematik fehlt. Eine solche hat in Deutschland bereits insoweit stattgefunden, als die Adäquanz der Handlung für den Erfolg nicht als eine Kausalitätslehre aufrechterhalten wird,[1202] sondern als ein Unterkriterium für die objektive Zurechnung in die Lehre von der objektiven Zurechnung integriert worden ist.[1203]

Die h.L. in Korea geht wie in Deutschland für die Feststellung des Kausalzusammenhangs von der *conditio*-Formel bzw. der Formel der gesetzmäßigen Bedingung aus[1204] und greift im Anschluss daran auf normativen Kriterien (einer objektiven Zurechnung) zurück.[1205] Sie hält die Trennung der Kausalität und normativen Bewertung mit § 17 KStGB für vereinbar, weil § 17 KStGB unter dem Titel „Kausalzusammenhang" zwei verschiedene Elemente, also Verbindung von Handlung und Erfolg einerseits und Verknüpfung zwischen Handlung und Risiko als Element der Straftat andererseits, enthält. Das zweite Element umfasse nun sowohl die Risikoschaffung als auch Risikorealisierung im Erfolg.[1206] Insoweit weist die koreanische

---

1199 Ihr Begründer ist in Deutschland der Freiburger Logiker und Mediziner *Johannes v. Kries*. Die Prinzipien der Wahrscheinlichkeitsrechnung, 1886, Über die Begriffe der Wahrscheinlichkeit und Möglichkeit und ihre Bedeutung im Strafrecht, ZStW 9 (1889), 528. Im Strafrecht vertritt noch *Bockelmann/Volk* die Adäquanztheorie, AT, 4. Aufl., § 13 A V 4a.

1200 *Frister*, AT, 7. Aufl., 9/3; *Welzel*, Abhandlungen, 1975, S. 7, 9 f.; *Murmann*, GS, 3. Aufl., § 23 Rn. 27; *Schünemann*, GA 1999, 213 f.

1201 *Murmann*, GS, 3. Aufl., § 23 Rn. 27.

1202 *Müller, M.L.*, Die Bedeutung, 1912, S. 30; *Engisch*, Die Kausalität, 1931, S. 52; *Mezger*, Lehrbuch, 3. Aufl., S. 122 f.; *Jakobs*, AT, 2. Aufl., 7/35; *Roxin*, AT I, 4. Aufl., § 11 Rn. 37; *Hübner*, Entwicklung, 2004, S. 131.

1203 *Kuhlen*, Produkthaftung, 1989, S. 37 Fn. 19; *Rengier*, AT, 7. Aufl., § 13 Rn. 9; *Roxin*, AT I, 4. Aufl., § 11 Rn. 41.

1204 Siehe oben, Teil 2 A. I. 1. 2) (1) b. und (2) b.

1205 *Kim, I.S./Suh, B.H.*, AT, 11. Aufl., S. 172; *Yim, W.*, AT, 3. Aufl., S. 134 f., 140.

1206 *Yim, W.*, AT, 3. Aufl., S. 140 f.; *Murmann* hat aus deutscher Perspektive Zweifel an der selbstständigen Bedeutung der Vorschrift des dem § 17 KStGB entsprechenden § 10 KStGB-RegE 2011 geäußert, „Das Erfordernis einer ‚Verbindung' zwischen Handlung und Erfolg ist eine Selbstverständlichkeit, die keiner (zusätzlichen)

Rechtslage für die objektive Zurechnung gegenüber der deutschen keine Besonderheiten auf.

2. *§ 19 KStGB*

Das KStGB regelt indessen in § 19 KStGB die Rechtsfolge der fehlenden Kausalität beim Handeln mehrerer gesondert. In § 19 KStGB heißt es: „Werden mehrere Handlungen voneinander unabhängig, gleichzeitig oder zu verschiedenen Zeiten begangen und ist nicht feststellbar, welche von ihnen den strafbaren Erfolg verursacht hat, so ist jede als Versuch strafbar."[1207] Es geht um eine nebentäterschaftliche Situation, in der die jeweilige Kausalität nicht nachgewiesen werden kann. Die h.M. in Korea hat kein ernsthaftes Bedenken gegen den Sinn und Zweck der Vorschrift geäußert. Ein Teil der Literatur sieht den Sinn und Zweck der Vorschrift darin, dass diese das strafprozessrechtliche Prinzip *in dubio pro reo* erkläre.[1208] Das koreanische Justizministerium hat in seiner Begründung für den Regierungsentwurf des koreanischen Strafgesetzbuchs von 2011 vom deklaratorischen Charakter der Vorschrift ausgehend die Einordnung der Vorschrift zwischen die Tatbestandsmäßigkeit und die Rechtswidrigkeit im Gegensatz zu einer Verortung im Bereich der Beteiligung verteidigt. In vielen Lehrbüchern wurde freilich die Bedeutung des § 19 KStGB erst in Verbindung mit § 263 KStGB erörtert,[1209] der die mittäterschaftliche Haftung bei Beteiligung an einer Körperverletzung betrifft, wenn sich mehrere unabhängig voneinander an einer Körperverletzung beteiligen, wobei aber nicht feststeht, welche Handlung für den Erfolg der Körperverletzung kausal ist.[1210]

Eine kritische Analyse des § 19 StGB wurde vielmehr von deutscher Seite vorgenommen. *Murmann* hat aus mehreren Gründen den § 16 KStGB-RegE 2011, der § 19 KStGB entspricht, für überflüssig gehalten.[1211] Denn die Vorschrift gehöre erstens sachlich noch am ehesten in den Bereich der Kausalität, weil sie eine Konstellation der mangelnden Kausalität betreffe.[1212] Wenn Kausalität aber nicht vorliege, sei nicht mehr von Nebentäterschaft die Rede. „Denn das spezifische Problem der

---

Erwähnung im Allgemeinen Teil bedarf. Soweit der Vorschrift zusätzlich Hinweise auf das Erfordernis der objektiven Zurechnung entnommen werden sollen, ist zum einen festzuhalten, dass insoweit die Gesetzesüberschrift (Kausalität) irreführend ist. [...] Es fehlt schon das Erfordernis einer rechtlichen Missbilligung der Gefahrschaffung und die Voraussetzungen der Gefahrrealisierung im Erfolg (Pflichtwidrigkeits- und Schutzzweckzusammenhang)." *Murmann*, Begutachtung, 2012, S. 54. Hervorhebung dort.

1207 *Ryu, P.K.*, KStGB, 1968, S. 19.

1208 Vor allem, *Bae, J.D.*, BT, 7. Aufl., [18] Rn. 44.

1209 Statt vieler, *Yim, W.*, AT, 3. Aufl., S. 142; *Bae, J.D.*, BT, 7. Aufl., [18] Rn. 42; *Lee, J.S.*, BT, 7. Aufl., § 3 Rn. 34.

1210 Siehe unten, Teil 3 B. I. 3.

1211 *Murmann*, Begutachtung, 2012, S. 54 ff.

1212 Dagegen nach *Park, K.G.*, Rechtsnatur, 2016, S. 114, kommt es beim § 19 KStGB nicht auf die Kausalität im Sinne der conditio sine qua non an, sondern auf eine

Nebentäterschaft ist die Begründung von Tatherrschaft in Fällen, in denen zugleich ein anderer Tatherrschaft haben soll." Dieses Problem stelle sich aber in Versuchsfällen von vornherein nicht, weil hier die Vorstellung der Tatherrschaft ausreiche, Tatherrschaft also gerade nicht objektiv vorliegen müsse. Zweitens sei die Versuchsstrafbarkeit nicht auf die Konstellation beschränkt, in der gefährliche Handlungen unterschiedlicher Personen zusammenträfen, sondern auch denkbar, wenn die gefährliche Handlung mit einer natürlichen Gefahrquelle zusammentreffe. Schließlich würde § 19 KStGB den irreführenden Eindruck erwecken, dass die Versuchsstrafbarkeit aus § 19 KStGB abgeleitet werden könne, ohne sich auf §§ 25 ff. KStGB, die die Voraussetzungen der Versuchsstrafbarkeit regeln, zu berufen.[1213] Tatsächlich hat die Rspr. eines untergeordneten Gerichts zu Unrecht unter Berufung auf die konstitutive Funktion von § 19 KStGB die Versuchsstrafbarkeit dort angenommen, wo die Voraussetzungen für den strafbaren Versuch nach §§ 25 ff. KStGB und den Vorschriften im Besondern Teil des KStGB nicht erfüllt wurden.[1214]

Sonderregelung sowohl über die objektive Zurechnung als auch über die Strafbemessung bei einer derartigen Nebentäterschaft.

1213 So irreführend auch *Park, K.G.*, Rechtsnatur, 2016, S. 114: „Durch § 19 wollte der koreanische Gesetzgeber [...] klarstellen, dass eine Handlung auch bei Nichtfeststellbarkeit des ursächlichen Zusammenhangs als Versuch bestraft wird, was in § 25 Abs. 1 KStGB nicht explizit vorgesehen ist." Darüber hinaus misst er § 19 KStGB in fragwürdiger Weise die sonderbare Funktion bei, der Anklagebehörde unlösbare Beweisschwierigkeiten bezüglich der Feststellung individueller Tatbeiträge zu ersparen (aaO.).

1214 Kwangjugobub, 66 No 246. Der der Entscheidung zugrunde liegende Sachverhalt lässt sich in seinen Grundzügen folgenderweise beschreiben. Der Angeklagte hat das Opfer, mit dem auch zwei andere Täter zuvor Beischlaf vorgezogen haben, unabhängig von ihnen vergewaltigt, wodurch das Opfer körperlich verletzt wurde. Hierbei steht aber nicht fest, wer die körperliche Verletzung verursacht hat. Die Vergewaltigung mit Körperverletzungsfolge ist nach § 301 KStGB strafbar. Umstritten ist die Frage, ob der Angeklagte über die festgestellte Vergewaltigung hinaus für die fahrlässige Körperverletzungsfolge haften müsse. Das Revisionsgericht (Kwangjugobub) geht davon aus, dass es beim Sachverhalt um §§ 19 und 263 KStGB gehe, weil sich die Täter unabhängig voneinander an der Straftat beteiligt haben und die Kausalität nicht festgestellt wurde. Auf die Grundsatz/Ausnahme-Beziehung von §§ 19 und 263 KStGB und die Rechtsnatur des § 263 KStGB kommen wir unten zurück. Um § 263 KStGB auf den Sachverhalt anzuwenden, hielt das betroffene Gericht die Übertragung des § 19 KStGB auf den § 301 KStGB für notwendig, der aber keine Versuchsstrafbarkeit kennt. Es hat anhand des § 19 KStGB zunächst die Versuchsstrafbarkeit der höchstens fahrlässig herbeigeführten Folge und dann unter dem angeblichen Erfülltsein der Voraussetzungen des § 263 KStGB die vollkommene Strafbarkeit nach dem § 301 KStGB bejaht. Abgesehen von der Frage nach der Legitimation des § 263 KStGB ist aber diese Schlussfolgerung schwer vertretbar. Wo die Versuchsstrafbarkeit nach § 25 KStGB und den Vorschriften im Besonderen Teil des KStGB fehlt, lässt sie sich nicht anhand § 19 KStGB legitimieren. § 25 Abs. 1 KStGB lautet: „Wird eine Handlung, die den

3. § 263 KStGB

§ 263 KStGB lautet: „Ist die Körperverletzung durch eine von mehreren, voneinander unabhängigen Handlungen verursacht worden und ist nicht feststellbar, welche von diesen die Körperverletzung verursacht hat, so wird vermutet, daß die Täter Mittäter waren."[1215]

1) Legitimationsfrage

Fragwürdig ist, ob § 263 überhaupt legitimierbar ist. Die angebliche Ratio der Vorschrift liegt darin, dass die körperliche Unversehrtheit ein bedeutendes Rechtsgut darstelle und die beweisrechtliche Aufklärung der Ursächlichkeit der Handlung für die Folge der Körperverletzung beim Handeln mehrerer aus praktischer Sicht schwerfalle.[1216] Bei § 263 KStGB ist möglicherweise mit solchen Konstellationen gerechnet worden, die vor allem bei Massenschlägereien vorkommen.[1217] Für die Legitimation des § 263 KStGB wurde aber auch der kriminalpolitische Gedanke herangezogen, dass die Gefährlichkeit mehrerer Handlungen für die Körperverletzung größer als bei einer einzelnen Handlung sei, sodass die Schutzbedürftigkeit dementsprechend zunehme.[1218]

Diese Ratio des § 263 KStGB lässt sich jedoch angesichts des Verstoßes gegen das strafrechtlich etablierte Schuldprinzip nicht legitimieren. Denn es ist nach dieser Vorschrift nicht ausgeschlossen, dass der Täter hiernach für mehr strafrechtlich zur Verantwortung gezogen wird, als was er tatsächlich begangen hat.[1219] Ebenso wenig ist es schlüssig, wenn man § 263 nur auf das Rechtsgut der körperlichen

---

Anfang der Ausführung eines Deliktes bildet, nicht vollendet oder tritt der Erfolg nicht ein, so ist der Täter wegen Versuchs zu bestrafen." Abs. 2 heißt: „Das versuchte Delikt kann milder bestraft werden als das vollendete." § 29 KStGB lautet: „Die Delikte, deren Versuch strafbar ist, sind in den betreffenden [Paragraphen im Besonderen Teil] bestimmt." *Ryu, P.K.*, KStGB, 1968, S. 11.

1215 *Ryu, P.K.*, KStGB, 1968, S. 57. Nach der h.M. ist die Vorschrift auf die Konstellation anzuwenden, in der zwei oder mehr als zwei durch Gewalt als tatbestandsmäßiges Verhalten zumindest fahrlässig die Körperverletzung verursacht haben, wobei aber nicht feststeht, welche Handlung für die Tatfolge ursächlich ist (*Lee, J.S.*, BT, 7. Aufl., § 3 Rn. 34; *Kim, S.R.*, Hyongsajungchaek 20/2 (2008), 101, 102). § 263 KStGB gilt für die in § 266 KStGB zu bestrafende, rein fahrlässig verursachte Körperverletzung nicht, weil §§ 257 ff. KStGB die Trennung zwischen Körperverletzung als Verletzungsdelikt einerseits und Gewalttat als Tätigkeitsdelikt andererseits kennt (*Bae, J.D.*, BT, 7. Aufl., [17] Rn. 4.) und nur die vorsätzliche Gewalttat nach § 260 KStGB unter Strafe gezogen werden kann.

1216 *Bae, J.D.*, BT, 7. Aufl., [18] Rn. 44; *Kim, Sh.G.*, Hyongsabubyongu 22 (2004), 642, 643.

1217 *Bae, J.D.*, BT, 7. Aufl., [18] Rn. 53; *Kim, Sh.G.*, Hyongsabubyongu 22 (2004), 642, 643.

1218 *Park, S.K.*, BT, 7. Aufl., S. 59.

1219 *Bae, J.D.*, BT, 7. Aufl., [18] Rn. 50 ff.

Unversehrtheit beschränkt, weil das Problem der Beweisbarkeit der Kausalität nicht selten auch bei Tötungsdelikten vorkommt, wobei das schutzwerte Rechtsgut, das Leben, gewichtiger als die körperliche Unversehrtheit ist.[1220] Ferner ließen sich auch ohne die Sonderregelung des § 263 durch konsequente Anwendung der allgemeinen Grundsätze angemessene Ergebnisse in Hinblick auf Strafwürdigkeit bzw. -bedürftigkeit erzielen. Allenfalls wäre eine Gesetzgebungsalternative wie der deutsche § 231 StGB denkbar, um gleichwohl verbleibende Strafbarkeitslücken zu schließen.[1221] § 231 StGB hat nämlich gegenüber § 263 KStGB insoweit einen Vorteil, als er die Grundsätze des Allgemeinen Teils des StGB über Allein- bzw. Nebentäterschaft einerseits und über Mittäterschaft andererseits unberührt lässt, welche § 263 KStGB in Frage stellt. Ob jedoch insoweit eine Übernahme des § 231 StGB angezeigt ist, erscheint zumindest zweifelhaft, da die Regelung des § 231 StGB zum Teil unter dem Verdacht des Verstoßes gegen das Schuldprinzip steht.[1222] Aus alledem ergibt sich jedenfalls, dass § 263 KStGB *de lege ferenda* zumindest aufgehoben werden sollte.

2) Rechtsnatur

Es besteht Einigkeit darüber, dass § 263 eine Ausnahme von § 19 KStGB und dem Prinzip *in dubio pro reo* darstellt.[1223] Die h.L. vertritt, dass der Angeklagte bei § 263 KStGB die Beweislast tragen soll, dass seine Handlung für die Körperverletzung *nicht* ursächlich ist.[1224] Denn der Zweck von § 263 KStGB bestehe darin, die beweisrechtliche Schwierigkeit der Feststellung der Kausalität zu mindern. Eine Mindermeinung geht dagegen davon aus, dass § 263 KStGB eine materiellrechtliche Vermutungsregel sei. Wenn die Voraussetzungen des § 263 KStGB vorlägen, werde vermutet, dass alle unabhängig voneinander Beteiligten für die Straftat mittäterschaftlich verantwortlich seien.[1225] Die dritte Position vermittelt beide Aspekte.[1226] § 362 KStGB regele also einerseits die prozessrechtliche Rechtsfolge, dass der Angeklagte die Beweislast trage, andererseits bestehe die materialrechtliche Vermutung der mittäterschaftlichen Verantwortung. Die h.L. wendet gegen die Lehre der rechtlichen Vermutung und die auf ihr beruhende vermittelnde Lehre ein, dass die rechtliche Vermutung als Rechtsfigur für die Annahme des zu beweisenden Sachverhalts kein Beweisverfahren erfordere, was sich aber nicht aus § 263 KStGB ergebe.[1227]

1220 *Kim, Sh.G.*, Hyongsabubyongu 22 (2004), 642, 643.

1221 *Kim, Sh.G.*, Hyongsabubyongu 22 (2004), 642, 660; *Kim, S.R.*, Hyongsajungchaek 20/2 (2008), 101, 119.

1222 SK/*Hirsch*, 11. Aufl., § 231 Rn. 1; *Roxin*, AT I, 4. Aufl., § 23 Rn. 12.

1223 *Yim, W.*, AT, 3. Aufl., S. 142.

1224 *Lee, J.S.*, BT, 7. Aufl., § 3 Rn. 35.

1225 *Kang, G.J.*, BT I, 1983, S. 70.

1226 *Lee, H.K.*, Studienbuch BT I, 1997, S. 79.

1227 *Lee, J.S.*, BT, 7. Aufl., § 3 Rn. 35.

Bedenken begegnet vor allem die Auffassung, dass §§ 19 und 263 KStGB in dem Grundsatz/Ausnahme-Zusammenhang zueinander stünden. Wenn § 19 KStGB – abgesehen von der Frage, ob er einen eigenständigen Regelungsgehalt in Hinblick auf § 17 KStGB hat –[1228] eine Rechtsfolge für die fehlende Kausalität beim Handeln mehrerer vorsieht, hat er nichts mit den Beteiligungsformen gemäß §§ 30 ff. KStGB zu tun. Um von einem Grund/Ausnahme-Zusammenhang sprechen zu können, hätte § 263 KStGB etwa so formuliert werden müssen: „Ist die Körperverletzung durch eine von mehreren, voneinander unabhängigen Handlungen verursacht worden und ist nicht feststellbar, welche von diesen die Körperverletzung verursacht hat, so ist jede als Vollendung strafbar." Aber § 263 KStGB spricht von Mittäterschaft, obwohl der gemeinsame Tatentschluss unter den Beteiligten fehlt, der auch nach h.M. in Korea für die mittäterschaftliche Zurechnung erforderlich ist. Insoweit wird durch § 263 KStGB der fehlende gemeinsame Tatentschluss fingiert, nicht aber die zweifelhafte Kausalität des jeweiligen Tatbeitrages. Hier kommt das Prinzip *in dubio pro reo* nicht in Betracht, weil kein Zweifel darüber vorliegt, dass der gemeinsame Tatentschluss fehlt. Insofern liegt die Lehre der sog. rechtlichen Vermutung der mittäterschaftlichen Verantwortung nahe. Gegen sie spricht nun aber umgekehrt ein Teil der Voraussetzungen von § 263 KStGB. Nicht ersichtlich ist, warum die Unaufklärbarkeit der Kausalität die fehlende, intersubjektive Tatseite der Mittäterschaft ausgleichen kann. §§ 19 und 263 KStGB stehen also in keinerlei Grundsatz/Ausnahme-Verhältnis.

Rechtsdogmatisch gesehen vermengt § 263 KStGB auf unzulässiger Weise die beiden voneinander zu unterscheidenden Grundsätze der Allein- bzw. Nebentäterschaft einerseits und der Mittäterschaft andererseits. Eine Ausnahme von den Grundsätzen der §§ 19, 30 KStGB lässt sich über § 263 KStGB nicht legitimieren. Die Konstellation, die durch § 263 KStGB reguliert wird, lässt sich vielmehr – gehen wir von der deutschen Rechtsdogmatik aus – häufig nach allgemeinen Grundsätzen lösen:[1229] Hiernach ist der Täter für den Erfolg verantwortlich, wenn er durch seine für den Erfolg wirksame Handlung eine rechtlich missbilligte Gefahr für das Rechtsgut geschaffen hat und sich diese Gefahr im Erfolg realisiert hat. Ein Wirkungszusammenhang liegt demnach auch dann vor, wenn der Täter die fremde Tat ermöglicht, erleichtert, beschleunigt oder abgesichert hat.[1230] Vergleichbar ist in unserem Zusammenhang etwa der sog. Bratpfannen-Fall aus Deutschland.[1231] Der Täter hat

1228 Krit. *Murmann*, Begutachtung, 2012, S. 55.
1229 Siehe oben, Teil 2 A. I. 1. 3); *Shin, D.U.*, AT, 6. Aufl., 597 f.
1230 Siehe oben, Teil 2 A. II. 1. 2) (5) a.
1231 Der Sachverhalt lautet: O hatte seine Frau F und seine Stieftochter S lange Zeit in unmenschlicher Weise tyrannisiert. Eines Tages fügte S dem O von hinten mit einer schweren Bratpfanne mehrere Schläge auf den Kopf zu. Als O bewusstlos zu Boden gefallen war, lief S fort, um die Polizei zu rufen. Unabhängig und ohne Wissen vom Handeln der S kam F nach Hause, ergriff die Bratpfanne und schlug sie dem am Boden liegenden O mindestens einmal auf den Kopf. Damit kam O ums Leben. Der BGH, NJW 66, 1823, lehnte unzutreffend die Kausalität der

– abgesehen von Einzelheiten – darüber hinaus in der Regel durch die Beteiligung an einer Massenschlägerei eine rechtlich missbilligte Gefahr für die körperliche Unversehrtheit geschaffen hat und diese Gefahr hat sich in der Folge realisiert.[1232] Falls man diesbezüglich anderer Auffassung sein sollte, dann können die Beteiligten gleichwohl noch wegen Versuchs bestraft werden. Insoweit gibt es keine Strafbarkeitslücke. Die rein fahrlässige Beteiligung an der Körperverletzung ist nicht vom § 263 KStGB erfasst. Aber es wäre auch noch eine andere Lösung denkbar: Die Beteiligten können in den Fällen des § 263 KStGB für die Körperverletzung des Opfers auch mittäterschaftlich haften, wenn ihr Zusammenwirken mit der Bildung eines gemeinsamen Tatentschlusses einhergeht. Denn der für eine Mittäterschaft erforderliche, gemeinsame Tatentschluss kann nach h.M. *zufällig* bzw. *sukzessiv* zustandekommen.[1233] Wie noch zu sehen sein wird,[1234] tendiert die koreanische Rspr. dazu, einen gemeinsamen Tatentschluss in größerem Umfang zu bejahen.

3) Anwendungsbereich

Die h.L. entnimmt aufgrund des Ausnahmecharakters des § 263 KStGB der Vorschrift keine allgemeine dogmatische Lehre, sondern beschränkt den Anwendungsbereich des § 263 KStGB auf die Tatbestände, die die Körperverletzung als tatbestandsmäßigen Erfolg enthalten.[1235] Daher falle etwa ein Rekurs auf § 263 KStGB aus, wenn die Handlung über die Körperverletzung hinaus z.B. Tod des Opfers herbeiführt. Die Rspr. des obersten Gerichts hingegen lehnt die Anwendungsmöglichkeit auf solche Erfolgsqualifikationsdelikte nicht ab.[1236] Sie hat die Vorschrift aber nicht auf die Vergewaltigung mit Körperverletzungsfolge gemäß § 301 KStGB angewandt, die den Schutz eines andersartigen Rechtsguts bezweckt.[1237]

Handlung von F ab, weil nicht feststand, ob sie den Tod des O beschleunigt hat. Unter Berufung auf das in dubio pro reo Prinzip ging er zugunsten der F davon aus, dass ihr Schlag den Tod des O nicht beschleunigt hatte, zugunsten der S, dass F dem O mehrere Schläge versetzt hatte und dass dessen Tod dadurch beschleunigt worden war. Beide sollten danach höchstens für die versuchte Tat haften. Die literarische Meinung sieht dagegen zutreffend das kausale Moment darin, dass F die von S geschaffene Lage ausgenutzt und an deren Verletzungshandlung angeknüpft hat. Für die Kausalität reicht also der Zusammenhang aus, dass ohne den von S unternommenen Angriff F das Opfer ihrerseits nicht angegriffen hätte, *Wessels/Beulke/Satzger*, AT, 45. Aufl., Rn. 235. Freilich ist der Erfolg der S nicht zurechenbar, weil er in den Verantwortungsbereich der F fällt, *Wessels/Beulke/Satzger*, AT, 45. Aufl., Rn. 277.

1232 *Roxin*, AT I, 4. Aufl., § 23 Rn. 13.

1233 Siehe unten, Teil 3 B. II. 2.

1234 Siehe unten, Teil 3 B. II.

1235 *Bae, J.D.*, BT, 7. Aufl., [18] Rn. 58; *Lee, J.S.*, BT, 7. Aufl., § 3 Rn. 37.

1236 Daepan, 2000Do745.

1237 Daepan, 84Do372; dagegen Kwangjugobub, 66 No 246.

II. Mittäterschaft

Das KStGB normiert in § 30 KStGB die mittäterschaftliche Haftung und kann wie folgt ins Deutsche übertragen werden: „Haben zwei oder mehrere Personen eine Straftat gemeinschaftlich begangen, so wird jeder als Täter bestraft"[1238] oder „Begehen mehr als zwei Personen eine Straftat gemeinschaftlich, so wird jeder als Täter bestraft".[1239] Es geht beim § 30 KStGB wie beim deutschen § 25 Abs. 2 StGB um das bewusste und gewollte Zusammenwirken mehrerer bei Begehung ein und derselben Tat. Die ganz h.M. stellt hierfür auf den gemeinsamen Tatentschluss und die gemeinsame Tatausführung ab.[1240] Das letztere objektive Element liegt nach der Rspr. des obersten Gerichts dann vor, wenn der Täter mit der auf dem gemeinsamen Tatentschluss beruhenden funktionellen Tatherrschaft die Tat ausführe. Der gemeinsame Tatentschluss wiederum sei ein gemeinsamer Entschluss, der die Bildung einer Einheit und dadurch die Umsetzung des eigenen Willens durch die Ausnutzung der jeweils fremden Tat zum Inhalt habe, um hierdurch eine Straftat zu begehen.[1241]

1. Die sog. Verabredungsmittäterschaft

Die Rspr. des obersten Gerichts hat seit längerem in Anlehnung an die japanische Rspr.[1242] die sog. Verabredungsmittäterschaft[1243] bzw. „Lehre der Verschwörungsmittäterschaft"[1244] angenommen. Hiernach liege Mittäterschaft auch vor, wenn sich der Beitrag des Mittäters auf die Mitwirkung am gemeinsamen Tatentschluss beschränke.[1245] Hierbei hat sich das oberste Gericht früher auf die sog. Lehre vom Kollektiv der Willensbindung berufen.[1246] Ihr zufolge entsteht durch die Verschwörung ein überindividuelles Kollektiv, sodass alle Mitglieder dieses Kollektives so zu bestrafen seien, als ob sie jeweils all das begangen hätten, was die anderen Mitglieder begangen haben. Dies lässt sich in etwa mit der zivilrechtlichen gesamtschuldnerischen Haftung der Mitglieder einer Genossenschaft für die durch ein Mitglied geschlossenen Rechtsgeschäfte vergleichen.[1247] Darüber hinaus hat auch die japanische Lehre von der wechselseitigen mittelbaren Täterschaft im analogen Sinne Einfluss auf die koreanische Rspr. gewonnen.[1248] So spricht die Rspr. mit

---

1238 *Son, M.S.*, in: Sieber/Cornils [Hrsg.], Nationales Strafrecht AT IV, 2010, S. 143.

1239 *Kim, S.R.*, Die Analyse, 2001, S. 321.

1240 *Kim, I.S./Suh, B.H.*, AT, 11. Aufl., S. 593; *Lee, J.S.*, AT, 7. Aufl., § 33 Rn. 10 ff.; *Shin, D.U.*, AT, 6. Aufl., 577 ff.

1241 Daepan, 92Do3204; 2002Do7477; 28Do1274.

1242 Näher dazu, *Soichiro Shimada*, GA 2009, 469, 475 ff.

1243 *Son, M.S.*, in: Sieber/Cornils [Hrsg.], Nationales Strafrecht AT IV, 2010, S. 150.

1244 *Oh, Y.K.*, in: Ostasiatisches Strafrecht, 2010, 63, 73.

1245 Daepan, 82Do3248; 87Do2368; 94Do1831; 2001Do4947; 2005Do8645; 2007Do11258.

1246 *Lee, J.S.*, AT, 7. Aufl., § 33 Rn. 37; *Shin, D.U.*, AT, 6. Aufl., S. 584.

1247 *Soichiro Shimada*, GA 2009, 469, 473 f.; krit. *Shin, D.U.*, AT, 6. Aufl., S. 590.

1248 *Lee, J.S.*, AT, 7. Aufl., § 33 Rn. 39; *Shin, D.U.*, AT, 6. Aufl., S. 585, 590; *Soichiro Shimada*, GA 2009, 469, 475 ff.

Blick auf das subjektive Element der sog. Verabredungsmittäterschaft von der Ausnutzung der jeweils fremden Tat.[1249] Jedoch lässt sich neuerdings bei der Rspr. die Tendenz beobachten, die Mittäterschaft ohne Tatausführung aufgrund der Lehre der funktionellen Tatherrschaft im materiellen Sinne zu begründen.[1250] Danach müsse feststehen, dass der Beitrag des Mittäters, der keine Tatausführungshandlung vornimmt, für die gemeinsame Tatbegehung von wesentlicher Bedeutung sei. Um die Wesentlichkeit des Tatbeitrages anzunehmen, seien die gesamten Umstände mit zu berücksichtigen, etwa welche Stellung bzw. Rolle der Täter bezüglich der gesamten Tat einnehme oder ob er die Herrschaft über das Kausalgeschehen besitze.[1251]

Die h.L. lehnt dagegen die sog. Verabredungsmittäterschaft ab.[1252] Hierbei (und auch gegen die Rechtsfigur vom sog. „Täter hinter dem Täter") verweist sie vor allem auf § 34 Abs. 2 KStGB.[1253] § 34 Abs. 1 KStGB lautet: „Wer eine Straftat dadurch verwirklicht, dass er einen anderen, der wegen der Tat nicht strafbar oder wegen fahrlässiger Tatbegehung strafbar ist, anstiftet oder einem solchen anderen Hilfe leistet, wird gleich einem Anstifter oder Gehilfen bestraft"[1254] Der Absatz 2 heißt: „Wer den in Absatz 1 genannten Erfolg dadurch herbeigeführt hat, dass er einen anderen, der seiner Befehlsgewalt oder Aufsicht untersteht, anstiftet oder ihm Hilfe leistet, wird wie folgt bestraft: Im Falle der Anstiftung wird das höchste Strafmaß, das für den Täter vorgesehen ist, um die Hälfte erhöht; im Falle der Beihilfe wird er gleich einem Täter bestraft."[1255] Abgesehen von der umstrittenen Frage, ob die von § 34 KStGB thematisierte Form mittelbarer Täterschaft in die Täterschaft oder in die Teilnahme (im engeren Sinne) einzuordnen ist,[1256] ist es freilich zweifelhaft,

---

1249 Daepan, 87Do2368; *Shin, D.U.*, AT, 6. Aufl., S. 585.

1250 *Lee, J.S.*, AT, 7. Aufl., § 33 Rn. 44.

1251 Daepan, 2007Do235.

1252 *Kim, I.S./Suh, B.H.*, AT, 11. Aufl., S. 598, 603; *Yim, W.*, AT, 3. Aufl., S. 427 ff.; a.A. *Lee, J.S.*, AT, 7. Aufl., § 33 Rn. 42 ff.

1253 *Shin, D.U.*, AT, 6. Aufl., S. 591 und 669; *Yim, W.*, AT, 3. Aufl., S. 427 und 446.

1254 *Son, M.S.*, in: Sieber/Cornils [Hrsg.], Nationales Strafrecht AT IV, 2010, S. 143. Oder „Jemand, der einen anderen anstiftet oder bei der Tat eines anderen teilnimmt, bei der der Täter straflos bleibt oder nur wegen Fahrlässigkeit bestraft wird, wird dennoch als Anstifter oder Teilnehmer nach den vorhergehenden Vorschriften bestraft." *Oh, Y.K.*, in: Ostasiatisches Strafrecht, 2010, 63, 70.

1255 *Son, M.S.*, in: Sieber/Cornils [Hrsg.], Nationales Strafrecht AT IV, 2010, S. 143. Oder „Wenn jemand einen anderen, über den er die Befehlsgewalt hat, anstiftet oder an dessen Tat teilnimmt und der Täter, wie in Abs. 1, milder bestraft wird oder straffrei bleibt, so wird der Anstifter wie der Täter mit einer um den Faktor 1,5 erhöhten Freiheits- oder Geldstrafe bestraft. Im Falle der Teilnahme wird er nach den Regeln der Teilnahme bestraft." *Oh, Y.K.*, in: Ostasiatisches Strafrecht, 2010, 63, 70.

1256 Die m.M. geht davon aus, dass die mittelbare Täterschaft gemäß § 34 KStGB trotz der ausdrücklichen Überschrift „Mittelbare Täterschaft und Strafschärfung für qualifizierte Fälle von Anstiftung und Beihilfe" eine Form der Teilnahme im engeren Sinne sei. Hierfür spreche, dass der koreanische Gesetzgeber bei Akzessorietät

ob § 34 Abs. 2 KStGB auf die Konstellation anwendbar ist, in der der Tatmittler frei und vollverantwortlich gehandelt hat. Denn angesichts des Verweises auf § 34 Abs. 1 KStGB und des erhöhten Strafrahmens im § 34 Abs. 2 KStGB soll der Tatausführende derjenige sein, der – wie im Abs. 1 beschrieben – wegen der Tat nicht strafbar oder wegen fahrlässiger Tatbegehung strafbar ist.[1257] Gleichwohl lehnt die h.L. die sog. Verabredungsmittäterschaft ab und verlangt für mittäterschaftliche Haftung funktionelle Tatherrschaft, welche – wie auch bereits mit Blick auf das deutsche Recht thematisiert –[1258] nicht so eng zu verstehen ist, dass hiernach nur der unmittelbar Tatausführende Mittäter sein könne; vielmehr fielen auch tatwesentliche Vorbereitungshandlungen hierunter.[1259]

2. *Die sog. sukzessive Mittäterschaft*

Was den zeitlichen Zusammenhang zwischen der gemeinsamen Tatverabredung und der gemeinsamen Tatausführung betrifft, kategorisiert die h.L die Mittäterschaft in die sog. Mittäterschaft der vorherigen Verabredung, die sog. zufällige und die sog. sukzessive Mittäterschaft. Von der ersten Variante ist die Rede, wenn die Verabredung zur gemeinsamen Tat bereits vor der Tatausführung vorliegt. Die Mittäterschaft ist aber auch zu bejahen, wenn beide Elemente zufällig zusammentreffen.[1260] Umstritten ist in Korea die Frage, inwiefern der nachher Beteiligte durch die sog. sukzessive Mittäterschaft für die ganze Tat täterschaftlich verantwortlich sein kann. Unstreitig ist insoweit, dass der geistige Kontakt für die gemeinschaftliche Tatbegehung hiernach also nicht vor der Tatausführung gegeben sein muss.

Umstritten ist hingegen, ob im Rahmen der sog. sukzessiven Mittäterschaft dem hinzutretenden Mittäter Erschwerungsgründe, die vor seinem Beitritt verwirklicht worden sind, zugerechnet werden können. Auch in Deutschland wird diskutiert, ob dem hinzutretenden Mittäter Erschwerungsgründe zugerechnet werden können, die vor seinem Eintritt schon verwirklicht wurden.[1261] Z.B.: A hat gegen O Gewalt angewendet, um einen Raub gemäß § 333 KStGB, der dem § 249 StGB in Deutschland

der Teilnahme die extreme Stellung eingenommen habe, dass die Strafbarkeit der Teilnahme auf die tatbestandsmäßige, rechtswidrige und schuldhafte Handlung des Täters angewiesen sei, weil die „Tat" im Sinne von §§ 31 und 32 KStGB anders als bei §§ 26 und 27 StGB eine schuldhafte Haupttat sei. Darauf ergebe sich die Bedürftigkeit, dass der Täter, der an der straflosen oder fahrlässig-strafbaren Haupttat teilgenommen habe, als Teilnehmer bestraft werden müsse. Das bestätige sich dadurch, dass die Vorschrift über die mittelbare Täterschaft nach den §§ 31 und 32 KStGB positioniere, die jeweils Anstiftung und Beihilfe regeln, *Oh, Y.K.*, AT, 2. Aufl., § 35 Rn. 7; *Shin, D.U.*, AT, 6. Aufl., S. 621 ff., 658.

1257 *Oh, Y.K.*, AT, 2. Aufl., § 35 Rn. 19 und 37.

1258 Siehe oben, Teil 2 A. II. 1. 2) (4).

1259 *Bae, J.D.*, BT, 7. Aufl., [131] Rn. 27; *Lee, J.S.*, AT, 7. Aufl., § 33 Rn. 34; dagegen *Kim, I.S./Suh, B.H.*, AT, 11. Aufl., S. 598; *Yim, W.*, AT, 3. Aufl., S. 425.

1260 *Shin, D.U.*, AT, 6. Aufl., S. 578; *Lee, J.S.*, AT, 7. Aufl., § 33 Rn. 15.

1261 BGHSt 2, 346; *Roxin*, AT II, § 25 Rn. 224 ff.

entspricht, zu begehen. B tritt nun hinzu und führt in Kenntnis und Billigung des Tatplans von A die Wegnahme im Sinne des § 329 KStGB und des § 242 StGB aus. Soll B auch für den Raub als Mittäter strafrechtlich verantwortlich sein? Ein Teil der Literatur bejaht in solchen Fällen sukzessive Mittäterschaft. Denn wenn der nach dem Versuchsbeginn Hinzutretende in Kenntnis des Tatplans des anderen mit diesem einverstanden sei, so entstehe eine hinreichende Grundlage für die Zurechnung der vorangegangenen Handlung des anderen. Hierbei sei es einerlei, wann der gemeinsame Tatentschluss entstehe. Daher müsse der später Beteiligte für die ganze Tat mittäterschaftlich verantwortlich sein.[1262] Dagegen verneint eine andere Ansicht die Möglichkeit der sog. sukzessiven Mittäterschaft überhaupt, weil der dazwischentretende Beitrag für den ersten nicht kausal sei. Außerdem sei die Zurechnung des vorangegangenen Teilbeitrags zum sich anschließenden Täter mit dem Schuldprinzip, das sich aus dem Rechtsstaatsprinzip ergebe, nicht vereinbar. Daher könne der Hinzutretende für die gesamte Straftat nur als Gehilfe strafbar sein.[1263] Eine beide Positionen vermittelnde Auffassung stimmt grundsätzlich dieser ablehnenden Ansicht zu, hält aber den dazwischenschaltenden Beteiligten für einen Mittäter, dessen Strafbarkeit allerdings auf seinem Tatbeitrag beruhe.[1264] Demnach hätte sich B im genannten Beispiel nur wegen mittäterschaftlichen Diebstahls nach dem § 329 KStGB schuldig gemacht.

Insoweit es um den Fall geht, dass ein weiterer Täter erst nach Erfüllung eines Erschwerungsgrundes durch den einen Täter ein anderer Täter in Kenntnis und Billigung davon hinzutritt, ist angesichts des Schuldprinzips der verneinenden Auffassung zuzustimmen. Der Hinzutretende darf nicht für die unabhängig von ihm begangene, qualitativ schwerere Tat haften. Tritt dagegen der zweite Täter in Einverständnis mit dem ersten über dessen Tatplan während der Tatausführung hinzu, so verhält es sich anders. Hierin liegt kein Widerspruch, weil beim letzteren gemeinsamer Tatentschluss und gemeinsame Tatausführung immer noch zusammentreffen,[1265] was inhaltlich der Lehre von der sog. zufälligen Mittäterschaft in Korea entspricht.

3. *Die sog. fahrlässige Mittäterschaft*

Kompliziert stellt sich in Korea die Problematik fahrlässiger Mittäterschaft dar. In § 14 KStGB heißt es zur Fahrlässigkeitsstrafbarkeit allgemein: „Eine Handlung in einer durch Vernachlässigung normaler Achtsamkeit herbeigeführten Unkenntnis von Tatumständen, die zum gesetzlichen Tatbestand eines Delikts gehören, ist nur dann strafbar, wenn das Gesetz dies ausdrücklich bestimmt."[1266]

1262 *Bae, J.D.*, AT, 10. Aufl., [131] Rn. 9 m.w.N.

1263 Daepan, 82Do2024.

1264 Daepan, 82Do884; 95Do577; *Kim, I.S./Suh, B.H.*, AT, 11. Aufl., S. 597; *Bae, J.D.*, AT, 10. Aufl., [131] Rn. 11; *Lee, J.S.*, AT, 7. Aufl., § 33 Rn. 20.

1265 Siehe oben, Teil 2 B. I. 3. 1).

1266 *Son, M.S.*, in: Sieber/Cornils [Hrsg.], Nationales Strafrecht AT III, 2008, S. 557.

Die Rspr. des obersten Gerichts vertrat nun früher, dass die fahrlässige Mittäterschaft unmöglich sei, weil es bei Fahrlässigkeit am gemeinsamen Tatentschluss fehle.[1267] Sie hat diese Haltung aber aufgegeben und nimmt nun in ständiger Rspr. fahrlässige Mittäterschaft an,[1268] da die „Tat" im Sinne von § 30 KStGB sowohl vorsätzlich, als auch fahrlässig begangen werden könne und sich der gemeinsame Entschluss, der für die Mittäterschaft erforderlich sei, im gemeinsamen Handlungswillen erblicken lasse.[1269] Der Rspr. liegt hierbei vor allem die französische Lehre von der sog. gemeinsamen Handlung zugrunde, auf die sich insbesondere auch japanische Wissenschaftler berufen haben, um die Reichweite der Mittäterschaft zu bestimmen.[1270] Demnach soll Mittäterschaft auch vorliegen, wenn mehrere eine gemeinsame Handlung im vorjuristischen, bzw. natürlichen Sinne vornähmen.[1271] Dies habe den Vorteil, dass sich so eine Mittäterschaft zwischen verschiedenen Formen der Tatbegehung, d.h. zwischen vorsätzlich und fahrlässig handelnden Tätern, ohne weiteres begründen lasse.[1272]

Auch Teile der Literatur versuchen, die fahrlässige Mittäterschaft zu rechtfertigen.[1273] Einer Ansicht nach ist fahrlässige Mittäterschaft gerechtfertigt, weil mehrere durch den gemeinsamen Handlungsentschluss eine Einheit zur gemeinsamen Handlung bildeten. Wenn dies der Fall sei, müssten sie auch für den fahrlässig verursachten Erfolg in Mittäterschaft haften.[1274] Eine andere Ansicht verlangt für die fahrlässige Mittäterschaft neben gemeinsamer Sorgfaltspflichtverletzung eine funktionelle Tatherrschaft.[1275] Nach einer überwiegenden Auffassung ist mittäterschaftliche Haftung durch Fahrlässigkeit anzunehmen, wenn eine gemeinsame Handlung und eine gemeinsame Sorgfaltspflichtverletzung vorlägen.[1276]

Die Gegenposition hierzu vertritt (in der Lehre) die sog. Lehre von der gemeinsamen Tat.[1277] Hiernach erfordere § 30 KStGB, dass zwei oder mehr als zwei Täter gemeinsam einen bestimmten Tatbestand verwirklichten, wobei sich deren gemeinsame Wille als Vorsatz auf die Tatbestandsverwirklichung beziehen müsse. Eine fahrlässige Mittäterschaft kann nach dieser Ansicht nicht angenommen werden.[1278] Ferner wird gegen die fahrlässige Mittäterschaft häufig eingewandt, dass bei ihr die

1267 Daepan, 4289Hyoungsang276.
1268 Daepan, 79Do1249; 82Do781; 97Do1740.
1269 Daepan, 4294Hyoungsang598. Näher dazu, *Kim, S.R.*, Die Analyse, 2001, S. 317 ff., 325 ff.
1270 *Kim, S.R.*, Die Analyse, 2001, S. 325 und 326.
1271 Gegen die Ansicht siehe oben, Teil 2 A. II. 1. 2) (6) b. i.
1272 *Shin, D.U.*, AT, 6. Aufl., S. 595.
1273 Näher dazu, *Kim, S.R.*, Die Analyse, 2001, S. 317 ff., 331 ff.
1274 *Ryu, K.Ch.*, AT, 1980, S. 288.
1275 *Kim, I.S./Suh, B.H.*, AT, 11. Aufl., S. 613 f.; *Shim, J.W.*, Gosigae 1980, 4, 38.
1276 *Lee, J.S.*, AT, 7. Aufl., § 33 Rn. 33.
1277 Vor allem *Shin, D.U.*, AT, 6. Aufl., S. 596.
1278 *Shin, D.U.*, AT, 6. Aufl., S. 595.

für Mittäterschaft wesentliche, funktionelle Tatherrschaft fehle.[1279] Des Weiteren finden sich vielfach Einwände, wie sie auch in der – oben bereits ausführlich dargestellten – deutschen Diskussion um die fahrlässige Mittäterschaft anzutreffen sind.[1280]

4. Die Mittäterschaft durch Unterlassen

Schließlich kennt das koreanische Recht auch eine Mittäterschaft durch Unterlassen. Die maßgebliche Vorschrift zum Unterlassen ist § 18 KStGB: „Hat jemand, der zur Verhinderung der Entstehung einer Gefahr verpflichtet ist oder der durch eigene Handlung eine Gefährdung verursacht hat, das Entstehen der Gefahr nicht verhindert, so wird er nach dem eingetretenen Erfolg bestraft".[1281] Es handelt sich bei der in § 18 KStGB beschriebenen Garantenpflicht zwar um die Pflicht zur Verhinderung einer Gefahrentstehung, während § 13 StGB in Deutschland von einer Erfolgsabwendungspflicht spricht, aber bei der Begründung der Garantenstellung gibt es keine nennenswerten Unterschiede. Ferner fordert auch in Korea die h.M. eine sog. Quasi-Kausalität des Unterlassens, um den Unterlassungstäter für den Erfolg verantwortlich zu machen.[1282] Die Mittäterschaft zwischen Unterlassungstätern liegt nach der h.M. nur bei einer gemeinsam erfüllbaren Rettungspflicht vor.[1283] Eine Mittäterschaft zwischen Tun und Unterlassen ist darüber hinaus denkbar, wenn ein gemeinsamer Tatentschluss die Verknüpfung der beiden Verhaltensweisen erlaubt.[1284]

III. Beteiligung und besondere persönliche Eigenschaften

§ 33 KStGB lautet: „Für denjenigen, der sich an einer Straftat beteiligt, zu deren Tatbestand eine besondere persönliche Eigenschaft gehört, gelten die Regelungen der §§ 30–32, auch wenn diese Eigenschaft bei ihm fehlt. Ist jedoch die Schwere der Strafe von einer besonderen persönlichen Eigenschaft abhängig, so wird derjenige, dem diese Eigenschaft fehlt, nicht mit der schwereren Strafe bestraft."[1285] Hiernach kann der Beteiligte, dem die Täterqualität fehlt, gemäß §§ 30 und 33 1. S. KStGB –

1279 *Bae, J.D.*, AT, 10. Aufl., [131] Rn. 21; *Yim, W.*, AT, 3. Aufl., S. 409.

1280 Siehe oben Teil 2 A. II. 1. 2) (6) b. Nach der Betrachtung von *Kim, S.R.*, Die Analyse, 2001, S. 331, zeigen die Argumentationen für oder gegen die fahrlässige Mittäterschaft in Korea keine besonderen Abweichungen von denen in Deutschland.

1281 *Son, M.S.*, in: Sieber/Cornils [Hrsg.], Nationales Strafrecht AT III, 2008, S. 549.

1282 *Yim, W.*, AT, 3. Aufl., S. 552.

1283 Daepan, 2008Do89; *Bae, J.D.*, AT, 10. Aufl., [165] Rn. 1; *Lee, J.S.*, AT, 7. Aufl., § 11 Rn. 42; *Kim, I.S./Suh, B.H.*, AT, 11. Aufl., S. 614; *Shin, D.U.*, AT, 6. Aufl., S. 577; *Oh, Y.K.*, AT, 2. Aufl., § 34 Rn. 56; *Yim, W.*, AT, 3. Aufl., S. 556.

1284 *Bae, J.D.*, AT, 10. Aufl., [165] Rn. 1; *Kim, I.S./Suh, B.H.*, AT, 11. Aufl., S. 599, 614; *Lee, J.S.*, AT, 7. Aufl., § 11 Rn. 42; *Yim, W.*, AT, 3. Aufl., S. 425.

1285 *Son, M.S.*, in: Sieber/Cornils [Hrsg.], Nationales Strafrecht AT IV, 2010, S. 143.

anders als bei §§ 25 Abs. 2 und 28 Abs. 1 StGB – als Mittäter bestraft werden.[1286] Ein Untergebener, der etwa im **Fall 1** nicht vermögensbetreuungspflichtig ist und die von den Stimmberechtigten gefasste, rechtswidrige Entscheidung umgesetzt hat, ist demzufolge für die Tatbestandsverwirklichung als Mittäter verantwortlich.[1287]

IV. Fazit

Abgesehen von Detailfragen und -problemen weist das koreanische Strafrecht *prima facie* keine erheblichen Unterschiede zum deutschen Strafrecht auf. Gleichwohl erscheint nach der Analyse der koreanischen Rechtslage die Vermutung begründet, dass § 30 KStGB einen größeren Anwendungsbereich hat als § 25 Abs. 2 StGB. Denn erstens pflegen die Rspr. und Wissenschaft in Korea die Strafbarkeit des Täters über die fahrlässige Mittäterschaft gemäß §§ 30 KStGB auf die Konstellation zu erweitern, in der die Kausalität der fahrlässigen Handlung zum tatbestandsmäßigen Erfolg nicht eindeutig festgestellt oder der durch die Handlung verursachte Erfolg nicht objektiv zurechenbar ist. Z.B. würde beim Lederspray-Fall der Täter in Korea anhand § 30 KStGB für die fahrlässige Körperverletzung in Mittäterschaft haften, ohne dass festgestellt werden muss, dass er durch seine Handlung den Erfolg in rechtlich zurechenbarer Weise verursacht hat oder dass die Voraussetzungen der klassischen Mittäterschaft vorliegen. Zweitens trägt hierbei § 263 KStGB auch zur Annahme der mittäterschaftlichen Zurechnung bei, wenn sich mehrere vorsätzlich, aber unabhängig voneinander an einer Körperverletzung beteiligen, wobei nicht feststeht, welche Handlung für den Erfolg kausal ist. Drittens erweitert sich nach dem Willen des Gesetzgebers die mittäterschaftliche Strafbarkeit anhand von § 33 1. S. KStGB auf die Sachverhalte, in denen dem Handelnden die besonderen persönlichen Merkmale fehlen, die die Strafbarkeit des Täters begründen, wenn er die Voraussetzungen für die Mittäterschaft gem. § 30 KStGB erfüllt hat. Schließlich gilt – wie in Deutschland nach der h.M. –[1288] die mittäterschaftliche Haftung auch für den Fall, in dem der gemeinsame Tatentschluss und die gemeinsame Tatausführung zusammentreffen oder der Mittäter keine Tatausführungshandlung vornimmt, wenn sein Beitrag im Vorbereitungsstadium für die Tatbestandsverwirklichung wesentlich ist.

Wenn aber wie im **Fall 1** von **Teil 2** mehrere Täter ihren Beitrag nur auf die Mitwirkung an der Bildung des gemeinsamen Tatentschlusses beschränken und dieser

---

1286 *Son, M.S.*, in: Sieber/Cornils [Hrsg.], Nationales Strafrecht AT IV, 2010, S. 157; *Shin, D.U.*, AT, 6. Aufl., S. 702 f., weist darauf hin, dass sich der koreanische Gesetzgeber anders als der deutsche mit § 33 1. S. KStGB ausdrücklich dafür entschieden hat, dass die Mittäterschaft nach § 30 KStGB auch beim Fehlen des besonderen persönlichen Merkmals, das die Strafbarkeit des Täters begründet, gilt, wenn der Beteiligte nach § 30 KStGB als Mittäter bestraft werden kann; *Yim, W.*, AT, 3. Aufl., S. 489, vertritt zutreffend die Meinung, dass sich § 33 1. S. KStGB *de lege ferenda* auf Anstiftung und Beihilfe beschränken soll.

1287 Vgl. Teil 2 A. I. 1. 1).

1288 Siehe oben, Teil 2 A. II. 1. 2) (4) b. ii. und B. I. 3. 1).

von anderen ausgeführt wird, so muss in Korea bei der Prüfung der Strafbarkeit § 34 Abs. 2 KStGB Berücksichtigung finden.[1289] Stellt man hauptsächlich auf § 34 Abs. 2 KStGB ab, so kommt – anders als in Deutschland – in Korea nach der h.L. weder eine sog. Strafbarkeit als Täter hinter dem Täter[1290] noch die Rechtsfigur der Verabredungsmittäterschaft in Betracht.[1291] Es ist aber – wie oben gesehen –[1292] fragwürdig, ob § 34 Abs. 2 KStGB auf die Konstellation anwendbar ist, in der der unmittelbare Tatmittler frei-vollverantwortlich gehandelt hat. Die Vorschrift kann also nicht die beiden Rechtsfiguren des Täters hinter dem Täter und der Verabredungsmittäterschaft ersetzen. Abgesehen davon muss der Beteiligte an der Tatverabredung als Mittäter bestraft werden, wenn sein Beitrag auch im Vorbereitungsstadium genauso wie die Ausführungshandlung durch die anderen wesentlich ist. Denn § 30 KStGB schreibt wie § 25 Abs. 2 StGB die gemeinschaftliche Tatbegehung, nicht aber Tatausführung vor.

C. Anwendung auf die Fallkonstellationen von Teil 2

Vor diesem Hintergrund können die in **Teil 2** diskutierten Fallkonstellationen nach Maßgabe koreanischen Rechts folgendermaßen gelöst werden.

Im **Fall 1** müssen A, B und C für die aufgrund der kollektiven Entscheidung verursachte Tatbestandsverwirklichung in Mittäterschaft haften. Dafür spricht zum einen, dass die Rspr. und ein überwiegender Teil in der Literatur für die Annahme der Kausalität im Sinne von §§ 17 und 19 KStGB von der Adäquanztheorie ausgeht. Zum anderen ist die unter ihnen vorliegende Übereinstimmung über die rechtswidrige Beschlussalternative die wesentliche Grundlage für die weitere Ausführung der Entscheidung und ist daher als gemeinsamer Tat- bzw. Handlungsentschluss zu qualifizieren. Ferner spricht für die mittäterschaftliche Zurechnung die von der Rspr. angenommene Rechtsfigur der sog. Verabredungsmittäterschaft.

Zu den **Fällen 2, 3, 4** und **6**: Dass ein Vorstandsmitglied bei der offenen Abstimmung gegen die rechtswidrige Alternative gestimmt bzw. sich der Stimme enthalten oder im geheimen Beschlussverfahren gestimmt hat, befreit es auf Basis der koreanischen Rechtslage, d.h. nach § 30 KStGB noch nicht von der täterschaftlichen Strafbarkeit, wenn das Vorstandsmitglied im Nachhinein die beschlossene Entscheidung selbst ausführt. Denn die sukzessive Mittäterschaft, der zufolge der während der Tatausführung in Kenntnis und Billigung vom Tatplan des anderen Hinzutretende als Mittäter für den Erfolgseintritt verantwortlich ist, ist nach der ganz h.M. in Korea zu bejahen. Insoweit kommt es nicht auf sein vorheriges Stimmverhalten an; es ist dann einerlei, ob das Vorstandsmitglied sich mit den anderen im

1289 Siehe oben, Teil 3 B. II. 1.

1290 *Bae, J.D.*, AT, 10. Aufl., [136] Rn. 20, hält angesichts des § 34 Abs. 2 KStGB die deutsche Lehre vom Täter hinter dem Täter für entbehrlich.

1291 Zur Kritik daran siehe oben, Teil 3 B. II. 1.

1292 Siehe oben, Teil 3 B. II. 1.

Beschlussverfahren über die rechtswidrige Entscheidung geeinigt hat oder nicht. Zum anderen bewirkt der nach der Abstimmung untätig bleibende Täter als Garant den tatbestandsmäßigen Erfolg, wenn er im Sinne des § 18 KStGB eine Rettungsmöglichkeit hat und ihn eine Rettungspflicht trifft.[1293]

Im **Fall 5** liegt auch in Korea nach §§ 18 und 30 KStGB eine Mittäterschaft durch Unterlassung mehrerer vor, wenn die Garanten eine Rettungspflicht trifft, die sie nur gemeinsam erfüllen können. Denn die h.M. erkennt die Mittäterschaft durch Unterlassung mehrerer an. Dem steht nicht entgegen, dass der Garant für sich allein den Erfolg nicht hätte abwenden können. Hierfür spricht auch der Wortlaut des § 18 KStGB, wonach dem Garanten ausdrücklich nicht nur die Erfolgs-, sondern auch Risikoabwendungspflicht auferlegt wird.

Zu beachten ist schließlich, dass die Versuchsstrafbarkeit der Untreue in Korea in §§ 355 Abs. 2, 359 und 25 ff. KStGB geregelt ist. § 25 KStGB lautet: „I. Eine Handlung, zu der zwar unmittelbar angesetzt wurde, die aber nicht vollendet und deren Erfolg noch nicht eingetreten ist, wird als Versuch bestraft. II. Der Versuch kann milder bestraft werden als die vollendete Tat“[1294] Nach der h.M. bestimmt sich – wie in Deutschland –[1295] das für den strafbaren Versuch erforderliche unmittelbare Ansetzen nach subjektiv-objektiven Kriterien.[1296] Der strafbare Versuch beginnt also, wenn sich der kriminelle Tatentschluss in der nach der Vorstellung des Täters von der Tat für das Rechtsgut unmittelbar gefährlichen Handlung manifestiert.[1297] Hiernach kann C im **Fall 7** mit seinem rechtswidrigen, aber wegen des Stimmverhaltens der anderen Gremiumsmitglieder den Beschluss letztlich nicht tragenden Stimmverhalten nicht wegen Versuchs bestraft werden, weil er nach seiner Vorstellung zur Verwirklichung des Tatbestandes noch nicht unmittelbar angesetzt hat.[1298]

Das koreanische Strafgesetzbuch kennt zwar keine Legaldefinition von Verbrechen und Vergehen, wie sie in Deutschland in § 12 StGB zu finden ist,[1299] jedoch regelt es im Allgemeinen Teil die Strafbarkeit der vorbereiteten Beteiligung in mit § 30 StGB vergleichbarer Weise. Zunächst regelt § 28 KStGB in Verbindung mit den Tatbeständen des Besonderen Teils des KStGB die Strafbarkeit von Vorbereitungshandlungen: „Die Verabredung oder die Vorbereitung eines Delikts, zu dem noch nicht unmittelbar angesetzt wurde, wird nicht bestraft, wenn im Gesetz nichts anderes bestimmt ist.“[1300] Untreue und Körperverletzung sind nach KStGB wegen der Vorbereitungshandlungen nicht strafbar, während aufgrund von §§ 250, 255 und

1293 Zur Rettungsmöglichkeit siehe oben, Teil 2 B. 3. 2) (1).

1294 *Son, M.S.*, in: Sieber/Cornils [Hrsg.], Nationales Strafrecht AT III, 2008, S. 866.

1295 *Murmann*, GS, 3. Aufl., § 28 Rn. 31.

1296 *Bae, J.D.*, AT, 10. Aufl., [107] Rn. 5; *Kim, I.S./Suh, B.H.*, AT, 11. Aufl., S. 515; *Lee, J.S.*, AT, 7. Aufl., § 27 Rn. 12; *Oh, Y.K.*, AT, 2. Aufl., § 27 Rn. 18; *Shin, D.U.*, AT, 6. Aufl., S. 476.

1297 *Yim, W.*, AT, 3. Aufl., S. 346.

1298 Vgl. Teil 2 G. I.

1299 *Shin, D.U.*, AT, 6. Aufl., S. 555.

1300 *Son, M.S.*, in: Sieber/Cornils [Hrsg.], Nationales Strafrecht AT III, 2008, S. 879.

28 StGB die Verabredung oder die Vorbereitung eines Tötungsdelikts unter Strafe gestellt wird. Darüber hinaus lautet § 30 Abs. 2 KStGB: „Hat jemand einen anderen zur Begehung einer Straftat angestiftet und hat der Letztere zugestimmt, aber noch nicht unmittelbar zur Tat angesetzt, so werden der Anstifter und der Angestiftete nach den Vorschriften über die Verabredung und Vorbereitung bestraft."[1301] In § 30 Abs. 3 KStGB heißt es: „Der Anstifter wird ebenso nach Absatz 2 bestraft, wenn der Angestiftete in die Begehung der Straftat nicht einwilligt."[1302] Nach der h.M. ist die mittäterschaftliche Verabredung oder Vorbereitung des Delikts zu bejahen, soweit das Strafrecht dessen Strafbarkeit vorsieht.[1303] Die Hilfeleistung zu strafbaren Vorbereitungshandlungen kann dagegen nach h.M. nicht bestraft werden.[1304] Angesichts dessen wäre im Koreanischen Recht die in **Fall 7** geschilderte Abwandlung des Politbüro-Falls[1305] in entsprechender Weise wie in Deutschland zu behandeln und eine Haftung gem. §§ 250, 255, 28 und 31 Abs. 3 KStGB zu bejahen.

1301 *Son, M.S.*, in: Sieber/Cornils [Hrsg.], Nationales Strafrecht AT IV, 2010, S. 143. Oder: „Wenn der Angestiftete sich zur Ausführung der Tat bereit erklärt, diese aber nicht vollendet, werden Anstifter und Angestifteter wegen Vorbereitung der Straftat und Verschwörung bestraft," *Oh, Y.K.*, in: Ostasiatisches Strafrecht, 2010, 63, 69.

1302 *Son, M.S.*, in: Sieber/Cornils [Hrsg.], Nationales Strafrecht AT IV, 2010, S. 143. Oder: „Wenn jemand, der angestiftet wurde, sich nicht zur Ausführung bereit erklärt, wird der Anstifter nach den voranstehenden Regelungen bestraft," *Oh, Y.K.*, in: Ostasiatisches Strafrecht, 2010, 63, 69.

1303 Daepan 75Do1549; 77Do340; 79Do552; *Shin, D.U.*, AT, 6. Aufl., S. 557; *Kim, I.S./Suh, B.H.*, AT, 11. Aufl., S. 553; *Lee, J.S.*, AT, 7. Aufl., § 30 Rn. 21.

1304 Daepan 79Do552; *Bae, J.D.*, AT, 10. Aufl., [123] Rn. 5; *Lee, J.S.*, AT, 7. Aufl., § 30 Rn. 23; *Yim, W.*, AT, 3. Aufl., S. 359.

1305 Siehe oben, Teil 2 G. II.

Literaturverzeichnis

– Deutschsprachige Literaturen –

Ambos, Kai, GA 1998, 226 ff.: Tatherrschaft durch Willensherrschaft kraft organisatorischer Machtapparate, Eine kritische Bestandsaufnahme und weiterführende Ansätze.

Ambos, Kai/Duttge, Gunnar/Jehle, Jörg-Martin/Murmann, Uwe, Begutachtung des Regierungsentwurfs des koreanischen Strafgesetzbuchs (2011) aus deutscher Perspektive, Seoul 2012 (zit. Bearbeiter, Begutachtung, 2012, S...).

Aristoteles, Die Nikomachische Ethik. Übersetzt und mit einer Einführung und Erläuterungen versehen von Olof Gigon, 2. Aufl., München 1995, S. 157 f.

Arzt, Gunther, JA 1980, 553 ff.: Zur Garantenstellung beim unechten Unterlassungsdelikt (1. Teil).

Arzt, Gunther, StV 1986, 337 ff.: Anmerkung zu BGH, Urt. v. 23. 10. 1985 – 3 StR 300/85 (LG Düsseldorf).

Bachmann, Mario/Eichinger, Matthias, JA 2011, 105 ff., 509 ff.: Täterschaft beim Unterlassungsdelikt.

Baumann, Jürgen, JuS 1963, 85 ff.: Täterschaft und Teilnahme.

Baumann, Jürgen/Weber, Ulrich/Mitsch, Wolfgang, Strafrecht, Allgemeiner Teil, Lehrbuch, 11. Aufl., Bielefeld 2003 (zit. Baumann/Weber/Mitsch, AT, 11. Aufl., §... Rn...).

Beulke, Werner/Bachmann, Gregor, JuS 1992, 737 ff.: Die „Lederspray-Entscheidung" – BGHSt 37, 106.

Binding, Karl, Die Normen und ihre Übertretung, 2. Aufl., Band 2, Schuld, Vorsatz, Irrtum, Hälfte 1, Leipzig 1914 (zit. Binding, Die Normen, Bd. 2, Hälfte 1, 1914, S...).

Bindokat, Heinz, JZ 1977, 549 ff.: Versari in re illicita und Erfolgszurechnung.

Bindokat, Heinz, JuS 1985, 32 ff.: Verursachung durch Fahrlässigkeit.

Binns, Martin, Inus-Bedingung und strafrechtlicher Kausalbegriff, J. L. Mackies Kausalanalyse und ihre Übertragung auf das Strafrecht, Baden-Baden 2001 (zit. Binns, Inus-Bedingung, 2001, S...).

Birkmeyer, Carl, Ueber Ursachenbegriff und Causalzusammenhang im Strafrecht, Adler 1885 (zit. Birkmeyer, Ursachenbegriff, 1885, S...).

Bloy, René, Die Beteiligungsform als Zurechnungstypus im Strafrecht, Berlin 1985 (zit. Bloy, Die Beteiligungsform, 1985, S...).

Bloy, René, JA 1987, 490 ff.: Anstiftung durch Unterlassen.

Bloy, René, GA 1996, 424 ff.: Grenzen der Täterschaft bei fremdhändiger Tatausführung.

Bloy, René, Die strafrechtliche Produkthaftung auf dem Prüfstand der Dogmatik, in: Gerechte Strafe und legitimes Strafrecht, Festschrift für Manfred Maiwald zum 75. Geburtstag, hrsg. von René Bloy, Martin Böse, Thomas Hillenkamp, Carsten Momsen und Peter Rackow, Berlin 2010, 35 ff. (zit. Bloy, FS-Maiwald, 2010, 35, ...).

Bockelmann, Paul/Volk, Klaus, Strafrecht, Allgemeiner Teil, 4. Aufl., München 1987 (zit. Bockelmann/Volk, AT, 4. Aufl., ...).

Bottke, Wilfried, JR 1981, 342 ff.: Anmerkung zum Urteil des OLG Stuttgart v. 1. 9. 1980 – 3 Ss 440/80.

Bottke, Wilfried, GA 2001, 463 ff.: Mittäterschaft bei gemeinsamer fahrlässiger oder leichtfertiger Erfolgserwirkung.

Brammsen, Joerg, Jura 1991, 533 ff.: Kausalitäts- und Täterschaftsfragen bei Produktfehlern – BGH – Urt. v. 6. 7. 1990 – 2 StR 549/89.

Brammsen, Joerg, GA 1993, 97 ff.: Strafrechtliche Rückrufpflichten bei fehlerhaften Produkten?

Carnap, Rudolf, Einführung in die Philosophie der Naturwissenschaft, hrsg. von Martin Gardner, übers. von Walter Hoering, Frankfurt am Main [u.a.] 1986 (zit. Carnap, Einführung, 1986, S...).

Caro John, José Antonio, Das erlaubte Kausieren verbotener Taten – Regressverbot, 1. Aufl., Baden-Baden [u.a.] 2007 (zit. Caro John, Regressverbot, 2007, S...).

Corell, Christian, Strafrechtliche Verantwortlichkeit durch Mitwirkung an Kollegialentscheidungen auf der Leistungsebene von Wirtschaftsunternehmen bei vorsätzlichen Begehungsdelikten, Köln [u.a.] 2007 (zit. Corell, Kollegialentscheidungen, 2007, S...).

Daxenberger, Matthias, Kumulationseffekte, Grenzen der Erfolgszurechnung im Umweltstrafrecht, Baden-Baden 1997 (zit. Daxenberger, Kumulationseffekte, 1997, S...).

Dencker, Friedrich, Kausalität und Gesamttat, Berlin 1996 (zit. Dencker, Kausalität, 1996, S...).

Dencker, Friedrich, Mittäterschaft in Gremien, in: Individuelle Verantwortung und Beteiligungsverhältnisse bei Straftaten in bürokratischen Organisationen des Staates, der Wirtschaft und der Gesellschaft, hrsg. von Knut Amelung, Sinzheim 2000, 63 ff. (zit. Dencker, in: Amelung [Hrsg.], Individuelle Verantwortung, 2000, 63, ...).

Derksen, Roland, GA 1993, 163 ff.: Heimliche Unterstützung fremder Tatbegehung als Mittäterschaft, Zugleich ein Beitrag zur Struktur der Mittäterschaft.

Deruyck, Filiep, ZStW 103 (1991), 705 ff.: Probleme der Verfolgung und Ahndung von Verbandskriminalität im deutschen und belgischen Recht.

Dohna, Graf zu, Beitrag zur Lehre von der adäquaten Verursachung, in: Monatsschrift für Kriminalpsychologie und Strafrechtsreform, hrsg. von Gustav Aschaffenburg, Heidelberg 1906, 425 ff. (zit. Dohna, MSchKrim, 2. Jhrg., 425, ...).

Donatsch, Andreas, SJZ 109 (1989), 109 ff.: Mittäterschaft oder Teilnahme am fahrlässigen Erfolgsdelikt?

Dreher, Sonja, JuS 2004, 17 ff.: Mittelbare Unterlassungstäterschaft und Kausalität bei kollektivem Unterlassen – BGH, NJW 2003, 522.

Ebert, Udo/Kühl, Kristian, Jura 1979, 561 ff.: Kausalität und objektive Zurechnung.

Eisele, Jörg, ZStW 112 (2000), 745 ff.: Abstandnahme von der Tat vor Versuchsbeginn bei mehreren Beteiligten.

Engisch, Karl, Untersuchungen über Vorsatz und Fahrlässigkeit im Strafrecht, Berlin 1930 (zit. Engisch, Untersuchungen, Berlin 1930, S...).

Engisch, Karl, Die Kausalität als Merkmal der strafrechtlichen Tatbestände, Tübingen 1931 (zit. Engisch, Die Kausalität, 1931, S...).

Erb, Volker, Rechtmäßiges Alternativverhalten und seine Auswirkungen auf die Erfolgszurechnung im Strafrecht, Berlin 1991 (zit. Erb, Rechtmäßiges Alternativverhalten, 1991, S...).

Erb, Volker, JuS 1994, 449 ff.: Die Zurechnung von Erfolgen im Strafrecht.

Eschenbach, Jürgen, Jura 1992, 637 ff.: Zurechnungsnormen im Strafrecht – BGH v. 11. 7. 1991 – 1 StR 357/91 –.

Eser, Albin, Strafrecht II, Schwerpunkte: Fahrlässigkeit, Unterlassung, Versuch, Tatbeteiligung, Konkurrenzen, 3. Aufl., München 1980 (zit. Eser, Strafrecht II, 3. Aufl., ...).

Fincke, Martin, Arzneimittelprüfung, strafbare Versuchsmethoden: „erlaubtes" Risiko bei eingeplantem fatalen Ausgang, 1. Aufl., Heidelberg [u.a.] 1977 (zit. Fincke, Arzneimittelprüfung, 1977, S...).

Fischer, Thomas, Strafgesetzbuch mit Nebengesetzen, 63. Aufl., München 2016 (zit. Fischer, StGB, 63. Aufl., §... Rn...).

Fleischer, Holger, BB 2004, 2645 ff.: Zur Verantwortlichkeit einzelner Vorstandsmitglieder bei Kollegialentscheidungen im Aktienrecht.

Frank, Reinhard, Das Strafgesetzbuch für das Deutsche Reich, nebst dem Einführungsgesetz, 18. Aufl., Tübingen 1931 (zit. Frank, StGB, 18. Aufl., ...).

Franke, Einhard, JZ 1982, 579 ff.: Strafrechtliche Verantwortlichkeit bei Redakteurskollektiven.

Franke, Einhard, Kriminologische und strafrechtsdogmatische Aspekte der Kollegialdelinquenz, in: Festschrift für Günter Blau zum 70. Geburtstag am 18. Dezember 1985, hrsg. von Hans-Dieter Schwind i.V.m. Ulrich Berz, Gerd Geilen, Rolf Dietrich Herzberg, Günter Warda, Berlin [u.a.] 1985, 227 ff. (zit. Franke, FS-Blau, 1985, 227, ...).

Freund, Georg, JuS 1990, 213 ff.: Strafrecht: Ein Kneipenbummel mit Folgen.

Freund, Georg, Strafrecht, Allgemeiner Teil, Personale Straftatlehre, 2. Aufl., Berlin [u.a.] 2009 (zit. Freund, AT, 2. Aufl., §... Rn...).

Frisch, Wolfgang, Vorsatz und Risiko, Grundfragen des tatbestandsmäßigen Verhaltens und des Vorsatzes, Zugleich ein Beitrag zur Behandlung außertatbestandlicher Möglichkeitsvorstellungen, Köln 1983 (zit. Frisch, Vorsatz, 1983, S...).

Frisch, Wolfgang, Tatbestandsmäßiges Verhalten und Zurechnung des Erfolgs, Heidelberg 1988 (zit. Frisch, Tatbestandsmäßiges Verhalten, 1988, S...).

Frisch, Wolfgang, NStZ 1992, 1 ff.: Selbstgefährdung im Strafrecht, Grundlinien einer opferorientierten Lehre vom tatbestandsmäßigen Verhalten.

Frisch, Wolfgang, Die Conditio-Formel: Anweisung zur Tatsachenfeststellung oder normative Aussage? in: Festschrift für Karl Heinz Gössel zum 70. Geburtstag, hrsg. von Dieter Dölling und Volker Erb, Heidelberg 2002, 51 ff. (zit. Frisch, FS-Gössel, 2002, 51, ...).

Frister, Helmut, Strafrecht, Allgemeiner Teil, ein Studienbuch, 7. Aufl., München 2015 (zit. Frister, AT, 7. Aufl., .../...).

Gallas, Wilhelm, ZStW 67 (1955), 1 ff.: Zum gegenwärtigen Stand der Lehre vom Verbrechen.

Gallas, Wilhelm, JZ 1960, 649 ff., 686 ff.: Strafbares Unterlassen im Falle einer Selbsttötung.

Gallas, Wilhelm, Beiträge zur Verbrechenslehre, Berlin 1968 (zit. Gallas, Beiträge, 1968, S...).

Geppert, Klaus, ZStW 82 (1970), 40 ff.: Zur Problematik des § 50 Abs. 2 StGB im Rahmen der Teilnahme am unechten Unterlassungsdelikt.

Geppert, Klaus, Jura 1999, 266 ff.: Die Beihilfe (§ 27 StGB).

Gesamtes Strafrecht, StGB | StPO | Nebengesetze, Handkommentar, hrsg. von Dölling, Dieter/Duttge, Gunnar/Rössner, Dieter, 3. Aufl., Baden-Baden 2013 (zit. HK/Bearbeiter, 3. Aufl., §... Rn...).

Gössel, Karl Heinz, Die Verknüpfung sorgfaltswidrigen Verhaltens mit der Rechtsgutsbeeinträchtigung in der Fahrlässigkeit – keine Frage der objektiven Zurechnung, sondern der Beurteilung nach dem Satz vom Grunde, in: Grundlagen und Dogmatik des gesamten Strafrechtssystems, Festschrift für Wolfgang Frisch zum 70. Geburtstag, hrsg. von Georg Freund, Uwe Murmann, René Bloy und Walter Perron, Berlin 2013, 423 ff. (zit. Gössel, FS-Frisch, 2013, 423, ...).

Gropp, Walter, GA 2009, 265 ff.: Die fahrlässige Verwirklichung des Tatbestandes einer strafbaren Handlung – miteinander oder nebeneinander Überlegung zur so genannten »fahrlässigen Mittäterschaft«.

Gropp, Walter, Strafrecht, Allgemeiner Teil, 4. Aufl., Berlin [u.a.] 2015 (zit. Gropp, AT, 4. Aufl., §... Rn...).

Grünwald, Gerald, GA 1959, 110 ff.: Die Beteiligung durch Unterlassung.

Günther, Hans-Ludwig, JuS 1988, 386 ff.: Strafrecht: Wer war der Täter?

Haas, Volker, Kausalität und Rechtsverletzung, Ein Beitrag zu den Grundlagen strafrechtlicher Erfolgshaftung am Beispiel des Abbruchs rettender Kausalverläufe, Berlin 2002 (zit. Haas, Kausalität, 2002, S...).

Haas, Volker, ZIS 2011, 392 ff.: Die Beteiligung durch Unterlassen.

Haft, Fritjof, Strafrecht, Allgemeiner Teil, 9. Aufl., München 2004 (zit. Haft, AT, 9. Aufl., S...).

Hanft, Christian, Jura 2007, 58 ff.: Bewilligung kompensationsloser Anerkennungsprämien durch den Aufsichtsrat einer Aktiengesellschaft als Untreue – Fall Mannesmann.

Hardwig, Werner, Die Zurechnung: ein Zentralproblem des Strafrechts, Hamburg 1957 (zit. Hardwig, Die Zurechnung, 1957, S...).

Hart Herbert Lionel Adolphus/Honoré, Tony, Causation in the Law, 2. Edit., Oxford 1985 (zit. Hart/Honoré, Causation, 1985, S...).

Hassemer, Winfried, Produktverantwortung im modernen Strafrecht, 2. Aufl., Heidelberg 1996 (zit. Hassemer, Produktverantwortung, 2. Aufl., 1996, S...).

Hefendehl, Roland, GA 2004, 575 ff.: Tatherrschaft in Unternehmen vor kriminologischer Perspektive.

Heidel, Thomas [Hrsg.], Aktienrecht und Kapitalmarktrecht, 4. Aufl., Baden-Baden 2014 (zit. Bearbeiter, in: Heidel, Aktienrecht, §... AktG Rn...).

Heine, Günter, Die strafrechtliche Verantwortlichkeit von Unternehmen von individuellem Fehlverhalten zu kollektiven Fehlentwicklungen, insbesondere bei Großrisiken, Baden-Baden 1995 (zit. Heine, Die strafrechtliche Verantwortlichkeit, 1995, S...).

Heine, Günter, Plädoyer für ein Verbandsstrafrecht als „zweite Spur", in: Heiner Alwart [Hrsg.], Verantwortung und Steuerung von Unternehmen in der Marktwirtschaft, München [u.a.] 1998, 90 ff. (zit. Heine, Alwart [Hrsg.], Verantwortung, 1998, 90, ...).

Heinrich, Bernd, Strafrecht, Allgemeiner Teil, 4. Aufl., Stuttgart 2014 (zit. B. Heinrich, AT, 4. Aufl., Rn...).

Heinrich, Manfred, Zur Frage der mittelbaren Täterschaft kraft Ausnutzung hierarchischer Organisationsstrukturen bei Wirtschaftsunternehmen, in: Festschrift für Volker Krey, Zum 70. Geburtstag am 9. Juli 2010, hrsg. von Knut Amelung, Hans-Ludwig Günther, Hans-Heine Kühne, Stuttgart 2010, 147 ff. (zit. M. Heinrich, FS-Krey, 2010, 147, ...).

Hempel, Carl Gustav/Oppenheim, Paul, Studies in the Logic of Explanation, in: Philosophy of Science, Vol. 15, No. 2. (Apr., 1948), Chicago (zit. Hempel/Oppenheim, Studies, 1948, S...).

Hempel, Carl Gustav, Aspekte wissenschaftlicher Erklärung, übers. von Wolfgang Lenzen, Berlin [u.a.] 1977 (zit. Hempel, Aspekte, 1977, S...).

Herzberg, Rolf Dietrich, Die Unterlassung im Strafrecht und das Garantenprinzip, Berlin [u.a.] 1972 (zit. Herzberg, Die Unterlassung, 1972, S...).

Herzberg, Rolf Dietrich, Täterschaft und Teilnahme, eine systematische Darstellung anhand von Grundfällen, München 1977 (zit. Herzberg, Täterschaft, 1977, S...).

Herzberg, Rolf Dietrich, JuS 1984, 937 ff.: Beteiligung des Beschützergaranten an eigenverantwortlicher Selbstschädigung des Schützlings – BGH, NJW 1983, 462.

Herzberg, Rolf Dietrich, Mittelbare Täterschaft und Anstiftung in formalen Organisation, in: Individuelle Verantwortung und Beteiligungsverhältnisse bei Straftaten in bürokratischen Organisationen des Staates, der Wirtschaft und der Gesellschaft, hrsg. von Knut Amelung, Sinzheim 2000, 33 ff. (zit. Herzberg, in: Amelung [Hrsg.], Individuelle Verantwortung, 2000, 33, ...).

Herzberg, Rolf Dietrich, Der Vorsatz als »Schuldform«, als »aliud« zur Fahrlässigkeit und als »Wissen und Wollen«? in: 50 Jahre Bundesgerichtshof, Festgabe aus der Wissenschaft, hrsg. von Claus-Wilhelm Canaris, Andreas Heldrich, Klaus J. Hopt, Claus Roxin, Karsten Schmidt, Gunter Widmaier, Band IV., Strafrecht, Strafprozessrecht, hrsg. von Claus Roxin und Gunter Widmaier, München 2000, 51 ff. (zit. Herzberg, FG 50 Jahre BGH, Bd. IV, 2000, 51, ...).

Hilgendorf, Eric, NStZ 1994, 561 ff.: Fragen der Kausalität bei Gremienentscheidungen am Beispiel des Lederspray-Urteils.

Hilgendorf, Eric, GA 1995, 515 ff.: Zur Lehre vom »Erfolg in seiner konkreten Gestalt«.

Hilgendorf, Eric, Strafprozessuale Probleme im Licht der modernen Kausallehre am Beispiel der jüngsten Produkthaftungsfälle, in: Festschrift für Theodor Lenckner zum 70. Geburtstag, hrsg. von Albin Eser, Ulrike Schittenhelm, Heribert Schumann, München 1998, 699 ff. (zit. Hilgendorf, FS-Lenckner, 1998, 699, ...).

Hoffmann-Holland, Klaus, ZStW 118 (2006), 620 ff.: Die Beteiligung des Garanten am Rechtsgutsangriff.

Hoffmann-Holland, Klaus, Strafrecht Allgemeiner Teil, 2. Aufl., Tübingen 2011 (zit. Hoffmann-Holland, AT, 2. Aufl., Rn...).

Honig, Richard, Kausalität und objektive Zurechnung, in: Festgabe für Reinhard von Frank zum 70. Geburtstag, 16. August 1930, Band I, Tübingen 1930, 174 ff. (zit. Honig, FG-Frank, 1930, 174, ...).

Honoré, A.M., ZStW 69 (1957), 463 ff.: Die Kausalitätslehre im anglo-amerikanischen Recht im Vergleich zum deutschen Recht.

Horn, Eckhard, Konkrete Gefährdungsdelikte, Köln 1973 (zit. Horn, Konkrete Gefährdungsdelikte, 1973, S...).

Hoyer, Andreas, Strafrecht, Allgemeiner Teil I, Neuwied [u.a.] 1996 (zit. Hoyer, AT I, 1996, S...).

Hoyer, Andreas, GA 1996, 160 ff.: Die traditionelle Strafrechtsdogmatik vor neuen Herausforderungen: Probleme der strafrechtlichen Produkthaftung.

Hoyer, Andreas, Kausalität und/oder Risikoerhöhung, in: Festschrift für Hans-Joachim Rudolphi zum 70. Geburtstag, hrsg. von Klaus Rogall, Ingeborg Puppe, Ulrich Stein und Jürgen Wolter, Neuwied 2004, 95 ff. (zit. Hoyer, FS-Rudolphi, 2004, 95, ...).

Hruschka, Joachim, ZStW 111 (1998), 581 ff.: Regreßverbot, Anstiftungsbegriff und die Konsequenzen

Hübner, Christopf, Die Entwicklung der objektiven Zurechnung, Berlin 2004 (zit. Hübner, Entwicklung, 2004, S...).

Hüffer, Uwe/Koch, Jens, Aktiengesetz, 11. Aufl., München 2014 (zit. Hüffer/Koch, AktG, 11. Aufl., §... Rn...).

Jakobs, Günther, Studien zum fahrlässigen Erfolgsdelikt, Berlin 1972 (zit. Jakobs, Studien, 1972, S...).

Jakobs, Günther, Risikokonkurrenz – Schadensverlauf und Verlaufshypothese im Strafrecht, in: Festschrift für Karl Lackner zum 70. Geburtstag am 18. Februar 1987, hrsg. von Wilfried Küper i.V.m. Ingeborg Puppe und Jörg Tenckhoff, Berlin [u.a.] 1987, 53 ff. (zit. Jakobs, FS-Lackner, 1987, 53, ...).

Jakobs, Günther, Strafrecht, Allgemeiner Teil, Die Grundlagen und die Zurechnungslehre, Lehrbuch, 2. Aufl., Berlin [u.a.] 1991 (zit. Jakobs, AT, 2. Aufl., .../...).

Jakobs, Günther, Strafrechtliche Haftung durch Mitwirkung an Abstimmungen, in: Festschrift für Koichi Miyazawa, Dem Wegbereiter des japanisch-deutschen Strafrechtsdiskurses, hrsg. von Hans-Heiner Kühne, Baden-Baden 1995, 419 ff. (zit. Jakobs, FS-Miyazawa, 1995, 419, ...).

Jakobs, Günther, NStZ 1995, 26 f.: Anmerkung zu BGHSt 40, 218.

Jakobs, Günther, ZIS 2009, 572 ff.: Zur Täterschaft des Angeklagten Alberto Fujimori.

Jarass, Hans D./Pieroth, Bodo, Grundgesetz für die Bundesrepublik Deutschland, Kommentar, 10. Aufl., München 2009 (zit. Jarass/Pieroth, GG, 10. Aufl., Art... Rn...).

Jäger, Christian, Die notwendige Bedingung als ereignisbezogener Kausalfaktor, in: Gerechte Strafe und legitimes Strafrecht, Festschrift für Manfred Maiwald zum 75. Geburtstag, hrsg. von René Bloy, Martin Böse, Thomas Hillenkamp, Carsten Momsen und Peter Rackow, Berlin 2010, 345 ff. (zit. Jäger, FS-Maiwald, 2010, 345, ...).

Jescheck, Hans-Heinrich/Weigend, Thomas, Lehrbuch des Strafrechts, Allgemeiner Teil, 5. Aufl., Berlin 1996 (zit. Jescheck/Weigend, AT, 5. Aufl., S...).

Joecks, Wolfgang, StGB, Studienkommentar, 11. Aufl., München 2014 (zit. Joecks, StGB, 11. Aufl., §... Rn...).

Jordan, Adolf-Dietrich, GA 1997, 349 ff.: Rechtmäßiges Alternativverhalten und Fahrlässigkeit.

Joerden, Jan C, Dyadische Fallsysteme im Strafrecht, Berlin 1986 (zit. Joerden, Fallsysteme, 1986, S...).

Joerden, Jan C., Strukturen des strafrechtlichen Verantwortlichkeitsbegriffs, Relationen und ihre Verkettungen, Berlin 1988 (zit. Joerden, Strukturen, 1988, S...).

Kahlo, Michael, GA 1987, 66 ff.: Das Bewirken durch Unterlassen bei drittvermitteltem Rettungsgeschehen – Zur notwendigen Modifikation der Risikoerhöhungslehre bei den unechten Unterlassungsdelikten. Besprechung von BGH, NStZ 1986, 217.

Kahlo, Michael, Das Problem des Pflichtwidrigkeitszusammenhanges bei den unechten Unterlassungsdelikten, Eine strafrechtlich-rechtsphilosophische Untersuchung zur Kausalität menschlichen Handelns und deren strafrechtlichem Begriff, Berlin 1990 (zit. Kahlo, Das Problem, 1990, S...).

Kahlo, Michael, Die Handlungsform der Unterlassung als Kriminaldelikt, Eine strafrechtlich-rechtsphilosophische Untersuchung zur Theorie des personalen Handelns, Frankfurt am Main 2001 (zit. Kahlo, Die Handlungsform, 2001, S...).

Kahrs, Hans Jörgen, Das Vermeidbarkeitsprinzip und die condicio-sine-qua-non-Formel im Strafrecht, Hamburg 1968 (zit., Kahrs, Das Vermeidbarkeitsprinzip, 1968, S...).

Kamm, Simone, Die fahrlässige Mittäterschaft, Berlin 1999 (zit. Kamm, Die fahrlässige Mittäterschaft, 1999, S...).

Kant, Immanuel, Kritik der reinen Vernunft. Nach der ersten und zweiten Originalausgabe, hrsg. von Jens Timmermann, mit einer Bibliographie von Heiner Klemme, Hamburg 1998.

Kant, Immanuel, Grundlegung zur Metaphysik der Sitten. Mit einer Einleitung hrsg. von Bernd Kraft und Dieter Schönecker, Hamburg 1999.

Kant, Immanuel, Die Metaphysik der Sitten. Mit einer Einleitung hrsg. von Hans Ebeling, Stuttgart 1990.

Kaspar, Johannes, Strafrecht-Allgemeiner Teil, Eine Einführung, 1. Aufl., Baden-Baden, 2015 (zit. Kaspar, AT, Rn...).

Kaufmann, Armin, Die Dogmatik der Unterlassungsdelikte, Göttingen 1959 (zit. Kaufmann, Arm., Unterlassungsdelikte, 1959, S...).

Kaufmann, Armin, Strafrechtsdogmatik zwischen Sein und Wert, gesamte Aufsätze und Vorträge, hrsg. von Gerhard Dornseifer, Köln [u.a.] 1982 (zit. Kaufmann, Arm., Strafrechtsdogmatik, 1982, ..., ...).

Kaufmann, Arthur, Die Bedeutung hypothetischer Erfolgsursachen im Strafrecht, in: Festschrift für Eberhard Schmidt zum 70. Geburtstag, hrsg. von Paul Bockelmann und Wilhelm Gallas, Göttingen 1961, 200 ff. (zit. Kaufmann, Art., FS-Eb. Schmidt, 1961, 200, ...).

Kaufmann, Arthur, Kritisches zur Risikoerhöhungstheorie, in: Festschrift für Hans-Heinrich Jescheck zum 70. Geburtstag, hrsg. von Theo Vogler i.V.m. Joachim

Herrmann, Justus Krümpelmann, Reinhard Moos, Otto Triffterer, Rudolf Leibinger, Dieter Schaffmeister, Jürgen Meyer, Peter Hünerfeld, Hans-Joachim Behrendt, Erster Halbband, Berlin 1985, 273 ff. (zit. Kaufmann, Art., FS-Jescheck, 1985, 273, ...).

Kielwein, Gerhard, GA 1955, 225 ff.: »Unterlassung und Teilnahme«.

Kienapfel, Diethelm, Das erlaubte Risiko im Strafrecht, zur Lehre vom sozialen Handlungsbegriff, Frankfurt am Main 1966 (zit. Kienapfel, Das erlaubte Risiko, 1966, S...).

Kindhäuser, Urs Konrad, Intentionale Handlung, Sprachphilosophische Untersuchungen zum Verständnis von Handlung im Strafrecht, Berlin 1980 (zit. Kindhäuser, Intentionale Handlung, 1980, S...).

Kindhäuser, Urs Konrad, GA 1982, 477 ff.: Kausalanalyse und Handlungszuschreibung.

Kindhäuser, Urs Konrad, Gefährdung als Straftat: rechtstheoretische Untersuchungen zur Dogmatik der abstrakten und konkreten Gefährdungsdelikte, Frankfurt am Main 1989 (zit. Kindhäuser, Gefährdung, 1989, S...).

Kindhäuser, Urs Konrad, ZStW 120 (2008), 481 ff.: Risikoerhöhung und Risikoverringerung.

Kindhäuser, Urs Konrad, GA 2012, 134 ff.: Zurechnung bei alternativer Kausalität.

Kindhäuser, Urs Konrad, Strafgesetzbuch, Lehr- und Praxiskommentar, 6. Aufl., Baden-Baden 2015 (zit. Kindhäuser, LPK, 6. Aufl., §... Rn...).

Kindhäuser, Urs Konrad, Strafrecht, Allgemeiner Teil, 7. Aufl., Baden-Baden 2015 (zit. Kindhäuser, AT, 7. Aufl., §... Rn...).

Kleine-Cosack, Eva, Kausalitätsprobleme im Umweltstrafrecht, Die strafrechtliche Relevanz der Schwierigkeiten naturwissenschaftlicher Kausalfeststellung im Umweltbereich, Berlin 1988 (zit. Kleine-Cosack, Kausalitätsprobleme, 1988, S...).

Klug, Ulrich, Juristische Logik, 4. Aufl., Berlin [u.a.] 1982 (zit. Klug, Juristische Logik, 1982, S...).

Knauer, Christoph, Die Kollegialentscheidung im Strafrecht, Zugleich ein Beitrag zum Verhältnis von Kausalität und Mittäterschaft, München 2001 (zit. Knauer, Die Kollegialentscheidung, 2001, S...).

Koch, Hans-Joachim/Rüßmann, Helmut, Begründungslehre, Eine Einführung in Grundprobleme der Rechtswissenschaft, München 1982 (zit. Koch/Rüßmann, Begründungslehre, 1982, S...).

Kollhosser, Helmut, Wann ist eine geheime Abstimmung im Aufsichtsrat einer Aktiengesellschaft zulässig? in: Festschrift für Walther Hadding zum 70. Geburtstag am 8. Mai 2004, hrsg. von Franz Häuser, Anja Steinbeck, Horst Hammen, Ulf R. Siebel, Joachim Hennrichs, Reinhard Welter, Berlin 2004 (zit. Kollhosser, FS-Hadding, 2004, ...).

Koriath, Heinz, Kausalität, Bedingungstheorie und psychische Kausalität, Göttingen 1988 (zit. Koriath, Kausalität, 1988, S...).

Koriath, Heinz, Grundlagen strafrechtlicher Zurechnung, Berlin 1994 (zit. Koriath, Grundlagen, 1994, S...).

Kort, Michael, ZIP 1990, 294 ff.: Zur Treuepflicht des Aktionärs.

Köhler, Michael, Die bewußte Fahrlässigkeit, Eine strafrechtlich-rechtsphilosophische Untersuchung, Heidelberg 1982 (zit. Köhler, Die bewußte Fahrlässigkeit, 1982, S...).

Köhler, Michael, Strafrecht, Allgemeiner Teil, Berlin [u.a.] 1997 (zit. Köhler, AT, 1997, S...).

Kölbel, Ralf, JuS 2006, 309 ff.: Objektive Zurechnung beim unechten Unterlassen.

Kölner Kommentar zum Aktiengesetz, hrsg. von Hans-Joachim Mertens, Andreas Cahn, Wolfgang Zöllner, Band 2,2, §§ 95–117 AktG, 3. Aufl., Köln 2015 (zit. KK-AktG/Bearbeiter, 3. Aufl., §... Rn...).

Kraatz, Erik, Die fahrlässige Mittäterschaft, Ein Beitrag zur strafrechtlichen Zurechnungslehre auf der Grundlage eines finalen Handlungsbegriffs, Berlin 2006, (zit. Kraatz, Die fahrlässige Mittäterschaft, 2006, S...).

Krey, Volker/Esser, Robert, Deutsches Strafrecht, Allgemeiner Teil, Studienbuch in systematischer-induktiver Darstellung, 5. Aufl., Stuttgart 2012 (zit. Krey/Esser, AT, 5. Aufl., Rn...).

Krüger, Matthias, ZIS 2011, 1 ff.: Beteiligung durch Unterlassen an fremden Straftaten, Überlegungen aus Anlass des Urteils zum Compliance Officer.

Krümpelmann, Justus, Die normative Korrespondenz zwischen Verhalten und Erfolg bei den fahrlässigen Verletzungsdelikten, in: Festschrift für Hans-Heinrich Jescheck zum 70. Geburtstag, hrsg. von Theo Vogler i.V.m. Joachim Herrmann, Justus Krümpelmann, Reinhard Moos, Otto Triffterer, Rudolf Leibinger, Dieter Schaffmeister, Jürgen Meyer, Peter Hünerfeld, Hans-Joachim Behrendt, Erster Halbband, Berlin 1985, 313 ff. (zit. Krümpelmann, FS-Jescheck, 1985, 313, ...).

Kudlich, Hans, JA 2010, 681 ff.: Objektive und subjektive Zurechnung von Erfolgen im Strafrecht – eine Einführung.

Kuhlen, Lothar, Fragen einer strafrechtlichen Produkthaftung, Heidelberg 1989 (zit. Kuhlen, Produkthaftung, 1989, S...).

Kuhlen, Lothar, Die Abgrenzung von Täterschaft und Teilnahme, insbesondere bei den sogenannten Betriebsbeauftragten, in: Individuelle Verantwortung und Beteiligungsverhältnisse bei Straftaten in bürokratischen Organisationen des Staates, der Wirtschaft und der Gesellschaft, hrsg. von Knut Amelung, Sinzheim 2000, 71 ff. (zit. Kuhlen, in: Amelung [Hrsg.], Individuelle Verantwortung, 2000, 71, ...).

Kühl, Kristian, JR 1983, 32 ff.: Anmerkung zum Urteil des BGH v. 15. 10. 1981 – 4 StR 398/81 (BGHSt 30, 228).

Kühl, Kristian, Strafrecht, Allgemeiner Teil, 7. Aufl., München, 2012 (zit. Kühl, AT, 7. Aufl., §... Rn...).

Küper, Wilfried, JZ 1979, 775 ff.: Versuchs- und Rücktrittsprobleme bei mehreren Tatbeteiligten.

Küper, Wilfried, Überlegungen zum sog. Pflichtwidrigkeitszusammenhang beim Fahrlässigkeitsdelikt, in: Festschrift für Karl Lackner zum 70. Geburtstag am 18. Februar 1987, hrsg. von Wilfried Küper i.V.m. Ingeborg Puppe und Jörg Tenckhoff, Berlin [u.a.] 1987, 247 ff. (zit. Küper, FS-Lackner, 1987, 247, ...).

Küpper, Georg, Grenzen einer normativierenden Strafrechtsdogmatik, Berlin 1990 (zit. Küpper, Grenzen, 1990, S...).

Küpper, Georg, ZStW 105 (1993), 295 ff.: Der gemeinsame Tatentschluß als unverzichtbares Moment der Mittäterschaft.

Küpper, Georg, GA 1998, 519 ff.: Zur Abgrenzung der Täterschaftsformen.

Lackner, Karl/Kühl, Kristian, Strafgesetzbuch, Kommentar, 28. Aufl., München 2014 (zit. Lackner/Kühl, StGB, 28. Aufl., §... Rn...).

Lampe, Ernst-Joachim, ZStW 71 (1959), 579 ff.: Täterschaft bei fahrlässiger Straftat.

Leipziger Kommentar, Strafgesetzbuch, Großkommentar, 10. Aufl., hrsg. von Hans-Heinrich Jescheck, Wolfgang Ruß, Günther Willms, Band 7, §§ 303 bis 358, Berlin 1988 (zit. LK/Bearbeiter, 10. Aufl., §... Rn...).

Leipziger Kommentar, Strafgesetzbuch, Großkommentar, 11. Aufl., hrsg. von Burkhard Jähnke, Heinrich Wilhelm Laufhütte, Walter Odersky, Band 1, Einleitung; §§ 1 bis 31, Berlin 2003 (zit. LK/Bearbeiter, 11. Aufl., §... Rn...).

Leipziger Kommentar, Strafgesetzbuch, Großkommentar, 12. Aufl., hrsg. von Heinrich Wilhelm Laufhütte, Ruth Rissing-van Saan, Klaus Tiedemann, Band 1, Einleitung; §§ 1 bis 31, Berlin 2007 (zit. LK/Bearbeiter, 12. Aufl., §... Rn...).

Lesch, Heiko Hartmut, Das Problem der sukzessiven Beihilfe, Frankfurt am Main [u.a.] 1992 (zit. Lesch, Das Problem, 1992, S...).

Lesch, Heiko Hartmut, ZStW 105 (1993), 271 ff.: Die Begründung mittäterschaftlicher Haftung als Moment der objektiven Zurechnung.

Lüderssen, Klaus, Beihilfe, Strafvereitelung und objektive Zurechnung, in: Festschrift für Gerald Grünwald zum siebzigsten Geburtstag, hrsg. von Erich Samson, Friedrich Dencker, Peter Frisch, Helmut Frister, Wolfram Reiß, Baden Baden 1999, 329 ff. (zit. Lüderssen, FS-Grünwald, 1999, 329, ...).

Mackie, John Leslie, The Cement of the Universe, Oxford 1974 (zit. Mackie, The Cement of the Universe, 1974, S...).

Maiwald, Manfred, Kausalität und Strafrecht, Studien zum Verhältnis von Naturwissenschaften und Jurisprudenz, Göttingen 1980 (zit. Maiwald, Kausalität, 1980, S...).

Mansdörfer, Marco, Die Verantwortlichkeit der Unternehmensleitung bei geheimen Abstimmungen, Zur Zurechnung auf der Grundlage von Leitungsmacht, in: Grundlagen und Dogmatik des gesamten Strafrechtssystems, Festschrift für Wolfgang Frisch zum 70. Geburtstag, hrsg. von Georg Freund, Uwe Murmann, René Bloy und Walter Perron, Berlin 2013, 315 ff. (zit. Mansdörfer, FS-Frisch, 2013, 315, ...).

Matt, Holger, Kausalität aus Freiheit, Eine rechtsphilosophische Grundlegung zum Bewirken durch Tun und Unterlassen im (Straf-)Recht, Baden-Baden 1994 (zit. Matt, Kausalität, 1994, S...).

Matt, Holger/Renzikowski, Joachim [Hrsg.], Strafgesetzbuch Kommentar, München 2013 (zit. Matt/Renzikowski/Bearbeiter, §... Rn...).

Maurach, Reinhart, Deutsches Strafrecht, Allgemeiner Teil, Ein Lehrbuch, 4. Aufl., Karlsruhe 1971 (zit. Maurach, AT, 4. Aufl., ...).

Maurach, Reinhart/Zipf, Heinz, Strafrecht, Allgemeiner Teil, Teilband 1, Grundlehren des Strafrechts und Aufbau der Straftat, 8. Aufl., Heidelberg [u.a.] 1992 (zit. Maurach/Zipf, AT I, 8. Aufl., §... Rn...).

Maurach, Reinhart/Gössel, Karl-Heinz/Zipf, Heinz, Strafrecht, Allgemeiner Teil, Teilband 2, Erscheinungsformen des Verbrechens und Rechtsfolgen der Tat, Ein Lehrbuch, 7. Aufl., Heidelberg 1989 (zit. Maurach/Gössel/Zipf, AT II, 7. Aufl., §... Rn...).

Mayer, Max Ernst, Der Causalzusammenhang zwischen Handlung und Erfolg im Strafrecht, Eine rechtsphilosophische Untersuchung, Freiburg im Breisgau [u.a.], 1899 (zit. Mayer, M.E., Der Causalzusammhang, 1899, S...).

Meier, Bernd-Dieter, NJW 1992, 3193 ff.: Verbraucherschutz durch Strafrecht? Überlegungen zur strafrechtlichen Produkthaftung nach der „Lederspray"-Entscheidung des BGH.

Merkel, Reinhard, Über einige vernachlässigte Probleme des Kausalitätsbegriffs im Strafrecht und Ingeborg Puppes Lehren dazu, in: Strafrechtswissenschaft als Analyse und Konstruktion, Festschrift für Ingeborg Puppe zum 70. Geburtstag, hrsg. von Hans-Ulrich Paeffgen, Martin Böse, Urs Kindhäuser, Stephan Stübinger, Torsten Verrel und Rainer Zaczyk, Berlin 2011, 151 ff. (zit. Merkel, FS-Puppe, 2011, 151, ...).

Mezger, Edmund, Strafrecht, Ein Lehrbuch, 3. Aufl., Berlin [u.a.] 1949 (zit. Mezger, Lehrbuch, 3. Aufl., S...).

Mitsch, Wolfgang, Jura 1989, 193 ff.: Mitwirkung am versuchten Schwangerschaftsabbruch (an) einer Nichtschwangeren im Ausland – AG Albstadt, Urt. v. 1. 6. 88 – 3 Ds 102/88 = MedR 1988, 261 –.

Mitsch, Wolfgang, JuS 2001, 105 ff.: Fahrlässigkeit und Straftatsystem.

Morozinis, Ioannis, Dogmatik der Organisationsdelikte, Eine kritische Darstellung der täterschaftlichen Zurechnungslehre in legalen und illegalen Organisationsstrukturen aus strafrechtsdogmatischer und rechtstheoretischer Sicht sowie ein

Beitrag zur Lehre vom Tatbestand, Berlin 2010 (zit. Morozinis, Dogmatik der Organisationsdelikte, 2010, S...).

Mosenheuer, Andreas, Unterlassen und Beteiligung: zur Abgrenzung von Täterschaft und Teilnahme bei Unterlassungsdelikten, Berlin 2009 (zit. Mosenheuer, Unterlassen und Beteiligung, 2009, S...).

Muhle, Marc-Sebastian, Zur Kausalität beim Betrug, Hamburg 2012 (zit. Muhle, Kausalität, 2012, S...).

Murmann, Uwe, Die Nebentäterschaft im Strafrecht, Ein Beitrag zu einer personalen Tatherrschaftslehre, Berlin 1993 (zit. Murmann, Die Nebentäterschaft, 1993, S...).

Murmann, Uwe/Rath, Jürgen, NStZ 1994, 215 ff.: Zur Risikotragungspflicht bei der Notwehr und zu den Grenzen personaler Verursachung – Anmerkung zu BGH, NStZ 1993, 386 –.

Murmann, Uwe, GA 1996, 269 ff.: Tatherrschaft durch Weisungsmacht.

Murmann, Uwe, JuS 1999, 548 ff.: Zum Tatbestand der Beihilfe.

Murmann, Uwe, Die Selbstverantwortung des Opfers im Strafrecht, Berlin [u.a.] 2005 (zit. Murmann, Die Selbstverantwortung, 2005, S...).

Murmann, Uwe, Zur Berücksichtigung besonderer Kenntnisse, Fähigkeiten und Absichten bei der Verhaltensnormkonturierung, in: Strafrecht zwischen System und Telos, Festschrift für Rolf Dietrich Herzberg zum siebzigsten Geburtstag am 14. Februar 2008, hrsg. von Holm Putzke, Bernhard Hardtung, Tatjana Hörnle, Reinhard Merkel, Jörg Scheinfeld, Horst Schlehofer, Jürgen Seier, Tübingen 2008, 123 ff. (zit. Murmann, FS-Herzberg, 2008, 123, ...).

Murmann, Uwe, Einwilligungslösung bei einverständlicher Fremdgefährdung, in: Strafrechtswissenschaft als Analyse und Konstruktion, Festschrift für Ingeborg Puppe zum 70. Geburtstag, hrsg. von Hans-Ulrich Paeffgen, Martin Böse, Urs Kindhäuser, Stephan Stübinger, Torsten Verrel und Rainer Zaczyk, Berlin 2011, 767 ff. (zit. Murmann, FS-Puppe, 2011, 767, ...).

Murmann, Uwe, Beteiligung durch Unterlassen, in: Festschrift für Werner Beulke zum 70. Geburtstag, hrsg. von Christian Fahl, Eckhart Müller, Helmut Satzger, Sabine Swoboda, München 2015, 181 ff. (zit. Murmann, FS-Beulke, 2015, 181, ...).

Murmann, Uwe, Grundkurs Strafrecht, Allgemeiner Teil, Tötungsdelikte, Körperverletzungsdelikte, 3. Aufl., München 2015 (zit. Murmann, GS, 3. Aufl., §... Rn...).

Müller, Max Ludwig, Die Bedeutung des Kausalzusammenhanges im Straf- und Schadensersatzrecht, Tübingen 1912 (zit. Müller, M.L., Die Bedeutung, 1912, S...).

Münchener Kommentar zum Strafgesetzbuch, hrsg. von Wolfgang Joecks, Klaus Miebach, Band 1, §§ 1- 37 StGB, Band 3, §§ 80–184g StGB, 2. Aufl., München 2011 (zit. MK/Bearbeiter, 2. Aufl., §... Rn...).

Münchener Kommentar zum Aktiengesetz, hrsg. von Wulf Goette, Mathias Habersack, Susanne Kalss, Band 2 §§ 76–117 MitbestG, DrittelbG, 4. Aufl., München 2014 (zit. MK/Bearbeiter-AktG, 4. Aufl., §... Rn...).

Münchener Kommentar zum Bürgerlichen Gesetzbuch, hrsg. von Franz Jürgen Säcker, Roland Rixecker, Hartmut Oetker, Bettina Limperg, Band 1 Allgemeiner Teil §§ 1–240, ProstG, AGG, 7. Aufl., München 2015 (zit. MK/Bearbeiter-BGB, 7. Aufl., §... Rn...).

Nack, Armin, GA 2006, 342 ff.: Mittelbare Täterschaft durch Ausnutzung regelhafter Abläufe.

Nappert, Thomas, Die strafrechtliche Haftung von Bürgermeistern und Gemeinderäten im Umweltstrafrecht, Dargestellt und entwickelt am Beispiel der bayerischen Kommunalverfassung mit Verweis auf andere Kommunalverfassungen, Berlin 1997 (zit. Nappert, Haftung im Umweltstrafrecht, 1997, S...).

Naucke, Wolfgang, ZStW 76 (1964), 409 ff.: Über das Regreßverbot im Strafrecht.

Nettesheim, Wolfgang, BayVBl 1989, 165 ff.: Können sich Gemeinderäte der „Untreue" schuldig machen?

Neudecker, Gabriele, Die strafrechtliche Verantwortlichkeit der Mitglieder von Kollegialorganen: dargestellt am Beispiel der Geschäftsleitungsgremien von Wirtschaftsunternehmen, Frankfurt am Main [u.a.] 1995 (zit. Neudecker, Kollegialorganen, 1995, S...).

Nomos Kommentar, Strafgesetzbuch, hrsg. von Urs Kindhäuser, Ulfrid Neumann, Hans-Ulrich Paeffgen, Band 1, Allgemeiner Teil §§ 1–79, 4. Aufl., Baden-Baden 2013 (zit. NK/Bearbeiter, 4. Aufl., §... Rn...).

Oh, Young-Keun, Die Einflüsse der deutschen Strafrechtslehre auf die koreanische Strafrechtslehre, in: Ostasiatisches Strafrecht, hrsg. von Eric Hilgendorf, Tübingen 2010, 63 ff. (zit. Oh, Y.K., in: Ostasiatisches Strafrecht, 2010, 63, ...).

Osnabrügge, Stephan A., Die Beihilfe und ihr Erfolg, Zur objektiven Beziehung zwischen Hilfeleistung und Haupttat in § 27 StGB, Berlin 2002 (zit. Osnabrügge, Die Beihilfe, 2002, S...).

Otto, Harro, Kausaldiagnose und Erfolgszurechnung im Strafrecht, in: Festschrift für Reinhart Maurach zum 70. Geburtstag, hrsg. von Friedrich-Christian Schroeder und Heinz Zipf, Karlsruhe 1972, 91 ff. (zit. Otto, FS-Maurach, 1972, 91, ...).

Otto, Harro, NJW 1980, 417 ff.: Risikoerhöhungsprinzip statt Kausalitätsgrundsatz als Zurechnungskriterium bei Erfolgsdelikten.

Otto, Harro, JuS 1982, 557 ff.: Anstiftung und Beihilfe.

Otto, Harro, Jura 1987, 246 ff.: Täterschaft, Mittäterschaft, mittelbare Täterschaft.

Otto, Harro, Jura 1990, 47 ff.: Mittäterschaft beim Fahrlässigkeitsdelikt.

Otto, Harro, Täterschaft und Teilnahme im Fahrlässigkeitsbereich, in: Festschrift für Günter Spendel zum 70. Geburtstag am 11. Juli 1992, hrsg. von Manfred Seebode, Berlin [u.a.] 1992, 271 ff. (zit. Otto, FS-Spendel, 1992, 271, ...).

Otto, Harro, Jura 1992, 90 ff.: Die objektive Zurechnung eines Erfolges im Strafrecht.

Otto, Harro, Jura 1998, 409 ff.: Die Haftung für kriminelle Handlungen in Unternehmen.

Otto, Harro, Die Unterbrechung des Zurechnungszusammenhangs als Problem der Verantwortungszuschreibung, in: Jus humanum, Grundlagen des Rechts und Strafrecht, Festschrift für Ernst-Joachim Lampe zum 70. Geburtstag, hrsg. von Dieter Dölling, Berlin 2003, 491 ff. (zit. Otto, FS-Lampe, 2003, 491, ...).

Otto, Harro, Grundkurs Strafrecht, Allgemeine Strafrechtslehre, 7. Aufl., Berlin 2004 (zit. Otto, GS, 7. Aufl., §... Rn...).

Palandt, Bürgerliches Gesetzbuch, 75. Aufl., München 2016 (zit. Palandt/Bearbeiter-BGB, 75. Aufl., §... Rn...).

Park, Kyung-Gyu, Rechtsnatur, konkrete Voraussetzungen und Legitimität der Beteiligungsform gemäß Art. 25 Abs. 3 lit (d) IStGH-Statut, Berlin 2016 (zit. Park, K.G., Rechtsnatur, 2016, S...).

Pérez-Barberá, Gabriel, ZStW 114 (2002), 600 ff.: Kausalität und Determiniertheit, Das Problem der ontologischen Voraussetzung bei Erfolgsdelikten in nicht kausal determinierten Bereichen.

Philipps, Lothar, Der Handlungsspielraum, Untersuchungen über das Verhältnis von Norm und Handlung im Strafrecht, Frankfurt am Main 1974 (zit. Philipps, Der Handlungsspielraum, 1974, S...).

Pieroth, Bodo/Schlink, Bernhard/Kingreen, Thorsten/Poscher, Ralf, Grundrechte Staatsrecht II, Mit ebook: Lehrbuch, Entscheidungen, Gesetzestexte, 30. Aufl., Heidelberg [u.a.] 2014 (zit. Pieroth/Schlink/Kingreen/Poscher, Grundrechte Staatsrecht II, 30. Aufl., § ... Rn...).

Puppe, Ingeborg, ZStW 92 (1980), 863 ff.: Der Erfolg und seine kausale Erklärung im Strafrecht.

Puppe, Ingeborg, JuS 1982, 660 ff.: Kausalität der Sorgfaltspflichtverletzung – BGH, NJW 1982, 292 –.

Puppe, Ingeborg, ZStW 95 (1983), 287 ff.: Zurechnung und Wahrscheinlichkeit, Zur Analyse des Risikoerhöhungsprinzips.

Puppe, Ingeborg, ZStW 99 (1987), 595 ff.: Die Beziehung zwischen Sorgfaltswidrigkeit und Erfolg bei den Fahrlässigkeitsdelikten.

Puppe, Ingeborg, SchwZStrR 107 (1990), 141 ff.: Kausalität, Ein Versuch, kriminalistisch zu denken.

Puppe, Ingeborg, NStZ 1991, 571 ff.: Wie wird man Mittäter durch konkludentes Verhalten? – Zugleich eine Besprechung des Urteils des 5. Strafsenats des BGH vom 15. 1. 1991 – 5 StR 492/90 –.

Puppe, Ingeborg, JR 1992, 30 ff.: Anmerkung zum Urteil des BGH v. 6. 7. 1990 – 2 StR 549/89 (BGHSt 37, 107).

Puppe, Ingeborg, Brauchen wir eine Risikoerhöhungstheorie? in: Festschrift für Claus Roxin zum 70. Geburtstag am 15. Mai 2001, hrsg. von Bernd Schünemann,

Hans Achenbach, Wilfried Bottke, Bernhard Haffke, Hans-Joachim Rudolphi, Berlin [u.a.] 2001, 287 ff. (zit. Puppe, FS-Roxin, 2001, 287, ...).

Puppe, Ingeborg, Strafrecht, Allgemeiner Teil, im Spiegel der Rechtsprechung, Bd. I, Die Lehre vom Tatbestand, Rechtswidrigkeit, Schuld, Baden-Baden 2002 (zit. Puppe, AT I, 2002, §... Rn...).

Puppe, Ingeborg, GA 2003, 764 ff.: Die strafrechtliche Verantwortlichkeit des Arztes bei mangelnder Aufklärung über eine Behandlungsalternative – Zugleich Besprechung von BGH, Urteile vom 3. 3. 1994 und 29. 6. 1995.

Puppe, Ingeborg, GA 2004, 129 ff.: Wider die fahrlässige Mittäterschaft.

Puppe, Ingeborg, GA 2009, 486 ff.: Besprechung von BGHSt 53, 55: Mitverantwortung des Fahrlässigkeitstäters bei Selbstgefährdung des Verletzten.

Puppe, Ingeborg, Zu einem Zusammenstoß gehören zwei, Überlegungen zum Zusammentreffen mehrerer Sorgfaltspflichtverletzungen bei Unfällen im Straßenverkehr, in: Grundlagen und Dogmatik des gesamten Strafrechtssystems, Festschrift für Wolfgang Frisch zum 70. Geburtstag, hrsg. von Georg Freund, Uwe Murmann, René Bloy und Walter Perron, Berlin 2013, 447 ff. (zit. Puppe, FS-Frisch, 2013, 447, ...).

Radbruch, Gustav, Die Lehre von der adäquaten Verursachung, Berlin 1902 (zit. Radbruch, Verursachung, 1902, S...).

Radtke, Henning, Objektive Zurechnung von Erfolgen im Strafrecht bei Mitwirkung des Verletzten und Dritter an der Herbeiführung des Erfolgs, in: Strafrechtswissenschaft als Analyse und Konstruktion, Festschrift für Ingeborg Puppe zum 70. Geburtstag, hrsg. von Hans-Ulrich Paeffgen, Martin Böse, Urs Kindhäuser, Stephan Stübinger, Torsten Verrel und Rainer Zaczyk, Berlin 2011, 831 ff. (zit. Radtke, FS-Puppe, 2011, 831, ...).

Ranft, Otfried, ZStW 94 (1982), 815 ff.: Garantenpflichtwidriges Unterlassen der Deliktshinderung, Ein Beitrag zur Abgrenzung von Täterschaft und Teilnahme.

Ranft, Otfried, NJW 1984, 1425 ff.: Berücksichtigung hypothetischer Bedingungen beim fahrlässigen Erfolgsdelikt? Zugleich eine Kritik der Formel vom „rechtmäßigen Alternativverhalten".

Ranft, Otfried, ZStW 97 (1985), 270 ff.: Das garantenpflichtwidrige Unterlassen der Taterschwerung.

Ranft, Otfried, JZ 2003, 582 ff.: Anmerkung zu BGH, Urteil v. 6. 11. 2002 – 5StR 281/01 (LG Berlin).

Ranft, Otfried, Bemerkungen zu Täterschaft und Teilnahme durch garantiepflichtwidriges Unterlassen, in: Festschrift für Harro Otto zum 70. Geburtstag am 1. April 2007, hrsg. von Gerhard Dannecker, Winrich Langer, Otfried Ranft, Roland Schmitz, Joerg Brammsen, Köln [u.a.] 2007, 403 ff. (zit. Ranft, FS-Otto, 2007, 403, ...).

Ransiek, Andreas, Unternehmensstrafrecht, Strafrecht, Verfassungsrecht, Regelungsalternativen, Heidelberg 1996 (zit. Ransiek, Unternehmensstrafrecht, 1996, S...).

Ransiek, Andreas, ZGR 1999, 613 ff.: Strafrecht im Unternehmen und Konzern.

Ransiek, Andreas, NJW 2006, 814 ff.: Anerkennungsprämien und Untreue – Das „Mannesmann"-Urteil des BGH.

Ransiek, Andreas, JuS 2010, 490 ff., 678 ff.: Das unechte Unterlassungsdelikt.

Rengier, Rudolf, JuS 2010, 281 ff.: Täterschaft und Teilnahme – Unverändert aktuelle Streitpunkte.

Rengier, Rudolf, Strafrecht, Allgemeiner Teil, mit Fällen und Aufbauschemata, 7. Aufl., München 2015 (zit. Rengier, AT, 7. Aufl., §... Rn...).

Renzikowski, Joachim, Notstand und Notwehr, Berlin 1994 (zit. Renzikowski, Notstand, 1994, S...).

Renzikowski, Joachim, Restriktiver Täterbegriff und fahrlässige Beteiligung, Tübingen 1997 (zit. Renzikowski, Restriktiver Täterbegriff, 1997, S...).

Renzikowski, Joachim, GA 2007, 561 ff.: Pflichten und Rechte – Rechtsverhältnis und Zurechnung.

Renzikowski, Joachim, Die fahrlässige Mittäterschaft, in: Festschrift für Harro Otto zum 70. Geburtstag am 1. April 2007, hrsg. von Gerhard Dannecker, Winrich Langer, Otfried Ranft, Roland Schmitz, Joerg Brammsen, Köln [u.a.] 2007, 423 ff. (zit. Renzikowski, FS-Otto, 2007, 423, ...).

Rodríguez Montañés, Teresa, Einige Bemerkungen über das Kausalitätsproblem und die Täterschaft im Falle rechtswidriger Kollegialentscheidungen, in: Festschrift für Claus Roxin zum 70. Geburtstag am 15. Mai 2001, hrsg. von Bernd Schünemann, Hans Achenbach, Wilfrid Bottke, Bernhard Haffke, Hans-Joachim Rudolphi, Berlin [u.a.] 2001, 307 ff. (zit. Rodríguez Montañés, FS-Roxin, 2001, 307, ...).

Rolinski, Klaus, „Statistische Kausalität" im Strafrecht? in: Festschrift für Koichi Miyazawa, Dem Wegbereiter des japanisch-deutschen Strafrechtsdiskurses, hrsg. von Hans-Heiner Kühne, Baden-Baden 1995, 482 ff. (zit. Rolinski, FS-Miyazawa, 1995, 482, ...).

Rothenfußer, Christoph, Kausalität und Nachteil, München 2003 (zit. Rothenfußer, Kausalität, 2003, S...).

Rotsch, Thomas, NStZ 2005, 13 ff.: Neues zur Organisationsherrschaft.

Rotsch, Thomas, „Einheitstäterschaft" statt Tatherrschaft, Zur Abkehr von einem differenzierenden Beteiligungsformensystem in einer normativ-funktionalen Straftatlehre, Tübingen 2009 (zit. Rotsch, „Einheitstäterschaft", 2009, S...).

Rotsch, Thomas, Objektive Zurechnung bei „alternativer Kausalität", in: Strafrecht als Scientia Universalis, Festschrift für Claus Roxin zum 80. Geburtstag am 15. Mai 2011, hrsg. von Manfred Heinrich, Christian Jäger, Hans Achenbach,

Knut Amelung, Wilfried Bottke, Bernhard Haffke, Bernd Schünemann, Jürgen Wolter, Band 1, Berlin [u.a.] 2011, 377 ff. (zit. Rotsch, FS-Roxin, 2011, 377, ...).

Roxin, Claus, ZStW 74 (1962), 411 ff.: Pflichtwidrigkeit und Erfolg bei fahrlässigen Delikten.

Roxin, Claus, GA 1963, 193 ff.: Straftaten im Rahmen organisatorischer Machtapparate.

Roxin, Claus, Finalität und objektive Zurechnung, in: Gedächtnisschrift für Armin Kaufmann, hrsg. von Gerhard Dornseifer, Eckhard Horn, Georg Schilling, Wolfgang Schöne, Eberhard Struensee, Diethart Zielinski, Köln [u.a.] 1989, 237 ff. (zit. Roxin, GS-Armin Kaufmann, 1989, 237, ...).

Roxin, Claus, Bemerkungen zum Regreßverbot, in: Festschrift für Herbert Tröndle zum 70. Geburtstag am 24. August 1989, hrsg. von Hans-Heinrich Jescheck und Theo Vogler, Berlin [u.a.] 1989, 177 ff. (zit. Roxin, FS-Tröndle, 1989, 177, ...).

Roxin, Claus, JZ 1995, 49 ff.: Anmerkung zu BGH, Urteil v. 26. 7. 1994 – 5 StR 98/94 (LG Berlin).

Roxin, Claus, Strafrecht, Allgemeiner Teil, Bd. 1, Grundlagen, Der Aufbau der Verbrechenslehre, 4. Aufl., München 2006 (zit. Roxin, AT I, 4. Aufl., §... Rn...).

Roxin, Claus, Strafrecht, Allgemeiner Teil, Bd. 2: Besonderer Erscheinungsformen der Straftat, München 2003 (zit. Roxin, AT II, §... Rn...).

Roxin, GA 2012, 395 ff.: Zur neuesten Diskussion über die Organisationsherrschaft.

Roxin, Claus, Täterschaft und Tatherrschaft, 9. Aufl., Berlin 2015 (zit. Roxin, Täterschaft, 9. Aufl., S...).

Röckrath, Ludger, NStZ 2003, 641 ff.: Kollegialentscheidung und Kausalitätsdogmatik.

Rödig, Jürgen, Die Denkform der Alternative in der Jurisprudenz, Berlin [u.a.] 1969 (zit. Rödig, Die Denkform, 1969, S...).

Rudolphi, Hans-Joachim, Zur Tatbestandsbezogenheit des Tatherrschaftsbegriffs bei der Mittäterschaft, in: Festschrift für Paul Bockelmann zum 70. Geburtstag am 7. Dezember 1978, hrsg. von Arthur Kaufmann, Günter Bemmann, Detlef Krauss, Klaus Volk, München 1979, 369 ff. (zit. Rudolphi, FS-Bockelmann, 1979, 369, ...).

Ryu, Paul K. [Übers.], Das koreanische Strafgesetzbuch, Berlin 1968 (zit. Ryu, P.K., KStGB, 1968, S...).

Salmon, Wesley C., Statistical Explanation, in: Wesley C. Salmon/Richard C. Jeffrey/ James G. Greeno, Statistical Explanation and Statistical Relevance, Pittsburgh 1971, S. 29 ff. (zit. Salmon, Statistical Explanation, 1971, S...).

Samson, Erich, Hypothetische Kausalverläufe im Strafrecht, Frankfurt am Main 1972 (zit. Samson, Hypothetische Kausalverläufe, 1972, S...).

Samson, Erich, ZStW 99 (1987), 617 ff.: Kausalitäts- und Zurechnungsprobleme im Umweltstrafrecht.

Samson, Erich, Strafrecht I, 7. Aufl., Frankfurt am Main 1988 (zit. Samson, Strafrecht I, 7. Aufl., S...).

Samson, Erich, StV 1991, 182 ff.: Probleme strafrechtlicher Produkthaftung.

Samson, Erich, Erfolgszurechnung und Risiko, in: Festschrift für Klaus Lüderssen, Zum 70. Geburtstag am 2. Mai 2002, hrsg. von Cornelius Prittwitz, Michael Baurmann, Klaus Günther, Lothar Kuhlen, Reinhard Merkel, Cornelius Nestler, Lorenz Schulz, Baden-Baden 2002, 587 ff. (zit. Samson, FS-Lüderssen, 2002, 587, ...).

Samson, Erich, Inus-Bedingung und strafrechtlicher Kausalbegriff, in: Festschrift für Hans-Joachim Rudolphi zum 70. Geburtstag, hrsg. von Klaus Rogall, Ingeborg Puppe, Ulrich Stein und Jürgen Wolter, Neuwied 2004, 259 ff. (zit. Samson, FS-Rudolphi, 2004, 259, ...).

Sancinetti, Marcelo A., Risikoverringerungsprinzip versus Relevanz des Erfolgsunwertes in der Unrechtslehre, in: Festschrift für Günther Jakobs zum 70. Geburtstag am 26. Juli 2007 hrsg. von Michael Pawlik und Rainer Zaczyk i.V.m. Manuel Cancio Meliá, Eduardo Montealegre, Heiko Lesch, Bernd Müssig, Jorge Perdomo-Torres, Marcelo A. Sancinetti, Köln 2007, 583 ff. (zit. Sancinetti, FS-Jakobs, 2007, 583, ...).

Satzger, Helmut; Schluckebier, Wilhelm; Widmaier, Gunter, StGB Strafgesetzbuch, Kommentar, 2. Aufl., Köln 2014 (zit. SSW/Bearbeiter, 2. Aufl., §... Rn...).

Schaal, Alexander, Strafrechtliche Verantwortlichkeit bei Gremienentscheidungen in Unternehmen, Berlin 2001 (zit. Schaal, Gremienentscheidungen, 2001, S...).

Schaffstein, Friedrich, Die Risikoerhöhung als objektives Zurechnungsprinzip im Strafrecht, insbesondere bei der Beihilfe, in: Festschrift für Richard M. Honig, Zum 80. Geburtstag 3. Januar 1970, Göttingen 1970, 169 ff. (zit. Schaffstein, FS-Honig, 1970, 169, ...).

Schilha, Ralph, Die Aufsichtsratstätigkeit in der Aktiengesellschaft im Spiegel strafrechtlicher Verantwortung, Berlin 2008 (zit. Schilha, Die Aufsichtsratstätigkeit, 2008, S...).

Schlösser, Jan, GA 2007, 161 ff.: Organisationsherrschaft durch Tun und Unterlassen, Zugleich Besprechung von BGH, Beschluss vom 26. 8. 2003 und Urteil vom 13. 5. 2004.

Schlüchter, Ellen, JuS 1976, 312 ff., 378 ff., 518 ff., 793 ff. und JuS 1977, 104 ff.: Grundfälle zur Lehre von der Kausalität.

Schlüchter, Ellen, JA 1984, 673 ff.: Zusammenhang zwischen Pflichtwidrigkeit und Erfolg bei Fahrlässigkeitstatbeständen.

Schmidt, Karsten/Lutter, Marcus [Hrsg.], Aktiengesetz, Kommentar, I. Band §§ 1–149, 2. Aufl., Köln 2010 (zit. Bearbeiter, in K. Schmidt/Lutter [Hrsg.], AktG, 2. Aufl., §... Rn...).

Schmidt, Niklaus, SchwZStrR 105 (1988), 156 ff.: Einige Aspekte der strafrechtlichen Verantwortlichkeit von Gesellschaftsorganen.

Schmidt-Salzer, Joachim, Produkthaftung, Band I: Strafrecht, 2. Aufl., Heidelberg 1988 (zit. Schmidt-Salzer, Produkthaftung I, 2. Aufl., Rn...).

Schmidt-Salzer, Joachim, Produkthaftung, Band III/1: Deliktsrecht, 1. Teil, 2. Aufl., Heidelberg 1990 (zit. Schmidt-Salzer, Produkthaftung III/1, 2. Aufl., Rn...).

Scholl, Ferdinand Eckbert, Strafrechtliche Verantwortlichkeit von Gemeinde-, Kreisräten und Mitgliedern der Zweckverbandsversammlungen im Umweltrecht: §§ 324, 326 Abs. 1, 327 Abs. 2 Nr. 3 StGB, Schorndorf 1996 (zit. Scholl, Strafrechtliche Verantwortlichkeit, 1996, S...).

Schönke, Adolf/Schröder, Horst, [Begr.], Strafgesetzbuch, Kommentar, 23. Aufl., München 1988 (zit. S/S/Bearbeiter, 23. Aufl., §... Rn...).

Schönke, Adolf/Schröder, Horst, [Begr.], Strafgesetzbuch, Kommentar, 29. Aufl., München 2014 (zit. S/S/Bearbeiter, 29. Aufl., §... Rn...).

Schulz, Joachim, Gesetzmäßige Bedingung und kausale Erklärung, Zur Fassung der Theorie von der gesetzmäßigen Bedingung, in: Festschrift für Karl Lackner zum 70. Geburtstag am 18. Februar 1987, hrsg. von Wilfried Küper i.V.m. Ingeborg Puppe und Jörg Tenckhoff, Berlin [u.a.] 1987, 39 ff. (zit. Schulz, FS-Lackner, 1987, 39, ...).

Schumann, Heribert, Strafrechtliches Handlungsunrecht und das Prinzip der Selbstverantwortung der Anderen, Tübingen 1986 (zit. Schumann, Selbstverantwortung, 1986, S...).

Schumann, Heribert, StV 1994, 106 ff.: Rezension, Produkthaftung.

Schünemann, Bernd, Grund und Grenzen der unechten Unterlassungsdelikte, Zugleich ein Beitrag zur strafrechtlichen Methodenlehre, Göttingen 1971 (zit. Schünemann, Unterlassungsdelikte, 1971, S...).

Schünemann, Bernd, Unternehmenskriminalität und Strafrecht, Eine Untersuchung der Verantwortlichkeit der Unternehmen und ihrer Führungskräfte nach geltendem und geplantem Straf- und Ordnungswidrigkeitenrecht, Köln [u.a.] 1979 (zit. Schünemann, Unternehmenskriminalität, 1979, S...).

Schünemann, Bernd, GA 1999, 207 ff.: Über die objektive Zurechnung.

Schwab, Hans-Jörg, Täterschaft und Teilnahme bei Unterlassungen, Frankfurt am Main [u.a.] 1996 (zit. Schwab, Täterschaft, 1996, S...).

Scriven, Michael, Explanation and Prediction in Evolutionary Theory, in: Science Band 130, 1959, S. 477–482 (zit. Scriven, Explanation and Prediction, 1959, S...).

Scriven, Michael, Explanations, Predictions, and Laws, in: Feigl, H.., and G. Maxwell, 1962, S. 97–105 (zit. Scriven, Predictions, 1962, S...).

Seelmann, Kurt, JuS 1980, 571 ff.: Mittäterschaft im Strafrecht.

Seelmann, Kurt, StV 1992, 416 ff.: Anmerkung zu BGH, Urt. v. 25. 9. 1991 – 3 StR 95/91 (LG Duisburg).

Sofos, Themistoklis I., Mehrfachkausalität beim Tun und Unterlassen, Berlin 1999 (zit. Sofos, Mehrfachkausalität, 1999, S...).

Soichiro Shimada, GA 2009, S. 469 ff.: Ein neuer Aspekt der Täterlehre, Erkenntnisse aus der japanisch-deutschen Rechtsvergleichung.

Son, Misuk, in: Sieber, Ulrich/Cornils, Katrin [Hrsg.], Nationales Strafrecht in rechtsvergleichender Darstellung, Allgemeiner Teil, Teilband 3, Objektive Tatseite, subjektive Tatseite, Strafbares Verhalten im Vorfeld der Tatvollendung, Berlin 2008 (zit. Son, M.S., in: Sieber/Cornils [Hrsg.], Nationales Strafrecht AT III, 2008, S...).

Son, Misuk, in: Sieber, Ulrich/Cornils, Katrin [Hrsg.], Nationales Strafrecht in rechtsvergleichender Darstellung, Allgemeiner Teil, Teilband 4, Tatbeteiligung, Straftaten in Unternehmen, Verbänden und anderen Kollektiven, Berlin 2010 (zit. Son, M.S., in: Sieber/Cornils [Hrsg.], Nationales Strafrecht AT IV, 2010, S...).

Sowada, Christoph, Jura 1986, 399 ff.: Täterschaft und Teilnahme beim Unterlassungsdelikt.

Spendel, Günter, JuS 1974, 749 ff.: Fahrlässige Teilnahme an Selbst- und Fremdtötung.

Spendel, Günter, Beihilfe und Kausalität, in: Festschrift für Eduard Dreher zum 70. Geburtstag am 29. April 1977, hrsg. von Hans-Heinrich Jescheck und Hans Lüttger, Berlin [u.a.] 1977, 167 ff. (zit. Spendel, FS-Dreher, 1977, 167, ...).

Spindler, Gerald/Stilz, Eberhard [Hrsg.], Kommentar zum Aktiengesetz, Band 1 §§ 1–149, 2. Aufl., München 2010 (zit. Spindler/Stilz/Bearbeiter, AktG, 2. Aufl., §... Rn...).

Stegmüller, Wolfgang, Probleme und Resultate der Wissenschaftstheorie und Analytischen Philosophie, Band 1, Studienausgabe Teil 2, Wissenschaftliche Erklärung und Begründung, Erklärung, Voraussage, Retrodiktion. Diskrete Zustandssysteme. Das ontologische Problem der Erklärung. Naturgesetze und irreale Konditionalsätze, Berlin [u.a.] 1969 (zit. Stegmüller, Wissenschaftstheorie, Bd. 1, 1969, S...).

Stegmüller, Wolfgang, Das Problem der Kausalität, in: Erkenntnisprobleme der Naturwissenschaften, hrsg. von L. Krüger, Köln [u.a.] 1970, 152 ff. (zit. Stegmüller, Das Problem der Kausalität, 1970, 152, ...).

Stegmüller, Wolfgang, Probleme und Resultate der Wissenschaftstheorie und Analytischen Philosophie, Band 4, Personelle und statistische Wahrscheinlichkeit, Halbband 2, Statistisches Schließen, statistische Begründung, statistische Analyse, Berlin [u.a.] 1973 (zit. Stegmüller, Wissenschaftstheorie, Bd. 4, Halbbd. 2, 1973, S...).

Stegmüller, Wolfgang, Probleme und Resultate der Wissenschaftstheorie und Analytischen Philosophie, Band 1, Erklärung, Begründung, Kausalität, 2. Aufl., Berlin [u.a.] 1983 (zit. Stegmüller, Wissenschaftstheorie, Bd. 1, 1983, S...).

Stein, Ulrich, Die strafrechtliche Beteiligungsformenlehre, Berlin 1988 (zit. Stein, Beteiligungsformenlehre, 1988, S...).

Stratenwerth, Günter/Kuhlen, Lothar, Strafrecht, Allgemeiner Teil, Die Straftat, 6. Aufl., München 2011 (zit. Stratenwerth/Kuhlen, AT, 6. Aufl., §... Rn...).

Kim, Sung-Ryong, Die Analyse des „gemeinschaftlichen Begehens" im Sinne des § 25 Abs. 2 StGB und die Mittäterschaft beim Fahrlässigkeitsdelikt, Aachen 2001 (zit. Kim, S.R., Die Analyse, 2001, S...).

Systematischer Kommentar zum Strafgesetzbuch, hrsg. von Jürgen Wolter, Band I, §§ 1–45b StGB, 8. Aufl., Stand: 148. Lieferung (Dezember 2014) Köln 2015 (zit. SK/Bearbeiter, 8. Aufl., §... Rn...).

Tarnowski, Hans, Die systematische Bedeutung der adaequaten Kausalitätstheorie für den Aufbau des Verbrechensbegriffes, Berlin [u.a.] 1927 (zit. Tarnowski, Die systematische Bedeutung, 1927, S...).

Tiedemann, Klaus, ZIP 2004, 2056 ff.: Anmerkung zu LG Düsseldorf, Urt. v. 22. 7. 2004 – XIV 5/03.

Tiedemann, Klaus, Wirtschaftsstrafrecht, Einführung und Allgemeiner Teil mit wichtigen Rechtstexten, 4. Aufl., München 2014 (zit. Tiedemann, Wirtschaftsstrafrecht AT, 4. Aufl., Rn...).

Toepel, Friedrich, Kausalität und Pflichtwidrigkeitszusammenhang beim fahrlässigen Erfolgsdelikt, Berlin 1992 (zit. Toepel, Pflichtwidrigkeitszusammenhang, 1992, S...).

Toepel, Friedrich, JuS 1994, 1009 ff.: Condicio sine qua non und alternative Kausalität – BGHSt 39, 195.

Toepel, Friedrich, Hinreichende Mindestbedingung, in: Strafrechtswissenschaft als Analyse und Konstruktion, Festschrift für Ingeborg Puppe zum 70. Geburtstag, hrsg. von Hans-Ulrich Paeffgen, Martin Böse, Urs Kindhäuser, Stephan Stübinger, Torsten Verrel und Rainer Zaczyk, Berlin 2011, 289 ff. (zit. Toepel, FS-Puppe, 2011, 289, ...).

Toulmin, Stephen, Foresight and Understanding, An enquiry into the aims of science, New York [u.a.] 1963 (zit. Toulmin, Foresight, 1963, S...).

Traeger, Ludwig, Der Kausalbegriff im Straf- und Zivilrecht: zugleich ein Beitrag zur Auslegung des BGB, Marburg 1904 (zit. Traeger, Der Kausalbegriff, 1904, S...).

Triffterer, Otto, Österreichisches Strafrecht, Allgemeiner Teil, 2. Aufl., Wien [u.a.] 1994 (zit. Triffterer, ÖAT, 2. Aufl., S...).

Ulrich, Peter, Integrative Wirtschaftsethik, Grundlagen einer lebensdienlichen Ökonomie, 4. Aufl., Bern [u.a.] 2008 (zit. Ulrich, Integrative Wirtschaftsethik, 2008, S...).

Ulsenheimer, Klaus, Das Verhältnis zwischen Pflichtwidrigkeit und Erfolg bei den Fahrlässigkeitsdelikten, Bonn 1965 (zit. Ulsenheimer, Das Verhältnis, 1965, S...).

Vogel, Joachim, Norm und Pflicht bei den unechten Unterlassungsdelikten, Berlin 1993 (zit. Vogel, Norm, 1993, S...).

Vogel, Joachim/Hocke, Peter, JZ 2006, 568 ff.: Anmerkung zu BGH, Urteil v. 21. 12. 2005 – 3 StR 470/04 (LG Düsseldorf).

Vogler, Theo, Zur Frage der Ursächlichkeit der Beihilfe für die Haupttat, in: Festschrift für Ernst Heinitz zum 70. Geburtstag am 1. Januar 1972, hrsg. von Hans Lüttger i.V.m. Hermann Blei und Peter Hanau, Berlin 1972, 295 ff. (zit. Vogler, FS-Heinitz, 1972, 295, ...).

Volk, Klaus, NStZ 1996, 105 ff.: Kausalität im Strafrecht, Zur Holzschutzmittel-Entscheidung des BGH vom 2. 8. 1995 – NStZ 1995, 590.

Von Bar, Ludwig, Die Lehre vom Kausalzusammenhang im Recht, besonders im Strafrecht, Leipzig 1871 (zit. von Bar, Kausalzusammenhang, 1871, S...).

Von Buri, Maximilian, Ueber Causalität und deren Verantwortung, Leipzig 1873 (zit. von Buri, Causalität, 1873, S...).

Von Buri, ZStW 2 (1882), 232 ff.: Über Kausalität und Teilnahme.

Von Kries, Johannes, Die Principien der Wahrscheinlichkeitsrechnung, Eine logische Untersuchung, Freiburg im Breisgau 1886 (zit. von Kries, Wahrscheinlichkeitsrechnung, 1886, S...).

Von Kries, Johannes, ZStW 9 (1889), 528 ff.: Über die Begriffe der Wahrscheinlichkeit und Möglichkeit und ihre Bedeutung im Strafrecht.

Von Liszt, Franz, ZStW 8 (1888), 133 ff.: Der Begriff des Rechtsgutes im Strafrecht und in der Enzyklopädie der Rechtswissenschaft.

Von Liszt, Franz, Lehrbuch des deutschen Strafrechts, 4. Aufl., Berlin 1891 (zit. von Liszt, Lehrbuch, 4. Aufl., §... S...).

Von Liszt, Franz, Lehrbuch des deutschen Strafrechts, 21.u.22. Aufl., Berlin [u.a.] 1919 (zit. von Liszt, Lehrbuch, 21. u. 22. Aufl., §... S...).

Walder, Hans, SchwZStrR 93 (1977), 113 ff.: Die Kausalität im Strafrecht.

Walter, Tonio, ZStW 116 (2004), 555 ff.: Positive und negative Erfolgsdelikte – Handeln und Unterlassen.

Walther, Susanne, NStZ 2005, 657 ff.: Vollendungsprobleme beim Tötungsdelikt – Mittäterschaft, Mordqualifikation, Rücktritt – nach Vornahme einer unumkehrbar tödlichen Handlung?

Weber, Ulrich, BayVBl 1989, 166 ff.: Können sich Gemeinderatsmitglieder durch ihre Mitwirkung an Abstimmungen der Untreue (§ 266 StGB) schuldig machen?

Weißer, Bettina, Kausalitäts- und Täterschaftsprobleme bei der strafrechtlichen Würdigung pflichtwidriger Kollegialentscheidung, 1996 (zit. Weißer, Kollegialentscheidung, 1996, S...).

Weißer, Bettina, JZ 1998, 230 ff.: Gibt es eine fahrlässige Mittäterschaft?

Welzel, Hans, ZStW 51 (1931), 703 ff.: Kausalität und Handlung.

Welzel, Hans, ZStW 58 (1939), 491 ff.: Studien zum System des Strafrechts.

Welzel, Hans, Das Deutsche Strafrecht, Eine systematische Darstellung, 11. Aufl., Berlin 1969 (zit. Welzel, Das Deutsche Strafrecht, 11. Aufl., S...).

Welzel, Hans, Abhandlungen zum Strafrecht und zur Rechtsphilosophie, Berlin [u.a.] 1975 (zit. Welzel, Abhandlungen, 1975, S...).

Wessels, Johannes/Beulke, Werner/Satzger, Helmut, Strafrecht, Allgemeiner Teil, Die Straftat und ihr Aufbau, 45. Aufl., Heidelberg 2015 (zit. Wessels/Beulke/Satzger, AT, 45. Aufl., Rn...).

Wolff, E.A., Der Handlungsbegriff in der Lehre vom Verbrechen, Heidelberg 1964 (zit. Wolff, E.A., Der Handlungsbegriff, 1964, S...).

Wolff, E.A., Kausalität von Tun und Unterlassen, Eine strafrechtliche Untersuchung, Heidelberg 1965 (zit. Wolff, E.A., Kausalität, 1965, S...).

Wolter, Jürgen, ZStW 89 (1977), 649 ff.: Der Irrtum über den Kausalverlauf als Problem objektiver Erfolgszurechnung – zugleich ein Beitrag zur versuchten Straftat sowie zur subjektiven Erkennbarkeit beim Fahrlässigkeitsdelikt –.

Wolter, Jürgen, GA 1977, 257 ff.: Adäquanz- und Relevanztheorie. Zugleich ein Beitrag zur objektiven Erkennbarkeit beim Fahrlässigkeitsdelikt.

Zaczyk, Rainer, Das Unrecht der versuchten Tat, Berlin 1989 (zit. Zaczyk, Das Unrecht, 1989, S...).

Zieschang, Frank, ZStW 107 (1995), 361 ff.: Mittäterschaft bei bloßer Mitwirkung im Vorbereitungsstadium?

Ziethen, Jörg, Grundlagen probabilistischer Zurechnung im Strafrecht, Frankfurt am Main 2004 (zit. Ziethen, Grundlagen, 2004, S...).

Zippelius, Reinhold, Einführung in das Recht, 6. Aufl., Tübingen 2011 (zit. Zippelius, Einführung, 6. Aufl., S...).

– Koreanischsprachige Literaturen –

Bae, Jong-Dae, Strafrecht, Allgemeiner Teil, 10. Aufl., Seoul 2011 (zit. Bae, J.D., AT, 10. Aufl., [...] Rn...).

Bae, Jong-Dae, Strafrecht, Besonderer Teil, 7. Aufl., Seoul 2011 (zit. Bae, J.D., BT, 7. Aufl., [...] Rn...).

Kang, Gu-Jin, Strafrecht, Besonderer Teil I, Seoul 1983 (zit. Kang, G.J., BT I, 1983, S...).

Kim, Il-Su/Suh, Bo-Hak, Strafrecht, Allgemeiner Teil, 11. Aufl., Seoul 2007 (zit. Kim, I.S./Suh, B.H., AT, 11. Aufl., S...).

Kim, Shin-Gyu, Betrachtung der Sonderregel über die nebentäterschaftliche Körperverletzung, in: Studie über das Strafrecht 22 Sonderheft [Hyongsabubyongu Je22Ho], 2004, 642 ff. (zit. Kim, Sh.G., Hyongsabubyongu 22 (2004), 642, ...).

Kim, Sung-Ryong, Die Probleme beim Nebentäter der Körperverletzung und die Notwendigkeit der Einführung der Vorschrift von der Beteiligung an einer Schlägerei, in: Kriminalpolitik 20/2 [Hyongsajungchaek 20Kwon2Ho], 2008, 101 ff. (zit. Kim, S.R., Hyongsajungchaek 20/2 (2008), 101, ...).

Kim, Sung-Ryong, Mittäter der Unterlassung, in: Studie über die Rechtsprechung in Strafsachen 17 [Hyongsapanraeyongu 17], 2009, 25 ff (zit. Kim, S.R, Hyongsapanraeyongu 17 (2009), 25, ...).

Lee, Hyeong-Kook, Studienbuch Strafrecht Besonderer Teil I, Seoul 1997 (zit. Lee, H.K., Studienbuch BT I, 1997, S...).

Lee, Jae-Sang, Strafrecht, Allgemeiner Teil, 7. Aufl., Seoul 2011 (zit. Lee, J.S., AT, 7. Aufl., §... Rn...).

Lee, Jae-Sang, Strafrecht, Besonderer Teil, 7. Aufl., Seoul 2010 (zit. Lee, J.S., BT, 7. Aufl., §... Rn...).

Lee, Joo-Hee, Voraussetzungen und Anwendungsgrenzen bei der mittelbaren Täterschaft kraft Organisationsherrschaft, in: Juristische Aufsatzsammlung Universität Cheongju [Cheonjububhak 32kwon 2Ho], 2010, 55 ff. (zit. Lee, J.H., Cheonjububhak 32/2 (2010), 55, ...).

Oh, Young-Keun, Strafrecht, Allgemeiner Teil, 2. Aufl., Seoul 2010 (zit. Oh, Y.K., AT, 2. Aufl., §... Rn...).

Park, Sang-Ki, Strafrecht, Besonderer Teil, 7. Aufl., Seoul 2008 (zit. Park, S.K., BT, 7. Aufl., S...).

Ryu, Ki-Chun (nämlich Paul K.), Neue Strafrechtswissenschaft Allgemeiner Teil, Seoul 1980, (zit. Ryu, K.Ch., AT, 1980, S...).

Shim, Jae-Woo, Die fahrlässige Mittäterschaft, in: Juristische Zeitschrift [Gosigae], 1980, 4 ff. (zit. Shim, J.W., Gosigae 1980, 4, ...).

Shin, Dong-Un, Strafrecht, Allgemeiner Teil, 6. Aufl., Paju 2011 (zit. Shin, D.U., AT, 6. Aufl., S...).

Yim, Woong, Strafrecht, Allgemeiner Teil, 3. Aufl., Paju 2011 (zit. Yim, W., AT, 3. Aufl., S...).

www.ingramcontent.com/pod-product-compliance
Ingram Content Group UK Ltd.
Pitfield, Milton Keynes, MK11 3LW, UK
UKHW021909290926
8980IPUK00015B/1147

9 783631 735848